新时期大学生就业创业专题研究

主　编　　孟　秦　　梁玲萍　　梅　超
副主编　　王京京　　李陈亚　　白　璐
　　　　　韩　雪　　李慧铭

CCTP 中国商务出版社
CHINA COMMERCE AND TRADE PRESS

图书在版编目（CIP）数据

新时期大学生就业创业专题研究 / 孟秦，梁玲萍，梅超主编 . -- 北京 : 中国商务出版社 , 2017.7

ISBN 978-7-5103-1986-0

Ⅰ . ①新… Ⅱ . ①孟…② 梁…③梅… Ⅲ . ①大学生 – 职业选择 – 研究 Ⅳ . ① G647.38

中国版本图书馆 CIP 数据核字（2017）第 178851 号

新时期大学生就业创业专题研究
XINSHIQI DAXUESHENG JIUYE CHUANGYE ZHUANTI YANJIU

孟 秦 梁玲萍 梅 超 主编

出　版：中国商务出版社

发　行：北京中商图出版物发行有限责任公司

社　址：北京市东城区安定门外大街东后巷 28 号

邮　编：100710

电　话：010—64515141 （编辑三室）

　　　　010—64283818 （发行部）

网　址：http://www.cctpress.com

邮　箱：cctp@cctpress.com

照　排：北京厚诚则铭印刷科技有限公司

印　刷：廊坊市国彩印刷有限公司

开　本：710 毫米 ×1000 毫米　1/16

印　张：26.25　字　数：672 千字

版　次：2018 年 6 月第 1 版　2018 年 6 月第 1 次印刷

书　号：ISBN 978-7-5103-1986-0

定　价：85.00 元

前　言

　　进入新时期,人才供需呈现出新的特征。大学生就业问题越来越严峻,同时受到了社会各界的广泛关注。在此背景下,以创业带动就业成为新时期一个新的就业理念和趋势。大学生是祖国的未来、民族的希望,是国家宝贵的人力资源,是全面建设小康社会,推进中国特色社会主义伟大事业的主力军。科学安排大学生就业,充分发挥我国巨大的人力资源优势,是当前我国的中心任务之一。另外,大学生的顺利就业关系到我国高等教育的发展,关系到经济的增长和社会的稳定,更关系到广大人民的根本利益。因此,高校必须加强大学生就业与创业指导,立足于新时期大学生的特点,从唤醒生涯意识、增强职业素质、锻炼求职技巧及完善创业教育等方面入手,使高校毕业生做好充足的求职准备、具备过硬的职业能力、进行精彩的自我展示,不断拓宽就业渠道,同时高校还应积极鼓励和指导大学生进行自主创业。

　　目前,为应对新形势,各大高校都对大学生就业与创业指导工作予以了高度重视,许多高校都成立了就业与创业指导服务机构。由于许多高校缺乏系统的、一体化的与就业创业相关的知识教育和正确的指导工作,大学生们只是掌握了应急性的就业政策与求职常识,在职业选择方面具有很大的盲目性,在创业方面,对创业的程序、创业的风险等问题不甚清楚。基于此,编者编写了《新时期大学生就业创业专题研究》一书,以便更好地对高校大学生进行就业与创业辅导和教育,提高大学生的综合应对与判断能力,进而保障其顺利进行就业创业。

　　本书共包括 13 章内容。第一章为绪论部分,主要对职业的内涵、职业素质与职业道德、职业的发展、大学生的职业生涯规划等相关问题进行了具体分析。第二章至第七章为本书的上篇,主要对新时期大学生就业进行了专题研究,其中第二章对大学生就业的形势与政策进行了具体的分析;第三章从性格、能力、兴趣、价值观入手对大学生就业的自我认知进行了全面的探讨;第四章对大学生就业的准备进行了系统的研究,具体包括就业知识、材料、心理的准备,就业信息的搜集与利用;第五章对大学生就业的技巧进行了系统的研究,具体包括自荐的技巧、面试的技巧、笔试的技巧以及求职的礼仪;第六章对大学生的就业程序与权益保障进行了详细的阐述,并对大学生就业陷阱的防范进行了指导;第七章对大学生的职业适应与发展进行了具体的论述。第八章至第十三章为本书的下篇,主要对新时期大学生创业进行了专题研究,其中第八章对大学生创业进行了整体概述,具体包括大学生创业应具备的素质与能力、大学生创业的意义与价值观;第九章对大学生创业计划书的撰写进行了指导;第十章对大学生创业机会与创业项目的选择进行了分析;第十一章对大学生创业资源的整合与创业融资进行了详细的探究;第十二章对大学生创业团队的组建与新创企业的创办过程进行了研究;第十三章对新创企业的管理进行了系统的分析,具体包括人力资源管理、财务管理、市场营销管理、创业风险管理。总体而言,本书结构清晰、内容翔实、理论明确,注重理论与实践相结合,具有系统性、全面性、实用性的特点,相信本书的出版会对新时期大学生就业创业进行有效的指导。

　　本书在编写的过程中参阅了大量有关大学生就业创业方面的著作,同时也引用了许多专家和学者的研究成果,在此表示最诚挚的谢意!由于时间仓促,编者水平有限,错误和不当之处在所难免,恳请广大读者在使用中多提宝贵意见,以便本书的修改与完善。

编　者
2017 年 6 月

目　录

第一章 绪 论

大学生是国家宝贵的人力资源,是建设国家、实现中华民族伟大复兴的主力军。随着我国高校招生规模的逐渐扩大,毕业生的人数逐渐增多,大学生的就业形势越来越严峻。择业和就业是每个大学生都会遇到的现实问题,也是摆在大学生面前的重要课题。大学生的顺利就业关系到我国高等教育的发展,关系到经济的增长、社会的稳定以及广大人民的根本利益。本章即对大学生职业的相关知识进行了简要阐述,以期能够对大学生的顺利就业起到积极的促进作用。

第一节 职业的内涵

一、职业的概念

从现代汉语的角度来看,"职业"一词由"职"与"业"二字构成,其中"职"指的是社会职责、权利义务等意思,"业"指的是事业、工作的意思。而对"职业"的解释,不同的学者有着不同的观点,这些观点综合起来主要有以下几项。

(一)职业性质说

这一观点主要是从职业性质的角度来定义职业。提倡这一观点的学者有很多,其中建设性较大的有美国社会学家塞尔兹,日本劳动问题专家保谷六郎,美国著名哲学家、教育家杜威。

塞尔兹认为,职业是一种能够在一定程度上决定个人社会地位的特殊活动,这项活动是一项需要连续从事的具有社会市场价值的活动,从事这项活动可以帮助个人获取收入、维持生活。

保谷六郎认为,职业是有劳动能力的个人为了生活而在社会中发挥自己的个人能力,为社会的发展做出贡献的连续性活动。

杜威认为,职业是一项个人可以得到利益保障的"生活活动"。

(二)职业要素说

这一观点主要是从职业由哪些要素构成这一角度来定义的。例如,美国社会学家塞尔兹认为,职业由技术性、经济性和社会性三大要素构成。而保谷六郎则认为,职业由经济性、技术性、社会性、伦理性、连续性五大要素构成。

（三）职业关系说

这一观点是从职业关系的角度来认识职业。例如，美国社会学家泰勒认为从社会学的角度来看，职业是一套已经成为一种模式的，且与特殊工作经验相关的人群关系。通过这一工作关系模式的整合，职业结构与职业意识可以得到有效促进。

（四）职业综合说

这一观点主要是从多方面来定义职业，如我国管理专家程社明认为，职业是参与社会分工，利用专门的知识和技能，为社会创造物质财富和精神财富，获取合理报酬，作为物质生活来源，并满足精神需求的工作。

从以上观点可以看出，众学者虽然对职业的定义理解各不相同，但他们的观点实质上主要是集中于职业的某个侧面。因此，我们可以这样理解职业：职业是人们在社会中从事的作为主要生活来源的工作，是人类维持自身生存、发展的人类活动，也是一个人在社会中的地位的一般性表征。

二、职业的特点

从整体上来看，职业具有以下几个特点。

（一）基础性

"衣食足而知荣辱"，有了职业生活，才有了其他一切社会生活的基础，这是因为职业是人获得经济收入的来源，为了生存，人们从事职业活动。人们的各种社会活动、人文活动，很多都需要建立在职业的基础上。因此，职业具有基础性的特点。

（二）专业性

从实践活动中看，每一种职业都需要专门的知识和技能，需要从业者具有特定的职业道德品质，只有具备了这些要求，从业者才能胜任自己的工作，因此，职业具有专业性的特点。例如，从事医生职业的人，必须要有医学方面的知识，除此之外，还应有一丝不苟的工作态度，这样他才能在自己的工作岗位上有所作为。

（三）时代性

职业是随着时代的发展而不断变化的，因此职业具有时代性的特点，这主要表现在两个方面。第一个方面，随着时代的发展，有些职业产生了，有些职业消失了。第二个方面，随着时代的发展，职业地位会发生变化。例如，"教师"这一职业，在"文化大革命"期间别称为"臭老九"，但是改革开放以后，教师的地位在不断地提升，人们已经意识到了教师的重要性。

（四）组群性

职业无论以何种依据来划分都带有组群性的特点。例如,咨询服务事业包括科技咨询工作者、心理咨询工作者、职业咨询工作者等,再如科学研究人员中包含哲学、经济学、社会学、工学、理学、医学等。

（五）经济性

职业是劳动者生活的经济来源,是物质生活与其他社会生活的经济保障,因此职业具有经济性的特点。劳动者在承担职业岗位职责并完成工作任务后要获得劳动报酬或者收入,这不仅是劳动者维持家庭生活,保持社会稳定的基础,而且是用人单位、社会对劳动者完成本职工作任务付出劳动所给予的应有回报。

（六）目的性

职业活动以满足从业者自身及家庭生存、生活需要而获取现金或实物等报酬为目的,是人的社会存在的一个方面,是人们社会活动的一个非常重要的领域,因此职业具有目的性。

（七）差异性

俗语说:"隔行如隔山",各类职业间大相径庭,因此职业具有差异性的特点。不同职业之间的差异包括职业劳动的内容、职业的社会心理以及从业者个人的行为模式等。职业的这种差异,导致了不同职业者的不同社会人格以及人在职业转换中的矛盾和困难。随着经济结构的变动和社会的发展、技术的进步、劳动分工的细化,新职业不断产生,职业之间的差异会变得越来越大。

（八）层次性

在现实社会中,人们会对职业有不同的评价,导致职业存在着分层的现象,因而使职业具有了层次性的特点。虽然从社会需要的角度来看,"存在即合理",职业间不必区分重要与否,或者说没有"高低贵贱"的等级性,但是由于不同职业的体力、脑力付出的不同和工作复杂程度的不同,以及工作的轻松性、教育资格条件、在工作组织权力结构中的地位、工作的自主权、收入水平、社会声望等方面存在差别,人们还是会对职业进行层次划分。

三、职业的构成要素

概括来说,职业的构成要素主要包括以下几方面。

（一）职业名称

职业名称,是职业的符号特征,一般用社会通用名称来命明。它是职业构成的最基本要素,没有名称职业就无法谈起,更无法区别开各种职业。例如,"警察"和"保安",两者从职业名称就可以分开职业活动及其职责。"警察"是警察这一职业的社会通称。警察是根据国家法律法规,从事预防、制止和侦查违法犯罪活动,维护社会治安秩序,制止危害社会治安秩序的专门工作,属于国家执法机关,职业属于公务员范围;而"保安"这一职业,是在特定的工作区域内,根据内部管理制度,在一定范围内从事安全保卫服务工作,其既不是国家执法机关,也不是国家公务员。

(二)职业主体

职业主体,是指从事一定社会分工的劳动者,职业主体需具备开展该职业活动所需要的资格和劳动能力等。如教师这一职业,就是由个体教师组成,它的职业活动由个体教师承担并完成。《中华人民共和国教师法》第十条规定:"中国公民凡遵守宪法和法律,热爱教育事业,具有良好的思想品德,具备本法规定的学历或者经国家教师资格考试合格,有教育教学能力,经认定合格的,可以取得教师资格。"

(三)职业客体

职业客体,是指职业活动的对象、内容、场所和劳动方式等,它是职业活动的具体指向。每一种职业都有各自的工作对象、工作内容以及工作场所,这也是职业与职业之间的重要区别。如"物业管理员"这一职业,工作对象是辖区的业主,工作内容是为业主提供各种服务工作,工作场所是辖区的办公室、业主住宅及公共场所;而"焊工"这一职业,工作对象是焊机、焊材,工作内容是对各种工件进行焊接连接,其工作场所是车间、工地等。

(四)职业技术

职业技术,是指劳动者在从事职业活动时所运用的自然技术、社会技术和思维技术的总和,包括知识技术、能力技术以及思维技术。职业技术是职业要素的重要组合,社会中每一种职业都需要技术,都有一定的技术含量。例如,"工程师"这一职业,要求从业者必须具备一定的学历水平和知识结构,具有相当水准的专业水平,还必须具有高水平的思维能力。只有掌握并运用这些技术,才能胜任"工程师"这一职业。

(五)职业报酬

职业报酬,是指通过职业劳动所取得的各种报酬,包括工资、福利等。劳动者通过职业活动为社会创造大量财富,为社会的繁荣稳定发展做出贡献的同时,也通过职业活动获得了报酬,得到了相应的收入,满足了个人谋生最基本的需要,达到了个体生存和发展的经济目的。

四、职业的功能

(一)职业的个人功能

职业对个人的生活及发展具有积极意义,概括来说,职业对个人的功能主要包括以下几方面。

1. 职业有助于满足人精神的需要

由于职业劳动是按照一定的社会规范和内在规律运行的,每种职业都有其独特的活动内容和要求,对从业者的生理和心理必然产生重大的影响。当这种工作能够使个人的才干得到充分发挥、个性得到不断发展和完善时,它就能够促进个性的健康发展,从而满足人们的精神需要。

2. 职业有助于塑造性格和培养兴趣

性格是人个性中稳定并起核心作用的心理特征,它由处世原则、处世态度和活动方式三个方面构成,具体表现为一个人是活泼还是文静,是豪放还是拘谨等。兴趣是一个人热衷于认识某种事物或积极进行某种活动的心理倾向,它是由于人的需要而产生,并在社会实践中培养和发展起来的。每一种职业都要求掌握有关的知识和技术,遵守一定的规则、章程和职业道德,从而影响了角色承担者的行动方式、处世原则和态度,即个人的性格。长期从事某种职业就会对职业的某些方面形成浓厚的兴趣,如音乐家对声音,历史学家对古书等。

3. 职业有助于人的才能的发挥

职业不只是人们挣钱谋生的手段,也是促进人的个性发展,实现人生价值的舞台。人们从事的某种特定职业类别的工作,不仅要求人们有一定的素质,还要能使人们的才能得到发挥,并成为促进人的才能和个性发展的手段。每个人都有自己的专长和职业理想,人们要发挥出自己的特长,实现自己的人生理想,必须借助职业这一载体,通过选定适合自己的特定职业,参加职业活动,不断展示自己、满足自己、发展自己、完善自己。因此,职业是一个人一生所追求的事业,它蕴含着人生理想和信念。

4. 职业会对人的生活方式产生重要影响

生活方式主要指的是人们的言谈举止、消费方式、劳动方式、工作方式等。不同的职业要求其就业者掌握不同的知识和技术,遵守不同的职业规范,而且不同职业有不同的劳动方式或工作方式。人们的生活方式受职业的影响,如军人的日常生活方式就与机关工作人员有别,教师的言谈举止又与工人不同,等等。由于职业不但要影响人们的兴趣、能力和性格,而且还要影响其生活方式,所以一个人长期从事某种职业,便会形成一种特定的个性心理和行为模式,即形成一种特殊的职业生涯模式。职业生涯模式将会长期影响其以后的生活方式。

5. 职业会对个人及其家庭的社会地位产生重要影响

一个人社会地位的高低,主要取决于以下几方面。

第一,经济收入的多少。不同职业、职位给就业者带来的经济收入显然存在差别。

第二,社会权力的大小。不同职业、职位能给就业者带来大小不同的权力。比如,高层管理类职位给就业者带来的权力就比较大,而服务类职业、职位给就业者带来的权力就较小。

第三,社会声望的高低。经济收入和社会权力对职业的社会声望有一定的影响,但不能完全决定其高低。影响职业或职位声望高低的因素还有晋级提升的机会、职业声誉、劳动环境条件、安全感和历史传统等。

（二）职业的组织功能

"组织"一词在这里，即各类用人单位。从用人单位的角度看，职业是其吸收社会人力资源的具体岗位，也是用人单位使用人力资源的具体方式。

对于一个用人单位来说，选拔和配置合格的员工，是完成经营目标或工作任务的重要保障；选拔出色的技术人才、管理人才，是在竞争中制胜的诀窍；用好人才，培养好人才，关心员工的个人发展以及塑造员工的职业生涯，是增加凝聚力、提高组织绩效的重要手段。进一步来说，各个用人单位的长期发展目标与发展战略的选择也都涉及对人的管理，即涉及用人单位对员工的职业生涯规划与管理问题。

企事业单位和政府机关需要大量具有较高专业技能水平的人才，这成为人们在自身职业生涯发展出路与前景方面关注的重要领域、努力目标和人们在社会竞争中角逐的重要场所。

总之，解决好员工的选拔使用、合理安置，解决好组织成员的个人职业发展道路问题，是各个企业、事业、机关单位的重要工作，也是各种单位可持续发展的根本保证条件之一。

（三）职业的社会功能

1. 职业是实现社会控制的手段

古语有云："仓廪实而知礼节，衣食足而知荣辱"，人们衣食足才知荣辱，饥寒交迫则起盗心。而职业作为人的重要生活方式，能够帮助劳动者创造价值，获取收入，做到安居乐业，进而有效改善社会大环境，减少社会问题的发生，从而实现对社会稳定的控制。

2. 职业是社会组织运行的要素

对于社会组织而言，其运行的一个重要方式就是通过职业吸收从业者，再通过从业者的职业劳动为社会组织创造价值，推动和维持社会组织的运行与发展。因此，职业是社会组织运行的要素。

3. 职业是社会存在的内容

职业是一种社会存在，是人的社会身份、等级的体现，也是社会经济制度与社会经济结构的重要部分。通过职业劳动，从业者可以创造出社会财富，也可以为社会的发展做出贡献。

4. 职业是社会发展的动力

在职业生涯中，很多从业者都会努力进行职业的向上流动，以获取更大的物质报酬、成就感等，这些变动的产生大都是以对自我职业技能的不断提高为基础的，因而从业者会为了追求未来的"好职业"而进行人力投资、从事学习，这些都会成为推动社会发展与社会进步的动力。

五、职业的分类

（一）职业分类的原则

进行职业分类应遵循以下几项原则。

第一，进行职业分类应注意归为同一类的职业在工作内容、工作范围、劳动方式、使用工具、工作环境等方面具有相同性或相似性。

第二，进行职业分类应注意对职业进行多级划分，在每一个等级或层次中再划分为详细的类别，以便将庞大而复杂的职业系统区分开来。

第三，对职业进行分类要注意反映社会实际，要以社会的经济发展水平、产业结构、技术状态以及社会文化状态对职业进行合理划分。

第四，对职业进行分类要以政府有关部门组织制定的分类标准为依据实施。

（二）职业分类的意义

第一，职业分类有助于建立合理的职业结构和职工配制体系。

第二，把性质相同的职业归为一类，有助于国家对职工队伍进行分类管理。根据不同的职业特点和工作要求，采取相应的录用、调配、考核、培训、奖惩等管理方法，使管理更具针对性。

第三，职业分类是对职工进行考核和智力开发的重要依据。考核就是要考查职工能否胜任他所承担的职业工作，考查他是否完成了他应完成的工作任务。这就需要制定出考查标准，并对各个职业岗位工作任务的质量、数量提出要求，而这些都是在职业分类的基础上才能加以规定的。职业分类中规定的各个职业岗位的责任和工作人员的从业条件，不仅是考核的基础，同时也是进行培训的重要依据。

第四，职业分类给各个职业分别确定了工作责任以及履行职责和完成工作所需的职业素质，这就为岗位责任制提供了依据。

（三）国外的职业分类

国外的职业分类因各国国情不同，划分标准也各有差异。总体上来看，国外的职业分类主要有以下三种类型。

1. 根据职业的主要职责进行分类

这种分类方式主要以各个职业的主要职责，即从事的工作为标准进行分类，其做法较为普遍的为加拿大的职业分类和国际标准职业分类。

加拿大的《职业岗位分类词典》中将职业按照各个职业的主要职责划分为23个主类、81个子类、489个细类、7 200多个职业基本名称。

国际标准职业分类将职业按照各个职业的主要职责由粗至细划分为8个大类（表1-1）、83个小类、284个细类、1 506个职业项目，总共列出职业1 881个。

表1-1 外国职业分类

类别	职业
第一大类	专家、技术人员及有关工作者
第二大类	政府官员和企业经理
第三大类	事务工作者和有关工作者
第四大类	销售工作者

类别	职业
第五大类	服务工作者
第六大类	农业、牧业、林业工作者及渔民、猎人
第七大类	生产和有关工作者、运输设备操作者和劳动者
第八大类	不能按职业分类的劳动者

这种分类方法便于提高国际职业统计资料的可比性和国际交流。

2. 根据职业是脑力劳动性质还是体力劳动性质进行分类

依据这一标准,可以把职业分为白领工作人员的职业和蓝领工作人员的职业两类。其中,白领工作人员的职业主要为具有较强专业性和技术性的工作,如经理、银行职员等。蓝领工作人员的职业主要为手工业及类似的职业,如服务性行业、运输业的职业等。

3. 根据从业者的心理差异进行分类

这一分类标准最早是由美国霍普金斯大学心理学教授、著名的职业指导专家约翰·L·霍兰德在人格—职业类型匹配理论的基础上提出的,霍兰德提出,依据从业者的心理差异可将职业分为现实型、研究型、艺术型、社会型、企业型以及常规型六类。

(1)现实型。主要是指熟练的手工和技术工作,如鞋匠、木匠、锁匠、产业工人以及运输工人(司机)等。

(2)研究型。主要包括科学研究和试验工作,如科研人员等。

(3)艺术型。主要包括作家、书画家、音乐家、摄影师、舞蹈演员以及雕塑家等。

(4)社会型。主要包括医生、护士、教师等。

(5)企业型。主要包括党员干部、律师、经理、工业顾问等。

(6)常规型。主要包括办公室办事员、银行出纳员、统计员、图书管理员等。

(四)我国的职业分类

根据我国不同部门公布的标准,目前可以将我国的职业主要分为以下几种类型。

1. 依据《中华人民共和国职业分类大典》对职业进行的分类

依据国家统计局、国家标准局、国务院人口普查办公室于1982年3月公布的,供第三次全国人口普查使用的《职业分类标准》,原国家劳动和社会保障部在1995年编制了《中华人民共和国职业分类大典》,该大典将我国的职业分为1 838个,8大类(表1-2)。除去起延续功能的"其他"职业,实际职业总量为1 496个。

表1-2　《中华人民共和国职业分类大典》中的职业类型

类别	职业	包含
第一大类	国家机关、党群组织、企事业单位负责人	5个中类,16个小类,25个细类
第二大类	各类专业、技术人员	14个中类,115个小类,379个细类

续表

类别	职业	包含
第三大类	办事人员和有关人员	4 个中类，12 个小类，45 个细类
第四大类	商业及服务人员	8 个中类，43 个小类，147 个细类
第五大类	农林牧渔水利业生产人员	6 个中类，30 个小类，121 个细类
第六大类	生产、运输人员及有关人员	27 个中类，195 个小类，1 119 个细类
第七大类	军人	1 个中类，1 个小类，1 个细类
第八大类	不便分类的其他劳动者	1 个中类，1 个小类，1 个细类

2005 年，我国又在《中华人民共和国职业分类大典》的增补本中增添新的职业，收录 2005—2006 年确立的 82 个新职业（工种）（其中包括原信息产业部对大典中所列部分电信、邮政职业分类进行调整后的 26 个职业）。2007 年和 2008 年原劳动和社会保障部发布了 38 个新职业，2009 年发布了 8 个新职业，由此我国的职业细类已超过 2 000 种。

2. 依据《国民经济行业分类》对职业进行的分类

1984 年《国民经济行业分类》首次发布，对我国的经济行业进行了划分，该标准也成为确定我国职业分类情况的一个重要来源。其后于 1994 年、2002 年、2011 年，《国民经济行业分类》三次受到修订，修订后的《国民经济行业分类》将国民经济行业划分为 20 个行业门类（表 1-3），96 个大类，432 个中类，1 094 个小类。

表 1-3 《国民经济行业分类》中的职业类型

行业门类序号	行业门类
1	农、林、牧、渔及其服务业
2	采矿业
3	制造业
4	电力、热力、燃气及水的生产和供应业
5	建筑业
6	批发和零售业
7	交通运输、仓储和邮政业
8	住宿和餐饮业
9	信息传输、软件和信息技术服务业
10	金融业
11	房地产业
12	租赁和商务服务业
13	科学研究和技术服务业
14	水利、环境和公共设施管理业
15	居民服务、修理和其他服务业

续表

行业门类序号	行业门类
16	教育
17	卫生和社会工作
18	文化、体育和娱乐业
19	公共管理、社会保障和社会组织
20	国际组织

3.依据产业类型对职业进行的分类

这种分类方式主要是从产业角度将职业分为第一产业职业、第二产业职业,第三产业职业（表1-4）。

表1-4　依据产业类型对职业进行的分类

从属产业	具体职业	
第一产业职业	1.与农业、林业、牧业、渔业、水利业相关的职业 2.与采集、种植、狩猎、捕鱼、畜牧相关的职业	
第二产业职业	1.重工业职业	这类职业为从事生产资料生产的职业,包括机械、冶金、电力、煤炭、石油、燃料、化工等相关职业
	2.轻工业职业	这类职业为从事生产消费资料生产的职业,包括纺织、造纸、食品、皮革等相关职业
第三产业职业	1.提供流通职务的职业,如商业、饮食业、交通运输业、邮政电信通信业、物资供销和仓储业等相关职业 2.提供科教文卫体育职能的职业,如教育、文化、广播电视事业、科学研究事业、卫生、体育和社会福利事业等相关职业 3.提供服务职能的职业,如金融、保险、房地产业、公用事业、居民服务业、旅游业和咨询服务业等相关职业 4.各机关团体,如国家机关、党群组织和社会团体等	

第二节　职业素质与职业道德

一、职业素质

（一）职业素质的概念

职业素质是指从业人员顺利完成特定职业活动所应具备的综合素质。它既可以指从事某一职业所必须具备的基本素质,也可以指能够获得优秀职业成就的卓越素质或胜任特征。总的来说,职业素质就是指劳动者在一定的生理和心理条件的基础上,通过教育、自我修养和职业实践等途径逐步形成和发展起来的、能在相应职业活动中起决定性作用的、内在的、相对稳定的基本品质。

（二）职业素质的特点

概括来说，职业素质具有以下几个特点。

1.职业性

从名称上来看，职业素质与职业密切相关，它是一个人从事职业活动的基础，并且总是同职业联系在一起。而且不同的职业对从业者职业素质的要求也不相同。例如，编辑职业对从业者的职业素质要求与销售职业对从业者的职业素质要求就有很大的不同，这些不同一方面表现为专业素质方面的不同，另一方面也表现为职业道德素质方面的不同。

2.整体性

一般情况下，当我们说某位从业者的职业素质好的时候，指的不仅是他的思想政治素质、职业道德素质好，还可能包括他的身心素质、科学文化素质好。因此，评价一个人的职业素质往往是从这个人的整体去评价的，这其实也就是职业素质整体性的体现。

3.内在性

职业素质是一个人在接受知识、技能的教育与培养后，通过不断实践磨炼后内化、沉淀于个人自身的一种素质，是一个人能做什么（知识、技能）、想做什么（自我认识、角色定位）和如何做（价值取向、态度、信念）的内在特质的组合。因此，职业素质具有内在性的特征。

4.发展性

一个人的职业素质是通过职业生涯实践、教育与社会影响逐步形成的，形成后的职业素质会随着时代的发展、社会的需求而不断地改善和完善，这实际上也是社会对从业者职业素质的要求。假如从业者不能适应社会发展的要求，不具备符合时代发展条件的职业素质，那么他可能会失业，失去赖以生存的物质来源，因此，人们为了更好地适应、满足、促进社会的发展需要，总是不断地提高自己的素质，所以，职业素质也具有发展性的特征。

5.稳定性

职业素质的形成是一个人在长期的职业生涯中日积月累形成的素质，这一素质一旦产生，便会产生相对的稳定性。例如，一个优秀的销售人员，在长期的销售业务的锻炼下，其熟练的业务水平、灵活变通的服务会通过他的一些行动表现出来。

（三）职业素质的构成

职业素质主要是由以下几方面的素质所构成的。

1.身心素质

身心素质包括身体素质和心理素质。良好的身心素质是从事职业活动的重要条件，是成就事业的基础。

2. 专业技能素质

专业技能素质是人们在从事某种职业时,专业知识和专业技能方面所表现出来的状况与水平。一个人的专业技能素质越强,在职业生涯中所发挥的作用就越显著,创造力也就越强。

3. 科学文化素质

科学文化素质是指人们对自然、社会、思维、科学知识等人类文化成果的认识和掌握的程度。它包括科学精神、求知欲望和创新意识。科学文化素质是职业素质的基础。如果不具备一定的科学文化知识和合理的专业知识结构,就不可能拥有过硬的职业素质,就不可能适应未来工作的需要。

4. 职业道德素质

职业道德素质包括职业态度、职业道德修养水平等,它是一个人职业道德的具体体现。一个人只有具备良好的职业道德素质,才能在职业活动中刻苦地钻研业务,提高技能,讲究信誉,注意产品质量和服务质量,忠实地履行岗位职责。

5. 思想政治素质

思想政治素质是人们在政治上的信念、世界观、价值观。思想政治素质是职业素质的灵魂,规定着其他素质的性质和方向,对其他素质起统率作用。

(四)职业素质的测评方法

职业素质测评专业机构都是通过多种方法来测量一个人的职业素质,并根据多种测量数据来综合判断一个人的职业素质。目前,常用的职业素质测评方法有以下几种。

1. 结构化面谈

结构化面谈是指由多个有代表性的考官组成一个考官小组,按规定的程序,对报考同一职位的应聘者,始终如一地使用相同的考题进行提问,并按相同的追问原则进行追问。当然,这些试题必须与工作相关,而考生的行为根据事先确定的标准进行评定。面试的结果采用规范的统计方法记分,面试合格的考生按其分数由高到低的顺序进入考核。面谈的设计、试题、实施、评价、结果都是有结构的。中央国家机关招考公务员的面试,一般都采用结构化面试。

2. 智力测验

智力测验指对一个人的感觉与思维能力,包括记忆、推理、观点表达能力等方面的测验,目的是为了综合评定人的智力水平。目前国际上常用的个人智力测验主要有两种:斯坦福—比奈智力量表和韦克斯勒智力量表。

3. 性向测定

性向测试是一种测试人类性格取向的测试方法,一般来说,人们的性格主要有典型多血质、典型胆汁质、典型黏液质、典型抑郁质和混合型气质类型。通过测试可以确定一个人属于哪种气质类型。性向测试比较常见的是哈佛性向测试表。

4. 情境模拟

情境模拟是指根据应试者可能担任的职务,编制一套与该职务实际情况相似的测试项目,将被测试者安排在模拟的工作情境中处理可能出现的各种问题,用多种方法来测评其心理素质、潜在能力的一系列方法。采取情境模拟方法有利于避免高分低能,为考察应试者的能力提供重要依据。

5. 评价中心

评价中心是一种包含多种测评方法和技术的综合测评系统,是针对特定的岗位来设计、实施相应的测评方法与技术。通过对目标岗位的工作分析作业,在了解岗位的工作内容与职务素质要求的基础上,事先创设一系列与工作高度相关的模拟情境,然后将被测试的应试者纳入到该模拟情境中,要求其完成该情境下多种典型的管理工作,如主持会议、处理公文、商务谈判、处理突发事件等。评价中心方法可以观察和分析应试者在模拟的各种情境压力下的心理、行为表现,测量和评价被测者的能力、性格等素质特征。

6. 个性与兴趣测验

个性测验就是测量个体行为独特性和倾向性等特征。最常用的方法有问卷和投射技术。问卷法有卡特尔 16 因素人格测验。投射技术包括几种具体方法,如语句完成测验等。兴趣测验是心理测试的一种方法,它可以表明一个人最感兴趣的并最可能从中得到满足的工作是什么,常用的技术方法有史特朗职业兴趣量表。

二、职业道德

(一)职业道德的概念

职业道德是指从事一定职业的人在工作和劳动过程中所应遵循的与其职业活动紧密联系的道德原则和规范的总和。各行各业的职业活动都有自己的客观规律,为维护不同行业的正常运行,维护行业的生存和发展,就必须有体现不同行业内的职业道德规范,如教师的"为人师表"、医生的"救死扶伤"、公务员的"公正廉洁",商人的"货真价实""公平交易"等,都是职业道德的体现。

(二)职业道德的特征

1. 行业性

行业之间存在差异,各行各业都有特殊的职业道德要求。教育行业对教师的职业道德要求是"教书育人,为人师表""传道、授业、解惑";医务行业对医生的职业道德要求是"救死扶伤、治病救人"等。因而职业道德具有鲜明的行业性特征。

2. 适用范围有限性

职业道德的适用范围有限性主要体现在两方面:一方面,职业道德一般只适用于走上职业岗位的成年人;另一方面,在某一特定的行业和具体的岗位上,必须有与该行业和该岗位相适应的具体的职业道德规范。这些特定的规范只在特定的职业范围内起作用,只能对从事该行业和该岗位的从业人员的行为起到约束作用,而不能用以约束他人。可见,职业道德的适用范围不是普遍的,而是特定的、有限的。

3. 利益关联性

当一些企业通用的职业道德规范,如爱岗敬业、诚实守信、团结互助、勤劳节俭等纳入具体操作层面时,企业一般都要将它与自身的行业特点、要求紧密结合在一起,变成更加具体、明确、严格的岗位责任或岗位要求,并制定出相应的奖励和处罚措施,与从业人员的利益挂钩,强调责、权、利的有机统一,便于对工作进行监督、检查、评估,有利于促进从业人员更好地履行自己的职业责任和义务。

4. 相对稳定性

职业道德与职业密切相关,职业的相对稳定性,决定了职业道德也具有相对的稳定性。只要一定的职业连续存在下去,与这一职业相适应的职业道德就会延续并存在下去。如商业行业"童叟无欺"的职业道德、医务行业"救死扶伤、治病救人"的职业道德等,千百年来为从事相关行业的人员所传承和遵守。

5. 表现形式多样性

职业领域的多样性,决定了职业道德表现形式的多样性。首先,受社会分工的影响,职业道德的存在和表现形式必然是多样的。经济的高速发展促使社会分工越来越细,越来越专,与之对应,职业道德的内容也必然千差万别。其次,各行各业为了使职业道德在实践操作层面上更具针对性和实效性,都根据自己的行业特点,归纳整理出适应本行业的行业公约、规章制度、员工守则、行为须知、岗位职责等,将职业道德的基本要求规范化、具体化、通俗化,从而使得职业道德在形式上也表现出极其丰富的多样性特征。

6. 有一定的强制性

职业道德除了通过传统习惯、社会舆论和从业人员的内心信念对从业人员的职业行为进行调节之外,它的另一个最重要特征就是与职业责任和职业纪律紧密相连,具有一定的强制性。当从业人员违反了具有一定法律效力的职业章程、职业合同、职业责任、操作规程等,给企业和社会带来损失或危害时,职业道德就将用其具体的评价标准对违规者进行处罚。

(三)职业道德的内容

1. 职业技能

职业技能是从业者从事职业劳动和完成岗位工作应该具有的业务素质,包括职业知识、职业技术和职业能力。职业技能是展示职业道德素质的重要平台。

2. 职业荣誉

职业荣誉是社会对从业者职业道德行为的价值所做出的褒奖和客观评价,以及从业者在主观认识上对自己职业道德行为的一种自尊、自爱的荣辱意向。

3. 职业纪律

职业纪律是从业者在岗位工作中必须遵守的规章、制度、条例等职业行为规范,是从业者做好本职工作的必要条件。

4. 职业良心

职业良心是从业者在履行职业义务中所形成的对职业责任的主观意识和评价能力,是从业者依据自己必须履行的道德要求,对自身的行为动机进行自我检查,对行为活动进行自我监督,对活动结果进行自我评价的能力。

5. 职业义务

职业义务是人们在职业活动中自觉地履行对他人、社会应尽的职业责任。

6. 职业态度

职业态度是人们在一定社会环境的影响下,通过职业活动和自身体验所形成的对岗位工作相对稳定的劳动态度和心理倾向,它是从业者精神境界、职业素质的重要体现。

7. 职业理想

职业理想是人们对职业活动最佳目标的追求和向往,是人们的世界观、人生观、价值观在职业活动奋斗目标上的集中体现。它是形成职业态度的基础,是实现职业目标的核心动力。在人的成长过程中,在社会环境的影响下,个人随着知识水平和爱好兴趣的发展,会逐步培养起对某种职业的爱好,并在此基础上形成一定的职业理想。

8. 职业作风

职业作风是从业者在职业活动中表现出来的相对稳定的工作态度和职业风范。从业者在职业岗位中表现出来的尽职尽责、奋力拼搏、艰苦奋斗的作风等,都属于职业作风的范畴。它是一种无形的精神力量,对从业人员取得事业的成功具有重要作用。

(四)职业道德的基本规范

1. 注重奉献

奉献精神是政府和媒体经常强调的,也是员工们普遍缺乏的。无论什么样的组织机构、什么样的社会模式,都需要成员在适当的时候勇敢地站出来,做出自己的贡献。在市场经济条件下,无论是什么企业,都会有危机、危难出现,都需要员工们在必要的时候能够积极地挺身而出,尽心尽力地为企业排忧解难。

虽然在市场经济时代,对奉献精神有了新的注解,但基本的内涵不会变,那就是"不顾小我为大我"。可以说,在当今市场经济时代,我们的工作很普通,没有让人感到崇高的使命,也不需要我们去抛头颅、洒热血,需要的只是我们在关键时刻能不辞辛劳、不计个人得失、不怕挫折、全心全力地投入。

2. 办事公道

所谓办事公道,就是指人们在处理问题时,要不偏不倚,不袒护其中一方的利益而损害另一方的利益。它是对人们的权利与义务之间、报酬与贡献之间、奖惩与功过之间相称性、对等性关系的确认和肯定。做公正的人,办公道的事,历来是劳动人民道德追求的重要目标。

公道一直是几千年来为人所称道的职业道德,人是有尊严的,人们都希望自己与别人一样受到同等的对待,企盼在法律面前人人平等,自古就有"王子犯法与庶民同罪"的说法。因此人们一直歌颂那些秉公办事,不徇私情的清官明主,如宋朝的包拯就因为处事公道,大公无私,被后世人们称为"包青天"。

3. 爱岗敬业

所谓爱岗敬业,就是用一种恭敬严肃的态度来对待自己的职业。南宋朱熹在谈论"敬业"时说:"敬业者,专心致志以事其业也。"我国也素有"敬业""乐业"之说,爱岗敬业就是职守,乐业即热爱职业。爱岗敬业包含两层含义:一是谋生敬业,即抱着强烈的挣钱、发财、致富的目的对待职业,这种敬业道德因素较少,个人利益色彩浓厚;二是爱岗,即真正认识到自己工作意义的敬业,这种高层次的敬业才是鼓舞人们勤勤恳恳、认真负责的强大动力。敬业是弘扬职业道德的前提和核心,只有敬业才能爱岗,才能忠心于职守,乐于奉献。在社会主义现代化建设的新时期,各行各业也都有爱岗敬业的标兵,如上海的水暖工徐虎,北京公共汽车售票员李素丽等。

市场经济条件下用人单位与择业者之间是双向选择的,择业者虽然有很大的选择性、自由性,但任何时候用人单位只会倾向于选择那些既有真才实学又踏踏实实工作,保持良好态度工作的人。这就要求从业者只有养成干一行、爱一行、钻一行的职业精神,专心致志搞好工作,才能实现敬业的深层次含义,并在平凡的岗位上创造出奇迹。

4. 注意节约

一般来说,职业活动中的节约,是指从业人员爱惜和节制、节省使用企业财物及社会资源的行为。它不仅仅是个人生活范围内的问题,而是反映了一种对他人、公共财富如何使用的态度和行为。可以说,从业人员是否具有节约的品质,是衡量其是否具有职业态度、职业责任和职业理想的重要尺度。

5. 注重合作

合作是职业道德建设的重要内容。合作,是个人与个人之间、群体与群体之间,就社会生活的某一内容、范围、目的或对象,为达到共同的目的,通过某些具体方式,彼此相互配合、协调发展的联合行为或过程。职业合作是一种重要的伦理规范,是在职业生活中培育和发扬人的合群、协调、尽责、全局观念的过程。对从业人员来说,具有合作的意识和能力,就会与他人相互配合、相互协作,不但能提高工作绩效,而且有助于促成个人价值的实现。

6. 遵守职业纪律

所谓的职业纪律,就是在特定的职业活动范围内,从事某种职业的人们所必须共同接受、共同遵守的行为规范。它要求劳动者在职业活动中遵守秩序、执行命令、履行自己的职责。可以说,纪律是规范从业人员与工作、与企业、与他人及社会关系的重要手段,是评价职业活动状况的基本行为尺度。

在企业,每一个从业人员都希望自己得到他人的尊重和肯定。没有人希望自己为他人所轻视、贬低、排斥。实现这一愿望,一项根本要求就是遵守职业纪律。一切按照纪律要求做事的人,体现了对事业忠诚、老实、本分的职业追求,有助于赢得同事的信任;反之,便难以为企业所接纳,难以在企业立足。

（五）遵守职业道德的重要意义

1. 是人们立足职场的基础

职业道德在人的生存与发展过程中发挥着重要而积极的作用,是个人安身立命于职场的思想基础。

人的生存发展所需的各种物质条件,以及其道德品质的形成和培养,与他在职业活动中的实践是分不开的。一个人能否立足于职场而获得长久的生存和发展,常常不在于他是否具有优越的客观条件,而在于是否具备和遵守从事某一项职业而必需的职业道德。职业道德层次的高低,直接影响到个人能否胜任本职工作。而一个职业人能否做好本职工作,也取决于他是否热爱所从事的职业,是否有工作热情,是否有克服一切困难做好本职工作的坚定意志,是否有全心全意服务于他人和社会的信念,是否有良好的职业道德行为。可见,良好的职业道德是做好本职工作的保证,也是人们在职场立足的基础。

2. 是个人事业成功的保证

现代社会,职业道德在人们的事业中所起的作用越来越突出。现代成功学的研究表明:一个人事业的成功,20%取决于专业技能,80%取决于职业精神品质。职业精神品质包括敬业、诚信、勤俭、公正、团队协作、创新和奉献等内容,它对促进从业人员做好本职工作、实现职业理想具有重要的推动作用。

3. 对物质文明起着重要保证作用

社会主义职业道德对调动广大群众的积极性,推动我国生产力发展,发展物质文明,达到共同富裕,起到了保证作用;社会主义职业道德,能够调整从事职业活动的每个社会成员与服务对象的关系,可以协调团体和社会组织内部的关系,也是维护正常的生产、科研、教学和工作秩序,保证其顺利进行的重要条件。

4. 有利于推动社会主义精神文明建设

社会主义精神文明建设,包括两个重要的方面:一方面是教育、文化和科学技术;一方面是思想道德和社会风气。一般来说,思想道德建设要解决的是整个民族的精神支柱和精神动力问题,其决定着精神文明建设的性质。而职业道德建设又是一个重要的突破口,它能推动整个精神文明建设的顺利开展。

5. 有利于促进市场经济的发展

社会主义市场经济的目的在于最大限度地满足人民日益增长的物质和文化生活的需要。通过改革开放的实践,社会主义市场经济发展了,虽然还有不尽如人意的地方,但大家都承认生活水平提高了,市场货源充足了,人民需要什么商品,在市场上就能买到。注意提高产品质量,讲究信誉,这样就形成了质量第一、信誉至上的良好职业道德观念。同时,在改革"大锅饭"体制、发展市场经济过程中,只有充分考虑到职工个人利益和团体单位的集体利益,才能调动个人努力发展生产和搞好经营的积极性。例如,建立多种形式的经济责任制,强调职工和企业所得与劳动成果挂钩的分配制度,实现国家、个人和集体利益的三者统一。经济责任制和按劳分配的付诸实施,有力地促进了从业人员学习技术、爱岗敬业的积极性,同时培养了工作责任心,强化了职业道德对生产和经营的促进作用。市场竞争机制要求有高质量的产品和优良服务,并接受市场检验。只有那些具有高质量产品和优良服务的企业才能脱颖而出,成为有效益的企业。高质量产品和优良服务源于高素质的职工队伍,源于这个队伍具有良好的职业道德。社会主义职业道德的核心是为人民服务,具体到一个单位,就是创造出顾客信得过的产品和满意的服务。这种高质量只能体现在职工努力做好各自的岗位工作,又发挥出团结协作的团队精神上面,这些正是职业道德要求做到的内容。因此,市场经济促进了职业道德的建设,职业道德的建设又促进了市场经济的进一步发展。

第三节　职业的发展

一、职业发展的原因

(一)生产力发展水平的提高

生产力是决定和推动职业发展的根本原因。生产资料、生产工具以及掌握生产技术的劳动者都是生产力的组成部分,生产力的提高,会对生产资料、生产工具以及掌握生产技术的劳动者产生一定的影响,反过来,人们通过不断开发生产资料、改进生产工具,提高生产技术与组织管理水平,会推动生产力的发展,从而推动社会分工的变化,进而对职业发展产生影响。

(二)社会制度和管理制度的变革

社会制度和管理制度的变革会促使一些新的职业产生,一些旧的职业消失,一些职业由衰转盛,一些职业由盛转衰。

(三)科学技术的发明与广泛应用

科学技术是第一生产力。人类社会的每一项进步,都伴随着科学技术的进步,尤其是现代科技的突飞猛进,为社会生产力发展和人类的文明开辟了更为广阔的空间,有力地推动了经济和社会的发展。当一个新的科技发明直接应用于生产或为人民生活服务时,必然会需要一部分劳动者应用新材料、掌握新工艺、探索新的经营管理方法与模式,这样必然会促使一些新的职业的产生,对职业发展产生影响。

二、职业发展的总趋势

(一)社会职业的种类越来越多

科技的进步推动着职业的发展。随着现代社会科技的迅猛发展,出现了许多新技术、新产品和新工艺,它们的研究、开发和应用,必然会导致职业的新旧更替,让新职业种类出现变得非常频繁。

（二）第三产业中的职位不断增加

目前,我国国民经济划分为三个产业,即第一产业、第二产业和第三产业。第三产业包括邮电通讯业、交通运输业、商业、金融保险业、服务业、教育、卫生、体育和文化艺术等。以往人们认为第三产业是服务性行业,不太重视,但是随着社会的不断发展,人们越来越重视第三产业对第一、二产业的促进作用,第三产业中的职位数量在不断地增加。

（三）社会职业结构变迁速度越来越快

随着社会的不断发展,社会职业结构变迁的速度会越来越快。工业革命时期,纺织业是主要行业,进入 20 世纪后,钢铁、汽车和建筑业的发展速度远远超过了纺织业,而电子行业从产生、发展到成为一个主要行业,只用了几十年时间,这些都是社会职业结构变迁的例子。

（四）脑力劳动职业在社会职业中所占比重越来越大

任何一种职业都需要劳动者付出一定的体力和脑力劳动,世界上没有绝对的脑力劳动或体力劳动职业,只是人们常把付出体力劳动为主的职业称为体力劳动职业,把付出脑力劳动为主的职业称为脑力劳动职业。随着科技的不断发展,机械化和自动化的普及,劳动的体力消耗越来越少,脑力劳动的消耗相对增加,因此,脑力劳动职业在社会职业中所占比重会越来越大。

（五）对从业者的要求不断提高

随着科学技术的发展,职业的专业化程度越来越高,若不具备一定的专业能力就无法胜任工作。同时,职业还开始向综合化、多元化方面发展,打破了以往每种职业都有相对固定范围的界限,职业与职业之间相互交叉延伸、界限模糊,因此,对从业者的要求也越来越高。如现在的会计师职位,不但要求其任职者会打算盘,还要求他们会操作电脑;企业的产品推销员一般都需要做公关工作,其任职者必须具有一定的公关知识和技巧。另外,职业的教育性问题更加突出,越来越多的就业岗位对从业者提出了更高的要求,单纯的体力劳动或机械操作职业正在明显减少。

三、当前职业模式发展的新趋势

（一）知识资本化

当今社会是人才社会,而市场经济是知识经济,以知识运营为经济增长方式、知识产业成为龙头产业、知识经济成为新的经济形态的人类社会经济增长方式与经济发展模式。因此,当前的职业劳动的知识含量大大增加,这就要求人们具有相当高的知识水平,从而也将带动职业模式知识资本化的兴起。

（二）就业自主化

进入 21 世纪以后，随着经济全球化的进一步发展，人的就业自由选择权利越来越得到承认和落实。因此，当前的职业模式发展会呈现出就业自主化的趋势，这一模式一方面会由政府通过法律、就业服务、失业救济以及保险对人们自由择业的基本权利加以保障；另一方面也是劳动者依靠自己的努力提高就业能力，积极寻找职业或自行创业的产物。

（三）流动加速化

随着市场经济的不断完善，个人寻求自身发展的动机与行为大大强化，高度竞争条件下的用人单位人力资源优化配置也进一步加强，这从统计和需求两个方面都使得社会职业的流动加速，从而使得职业模式发展中呈现出劳动力流动加速化的趋势。

（四）国际接轨化

全球化是不可逆转的趋势。西方发达国家的职业种类、职业劳动技能、职业工具手段、职业管理模式等都已大量渗透，并影响到我国，这些渗透一方面为我们的社会职业领域起到巨大的示范与导向作用；另一方面也随着一些跨国公司、合资企业的入境，使得我国的职业领域与国际接轨。

（五）劳动人本化

进入 21 世纪，随着经济社会的不断发展，职业劳动越来越人本化。这主要表现在职业劳动条件日益改善；职业劳动的内容越来越丰富而逐渐成为"人的第一需要"；劳动生产率不断提高和单位劳动投入所产生的成果越来越多；劳动组织也越来越考虑到员工的利益等方面。这些实际上都是职业模式发展成劳动人本化的一个重要体现。

（六）工作灵活化

当前的社会经济组织数量繁多、形式多样，其劳动关系、劳动内容、劳动形式也随之多样化与灵活化：既有拥有"铁饭碗"以及股份的"核心员工"，又有流动性强的一些员工；既有离开工作单位地点仍然在工作的"网络工人"，又有临时工、业务承包、工作任务契约；既有大量参加到经济组织中就业的各类员工，又有大量自己创业、自我雇佣和合作经营的劳动者等劳动形式。因此，职业模式也会呈现出工作灵活化的发展趋势。

第四节 大学生的职业生涯规划

一、职业生涯规划的概念

职业生涯规划就是个人通过分析、总结和测定决定自己职业生涯的主客观因素,并结合自身情况和环境状况,为自己今后所要从事的职业、担负的工作职务与工作职位等一系列的发展道路做出设想和计划,并加以实施的过程。

二、职业生涯规划的特征

职业生涯规划要求人们根据自己的兴趣、特点将自己定位在一个最能发挥自己长处且能最大限度地实现自我价值的位置,其实质上是追求最佳职业生涯规划的过程。因此,职业生涯规划具有以下几个特征。

(一)可行性特征

可行性特征指的是职业生涯规划必须要有事实依据,要切实依据自身的特点、社会发展的需要以及组织发展的需要来制定,切不可存在不着边际的梦想。

(二)清晰性特征

清晰性特征指的是职业生涯规划必须要清晰、明确,要能够将其转化为一个个可以实施的具体行动。在进行职业生涯规划时,人生各个阶段的路线与安排也一定要保证具体、清晰。

(三)适时性特征

适时性特征指的是职业生涯规划是预测未来的行动,是确保将来的目标,因而各项主要的活动,如何时实施、何时完成等都要有时间上的要求,因时制宜,与时俱进。

(四)持续性特征

持续性特征指的是职业生涯规划要确保阶段的具体设计和人生的总体规划一致,不能出现摇摆偏离而浪费各发展阶段的人力资本的现象。

(五)长期性特征

长期性特征指的是职业生涯规划必须要从长远来考虑。只有这样,才能给人生设定一个大方向,使自己集中力量紧紧围绕这个方向做出努力,最终取得成功。

三、职业生涯规划的分类

根据不同的分类依据,可以将职业生涯规划分为不同的类别。现主要对根据规划对象和根据时间维度进行的分类进行简要介绍。

（一）根据规划对象进行分类

根据规划的对象,可以将职业生涯规划分为组织的职业生涯规划和个体的职业生涯规划。

1. 组织的职业生涯规划

组织的职业生涯规划是由组织的人力资源管理部门根据组织发展需要而采取的一种较为现代的管理工具,该工具主要用以了解和激励员工,从而发掘和留用优秀的人才,其根本目的是为了组织的发展。

2. 个体的职业生涯规划

个体的职业生涯规划是指个人结合自身的情况以及自己目前所面临的机遇与挑战而根据实际情况为自己确立职业目标,选择职业道路,确定发展计划等,并为自己实现职业生涯目标而确定行动方向、行动时间和行动方案。在任何社会、任何体制下,个体的职业生涯规划都更为重要,它是人的职业生涯发展的真正动力和加速器。

（二）根据时间维度进行分类

根据时间维度,可以将职业生涯规划分为短期规划、中期规划、长期规划以及人生规划几大类。

1. 短期规划

短期规划是指 2 年以内的规划,主要是确定近期目标,规划近期应完成的任务。

2. 中期规划

中期规划通常是指 2 ～ 5 年内的职业目标和任务,它是最常用的一种职业生涯设计。中期计划既便于根据实际情况设定可行目标,又便于随时把握现实的反馈进行修正和调整。

3. 长期规划

长期规划通常是指 5 ～ 10 年的规划设计,主要是设定较长远的目标。

4. 人生规划

人生规划是指对整个职业生涯的设计,这一规划主要设定整个人生的发展目标和阶梯,对整个人生发展具有重要意义。

个人的职业生涯规划从短期到中期,再到长期,直到整个人生规划,这就如同上台阶,需要一步步地进行。但需要注意的是,个人每一个阶段的职业生涯规划都不是一成不变的,而是需要根据实际情况不断进行调整,只有这样,职业生涯规划才能发挥出其应有的效果。

四、职业生涯规划的要素

职业生涯规划主要由知己、知彼、抉择、目标和行动五大要素构成,这五大要素之间有着密切的关系,知己是了解自己本身的特性,知彼是了解工作本身的特性,只有知己知彼,个人所确定的职业生涯目标才能符合现实,才切合可行。知己知彼又是抉择、确定目标和行动的现实基础,只有将五个因素紧密结合在一起,才能制定出科学合理的职业生涯规划。

(一)知己

知己就是对自身条件的自我认识与了解,包括自己的性格和气质特征、兴趣天赋、爱好、能力和价值观的取向,以及父母、学校与社会教育等对个人的影响等。

(二)知彼

知彼就是对外面的世界有所了解,尤其是与职业生涯发展相关的工作世界,包括职业要求、职业特征、职业发展前景、行业及职业薪酬、组织发展战略、就业政策、就业形势、晋升机会等。

(三)抉择

抉择就是在知己知彼的基础上,根据自己对外界的分析结果,对自己将来所要从事的工作进行选择和确定,包括抉择技巧、抉择风格以及抉择可能面临的冲突、阻力和助力等。

(四)目标

目标就是在抉择之后,考虑自己职业生涯发展的前景,确定切合实际的有可能实现的目标,并以此指导行动。

(五)行动

行动是职业生涯规划所有要素中最为重要的一个环节。如果没有行动,前面的所有工作即使做得再好也毫无意义。

五、职业生涯规划的影响因素

职业生涯是个人发展历程的体现,它伴随着整个人的发展过程。在职业生涯规划的过程中,会受到诸多方面因素的影响,具体来说,包括以下几个方面的因素。

(一)教育程度

教育是促进个人的人格、才能不断发展完善的社会活动,它奠定了一个人的基本素质。一般来说,接受了教育的人会形成自己特有的能力和才干。

（二）家庭

家庭对个人的影响是非常重要的,因为一个人出生之后自始至终不能脱离的就是家庭。甚至可以说,家庭是个人成长发展的主要因素。在个体还小的时候,家庭就对个人起到了潜移默化的影响,使个人的为人处事形成一定的观念。有的人还从家庭中自觉或不自觉地获得某些职业知识或技能。此外,个体在选择职业或进行事业规划时,通常也会考虑到家庭的因素,还有一些人的职业生涯规划甚至是在家庭的干预下才完成的。

（三）人格因素

性格对一个人的职业生涯会产生重大的影响。因为很多工作都对人的性格有一定的要求,如外交工作要求人沉稳、大方;分析师要求人冷静、细致;推销员则要求人热情、开朗。只有从事与自己人格特征相适合的工作,才能充分施展自己的才华,全身心地投入,取得良好的绩效。如果性格与工作不适合,再有能力也难以发挥。

（四）价值观

个人的价值观直接影响着个人职业生涯的发展。不仅持有不同价值观的人会有不同的职业生涯规划,而且选择同样一份工作的人也会有不同的职业生涯规划。在择业时,人们会根据自己对职业的理解,根据自己的价值取向来选择职业。对于同一个人,受到年龄以及阅历的限制,也会形成不同的职业生涯规划。

（五）性别因素

在现代社会,虽然男女平等的观念被大力倡导,在社会的诸多领域这一观念也被普遍认可,但是在选择职业的过程中,男女不平等的现象仍然存在。事实上,很少有人能够完全漠视性别问题。因此,个人在进行职业生涯规划的时候,应该充分考虑自己的性别角色,充分发挥自己性别方面的优势,并使自己获得成功。

（六）健康状况

健康是一个人成功的基础,没有健康,职业生涯规划是很难实现的。健康对于职业选择特别重要,几乎所有的职业都需要健康的身心。

（七）社会环境及组织

个人在职业生涯规划的过程中,会受到社会环境及组织等因素的影响。

从社会环境的角度来说,社会的政治、经济、文化都会对个人的职业生涯规划产生重要的影响。同时,在大环境的影响下,社会职业岗位的数量和结构也会出现相应的变化。这些变化对个人进行职业生涯规划决策产生了重要的影响。

从组织的角度来说,个人职业目标的实现都是在组织中完成的,因此,组织的管理制度,用人机制,也是影响个人职业生涯的重要因素。

（八）机遇

在现实生活中,我们会听到有人说他自己从事某个职业是由于某次偶然的机会。确实,人们在进行职业生涯规划的过程中,会受到某些机遇的影响。

六、大学生职业生涯规划的步骤

（一）生涯志向的树立

志向是事业成功的前提和基本,是一个人的远大理想,没有志向也就无从谈起事业的成功。确立志向即设立自己未来方向的志愿,也就是确定一个长远的目标,制定目标达成的步骤,并在这一基础上努力进取,不断调整修正理论与实践差距的过程。因此,大学生职业生涯规划的关键就是生涯志向的树立。生涯志向的树立不仅是大学生进行职业生涯规划的第一步,也是其进行职业生涯规划的意义所在。一份"胸无大志",没有任何志向的职业生涯规划是根本没有任何存在意义的。只有立志,才能有前进的目标以及朝这一目标前进的动力。需要指出的是,由于每个人由于自身条件的不同,因而也会有不同的职业理想与抱负志向。

（二）自我剖析与定位

大学生职业生涯规划的基础以及其是否能够获得课型的规划方案的前提就是自我剖析与定位。未建立在自我剖析与定位基础上的职业生涯规划是不现实的,也缺乏可操作性,很容易中途夭折。自我剖析与定位就是要通过科学认知的方法和手段,全面认识自己的性格、气质、职业兴趣、能力等,清楚自己的优势与劣势,对自己进行客观、全面的了解与定位,进而准确地把握和合理地规划自己未来的职业生涯。自我剖析与定位的主要内容是与个人相关的所有因素,包括了解自己的性格、身体状况、兴趣、能力、价值观、学识水平、情商、潜能、思维方式等。在进行自我评估与定位时,要客观、冷静,不能以点代面,既要看到自己的优点,也要看到自己的缺点。

（三）职业生涯机会的评估

评估职业生涯机会即评估环境。环境因素对职业生涯的发展有着极大的影响,大学生若是缺乏对外部环境的了解和分析,自己的职业生涯规划便只能是流于空泛。只有顺应外部环境的需要,才能使个人的优势得到最大限度的发挥,实现自己的职业目标。特别是近年来,随着社会变迁的加快、科技发展的加速以及市场竞争的加剧,都对大学生的发展产生了很大的影响。大学生若是能很好地利用外部环境,就会有助于自己在事业上取得成功。因此,大学生在进行职业生涯规划时,要注意对环境的特点、环境对自己提出的要求以及环境对自己的有利与不利的因素等进行分析。

对环境的评估一般来说主要包括三个方面,即对政治环境、经济环境和组织环境的评估。其具体如下所述。

政治环境影响着国家的经济体制以及企业等经济体的组织机构,从而对大学生的职业生涯规划和职业发展产生直接的影响,因而大学生在进行职业生涯规划时要对政治环境进行充分的考虑。

经济环境直接影响着大学生的就业状况和就业率,对大学生职业生涯规划的影响是显而易见的,因而大学生在进行职业生涯规划时也要充分考虑经济环境。

组织环境主要指的是具体的组织机构中的环境因素,会对大学生的事业发展及其成败产生直接的影响,因而大学生在进行职业生涯规划时还要认真分析各种类型组织的环境因素,确认自己所偏好的职业环境在哪类组织中,自己在哪些组织有发展空间及发展机会,进而寻找到适合自己未来发展的组织单位,即确定自己的职业生涯路线。

（四）职业生涯目标的确定

确定职业生涯目标是大学生进行职业生涯规划的核心,是在环境分析和自我评估的基础上对人生目标做出的抉择,也是其希望能够通过职业生涯发展达到的成果。职业生涯目标选择的正确与否会对大学生事业的成功和失败产生直接的影响。

大学生在进行职业生涯规划时所确立的目标应该是可预想到的、有一定实现可能的最长远目标。职业生涯目标确立的方法通常是先结合自身条件和现实环境选择长期目标,再通过目标分解分化成符合阶段目标要求的中期目标和短期目标。因此,大学生在制定自己的职业生涯目标时,可以先将自己职业生涯的最长远目标分解成一个个的阶段性目标,只要这样坚持下去,一定能够最终实现自己职业生涯的总目标。

（五）职业生涯路线的选择

大学生在确定了职业生涯目标后,就需要选择一条职业发展路线,也就是通过什么样的路线来实现自己的职业生涯目标。需要注意的是,每一个大学生由于自身的具体条件以及职业理想等的不同,选择的职业生涯路线有可能是完全不同的,但都需要使自己的学习、工作以及社会实践活动沿着选定的职业生涯路线努力。

（六）职业生涯策略的制定与实施

所谓职业生涯策略,就是指为实现职业生涯目标而制定的行动计划。大学生一旦确立了自己的职业生涯目标,就需要制定相应的具体实施方案来实现这一目标。策略实施的内容包括设计职业生涯发展路线、安排教育培训、实践计划等。职业生涯策略的制定很重要,但更重要的是去实施这一职业生涯策略。这一过程中比较重要的行动方案有选择职业生涯发展路线与职业,制定相应的教育与培训计划等。

由于大学阶段正处于职业生涯的早期阶段,知识能力储备与职业抉择规划是其主要任务,因而要围绕学习这个主题来进行规划策略方案,具体分解到以何种形式学习,参加什么培训项目,学习哪些方面的知识,达到什么样的标准,能力积累提高的具体途径等。每个大学生的具体情况是不同的,制定的行动方案也会有所不同,但在制定方案时都要结合自己的实际情况,突出自己行动方案的事实性和个性化。制定出行动方案后,就要按照方案不折不扣地实施,进而实现自己的职业生涯目标。

（七）评估、反馈与修正

评估、反馈与修正就是对已经实施了一段时间的职业生涯规划进行适时的评估,并依据实际情况及时修正、变更原有的职业生涯规划的过程。评估、反馈与修正的过程就是个人对自己、对社会不断认识的过程,是使职业生涯规划更加有效的有力手段。职业生涯规划是一个动态的过程,影响其设计的因素有很多且绝大部分变化因素是难以预测的,而且再好的职业生涯规划也会有不完善之处。因此,大学生要想使自己设计的职业生涯规划行之有效,就要不断评估职业生涯规划,诊断职业生涯规划各个环节出现的问题,并及时找出相应的对策对自己的职业生涯目标和职业生涯策略进行调整。只有这样,大学生才有可能在激烈的择业竞争中获得成功。

从整体上来看,以上几个步骤是环环相扣、缺一不可的,大学生在进行职业生涯规划时,一定要按照顺序脚踏实地地一步步完成,以保证职业生涯规划的切实有效。

七、大学生职业生涯规划设计的方法

当前,大学生职业生涯规划设计的方法有很多,比较典型的主要包括以下几种。

（一）思考圈法

思考圈法以循环思考来表述职业生涯规划是身在何处、何以至此、欲往何方、有何资源、何以前往、可知到达等六个要素之间的往返循环过程,如图1-1所示。

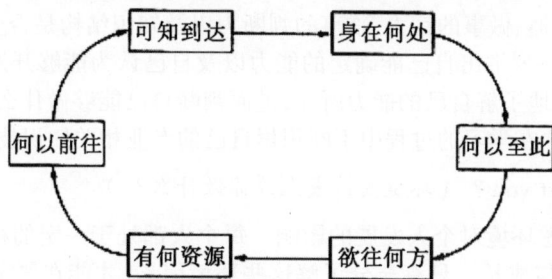

图1-1

身在何处就是对目前情况、存在差距的了解与认识,是问题解决开始时所需要的信息。

何以至此就是分析原因,原因是多方面的,既可能有就业观念、政策支持、领导重视等主观方面的原因,又可能有就业形势、金融危机等客观方面的原因。

欲往何方就是选择最优职业并做出临时决策,选择可能性最大的情况,思考并明确就业目标是什么。

有何资源就是在查看了各种资源后发现的尽可能多的有利资源,并把与目标一致的有效资源进行整合。

何以前往就是设计一项计划来实施某一临时选择。

可知到达就是通过对比结果和结论与选择和目标,检验与分析和目标的差距,并总结结论,以打好下一循环的基础。

(二)自我规划"五步法"

"五步法"也是大学生职业生涯规划设计的一种简单易行的方法,依托于五个"what"的归零思考模式。"五步法"的五个问题如下。

1.What are you ?(你是谁?)

这一问题是对自己进行的一次自我分析过程。分析的内容包括个人的身体状况、性格倾向、兴趣爱好、专长、思维能力、教育背景和过往经历。回答这一问题应该对自己进行一次深刻的反思,想想自己到底是一个怎样的人,并将自己的优缺点一一列出来。这样就能够对自己有一个全面、清醒的认识和了解。

2.What do you want ?(你想做什么?)

这一问题是对自己职业发展的一个心理趋向的检查,是目标展望的过程,包括学习目标、职业目标、收入目标、名望期望和成就感。每个人在不同阶段的兴与目标并不是完全一致的,有时还会是完全对立的。特别要注意的是学习目标的不断确立。只有不断确立学习目标,才能在激烈的竞争中不被淘汰,也才能不断地超越自我,登上更高的职业高峰。随着年龄以及经历的不断增长,目标也会逐渐固定下来,并最终确定自己的终生理想。

3.What can you do ?(你会做什么?)

这一问题是对自己的能力和潜力的全面总结,判断自己能够做什么。一个人职业的定位最根本的要归结于他的能力,而其职业发展空间的大小取决于其自身的潜力。了解一个人的潜力,应该从对事的兴趣、做事的韧力、临事的判断力以及知识结构是否全面、是否及时更新等方面着手去认识。一一列举出自己能确定的能力以及自己认为能够开发出来的潜力,并进行排序,使自己能够清晰地了解自己的能力所在,进而判断自己能够做什么。最好是能够学以致用,发挥自己的专长,并在学习的过程中不断积累自己的专业相关知识技能。

4.What can support you ?(环境支持或允许你做什么?)

这一问题是要考虑环境对个人发展的影响。每个人都处于一定的社会环境中,离开了这一环境便会无法生存与成长。只有充分了解这些环境因素,才能在复杂的环境中避害趋利。这种环境支持应该综合起来看,客观方面包括如经济发展、职业空间、企业制度、人事政策等本地的各种状态;主观方面包括亲戚关系、领导态度、同事关系等。我们在选择职业时,有时会忽视主观方面的东西,未能调动起一切有利于自己发展的因素,进而影响了自己的职业切入点。

5.What can you be in the end ?(你的职业与生活规划是什么?)

在明晰了前面的四个问题后,就能从各个问题中找到对实现自己的职业目标有利和不利的条件,列出不利条件最少的、自己想做且又能做的职业目标,则这一问题就自然有了一个清楚明了的框架。机会总是偏爱有准备的人,一个人如果做好了职业生规划,并为将来的职业做好了充分的准备,就能在就业市场获得比未做准备的人多的多的机会。

(三)"三定"法

"三定"法即通过定向、定点和定位进行职业生涯规划的方法。

1. 定向

定向即确定职业生涯规划的方向,一旦方向错了,就会距离目标越来越远,还要重新走回头路,付出较大的代价。因此,大学生在进行职业生涯规划设计时,绝对不能在方向问题上犯错误。大学生职业生涯规划设计的方向通常由本人所学专业确定,但有一部分大学生在毕业后不能完全按照自己所学的专业选择工作,出现了"专业不对口""用非所学""学非所用"的现象。在这种情况下,大学生就要适当调整自己的职业生涯规划设计,依据社会需求的选择与自己相适合的职业岗位,有时还需要强制自己从事自己并不喜欢但是社会紧缺、急需或有发展前景的岗位。

2. "定点"

定点即确定职业生涯发展的地点。大学生在进行职业生涯规划设计时,要将多方面的因素综合起来,不可一时冲动,感情用事。若是在一开始就选准了地点,就可以在一个地方围绕一个职业长期稳定发展,这对增长自己的经验和资历都是很有帮助的。但是,若一开始没能选准地点,一味地挤向发达地区,最后的结果可能是没待多久就要跳槽离开,这会对自己的前途产生极大的影响。

3. 定位

定位即全面分析自己的水平、能力、薪资期望、心理承受度等。大学生在对自己进行定位时,既不能定位过低,更不能高估自己,导致期望值过高。一旦不能如愿,失望也就越大。确立从基础做起、从基层做起,逐步积累经验,循序渐进,谋求发展的思想理念,是非常重要的。

(四)CASVE 循环分析法

CASVE 循环分析法可以运用到整个职业生涯问题解决和决策制定的过程之中,体现了职业生涯决策的循环持续性特征。CASVE 循环分析法包括沟通、分析、综合、评估和执行五个阶段。

1. 沟通阶段

沟通阶段可以看成是决策的开始,是意识到自己需要做出选择的阶段。在这一阶段,可以通过感官充分接触问题,发现职业理想和现实间的差距,并对其高度重视。

2. 分析阶段

分析阶段是对差距进行充分了解,并对自己有效做出反应的能力进行了解的阶段。在这一阶段,应尽可能对造成第一阶段存在差距的原因进行了解,并把各种因素与相关的知识联系起来。

3. 综合阶段

综合阶段是对上一阶段提供的信息进行全面处理,进而制定消除差距的行动方案的阶段。

在这一阶段,确定自己可以做什么来解决问题时期的核心任务,并要尽可能多的找出消除差距的方法,对每一种方法进行发散思考,缩减有效方法的数量。

4.评估阶段

评估阶段是对职业、工作或者相关技能做出选择的阶段。在这一阶段,要得出一个最佳的选项,且会做出承诺实施这一选择。

5.执行阶段

执行阶段是将思考转化为行动的实施选择阶段。要想有效地解决问题,就必须要有行动,因此这一阶段是非常重要的。

CASVE循环分析法能够帮助大学生提高决策能力,但要注意依据影响因素的变化,对自己的决策结果进行适当的调整。

(五)便捷式生涯规划法

便捷式生涯规划法就是在日常生活中被广泛运用的职业生涯规划的方法,这种方法不用花费太多心神,省时省力,在短时间内见效快、效率高,但无法根据个人的能力和特性做出长远的规划,职业生涯将来所面临的风险相对较高。便捷式生涯规划法具体包括以下几种。

1.橱窗游走法

橱窗游走法即到各种工作场所走马观花一番后,选择一个自己最顺眼的工作。对于大学生来说,了解各种工作是必须的,但不能在这一阶段花费太长的时间,否则到头来会发现自己根本没有专长,而只是对各项都有所了解的"三脚猫"。要知道,全才是现在的社会所需要的,但有所专长的专才更是现在的社会所需要的。

2.假手他人法

假手他人法即因自己的懒惰或者不愿意面对当中的烦琐程序,由他人来替自己选择和决定职业,他人包括父母、家人、朋友、同学、老师、权威人士等。

3.目前趋势法

目前趋势法即跟随现在市场的趋势而盲目投入计算机、经济管理类和金融等热门行业。这样的选择也许暂时会造成将来就业情况非常乐观的假象,但是却没有考虑到形式在几年后是否会发生新的变化。从这个角度来说,大学生在进行职业选择时,应当注意进行动态考虑,不能一味地随波逐流、追踪热门行业。

4.刻板印象法

刻板印象法即依据性别、年龄、社会地位等刻板印象选择职业。其实,这样的观点早已经过时,只有依据个人的兴趣爱好以及个人能力才能选择到适合自己的职业。

5.拜金主义法

拜金主义法即在选择职业时盲目选择待遇最好的行业,而不顾从事该行业会给自己的心理带来的是快乐还是痛苦。当所选择的职业与自己的兴趣爱好不相符合时,就会工作得非常辛苦,自己的心理也会非常痛苦。

6. 最少努力法

最少努力法即选择最容易的科系或技术,希望既能学得轻松,玩得开心,又能有最好的结果。其实,这样的想法太过于理想主义,总是希望能够不劳而获。要知道,天上是不会掉馅饼的,只有一分耕耘才能有一分收获。

(六)SWOT 分析法

SWOT 分析法又称态势分析法,SWOT 四个英文字母分别代表 Strength(优势)、Weakness(劣势)、Opportunity(机会)、Threat(威胁)。一般来说,优势(S)是个人的内部因素,包括良好的个人形象、优越的教育背景、自身的竞争力、优秀品质、专业技能、心理素质、社会关系等;劣势(W)也是个人的内部因素,包括心理障碍、价值观念错误陈旧、缺少竞争能力、自我管理不当、专业技能缺失、社会关系不足等;机会(O)是个人的外部因素,包括新需求、新行业、新职业、竞争对手失误、外国市场壁垒解除等;威胁(T)也是个人的外部因素,包括经济衰退、市场需求降低、行业政策变化、新的竞争对手、替代职业增多、用人单位变故等。

SWOT 分析即通过调查分析将与研究对象密切相关的优势、劣势、机会和威胁等列举出来,并按照一定的次序排列成矩阵形式,然后用系统分析的思想,将各种因素相互匹配起来加以分析,从中得出一系列相应的结论,根据得出的结论制定相应的策略。

大学生在运用 SWOT 分析法设计职业生涯规划时,需要从以下几方面着手。

1. 分析环境因素

环境因素涉及两个方面,即内部环境与外部环境。要运用各种调查研究方法,分析出个人所处的环境因素。内部环境因素包括优势因素与弱点因素,是个人在发展中自身存在的积极与消极因素;外部环境因素包括机会因素和威胁因素,是外部环境对个人的发展直接有影响的有利和不利因素。在对这些因素进行调查分析时,既要考虑到历史与现状,也要考虑到未来的发展问题。

2. 构造 SWOT 矩阵

通过分析环境因素得出的影响个人发展的内外环境因素,能够按照一定的顺序排列构造SWOT 矩阵。优先排列对个人的职业发展有直接的、迫切的、重要的、久远的影响因素,再将间接的、不急的、次要的、短暂的影响因素排列在后面。

3. 制定行动计划

在完成了对环境因素的分析,也构造好 SWOT 矩阵后,接下来就要运用系统分析的方法系统分析各种影响因素,进而制定出个人未来职业发展的行动计划。计划制定的基本思路是:发挥优势因素,克服劣势因素,利用机会因素,化解威胁因素;考虑过去,立足当前,着眼未来。运用系统分析的综合分析方法,将优势、劣势、机会和威胁四项因素相互匹配起来加以组合,得出一系列适合自己的策略。需要注意的是,运用 SWOT 分析法制定职业生涯行动策略依据的主要是对研究对象在某一时间段内的内外因素所做的具体分析,但这些因素不是一成不变的,当内外因素发生变化会对分析结果的准确性和制定出的策略的可行性产生直接的影响。这就需要大学生在运用 SWOT 分析法时能敏锐捕捉市场环境因素的变化,提高对外在形势变化的预见性,能依据最新情况相应地调整 SWOT 分析策略。

八、大学生职业生涯规划的误区

(一)认为兴趣就是职业

兴趣是人类享受生活的方式,一个人如果对某种事物感兴趣,那么就会产生接近这种事物的倾向,并以最大的热情积极参与有关活动,并使人的探究和认识活动染上强烈的、肯定的情绪色彩,从而使这种活动为人所接受和喜爱。

职业是人类赖以生存的方式,它可以为人类的生存提供所需的物质资料。选择职业是一种社会活动,必然受到一定的社会因素制约,而且任何人选择职业的自由都是相对的、有条件的,如果择业脱离社会需要,就很难为社会所接纳。

在现实生活中,许多大学生都将兴趣等同于职业,认为自己对某些事物感兴趣,那么自己将来也一定会从事与之相关的职业,其实,大学生的这种观点是片面的,其实,兴趣确实是选择职业的重要考虑因素,但它不是唯一的,所以,大学生在制定自己的职业生涯规划时一定要正确对待自己的兴趣,一个好的职业生涯规划一定要综合考虑专业特长、社会需要、兴趣和能力等多方面的因素。

(二)认为知识就是能力

知识是一个社会分工的特定领域的系统集成的理论知识及方法。而能力则是借助知识解决实际问题的一种智慧。大学生通过一定的渠道掌握了特定的知识,但这不能说大学生就具备了解决某一方面问题的能力,因为能力主要表现为会做什么,能做好什么,能够在工作中运用所学的才是能力。如果所学专业并不是所要从事的,那么无论专业知识学的多么好,它都不是能力,不能减少与岗位要求的差距,更不要指望用专业知识来打造职业理想的核心竞争力。所以,大学生在进行职业生涯规划时,一定要分清能力与知识的差别,尽量使自己拥有多方面的知识与能力。

(三)认为行业就是岗位

行业是最大的国民经济因素,而岗位是大学生要效力的具体职位,大学生的就业是要面向具体岗位的,行业与岗位并不等同。所以,大学生一定要围绕企业目标或者岗位目标进行职业生涯规划,了解具体岗位的工作内容,不断提升自己,以胜任工作要求,进而实现持续发展。

(四)认为理想就是目标

职业理想更多地表现为某个具体的职位,而目标是我们在实现职业理想过程中的阶段划分。只有把宏大的职业理想转化为一个个可以实现的具体目标,我们的职业理想才会最终得以实现,否则,宏大的职业理想只能是职业空想。因此,大学生在判定职业前程时,一定要从实际出发,职业生涯规划要切实可行,莫把理想等同于目标。

（五）认为职业生涯规划就是创业计划

创业计划不等同于职业生涯规划，也不能替代职业生涯规划，创业是职业生涯的一部分。职业生涯规划更关注个体是否适合创业，是否选择了一条适合自己的创业道路，是否了解并准备迎接创业的艰辛与挑战以及创业者的心路历程等。

（六）认为成功就是幸运

许多人坚信成功者是由于有好的机会，因此，他们都被动地等待命运的安排，而不去主动地计划经营，努力把握自己的生活。这种把成功等同于幸运的行为导致的结果大多是一旦不成功便早早放弃，被拒绝和挫折打垮了信心。其实，能带来成功的往往是努力，而不单单是运气。如果大学生能够提前意识到一些可能遇到的问题，将有助于他们更好地处理问题。

（七）对职业生涯规划认识不清

有些大学生不能对职业生涯规划的意义及作用等有一清晰的认识，他们认为，自己尚处于学习阶段，自己的未来还是一个未知数，还存在着许多的不确定因素，如果在大学阶段就制定自己的职业生涯规划为时过早。这种想法所造成的后果是学习的无目的性，荒废了宝贵的学习时光。其实，对于生命中一些个人无法掌握的因素，应以一颗平常心冷静地应对。大学生应该明白，拥有一个明确的职业目标方向是非常必要的。进行职业生涯规划，就是要对我们所能做到的事全力以赴，机会总是青睐那些有准备的人。

（八）将证书看作是未来选择职业的通行证

许多学生都以为证书越多，竞争实力就越强，未来就会找到好的工作，所以，他们投入了很多时间参加各种社团活动，甚至旷课打工，结果影响了学业，导致不能顺利毕业。这些问题的出现，就是因为部分学生不能将目标系统化，不能根据自身的生涯目标合理设计实现路径，结果造成主次不清、本末倒置的结果。

（九）缺乏掌握自己命运的主动性

许多大学生在制定职业生涯规划时，对关系到自己未来发展的问题上不能自己做主，总希望有人能替他做出最后的选择。由于每个人的家庭经济条件、父母的文化背景、能力、社会地位、个性类型、价值观、职业生涯目标、父母的期望、对成功的评估标准等都不尽相同，所以不同的人对自己的职业生涯规划也必然不相同。个人的职业生涯规划必须由自己主导，无论是老师、父母或朋友都无法替代，只能由自己根据实际情况来客观地进行规划，自己的命运掌握在自己手中。

（十）对自我认识不清

许多大学生都存在对自我认识不清的情况，许多人在自我评估过程中，都会过分地肯定或者否定自己。前者会让规划者好高骛远,盲目自大;后者会让规划者看不到自己的优势所在,不断地从自己身上找缺点,认为自己一无是处,从而失去信心。缺乏自信的人,其事业是难以成功的。所以大学生应该认真、客观地评估自己,从而找到自己的优势和不足,只有这样,才能更有助于大学生合理地制定自己的职业生涯规划。

上　篇　新时期大学生就业专题研究

第二章　大学生就业的形势与政策

目前,我国大学生就业面临着全新的形势和挑战。全球金融危机从虚拟经济向实体经济蔓延,对我国经济的影响越来越明显,同时国内地区经济发展不平衡,高等教育体制也存在不完善的地方,这些都在有形无形中增加了大学生就业的压力。为此,国家和各级政府出台了一系列有针对性的政策,努力通过各种手段来促进大学生就业。而大学生应该主动地去关注和了解当前我国大学生的就业形势和就业政策,促使自己能够更好、更快地就业。本章主要对大学生就业的形势与政策进行简要阐述。

第一节　大学生就业的形势

一、大学生当前就业形势的现状

（一）应届毕业生就业难度增大

连续几年的扩招,使我国高等教育迅速迈入大众化。全国高校毕业生人数增长迅速,2013年全国高校毕业生有 700 万人,2014 年涨至 727 万人,2015 年全国高校毕业生总数达到 749 万人,2016 年高校毕业生人数达 765 万人。

我国《面向 21 世纪教育振兴行动计划》中提出：到 2010 年高等教育毛入学率要达到适龄青年的 15%。而到 2002 年,全国高等教育毛入学率就首次达到了 15%,提前进入了教育大众化阶段。2010 年,全国高等教育毛入学率则达到了 26.5%。2011 年,全国高等教育毛入学率达到 26.9%。2012 年,全国高等教育毛入学率达到 30%。预计中国 2020 年高等教育入学率为 40%。毕业生人数的迅速增加,社会整体需求却保持相对平稳或略有增长,这必然形成对大学毕业生就业市场的冲击,使其市场相对缩小、压力增大。就业与市场的矛盾逐渐显现出来,初次就业率逐年下降。此外,大中城市高岗位提供数和高就业率造成了需求旺盛的假象,影响大学生流向基层,造成了"有地方没人去,有人没地方去"的现象,客观上增加了就业的竞争性,从而也影响就业率。

（二）毕业生就业满意率较低

毕业生就业满意率低主要体现在大学毕业生对薪酬、专业对口率、就业稳定性、事业发展预期空间等满意率较低。很多学生在初入大学时持有"大一先轻松一下,大二大三再努力也不迟"的心态,对自己的未来发展缺乏科学的规划,这往往成为他们面对就业压力时感到手足无措的一个重要原因。随着就业压力的增大,毕业生的就业定位越来越趋于理性,更多的大学毕业生面临的问题不是找不到工作,而是找不到满意的工作。就很多毕业生而言,与其说是"就业困难",不如说是"就业迷茫",不知道自己能从事什么样的工作、该从事什么样的工作。

（三）大学毕业生综合素质不高

现在,用人单位对大学毕业生的综合素质要求越来越高,不仅要有过硬的专业能力,还必须要有良好的职业道德、思想道德修养等,而许多大学生在校期间过于偏重书本知识的学习,忽视了对自身社交能力、社会适应能力、自我调节能力、团队合作精神和吃苦耐劳精神的培养。许多大学毕业生一走出校园后,往往难以融入社会,也不能很好地融入工作环境中。

（四）大学毕业生就业能力较弱

目前,我国大学毕业生的就业能力相对薄弱。有的大学生可能专业能力较强,但缺乏自信,在求职过程中不能表现出自己的水平;有的大学生过于自信、骄傲,不懂必要的社交礼仪;有的大学生缺乏合理的职业生涯规划,导致在求职过程中屡失良机。这些都是大学生就业能力较弱的表现。

对于大学毕业生来说,社会实践是提高就业能力必不可少的部分,而许多大学生忽视了这一方面。用人单位更倾向于选择有工作经验的人员,其中就包括有社会实践经验的大学毕业生,这就使那些缺乏社会实践经验的大学毕业生就业更加艰难。

（五）大学生就业结构性矛盾突出

近年来,我国大学毕业生就业结构性矛盾日益突出,具体表现在专业、学历、院校和市场等方面。

第一,在专业上,根据教育部公布的《2008年全国普通高校本科部分专业毕业生规模及就业率区间分布》显示,石油工程、地质工程、采矿工程、矿物加工工程、冶金工程、飞行技术、船舶与海洋工程等专业毕业生就业情况较好,而法学、文学、教育学、哲学这类传统专业毕业生的就业情况相对不佳。

第二,在学历上,正常的现象是学历越高,就业率就越高,但近些年来,由于高校不断扩招导致本科生人数过多,再加上用人单位的影响,导致出现了个别高职高专毕业生的就业率超过本科毕业生的现象。

第三,在院校上,由于直属高校、部门高校和地方高校在教学资源上存在较大差别,培养出的大学生专业水平存在差距,同时,由于用人单位越来越看中高校的类别,导致直属高校毕业生更加"吃香",而地方高校毕业生就业情况令人担忧。

第四,在市场上,由于我国经济发展不平衡,形成了东强西弱的局面。这就使大学毕业生就业首选的地区集中在东部沿海发达地区,如北京、上海、广州、深圳等大城市,这些地区的大学生就业竞争十分激烈,而西部发达地区相对人才短缺。

(六)不愿去西部、下基层

虽然近年来地方高校毕业生主要在本地范围内就业,行业所属高校毕业生主要在本系统内就业,但随着就业体质的改革,政策的限制逐渐放开,毕业生在政策允许的范围内可以自主择业。面对残酷的就业现状,很多大学生转变了观点,不再一窝蜂地涌向北京、上海、广州等大城市,但是相当大比例的毕业生仍不愿去西部省份,不愿下基层工作。尽管绝大多数毕业生都表示赞成"大学生志愿服务西部计划"及大学生到农村基层担任"村官"计划等国家促进高校毕业生就业的政策措施,但是最终只有少部分学生表示愿意去西部或农村寻求个人发展,相当一部分学生认为这会限制个人未来的发展,而想方设法留在中心城市或省会城市,东部发达地区仍然是高校毕业生就业的热点地区,其中以京、沪为中心的经济中心区,是毕业生流向的主要地区,比到中部地区或西部地区的毕业生要高出很多个百分点。

(七)预期薪酬下降

大学生择业就业的标准就是就业目标的体现,而现今大学生择业就业的标准主要通过薪金水平、工作环境、社会地位和声誉、受教育机会、个人发展等来体现。在日益严峻的就业形势下,昔日的"天之骄子"们显然在心理上已经完成了向普通劳动者的转变。调查显示,毕业生已经走出"要价"过高的误区,预期薪酬回归理性,出现大幅下降的明显趋势。相关问卷调查显示,高校毕业生预期薪酬中大部分大学生将底薪定位在"1 000~1 500元"和"1 500~2 000元",只有少数大学生将底薪定位在2 000元以上,甚至有部分毕业生表示愿意接受"零工资"就业,这是以往没有出现过的情况,各大媒体也屡屡报道。就目前来说,不管房价动辄数千上万的城市,其不到两千月薪的工作,也令大学生们求之不得。

(八)需求量萎缩

随着金融危机影响的日益扩散,首先是跨国公司业务萎缩,减少了用人数量;其次是国内为国外多种产业提供零部件、原材料、半成品的制造业和出口型企业也受到影响;最后是能源工业。我国金融、地产、外贸类企业以及位于长三角和珠三角的加工制造类企业的招聘岗位锐减,保险、汽车、航空、旅游、广告等行业也遭遇"寒流",用人需求明显减少。金融危机一方面使失业人员数量极大增加,另一方面使企业招聘岗位减少甚至取消,使高校毕业生就业形势更加严峻。

（九）民营、三资企业就业率增加

随着就业形势的不断严峻，机关、教学科研、医疗卫生等事业单位和国有企业短期内无法提供大量的就业岗位，因此，到机关、教育科研、医疗卫生等事业单位和国有企业就业的毕业生比例继续降低，而到其他企事业单位和自主创业的毕业生比例逐年增高，更多的毕业生将流向民营、三资企业和其他事业单位。

（十）考研和考公务员热持续升温

在"找工作难，找好工作更是难上加难"的情况下，很多大学生将目光锁定在考研究生和考公务员（或是参加选调生考试）上，考研大军和考公务员一族人数越来越多，竞争激烈程度逐年加剧，这浩浩荡荡的大军中有相当的比例为应届大学毕业生和往年未就业不稳定的大学生。

（十一）行业特点明显的专业就业形势相对较好

大学毕业生就业率在90%以上的专业是：海洋船舶驾驶、纺织工程、印刷技术、汽车工艺与维修、船舶技术、土木工程施工技术及管理、机械工程及自动化、道路与桥梁、水利水电建筑工程、机床数控技术。

（十二）国家引导政策效应明显

引导毕业生面向基层就业工作取得了突破性进展。2008年，中组部、教育部、财政部、人力资源和社会保障部等部门联合启动"选聘大学毕业生到村任职"项目。随着国家引导政策不断完善，毕业生去西部和基层的热情持续高涨，"农村义务教育阶段老师特设岗位计划""选调生计划""三支一扶计划""大学生志愿服务西部计划"的规模有所增大，社会影响进一步扩大，国家和地方的政策引导效应正逐步显现。

（十三）就业呈现出性别差异

高校就业市场还呈现出性别差异，女生的就业难度远远大于男生，签约率和意向率都远远低于男生。面对残酷的就业市场，部分女生不得不选择"继续考研"深造或报考公务员。

（十四）大学生就业性别歧视明显

随着我国社会的发展，男女平等已经获得了社会大众的广泛接受，但我国女性的就业准入门槛依然比男性高很多，尤其是在女大学生这一群体中，普遍存在着就业性别歧视的现象，引起了社会各界的广泛关注。全国妇联妇女发展部副部长崔卫燕提到："在经济形势不算太好的情况下，就业岗位减少，就业压力增加，社会对女性就业的要求更加苛刻。近年来，女大学生受到用人单位的就业歧视不断上升。"根据华坤女性生活调查中心做的全国"女大学生就业创业状况调查报告"显示,91.9%的被访女大学生受过用人单位的性别歧视。

目前我国就业性别歧视主要是对女大学生的就业歧视,主要表现在以下两方面。

1. 初次就业率低于男生

南开大学人口与发展研究所曾经做过一项调查发现,超过半数的用人单位在招聘中明确提出了只要男性的要求,使得同样具备应聘资格的女大学生失去了竞争机会。

2. 就业领域对女大学生的歧视

在传统观念作用下,人们往往认为女生适合做文员、教师等文职类工作,这就导致女大学生在各个产业岗位中的就业范围和层次就比较低,主要从事简单重复、技术含量较低的工作。据《中国劳动统计年鉴——2007》显示,女性比例最高的职业还是传统的以女性为主的农林牧渔业以及商业服务性行业。

二、影响大学生就业的因素

(一)高等教育因素

1. 高等学校专业调整滞后,与市场需求不相适应

制约毕业生就业的重要因素之一就是高校专业设置与市场需求变化错位。长期以来,高校的运营机制一直是一种计划招生、统一分配的计划体制。很多高校的专业设置和调整不是面向市场需求,而是单纯立足于自身师资条件,招生和专业设置与市场需求脱节,结果是结构性矛盾更加突出,导致毕业生专业知识结构与社会需求不相适应的矛盾。在毕业生分配市场导向的今天,这一矛盾明显显露出不适应社会发展的弱点。

2. 高等教育的教学内容和教学活动组织与社会经济发展相脱节

随着高校的逐年扩招,大多数高校的学生人数是成倍增长,教师紧缺,教学任务繁重,高校没有更多的精力去推动教育教学改革。大多数高校仍然沿袭的是计划经济时期的教育教学模式,从教学内容上来说,重理论教学轻实验实习,重学科知识传授轻应用能力培养;从教学活动组织方式来说,实行的仍然是传统的课堂教学组织形式,大学生学习期间更多的是在课堂上接受理论知识,很少有机会走出校门,走向社会,高校与用人单位缺乏必要的联系。用人单位普遍反映,大学毕业生走上工作岗位后还需要一个较长的适应和培训过程,这些都说明高校的人才培养方式已不能很好地适应社会经济发展的要求。

3. 大学生就业指导与服务工作较薄弱

"双向选择,自主择业"的大学生就业制度要求高校要为毕业生提供良好的就业指导与服务,高校也纷纷成立机构,开设就业指导讲座,组织洽谈会,提供需求信息,积极推荐毕业生等,但从大学生就业的指导与服务整体情况看,高校的投入明显不足,整个工作还很薄弱。大多数高校缺乏专业化的就业工作队伍,指导工作的形式和内容也比较单一,高校大学生就业的服务网络尚未形成,大学生就业必需的市场信息体系和服务体系、与大学生就业密切相关的保

障体系尚未建立。

（二）社会因素

1. 社会对大学毕业生的需求发生结构性变化

我国加入 WTO 后，国家经济结构进行战略性调整，产业结构进行重组，传统产业比重逐年下降，高科技产业得到快速发展，而高等教育从学科和专业结构以及人才培养方式等方面难以跟上这种变化，致使培养的毕业生和社会所需求的人才素质结构之间出现了结构性不适应。

2. 用人市场机制不够健全，大学毕业生就业的渠道不畅，形式单一

我国人事制度改革相对滞后，影响毕业生就业市场中供需主体的体制性、机制性障碍仍然存在。很多地方对于录用大学毕业生有户口、指标的限制，企事业单位的用人自主权没有到位。大学毕业生供需见面会还很不完善，就业市场不够成熟，处于"粗放"的运作和初级的中介形式，缺少统一平台的信息发布渠道，信息化管理手段得不到充分运用。甚至一些大型毕业生供需见面会的组织者以赢利为目的，发布虚假广告，对招聘单位审查不严，学生交费买票参会。

3. 我国经济结构的特点加剧了大学毕业生就业难的现状

农业、工业、第三产业发展不平衡，对劳动力需求量最大的第三产业的发展水平大大低于世界平均水平，短期内解决就业难的问题有一定的难度。经济发展的不平衡性引起社会对毕业生需求的数量和层次存在着地区和产业等方面的差异。东部沿海地区、经济发达地区以及一些中心城市对毕业生需求旺盛。中西部地区的需求有所增加，而一些边远省区及经济欠发达地区的需求仍然不足。

4. 就业制度发生巨大变化

一是计划经济向市场经济的转变，二是高等教育由精英教育向大众化教育的转变。这些转变都要求人才配置方式也应由计划经济时代的分配制度向市场经济时代供需见面、双向选择制度变化。加上许多历史遗留下来的问题，比如户籍制度、档案制度等，也加剧了毕业生就业难的局面。

（三）大学生自身因素

1. 大学毕业生就业定位不够准确

有的大学毕业生在择业时，表现为过分关注自己的兴趣爱好，过分看重地域、行业和报酬，忽视了社会需求和人才市场的实际状况，自我择业定位不准确，结果出现了很多大学毕业生找不到工作，而又有很多工作岗位没有人愿意去的不正常现象。

2. 大学毕业生的就业期望与社会需求之间差异较大

大学生的就业期望值居高不下仍是目前大学毕业生就业工作中的主要问题。大多数毕业生期望能到大城市、大机关、大公司、大院所、大企业等大单位就业，期望能去的单位名声好、条件好、待遇好，甚至离家比较近等，而目前需要人才的是那些边远地区、中小城市、乡镇企业

和民营企业等,但是大学毕业生没有多少人愿意到这些地方去。大学生的就业期望值普遍偏高,与社会发展对人才需求的实际状况存在较大的差异。

3. 大学毕业生就业准备不够充分

大学毕业生离开学校去求职时,才发现自己尚未做好就业准备。面对纷杂的社会,感到茫然,不知所措,对社会职业状况、人才市场动态、个人择业目标以及自己适合干什么、能干什么等普遍缺乏正确的认识和了解,从求学到工作的角色转变、自身心理素质以及对社会的了解等都表现出明显的不足。大学毕业生为了求职,有的用推荐表、求职信遍地撒网;有的在选择什么样职业的问题上拿不定主意,反复签约;有的择业目标不明确,人云亦云,这部分大学毕业生求职时处于焦虑、失落、困惑之中,择业过程中出现盲目性、无序性和从众性。

4. 大学毕业生的自身素质与社会期望有差距

用人单位对毕业生学历层次的要求越来越高,对人才需求的重心上移。一些高校、科研单位、大机关、大企业基本上以接收研究生为主,甚至连一些中小型单位都希望多要研究生或名牌大学的本科生,地方院校的专科生就业受到社会的冷落。同时,用人单位在招聘人才时,对毕业生的综合素质和能力结构要求越来越高,而我国的高等教育长期以来一直采用以知识传授为主的教育方式,忽视了人的全面发展和个性发展,培养出的学生专业知识面不够宽广,功能单一,社会适应性不强,大学毕业生的综合素质与能力结构等与社会期望存在一定的差距。

三、大学生就业面临的机遇与挑战

(一)大学生就业面临的机遇

1. 政策环境更加宽松、有力

近年来,围绕推动和促进大学毕业生就业,国家出台了一系列方针政策,为毕业生充分就业提供了制度保障、政策保障和工作保障。例如,在自主择业方面,破除了一切部门限制和地区限制,毕业生可以在全国范围内自由流动;在自主创业方面,免除了创办企业的有关行政事业性收费项目,并可提供小额贷款资助;在鼓励下基层方面,除给予一定的生活保障外,在落户、职称、考研、考公务员等方面享受优惠政策等。可以说,现有政策涵盖了毕业生就业的各个方面,基本形成了比较完善的政策框架体系。

2. 党和政府非常重视大学生就业

党和政府高度重视就业问题,坚持以人为本,树立全面、协调、可持续发展的科学发展观,促进经济社会和人的全面发展,为解决好中国的就业问题提供了思想认识基础。

党中央和国务院领导曾多次做出重要批示,要求各级党委、政府全力做好大学生就业与创业工作,并多次在有关会议上强调做好毕业生就业工作的重要性。党和国家根据不同的就业形势,每年都出台相应的就业政策和措施,各级党委、政府也把大学毕业生就业工作纳入了重要议程,出台了大量的政策,为毕业生顺利就业创造了良好的就业环境。例如,实施西部大开发、振兴东北老工业基地、促进中部地区崛起、鼓励东部地区加快发展的协调发展战略,以及小城镇化建设步伐的加快,为解决就业问题带来了新的机遇;随着各项促进就业政策的深入落实和完善,政策效应将进一步释放,就业和创业环境将进一步改善;我国加入世界贸易组织,对外贸易的不断增长,中国经济与世界经济联系得更加紧密,所有这些将为解决中国的就业问题提供良好的外部条件。大学毕业生是我国新增劳动力人口中高素质人才,其就业问题受到党中央、国务院和各级政府的重视和关注,并加大了宏观调控的力度,制定了一系列促进毕业生就业的政策措施,大学毕业生就业工作在制度、体制、机制、服务体系、基层就业等方面取得了较好的进展,这些都为高校毕业生就业提供了有利条件。

3. 经济发展势不可挡

解决大学毕业生就业问题,归根结底还得依靠经济的拉动和促进。我国经济的持续健康快速发展和建设和谐社会、创新型国家,坚持走自主创新道路的政策,将直接拉动和促进大学毕业生就业。经济增长方式的根本转变,经济结构的优化升级和我国工业化、信息化、城镇化、市场化进程的不断加快,将为大学毕业生创造更多施展才华的空间。

特别是加入WTO以来,我国的经济逐步转入全球化经济,并与国际市场接轨。在我国经济融入全球化经济的过程中,逐步进行一场前所未有的经济结构、产业结构的大调整,这带给了大学毕业生前所未有的机遇:人才竞争的国际化,为我国大学生境外就业提供了机遇;第三产业的迅猛发展,为大学生就业拓宽了行业领域;创业机制与环境的不断完善,为大学生实行自主创业创造了更好的条件。

4. 非公有制经济单位需求量急剧增加

非公有制经济作为社会主义市场经济的重要组成部分正飞速发展,并在国民经济领域中占有越来越大的比重,非公有制单位对人才的需求量也已超过了国有单位。特别是东南沿海等广大发达地区的经济迅速增长,对大学毕业生的需求量急剧增加。

5. 高校就业政策和教学改革已见成效

近年来,国家逐步把毕业生就业工作纳入高校考核的重要指标,突出强调毕业生就业在高校改革和发展中的重要作用,积极倡导并严格要求高校的"一把手"对本校毕业生就业工作负总责,一级抓一级,层层抓落实,不论是在硬件投入还是在软件建设方面都取得了突破性进展。

高等学校主动研究社会需求和就业形势的变化,转变办学指导思想,改变教学模式,加快学科专业结构适应性调整,积极推进教学改革,进一步加大对毕业生就业指导和就业服务的力度,努力帮助学生寻找适合的就业机会,促使毕业生充分就业。

6. 毕业生就业市场逐步规范

全国毕业生就业市场已经形成规模并逐渐走向规范化。伴随着知识经济的到来,就业信息的传播方式将发生根本性的变化,这种变化不仅使毕业生就业逐步实现信息化、网络化的远程服务,而且也促进了毕业生就业市场从传统的劳动密集型管理向以信息技术为基础的现代管理模式转变。随着毕业生就业人才市场的建立和完善,有关的规章制度也相继出台,大学生就业就有了法律依据和保障。

7. 高新技术人才需求量非常大

知识经济成为现今世界经济发展的主流,高新技术企业在我国飞速发展,对高新技术人才的需求量非常之大,因此与高新技术有关专业的毕业生的需求非常紧俏,如计算机及其应用、计算机软件、通信工程等专业在需求量排序中名列前茅。各地各行业目前都在积极吸引高新技术人才,争相提供优惠条件,创造良好的工作、生活和学习环境。这种日益浓厚的尊重知识、尊重人才的风气,必然为毕业生就业带来更多的机遇。

(二)大学生就业面临的挑战

1. 社会就业观念滞后于就业形势的变化

我国正处在一个发生深刻变革的时代,这一时代形成了社会经济成分和经济利益多样化,就业岗位和就业方式多样化,社会组织结构与形式多样化。这些多样化的产生要求毕业生改变传统的就业观念,但不少毕业生和毕业生家长仍然是"铁饭碗、旱涝保收、衣食无忧"的就业观念,多数毕业生还是把就业单位的性质看得过重,希望在大城市、发达地区、收入较高、相对稳定的单位就业。相当一部分毕业生的择业期望值与社会现实有一定的差距,就业观念不能适应就业形势的变化,跟不上社会就业方式的变化,既影响了毕业生就业,也造成了人才的浪费。

2. 毕业生就业制度改革艰难

我国人事制度改革相对滞后,户籍、编制、各种指标和档案管理等,都没有进行根本性的改变,人事部门对毕业生就业的申请报批手续过于繁杂,单位并没有多少真正的用人自主权,仍然需要按照接收毕业生一人一报批的手续,非公有制单位甚至没有审批进入指标的渠道。此外,目前这种审批程序和环节过多的人事管理体制还造成就业工作中的关系后门成风,有些单位当年的进入指标连照顾关系都不够用,甚至还存在毕业生就业工作部门职责不清、政策交叉矛盾等现象,致使许多就业改革措施难以兑现。

3. 传统毕业生就业的主要渠道吸纳能力下降

随着改革的深入,传统的主要渠道吸纳毕业生的能力下降。

第一,政府机关长期以来是接收大学毕业生的主渠道,但随着政府机构大幅度精简和传统主渠道的吸纳能力逐渐下降,不可能大量吸收大学毕业生特别是专科以下毕业生。

第二,国有企业、事业单位由于冗员过多,包袱过重,也在减员增效。

第三,一些直辖市和中心城市仍然对大学毕业生落户有比较严格的要求,对大学毕业生尤其严格,有的直辖市缩减了引进外地生源毕业生的数量,一些中心城市对毕业生落户增加了专业限制,不利于毕业生充分就业。

第四,随着我国经济的快速发展,企业对人才的要求越来越高是大势所趋,但某些用人单位故意抬高门槛,造成了人才高消费现象,使用人单位的需求和毕业生实际情况之间的矛盾日益突现。

4. 大学毕业生面临供需总量的高压

目前,社会对劳动力的需求在宏观上呈现为劳动力供大于求。昔日被誉为"国之栋梁""天之骄子"的大学生就业面临较大的压力和难度。高校从 1999 年开始扩招,毕业生总体规模从 1998 年的 108 万增加到 2016 年的 765 万,大学毕业生的增长速度大大超过了经济的增长速度。在此大背景下,大学毕业生数量逐年增长,需要就业的毕业生规模进一步扩大,社会有效需求赶不上毕业生规模增长的问题趋于严重。虽然有观点认为大学生就业难与扩招并无直接关系,但突进式或跳跃式的高等教育规模扩张方式所带来的大学毕业生供给跳跃式增长,必然会与稳定的经济发展水平对人才的需求产生剧烈矛盾,使社会对毕业生需求量增长速度滞后于毕业生人数增长速度,导致有效需求不足。虽然国家在大力发展经济,扩大内需,逐年增加就业岗位,但和新增劳动人口的数量相比,显然还有差距。

5. 部分高校人才培养目标与社会需求脱节

部分高校没有根据社会需求制定培养计划、培养目标,高校人才培养与市场需求脱节,就业指导工作与教学呈现"两张皮"的现象,一是课程设置、专业设置与就业指导脱离,二是学生的社会实践活动与就业指导脱离,对就业指导工作的重要性认识不足,毕业生就业指导的专业化程度不高,一般处于"临阵磨枪"型粗放式指导,缺乏一支专业化的就业指导队伍,导致毕业生中"学术型"人才泛滥,就业艰难;同时"技能型"人才匮乏,社会需求无法得到满足。

6. 社会对于毕业生学历层次的需求越来越高

目前我国中高层次的人才严重短缺,社会对高层次的复合型、外向型和开拓型人才的需求日益迫切,呈现出对人才结构的需求层次重心上移的趋势。在毕业生就业中研究生已越来越"抢手",本科生还能基本平衡,专科生则较明显地呈现出供过于求的趋势。高校、科研单位、大机关、大公司已经基本上以接收研究生为主。这种社会现象致使现在不少用人单位存在"人才高消费"的错误观念,盲目追求高学历人才,因而对毕业生的需求出现扭曲,人为地制造了就业难。

7. 毕业生就业需求的结构性矛盾依然突出

结构性矛盾是国家就业的主要矛盾,它突出地体现为区域的不均衡,即大量毕业生过分集中在东部沿海发达地区和大中城市竞争数量有限的就业岗位。中西部地区、广大基层却面临着人才匮乏又难以吸引毕业生的局面,导致"无业可就"和"有业不就"并存的状况。这种情况不是短期内形成的,成因也错综复杂,解决起来难度很大。大学毕业生依然面临这种结构性就业难题。多数新增毕业生的就业岗位层次趋于下降,薪酬、福利减少;非正规就业岗位比重增加,适合大学毕业生就业的高端服务业岗位不足。部分城市开始研讨人口控制政策,有可能造成东部就业空间的紧缩。以就业和社会需求为导向的大学高专教育改革仍需进一步深化。

8. 打开基层就业的新空间面临一定的困难

受地方经济发展水平制约,欠发达地区和基层缺乏编制和资金,吸纳毕业生就业的空间有限;社会分配制度、社保制度、户籍制度、地区经济状况、人才发展环境等机制和体制问题带有一定的滞后性,制约着毕业生到基层就业。毕业生面向基层就业和自主创业的配套政策需要进一步落实。

9. 产能过剩、经济波动和贸易摩擦增加就业风险

2008 年,新的劳动合同法和就业促进法开始实施,企业用人成本提高,企业用人更加慎

重。从紧的货币政策使得金融机构在信贷投放上,将向特大企业、国有企业和政府投资项目倾斜,而中小企业、民营经济等申请贷款将受到限制,这将在一定程度上降低对劳动力的需求。

10.就业信息不真、不够,影响了毕业生顺利就业

目前社会对高校毕业生的需求信息存在着一定的"失真、失控、失责"的现象,更缺乏科学系统的人才需求预测工作。另外,社会上的毕业生供需交流严重不足,供需信息渠道不通畅,使得毕业生求职和单位选才双方都遇到了困难。

四、大学生就业形势的走向

（一）社会总体对大学毕业生的需求大于供给

虽然我国大学毕业生人数不断增加,但我国实际仍属于人才奇缺的国家。根据国家统计局的统计,我国受高等教育的人数仅仅占总人口的5.7%,而在发达国家这个比例达到了30%～50%,仍然存在较大的差距。我国各行各业仍然需要大量的人才来补充新鲜血液,因此我国社会总体对大学毕业生的需求是大于供给的。

（二）非公有制经济单位对大学毕业生的需求急剧增加

在我国,非公有制经济已经成为我国国民经济越来越重要的组成部分,其对于大学生的需求在急剧增加,目前我国非公有制企业对大学生的需求已经远远超过了国有企业。根据统计,我国中小企业为我国城镇提供了70%的就业岗位。我国工业部门的就业人数为1.63亿,其中在民营企业的就业人数就达到了1.2亿人左右。由此可知,非公有制经济在大学生就业中发挥了重要作用。但是需要注意的是,我国中小企业的发展与国外一些国家仍然存在较大差距。在发达国家,一般每千人中平均就有50个企业,而在我国每千人只有不到9个企业,因此,我国中小企业的发展空间还很大。

（三）我国宏观经济整体呈现出良好的发展态势

要解决大学生就业难的问题,最根本的是要发展经济。近些年来,在全球经济不景气的情况下,我国经济仍保持了较快的增长速度。而随着目前全球经济出现复苏的态势,我国经济也必然将快速增长。经济的发展必定会对扩大就业产生强有力的推动作用,尤其是我国经济增长方式的转变和产业结构的调整,势必会给大学毕业生就业提供更广阔的市场空间。

（四）高新技术企业对人才的需求增加

随着我国高新技术企业的快速发展,对高新技术人才的需求越来越大,导致与高新技术有关专业的大学毕业生也非常受欢迎,如计算机及应用、计算机软件、互联网、通信工程等专业以及无线电技术、数控技术及应用、电气工程及自动化、焊接等专业的大学毕业生需求量日益增大,企业为了吸引更多的高新技术人才,给大学毕业生提供了各种优惠条件,这有助于大学毕

业生就业的良性发展。

（五）大学生就业环境与政策进一步改善

目前，我国经济发展总体呈现良好、稳定的态势，即使是在全球经济危机的严峻时期，我国经济也实现了超过 8% 的增长。这就为大学生就业提供了一个良好的环境。

近年来，国家针对大学生就业难的问题出台了一系列措施，来缓解这一问题。比如，大学生村官政策的实施为大学生的就业提供多一个选择和方向，在一定程度上缓解了大学生的就业压力。又如，近几年一直在改革的户籍管理制度，这项制度弱化了户口对大学生就业的限制，不但可以促进大学生择业的自主性和能动性，而且也扩大了大学生就业的空间。在"十二五"期间，国家以及各级政府还将出台引导大学生到基层就业的政策。

除了国家政策外，我国高校还逐步建立并完善大学生就业指导服务体系，力图为大学毕业生就业构建一个全方位的服务体系，同时大学毕业生就业市场也逐步走向成熟，目前我国每年约有 70%～80% 的大学毕业生是通过各类就业市场找到工作的。

（六）大学生就业会将自我定位和社会需求相结合

过去，很多大学生在就业时只关注薪酬、福利状况，倾向于选择到大城市、大企业工作。但是现在，不少大学生们慢慢意识到并不是只有大城市才有发展机会，一些二、三线城市可能更有发展潜力，对他们事业的长远发展来说更有利。

可以说，物质和精神上的满足是影响大学生就业的两个重要因素。在我国高等教育费用对于很多家庭来说是一笔不小的投资，所以往往希望大学生在就业时能尽快收回这笔投资。因此，在未来的很长一段时间内，物质需求的满足仍然是影响大学生择业的重要因素。随着社会的发展，人们生活水平的不断提高，大学生在就业时就会越来越注重精神需求的满足，这就会使大学生在择业时越来越趋于理性。

第二节　大学生就业的政策

一、就业政策的概念

就业政策是指党和政府在一定的历史条件和历史阶段为促进经济发展和社会进步，为劳动者创造就业机会、扩大就业渠道而制定的行为准则。而大学生就业政策是国家就业政策的重要组成部分，是针对大学生就业工作而制定的一系列法律法规和制度的总称。

为了保证大学毕业生具有更多的就业机会和宽松的就业环境，更好地解决大学毕业生就业难的问题，国家进行了一系列大学毕业生就业制度的改革，并及时调整和制定了适应新的社会主义市场经济体制的大学生毕业政策，这对于有效配置大学生资源，促进经济发展发挥了重要作用。

二、大学生就业政策的类型

目前,我国大学毕业生的就业政策的类型主要有以下几种。

(一)宏观调控政策

宏观调控政策是指政府为了促进人才结构的平衡优化发展而出台的一系列关于大学生到中小企业、到农村、到西部等地区就业的政策,如中共中央办公厅、国务院办公厅于 2005 年 6 月颁发的《关于引导和鼓励高校毕业生面向基层就业的意见》(以下简称《意见》)。

该《意见》引导和鼓励大学毕业生面向基层,在户籍迁移、考录公务员、偿还助学贷款、报考研究生等方面提出了多项优惠措施。此外,在促进非公有制单位接收大学毕业生、鼓励和支持大学毕业生自主创业和灵活就业方面也提出了相关规定。

(二)就业市场政策

大学毕业生就业市场是指在国家相关政策的指导下,运用市场机制和政府宏观调控手段,通过双向选择、自主择业等途径,优化大学毕业生人力资源配置的一种方式。大学毕业生就业市场是由大学毕业生、用人单位及其服务机构、交流场所、社会保障制度等构成的,为了维护和促进大学毕业生就业市场的运行和发展,国家出台了一系列相关政策和法规。

(三)招考录用政策

招考录用政策是指在选拔大学毕业生的过程中的一系列关于招考方面的工作,主要包括国家公务员招考的相关政策和企事业单位录用大学毕业生的相关规范。

(四)就业准入政策

就业准入政策是指大学毕业生获准进入某些职业或地区的相关政策。

1.地区的就业准入政策

一些地区会根据本地区的具体情况出台一些具体的政策,如北京、上海等城市,每年都会出台一些关于接收非本地生源大学毕业生的相关政策。

2.职业方面的就业准入政策

职业方面的就业准入政策是指根据《中华人民共和国劳动法》和《中华人民共和国职业教育法》的有关规定:"对从事技术复杂,通用性广,涉及国家财产、人民生命安全和消费者利益的职业(工种)的劳动者,必须经过培训,并取得职业资格证书后,方可就业上岗。"而实行就业准入的职业范围一般是由劳动和社会保障部向社会公布。

（五）派遣接收政策

派遣接收政策是指在大学毕业生到就业单位报到的过程中，国家制定的一系列原则。而调配派遣的对象包括以下几类。

第一，国家计划招收的非在职毕业研究生（博士研究生、硕士研究生、研究生班、结业研究生、肄业研究生）。

第二，国家计划招收的普通高等学校毕业生和结业生。

第三，国家计划招收的普通中等专业学校毕业生以及国家计划招收的为地方培养的军队院校毕业生。

地方主管毕业生调配部门和高等院校根据国家下达的就业计划派遣毕业生。派遣毕业生统一使用"全国普通高等学校毕业生就业派遣报到证"和"全国毕业研究生派遣报到证"（简称"报到证"），"报到证"由国家教委授权地方主管毕业生就业调配部门审核签发。高校根据大学毕业生就业计划、协议，再结合大学毕业生的具体情况，拟定派遣方案，经上级部门批准后实施。

（六）毕业生权利维护政策

毕业生权利维护政策是指大学毕业生在就业过程中对于本人和用人单位权利维护的相关法规、规范。对于大学毕业生来说，主要维护的是其再就业过程中的权益，包括获取信息权、接受就业指导权、选择单位权、被推荐权、公平待遇权等；对于用人单位来说，主要保护的是其合法的相关权益。

（七）大学生社会保障政策

劳动保障部门关于大学毕业生社会保障的相关政策主要有以下几条。

第一，将大学毕业生就业工作纳入当地就业工作整体规划，在宏观调控和增加就业岗位等方面进行统筹安排。

第二，积极组织和实施"毕业生职业资格培训工程"和多种形式的创业培训，为大学毕业生创业创造条件。

第三，充分发挥公共职业介绍机构的作用，加强职业指导和就业信息服务，为大学毕业生择业提供更多帮助。

第四，加强对劳动力市场的管理，为大学毕业生就业创设一个良性的发展环境。

第五，加强失业登记和组织管理，对未就业或者生活困难的毕业生给予生活和就业方面的帮助。

（八）大学生创业扶持政策

为了支持大学生创业，国家出台了许多优惠政策。比如，《2003年普通高等学校毕业生从事个体经营收费优惠政策》，各省为高校毕业生提供"小额贷款启动自主创业"等。2003年，教育部公布了《教育部关于贯彻落实中共中央、国务院〈关于加强技术创新,发展高科技,实现产业化的决定〉的若干意见》。这项政策规定大学生、研究生可以休学保留学籍,去创办高新技术企业。国务院办公厅还发布了《国务院办公厅关于做好 2003 年普通高等学校毕业生就业工作的通知》(国办发〔2003〕49 号),该政策规定对从事个体经营的高校毕业生可以免交登记类和管理类行政事业性收费。

(九)就业指导政策

就业指导有狭义和广义之分。狭义的就业指导是指为求职者传递就业信息,帮助其更好地求职和择业;广义的就业指导是指为求职者选择职业、准备就业以及职业发展提供知识、技能和经验的指导,主要包括以下几个方面。

第一,对就业市场进行预测。

第二,汇集和传递就业信息。

第三,培养劳动技能。

第四,组织劳动力市场。

第五,介绍和组织与就业有关的综合性社会咨询服务活动。

第六,就业政策导向和与之相适应的思想工作。

三、我国大学生就业的基本政策

(一)定向生的种类及其主要就业政策

定向生是指在招生时就已经确定就业去向的大学毕业生。定向生如果遇到升学、留校、家迁等特殊情况,需要出具相关证明材料,同时征得原定向地区(单位)的主管部门和所到地区(单位)的主管毕业生接收部门的同意,并且报送省毕业生计划、调配部门审查批准后,方可允许改变就业单位。

关于乡镇企业定向生的就业,要按照招生时所签的协议及政府有关规定,采取一次派遣到原定向单位的办法安排就业。任何单位和个人都不能以任何理由截留或改变定向就业单位。如有特殊情况,比如原定向企业因某种原因关、停、并、转无法接收的,由原定向单位的主管部门出具相关证明,经市级毕业生主管部门批准,采取就地就近,面向乡镇企业单位就业。跨地区就业的乡镇企业定向毕业生,经省级毕业生就业管理部门批准后,仍面向乡镇企业就业。

(二)高等职业学校毕业生的就业政策

近几年来,国家开始了高等职业教育试点学校招生工作。高等职业学校毕业生颁发由教育部统一印制的毕业文凭和毕业生就业报到证。教育部相关文件提出,对高等职业学校(含普通高校高职专业班)实行"不包分配、自谋职业"的就业制度。由学校推荐,学生通过"供需见面"和"双向选择"自主择业。高等职业学校毕业生就业享受普通高等院校专科毕业生的待遇。

（三）国家计划毕业生（招生"并轨"）的就业政策

实行招生"并轨"改革学校的毕业生，需要在国家就业政策的指导下，在一定范围内择业。其中，国家教育部所属院校毕业生，根据国家的需要，面向全国就业。国家各部委所属院校毕业生，可根据本系统、本行业的实际需要以及招生并轨改革的进程，规定在本系统、本行业范围内自主择业的比例。省、市属院校毕业生自主择业的范围和比例由各省、市决定。

（四）委培毕业生的主要就业政策

委培生是指用人单位（或地区）委托高校培养的学生，也包括省与省之间协作培养的学生。委培生就业，一般应按当年国家招生计划所签订的委托培养合同，派遣到原委托单位（地区）工作。如果遇到特殊情况，比如原委培单位因某种原因不复存在，应征得原委培单位（地区）的主管部门和主管毕业生接收部门同意，并由学校审查，将有关材料报送毕业生计划、调配部门批准，才能改变就业单位。地区联办毕业生原则上回联办地区就业，如因特殊情况需改变就业去向的，必须征得联办地区毕业生就业主管部门同意，报省毕业生就业主管部门审核批准后，才能改变就业去向。

（五）国家对毕业生的双向选择活动与毕业生就业市场的有关规定

双向选择活动和毕业生就业市场是毕业生实现就业的主要渠道和形式，必须重点关注和大力发展。双向选择毕业生就业市场主要是由高校举办，各级相关部门负责指导和协调有关工作。

其他任何单位和个人在高校以外举办毕业生双向选择活动和就业市场必须经过同级政府毕业生就业主管部门的许可。此外，各类毕业生就业招聘活动必须在规定的时间内举行。

（六）师范类毕业生的就业政策

根据国家规定，在做好中小学教师的定编和教师资格认定工作的同时，坚决清退不合格的教师和代课教师，空出的岗位要优先吸收师范院校的毕业生，以提高我国基层义务教育的质量。师范类毕业生就业区域放开，允许在教育系统内流动，通过双向选择，落实具体教学岗位。高校要加强对毕业生的思想教育和就业指导工作，引导和鼓励毕业生到基层从事教育工作。

（七）毕业生档案的相关规定

毕业生档案是能够反映大学生学习、思想政治、身体状况等各方面情况的最基本的文字材料。高校应该在大学毕业生离校前，按照《普通高等学校学生管理规定》《高等学校学生行为准则（试行）》的要求，实事求是地对毕业生进行毕业鉴定。

毕业生档案的内容必须完整、齐全，如高考录取手续、高校毕业生登记表、各学期学习成绩、入党（团）志愿书、身体健康情况检查表、鉴定材料及有关奖惩材料等。毕业生档案应在毕业生离校后尽快寄送用人单位或生源所在地的毕业生就业主管部门。

需要注意的是,对于到没有档案管理权的非公有制单位就业的,可由接收单位到省、市人才中心办理档案代理手续。

四、教育部关于做好2017届全国普通高等学校毕业生就业创业工作的通知

为贯彻落实党的十八大和十八届三中、四中、五中、六中全会精神,深入学习贯彻习近平总书记系列重要讲话精神,进一步引导和鼓励高校毕业生到基层工作,组织实施高校毕业生就业创业促进计划,现就做好2017届高校毕业生就业创业工作通知如下。

(一)积极拓宽基层和重点领域就业渠道

1. 引导和鼓励毕业生到城乡基层就业

各地各高校要落实好毕业生到县以下基层就业学费补偿和国家助学贷款代偿等政策,并结合实际进一步完善政策措施,鼓励毕业生到城乡社区从事教育文化、医疗卫生、健康养老等工作,引导毕业生到中西部地区、东北地区和艰苦边远地区就业创业。继续组织实施好"教师特岗计划""大学生村官""三支一扶""西部计划"等中央基层就业项目,鼓励各地巩固并扩大实施地方基层就业项目。

2. 鼓励毕业生到中小微企业就业

充分发挥中小微企业吸纳毕业生就业的主渠道作用。各地各高校要广泛收集中小微企业的招聘信息,组织中小微企业进校园招聘,办好全国中小企业网上百日招聘活动。各地教育部门要积极配合人力资源社会保障、税务、中小企业主管部门等,落实小微企业吸纳毕业生的社保补贴、培训补贴、税费减免等优惠政策。

3. 服务国家发展战略开拓就业岗位

各地各高校要围绕"一带一路""长江经济带""京津冀协同发展"等国家重大战略,主动对接人才需求,向重点地区、重大工程、重大项目、重要领域输送毕业生。要抓住实施"中国制造2025""互联网+"行动计划等契机,引导毕业生到先进制造业、现代服务业和现代农业等领域就业创业。

4. 持续做好大学生征兵工作

各地各高校要主动会同兵役机关,组织开展征兵政策咨询周、宣传月等活动,对高校毕业生、在校生和新生等不同群体开展广泛宣传动员。在高校放暑假前对体检、政考合格的学生发放"大学生预定兵通知书"。落实好"退役大学生士兵"专项硕士研究生招生计划以及学费资助、复学升学等优惠政策。加强高校大学生征兵机构建设,在人员、场地、经费等方面予以保障。

5. 支持高校毕业生到国际组织实习任职

鼓励有条件的高校结合国际组织人才需求,开展培养推送高校毕业生到国际组织实习任职工作。将国际组织基本情况、招聘要求、职业发展路径等内容,纳入大学生就业指导教材和

课程。为毕业生到国际组织实习任职和参加志愿活动等,提供信息、咨询、培训等服务。

（二）深入推进创新创业教育和自主创业工作

6. 推进高校创新创业教育改革

各地各高校要把深入推进创新创业教育改革作为高等教育综合改革的突破口和重中之重,在培养方案、课程体系、教学方法等方面加大改革力度。着力强化创新创业实践,搭建实习实训平台,实施大学生创新创业训练计划,办好各级各类创新创业竞赛,不断增强学生的创新精神、创业意识和创新创业能力。

7. 落实创新创业政策

各地教育部门要配合有关部门进一步完善落实工商登记、税费减免、创业贷款等优惠政策,为大学生创业开辟"绿色通道"。各高校要改革教学和学籍管理制度,完善细化创新创业学分积累与转换、弹性学制管理和保留学籍休学创业等政策,支持创业学生复学后转入相关专业学习。

8. 加大创新创业场地建设和资金投入

各地各高校要充分利用大学科技园、大学生创业园、创业孵化基地等创新创业平台,为大学生创业提供场地支持,孵化一批创新创业项目。高校科研设施、仪器设备等资源原则上要面向全体学生开放,优先向大学生创办的小微企业转移高校的科技成果。通过政府支持、学校自设、校外合作、风险投资等多渠道筹措资金,扶持大学生自主创业。

9. 提升创新创业服务水平

建立健全国家、省级、高校大学生创业服务网络平台,为大学生提供政策解读、项目对接和培训实训等指导服务。各地各高校要加强创新创业教师队伍建设,聘请行业专家、创业校友等担任创新创业导师。开展全国高校创新创业总结宣传工作,以点带面,引领和推动高校提升创新创业工作质量。

（三）进一步提升就业指导水平和服务能力

10. 强化精准服务

各地各高校要充分利用"互联网＋就业"新模式,准确掌握毕业生求职意愿和用人单位岗位需求信息,实现人岗精准对接。通过手机等移动终端,针对毕业生不同特点和需求,送岗位、送政策、送指导。充分发挥校园市场的主体作用,积极组织用人单位参加各类招聘活动。鼓励有条件的地区和高校联合搭建跨区域、跨行业、跨类别的综合信息招聘服务平台,支持东北地区与有关省份联合开展毕业生招聘活动。

11. 加强就业指导能力建设

各地各高校要系统开展就业指导教师培训,着力提升政策理论水平和职业指导能力。在专业技术职务评聘中充分考虑就业指导教师的工作性质和工作业绩,并在同等条件下予以适当倾斜。要不断完善职业发展与就业指导课程体系,将课程与学科专业相融合。

12. 加强对就业困难群体帮扶

各地各高校要准确掌握家庭困难、少数民族、身体残疾等毕业生群体的具体情况,开展个性化辅导,组织专场招聘活动,配合有关部门落实好求职创业补贴等政策,实施精准帮扶。对特别困难的离校未就业毕业生,有条件的高校要调动多方资源开发校内外实习岗位,帮助他们实现实习与就业的过渡。要与人力资源社会保障部门做好离校未就业毕业生的信息衔接和服务接续工作。

13. 进一步规范就业工作管理

各地各高校要严格按照就业统计工作要求,通过"全国高校毕业生就业管理系统"及时上报、更新就业信息,确保数据真实准确。认真落实就业签约"四不准"要求,不准以任何方式强迫毕业生签订就业协议和劳动合同,不准将毕业证书、学位证书发放与签约挂钩,不准以户档托管为由劝说毕业生签订虚假协议,不准将顶岗实习、见习证明材料作为就业证明材料。不得发布含有歧视性内容的招聘信息,严密防范招聘欺诈、求职陷阱等。要确保校园招聘等活动安全、有序,防止挤踏等意外事故发生。

(四)推动高校人才培养主动适应经济社会发展需要

14. 优化高等教育结构

各地要根据经济社会发展需要,建立完善高校学科专业、层次、类型动态调整机制。主动对接地区、行业、产业需求,引导部分地方普通本科高校向应用型转变,培养更多高层次应用型人才。完善职业教育产教融合协同育人机制,培养打造一批具有工匠精神的技术技能人才。

15. 深化教育教学改革

各地各高校要动态调整课程设置,强化实践教学,加强实习实训,完善产学研用结合的协同育人模式,切实增强学生的创新精神和实践能力。要认真吸纳用人单位和毕业生对人才培养改革的意见建议,进一步完善人才培养方案,增强人才培养和社会需要的契合度。加强和推广职业教育现代学徒制培养。

16. 健全毕业生就业创业状况反馈机制

各地各高校要在每年年底前编制和发布就业质量年度报告,科学、客观地反映高校毕业生就业创业状况和特点。要深入分析研究本地本校各专业就业率、就业去向、就业满意度、创业数量和类型等状况,进一步完善学科专业预警与退出机制,健全就业与招生计划、人才培养、经费拨款、院校设置、专业调整的联动机制。

(五)加强组织领导和督促检查

17. 强化组织领导

各地各高校要把高校毕业生就业创业工作摆在突出重要位置,切实落实"一把手"工程,层层落实责任,确保就业创业工作"机构、人员、经费、场地"四到位。省级教育部门要与人力资源社会保障等相关部门密切配合,高校要建立健全就业部门牵头,学工、招生、教学、武装等部门参与的工作机制,形成合力共同做好毕业生就业创业工作。

18. 加强督查落实

各地各高校要建立高校毕业生就业创业工作定期督查机制,对就业创业政策和工作落实情况逐条逐项认真检查,以督查促落实,以督查促整改。对真抓实干、成效明显的要表扬推广,对落实不力、不作为的要限期整改并追究责任。

19. 大力宣传引导

各地各高校要充分运用各种媒体,宣传解读国家和地方促进高校毕业生就业创业的政策措施,帮助毕业生熟悉和用好政策。要广泛宣传基层就业、自主创业的毕业生典型事迹,教育引导毕业生转变就业观念。要坚持正确的舆论导向,积极开展正面宣传,努力营造有利于促进就业创业的良好氛围。

第三章 大学生就业的自我认知

　　人类是毕生从事认知的生物,人类的心理以重要的方式发生着变化。认知就是认识的活动,是获得知识和解决问题的过程。就业过程中,大学毕业生首先要能够准确地、客观地认识自己,如自己的成绩是否优秀,考证的情况以及社会实践等方面的硬件是否突出,自己的能力、气质性格、爱好、特长、理想又是什么。要综合各方面的因素,全面地、客观地认识自己。知道自己真正喜欢做什么工作,适合什么工作,能做什么工作,再与市场的人才需求情况结合起来考虑,从而确定大概的就业方向和就业范围,避免就业过程中的盲目性。

第一节 自我认知概述

　　自我认知是职业生涯规划的开端,是职业生涯规划中的基础,即要客观、全面地认清自我,充分了解自我的能力结构、职业兴趣、职业价值观、行为风格、自己的优势和劣势等。自我认知是决定自我行为的内在因素,行为是认知的外在表达方式。自我认知可以影响行为,行为反过来也会促进形成新的认知。自我认知在职业生涯规划中具有动机的功能,个体的认知变量如期待、注意和评价在人的职业决策中起着重要的作用。当然,很多行为也可以支持和强化我们已有的认知或者促进认知的更新。只有正确地认识自己,才能进行准确的职业定位,正确选择职业目标,选定适合自己发展的职业生涯路线,实现最佳的职业结果。

一、自我认知的内容

　　自我是心理学的重要内容。精神分析学派创始人弗洛伊德提出了"自我的三结构说",即本我、自我、超我,从人格的三个维度研究自我的发展。

　　自我认知在心理学上叫自我意识。自我意识是对自己及自己周围环境关系的认识,包括对自己存在的认识,以及对个体身体、心理、社会特征等方面的认识。这种认识是个体通过观察、分析外部活动和情境及社会比较等途径获得的,是一个多维度、多层次的心理系统。自我意识可以从不同的角度进行分析。从知、情、意的角度可将自我意识分为"自我认知、自我体验和自我控制";从自我本身的角度可将自我意识分为"生理自我、心理自我、社会自我"(表 3-1)。

表 3-1　自我意识分类

分类	自我认知	自我体验	自我控制
生理自我	对自己身体、外貌、衣着、风度、家属、所有物等的认识	英俊、漂亮、有吸引力、迷人、自我悦纳	追求身体的外表、物质欲望的满足，维持家庭的利益等
心理自我	对自己的智力、性格、气质、兴趣、能力、记忆、思维等特点的认识	有能力、聪明、优雅、敏感、迟钝、感情丰富、细腻	追求信仰，注意行为符合社会规范，要求智慧与能力的发展等
社会自我	对自己的名望、地位、角色、性别、责任、义务、力量的的认识	自尊、自信、自爱、自豪、自卑、自怜、自恋	追求名誉地位，与他人竞争，争取得到他人的好感等

生理自我是个体对自己身体、生理状态（如相貌、身高、体重）的认识和体验，它是一个人在与他人交往的过程中通过学习而逐渐形成的，它使一个人把自我和非我区别开来，意识到自己的存在是依托于自己的躯体的。例如，我是个长发女孩，我是个高个子男孩，等等。

生理自我是与生俱来的。随着自我意识的成长，人们逐渐对生理自我有一个明晰的看法与正确的认识，但由于青年时期的不确定性，有的大学生对生理自我产生较高的心理关注。例如，女生关注自己是不是漂亮、是不是迷人、有没有吸引力；男生关注自己的体型与身高，甚至声音的吸引力等。

心理自我是个体对自己的心理活动、个性特点、心理品质的认识、体验和愿望，包括对自己的感知、记忆、思维、智力、能力、性格、兴趣等的认识和体验。伴随着生理自我的成长，心理自我——情感、智力、能力、兴趣、情绪等也在逐步完善。一方面，我们学会评价心理自我。例如，我是个胆小的人，我爱好户外运动，我爱好交朋友，等等。另一方面，我们开始体验心理自我。例如，初恋与失恋的体验、成功与失败的体验等。

随着自我意识的发展，个体的社会角色渐渐浮出水面并占据重要位置，与此相应的责任感、义务感、角色感都在增长。社会自我是个体对自身与外界客观事物关系的认识、体验和愿望，包括个人对自己在客观环境及各种社会关系中的角色、地位、权利、义务、责任、力量等的意识。例如，大学生更多的会用"我已经成人了"来表达自己的社会自我，期望得到社会的肯定与认可。

生理自我、心理自我和社会自我是密切联系、相互影响的，它们都包含着不同的自我认知、自我体验与自我控制，但由于比例和搭配的不同，构成了个体对个体自我意识之间的差异，也使得每个人都有自己的对人、对己、对社会的独特看法和体验。

职业生涯规划中自我认知的内容，从职业心理的角度看有职业兴趣、职业能力、职业性格、职业价值观。这在后文将进行详细的介绍。

二、自我认知的模式和方法

（一）自我认知的模式

1. 认知模式的概念

所谓认知模式，是指个体在信息加工过程中表现出的认知组织和认知功能方面一贯的特有风格,它导致个体之间认知过程、认知能力、认知功能方面的差异。个体的认知模式将会对个体的行为产生重要的影响,并形成特定的行为模式。认知模式在职业生涯规划空间里有两个子系统,一个是"为什么规划"的动力系统,一个是"怎样规划"的程序系统。总之,自我认知影响社会行为,并不是为行为定向提供终极价值,仅仅是塑造个体的习惯、技能和风格的材料库或工具箱,以便于个体建构其多元的行动策略。个体多元的行动策略,在个体的职业生涯实践中会得以体现。

2. 不同的认知模式有不同的认知结果

面对同一个问题,态度不同,认知模式不同,从而产生不同的行为模式和行为结果。有这样的一个例子,一个建筑工地上有三个工人在砌一堵墙。有人过来问:你们在干吗?第一个工人没好气地说:"没看见吗?砌墙!"第二个工人抬头笑了笑回答道:"我们在盖高楼!"第三个人边干边哼着歌曲,他的笑容很灿烂:"我们正在建设一座城市!"十年后,第一个工人在另一个工地上砌墙;第二个工人坐在办公室里画图纸,他成了工程师;第三个人则成为前面两个人的老板。从这个例子可以看出,积极的认知模式能够发掘潜能,消极的认知模式导致消极的行为。

(1)积极的认知模式能够发掘潜能。积极的认知模式可以帮助个体客观全面地认知自我,可以引发个体实现思想行为的连锁反应,可以激发个体的潜能,创造性地解决问题,可以激励个体积极行动起来,积极地实现行为目标,努力实现与那些职业生涯目标一致的事情。例如,积极建设人际关系网络,坚持社会实践锻炼,培养业余爱好或者解决某个问题的能力等。

(2)消极的认知模式导致消极的行为。常见的情绪和行为的问题源于自己消极的认知建构模式。消极的认知模式会导致消极的心态,与消极心态如影随形的是消极的行为。大学生职业生涯过程中常见的不合理信念有:"我受到的待遇应该是公平的","我应该有一份好工作","我不应该在就业过程中遇到麻烦"等绝对化的要求;"如果没有在毕业之前找到工作,我就是太失败了,太无能"等糟糕至极的念头。这些消极认知在职业生涯规划过程中会产生自我挫败的情绪,会降低自我评价,降低自我实现的自信,从而导致自我挫败的行为。当个体产生消极的认知模式时,要学会鉴别,还要及时遏制它的消极反馈,甚至敢于抛弃。反过来,建设性地利用消极认知模式,拒绝让它主宰自己的思想和行为。

3. 建立科学的认知模式需要系统的训练

在引导大学生认识理论的基础上,通过思维检测表(含有现在的情绪和行为表现、产生该情绪和行为的表层信念、核心信念、重建的新信念、新的情绪和行为表现)和心理日志等形式帮助个体认识到自己的认识模式,重建一个正向积极良性的认识模式。积极的自我认知模式能够促使人采取积极行动,行动的结果反过来又可以加深与巩固其积极的自我认知模式。培养积极的分析和解决问题的能力,学会多从积极的角度看待它;比如多和积极的人在一起,交一些积极的朋友;看一些励志书籍和人物传记等也都能激发积极的思考。

学习乐观的归因方式也是必要和重要的。马丁·塞利格曼认为,有着悲观解释模式的人往往对不利事件做内部的、稳定的和一般的解释,产生的后果就是人很被动,没有成就感,承受着较大的心理压力,而且有抑郁的征兆。乐观的归因方式,对个体不良情绪的调整和控制起着重要的作用。澳大利亚的一项"乐观教育"项目为学生提供的认知技能训练之一就是掌握乐观的归因方式。

（二）自我认知的方法

职业是人生的价值，职业生涯是实现人生价值的重要途径。对人类来说实现价值是永恒的诱惑、永恒的追求。认识价值是实现价值的重要保证，任何个体都必须在充分进行自我认知的基础上进行职业生涯规划，实现最大的自我价值。进行自我认知，进而实现价值最大化，都是需要方法的。自我认知的方法有职业测评工具、他人评价、职业实践、个人成长报告、职业咨询、橱窗分析法等。

1. 职业测评工具

职业测评是综合利用心理学、管理学和人才学等学科的原理、方法和技术，对人的能力因素、个人特质因素以及动力因素等主要内容进行系统的、客观的和全面的测量和评价。

（1）职业测评的心理学依据。凡客观存在的事物都有其数量，凡是有数量的东西都是可以测量的。随着科技的发展，人们对人的人格、智能、兴趣等心理特征进行了测量，并实现了对心理行为样本的客观的和标准化的测量。人的心理特征具有内在性、隐蔽性和无形性等特征，是不能被直接观察到的，但总以其相应的行为显现出来，测验就是让人们产生相应的行为，根据这些行为反应推论他们的心理特性。创建行为主义心理学派的美国心理学家华生基于这样的认识，认为心理学不应该研究玄妙的不可捉摸的意识，而应该研究可观察可测量的行为，并以刺激与反应（S—R）的关系为研究的主要内容。在职业领域中，人们运用心理测量法，通过一些标准化的量表来了解当事人的气质、性格和职业兴趣、职业能力等，测试个体想干什么，个体适合做什么，个体还缺乏什么等，即职业素质测评。

职业测评主要是心理测量，这是由心理素质在个体的职业生涯发展过程的关键性作用决定的。美国心理学家特尔曼曾经对 800 名成年男性做过一个测验，发现其中成就最大的 20% 与成就最小的 20% 两组之间，最明显的是在进取心、意志力、兴趣和坚持性等心理素质方面有显著的差异。

（2）职业测评的生涯理论依据。职位类别的差异性和个体个性的差别性使得职业生涯规划是一个极具个性化的过程。进行职业决策时，必须将一个人的个性特征与职业种类和职业环境进行匹配，以提高工作效率和职业成功的可能性。即关于个体的个性特征和职业性质一致的人职匹配理论，它是现代职业测评中最重要的理论依据（关于人职匹配理论的详细内容具体参看第 2 章的相关内容）。

（3）常见的职业测评工具。智力测验在临床工作中最为常用，有美国斯坦福大学 L.M. 特曼主持修订的斯坦福—比奈智力量表、韦克斯勒智力量表和瑞文标准推理测验（SPM）等。常见的人格测验工具有艾森克个性问卷（EPQ）、16 项人格因素问卷（16PF）、明尼苏达多项人格问卷（MMPI）、加利福尼亚心理调查表（CPI-RC）、多轮临床问卷（MCMI）、人格研究调查表（PRF）、大五人格模式等。常见的职业兴趣量表有霍兰德职业性向测验量表、斯特朗—坎波尔兴趣量表（strong-campbell interest inventory, SCII）、我国教育部考试中心编制的职业兴趣量表等。另外，职业价值观也有相应的测量表。一些职业测评网站上有丰富的专业测评问卷，有的网站甚至具备测试结果评价功能。

（4）职业测评的作用。职业测评的目的是实现人适其职，职得其人；人尽其才，才尽其用。它在研究、咨询、辅导和组织对员工的职业生涯开发中都占据重要的地位，是不可或缺的工具。

各种组织需要它,个体也同样需要它。它能服务于组织的人力资源规划,为招聘、安置、考核、晋升提供依据,同时也是个人进行职业定向、职业决策的参考,是职业生涯规划的基础。通过职业测评,可以实现组织和个体"双赢"的目的。

从个体职业生涯规划角度来看,职业测评有以下三点作用。

(1)帮助个体实现自我认知。职业测评可以帮助个体了解自我的能力、兴趣和行为风格等,诊断出个体各方面素质指标的高低优劣,明确自我职业发展的目标和方向。

(2)引导个体制定职业发展策略。职业测评在有效鉴别个人素质特点的基础上,进一步将个人的特点和职业的特点结合起来,实现人职匹配,实现人尽其才。职业测评是人才与用人单位之间的中介桥梁,它指导个人根据测评结果理性地进行职业发展决策,寻找到适合自己的职业。

(3)促进个体实现自我发展。职业测评除了为人职匹配提供信息,而且还可以为个体的未来发展提供可能性的信息。了解自我的潜能,可以更好地制定职业生涯发展规划,有针对性地接受教育培训,在实践中扬长避短,更好地促进个体发展。自我认知是职业生涯规划的开始,更是发现自我、改进思维、转变观念,进而改造自我、发展自我和实现自我的开端。

2. 他人评价

美国弗吉尼亚大学心理学家蒂莫西·威尔逊在《心理科学透视》(心理学科协会期刊)上发表了一份新的报告,将自我认识原理概述为自我信念的形成过程。为了帮助人们进一步了解自己,威尔逊提供了一些建议。比如,在审视自己的行为时做到尽量客观,并尝试从他人的视角来看待自己。

社会比较理论也认为自我认知的过程其实是一个社会比较的过程,是个体通过对自己的价值和他人的能力及条件的比较而实现的,认识自己与所在的社会现实规范和所在的社会团体等周遭环境关系实现的。所以自我认知的过程也是务必要参照社会的标准和他人对自我的评价,即自己在他人眼中的形象。360度评估就是对"他人评价方式"的运用。

360度评估又称"360度绩效反馈"或"全方位评估",最早由被誉为"美国力量象征"的典范企业英特尔首先提出并加以实施,运用于对企业员工的自我认识,是由员工自己、上司、直接部属、同仁同事甚至顾客等全方位的各个角度了解个人的绩效。被评估者从这些不同的反馈清楚地知道自己的不足、长处与发展需求,使以后的职业发展更为顺畅。后来,这种方法逐渐应用于各领域,对于大学生,就是来自于自己、家人、朋友、老师、同学、实习同事等各角度全方位的评价。

360度评估通常要经过以下几个步骤。

(1)评估准备阶段。一般包括评估项目的设计、内容的确定,还有参与评估人员的选择。评估人员的选择要坚持对被评估者充分了解的原则。

(2)评估前的宣导。评估前,必须要向所有参与者说明本次评估的目的,培养参与者进行评估的技能,对他们的疑问给予解答,这样才能消除参与者的顾虑,提高评估的质量。

(3)评估阶段。评估阶段除了保证保密和公正的环境外,组织者要积极引导,保证评估者的参与率,这样结果才能反映更加真实的情况。

(4)结果分析。结果分析是一个相对专业化的过程,它绝不是简单的数据的罗列,而是要找出被评估者的特点,并通过文字予以说明。

（5）反馈面谈。反馈过程中要注意沟通的技巧，使被评估者能够真诚地接受。

通过评估反馈，受评者可以获得来自多层面的人员对自己素质能力等的评估意见，较全面、客观地了解有关自己优缺点的信息，以此作为制定目标、改善计划、个人未来职业生涯及能力发展的参考，并通过反馈信息与自评结果的比较可以让受评者认识到差距所在。图3-1为某大学生的360度评估。

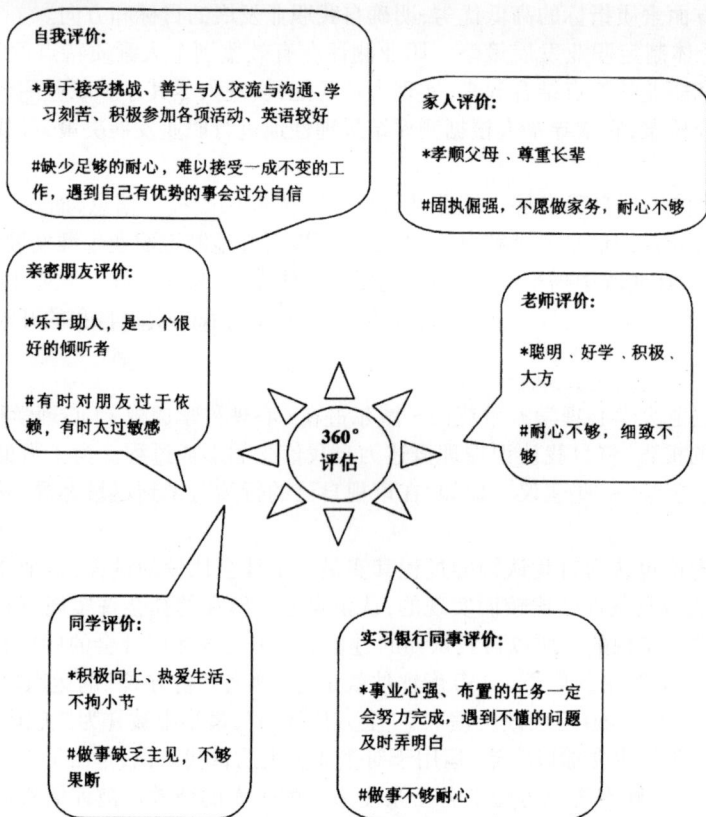

自我评价：

*勇于接受挑战、善于与人交流与沟通、学习刻苦、积极参加各项活动、英语较好

#缺少足够的耐心，难以接受一成不变的工作，遇到自己有优势的事会过分自信

家人评价：

*孝顺父母、尊重长辈

#固执倔强，不愿做家务，耐心不够

亲密朋友评价：

*乐于助人，是一个很好的倾听者

#有时对朋友过于依赖，有时太过敏感

老师评价：

*聪明、好学、积极、大方

#耐心不够，细致不够

360°评估

同学评价：

*积极向上、热爱生活、不拘小节

#做事缺乏主见，不够果断

实习银行同事评价：

*事业心强、布置的任务一定会努力完成，遇到不懂的问题及时弄明白

#做事不够耐心

图3-1

3.职业实践

职业实践对于在校大学生具有加深对本专业的了解、确认适合的职业、为向职场过渡做准备、增强就业竞争优势等多方面意义。

（1）职业实践的重要功能。第一，职业实践是自我认知的重要来源。职业实践、认知、再实践、再认知的形式，循环反复以至无穷，而实践和认知的每一次循环的内容，都比前一次达到了高一级的程度。这就是辩证唯物论的认识论和知行统一观。第二，职业实践也是自我认知的动力。首先，职业实践给自我认知提出了新的课题，规定了自我认知的新的发展方向。个体不断地进行社会实践，同时社会实践又向个体提出新要求；其次，职业实践给自我认知不断提供观察和研究的经验，使自我认知得以向广度和深度扩展；最后，社会实践不同程度地推动大学生个体思维能力的发展。第三，职业实践是自我认知的检验。了解非学历因素，可以通过多种的社会实践活动培养,因为唯有实践才是"授之以渔、授之以猎枪"的最好方式。个体进行职业生涯规划,不能满足于纸上谈兵,必须要学会从实践中增长见识,学会在实践中磨砺自我,学会在实践中总结经验,学会在实践中提高素质,学会在实践中发展能力。

（2）职业实践的类型介绍。职业实践是职业的一种预演,它归纳起来主要有以下几大类型。

认知型社会实践活动,主要包括参观、生涯人物访问、思政课题调查研究、主题式社会考察等形式。

锻炼型社会实践活动,主要包括义务劳动、寒暑假的社会实践活动等形式。

服务型社会实践活动,主要包括社会公益服务、科技文化服务等形式。

教学计划内社会实践活动,不同专业有不同称谓,主要包括生产实习、金工实习、课程设计等形式。

通过以上实践环节,可以综合考察学生的知识结构和迁移能力,通过实地观察、调查研究、实际操作等来加强自身的职业素质教育,提高自身的职业实践能力。

4. 个人成长报告

个人的成长报告是对自己人生历程的一种记录。个人成长报告分析通常包括以下几个方面:早年经历、家庭环境、情感事件等。从个人成长报告中可以看见个体的过去,以此去看未来。虽然未来是不可预测的,但通过个体的自我成长分析,不但能了解自身的成长历程、性格背景、能力倾向、职业价值观等,而且可以预测自身的价值追求和工作态度,对客观地进行自我认知、准确地进行职业定位,意义重大。

个人成长报告的主要内容应包括下列十九项。

第一,怎样评估自己的发展史? 自己的高峰与低谷分别在哪里?

第二,如何意识到自己已经是一个成人? 如何处理这种意识?

第三,自己最好的五个心理品质是什么?

第四,自己人生中有哪几种品质需要加强?

第五,自己的基本人生观、价值观是什么?

第六,自己最近大部分时间的心情怎样?

第七,日常生活中是怎样看待他人的?

第八,自己是什么样的人格类型?

第九,自己认为心目中的英雄是谁? 成熟标准是什么?

第十,什么人及什么事影响了我的人生发展?

第十一,最好的朋友会怎样评价我?

第十二,人们对我的批评意见集中在哪些方面?

第十三,哪三个形容词能够恰当地描述自己?

第十四,对自己的职业有何期待?

第十五,希望从同事那里得到什么?

第十六,自己的职业优势和弱势有哪些?

第十七,我的职业奋斗目标有哪些? 同事是怎样评价我的?

第十八,如何应对自己的工作压力?

第十九,如何应对他人对我的赞许和责难? 对待他人的评价是否能够正确地对待和分析?

值得指出的是,大学生对个人成长报告应该有正确的认识,应注意以下几点。

第一,个人成长报告的难度在于成长分析的深刻性,以及对于提高职业素质的促进意义。

第二,个人成长报告并无正确错误之分,该项目的评估在于自我认识的准确性和个人成长的合理性。

第三,个人成长报告中个人的成长符合发展规律。对成长中各因素要学会客观分析、正确归因。

第四,个人成长报告应是运用知识、技术以自我为剖析对象分析和认识的过程。该过程最好能够做到对自我的认识一分为二。

第五,职业行为分析的重点在于从业动机。

第六,职业行为分析对个人成长有促进作用,能够指出未来的发展方向。

5. 职业咨询

所谓职业咨询是指运用心理学等方法,遵循职业和社会发展的原理,协助当事人更好地解决在选择职业、安置就业和职业发展等方面遇到的问题。在职业咨询过程中需要采取一些专门的技术,协助当事人正确认识自己的兴趣、能力和性格等特征,认识当前的社会环境职业氛围,不断提高和发展自我的职业素质,在职业生涯中获得成功。

职业咨询的主要范围和相关理论如表 3-2 所示。

表 3-2　职业咨询的范围和理论

咨询的主要范围	咨询关键点	咨询相关理论
职业准备咨询	在知识、技能、信息资料和心理等方面	人职匹配理论 心理动力理论 行为理论 萨帕和金斯伯格的职业发展理论 职业生涯论与职业系留点
职业选择咨询	寻找的策略和方法,个人的兴趣、期望与社会需求与发展	
职业决策咨询	做出职业发展的职业决策	
职业适应咨询	职业中人际关系、工作压力和自我调整等	
职业发展咨询	提高职业相关技能 解决当前或潜在困难	

职业咨询的主要技术方法有心理测量法、个体咨询和团体咨询。职业咨询过程中所采用的情境性的测验包括多种形式,主要有文件筐或公文处理测验、无领导小组讨论、角色扮演,根据所给的材料撰写报告、演讲辩论、案例分析等。

大学生个体职业咨询中应把握以下两点。

第一,强调个体化的个人需要和自我发展。职业生涯规划的理论研究和咨询实践都强调个性化,把职业选择看成是个人的基本权利,崇尚职业选择的充分自由和竞争,鼓励通过个人的选择,个人的决定,达到自我完善和自我实现的目标。

第二,强调职业指导是一个系统过程和系统工程。大学生职业咨询成为贯穿学校各年段的一个系统过程,职业咨询不仅要关注个体的职业选择和教育定向,更要致力于帮助个体找到和个人特点相匹配的教育途径或者就业方向;更关键的是要促进学生职业意识和职业行为的发展。

除了学校等教育系统的职业咨询机构外,还有人力资源与社会保障部和教育部所设立的专门机构、各地的劳动局和就业委员会、社会职业介绍机构和职业咨询社会团体等机构的共同配合,构成了较完备的职业咨询网络,真正全方位和多角度地作用于大学生个体的职业生涯规划。

6.橱窗分析法

橱窗分析法是自我剖析的重要方法之一,是由美国心理学家 Jone 和 Hary 提出的。心理学家把对个人的了解比喻成一个橱窗,为了便于理解,把橱窗放在一个直角坐标中加以分析。坐标的正向表示别人知道,负向表示别人不知道;纵轴正向表示自己知道,纵轴负向表示自己不知道(图 3-2)。

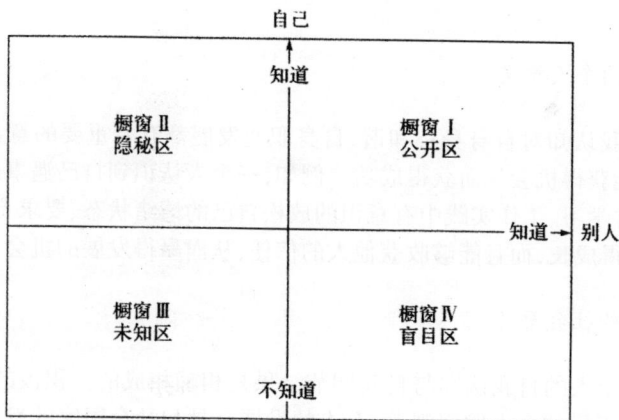

图 3-2

橱窗 I ——自己知道,别人知道的部分,称为"公开区",属于个人展现在外无所隐藏的部分,例如,身高、相貌等。

橱窗 II ——自己知道,别人不知道的部分,称为"隐秘区",属于个人内在的私有秘密部分。很多事情我们不愿意让别人知道,要了解自己可以通过日记的方式记录下来;要了解我们自身成长的大致经历和自我计划等情况,可以通过写自传的方式记录下来。尽管我们还不需要什么自传,但是这个是了解自己的一个有效途径。

橱窗 III ——自己不知道,别人也不知道的部分,称为"未知区",是有待开发的部分。据科学家研究发现,每个人有巨大的潜能,人类平常只发挥了极小部分的大脑功能。如果一个人能发挥一半的大脑功能,将能轻易地学会 40 种语言,背整套百科全书,拿 12 个博士学位。著名心理学家奥拓指出,一个人一生所发挥出来的能力,只占他全部的 4%,也就是说还有 96% 的能力还未开发。由此可见,认识、了解"未知我",是自我认识的重点之一,也是职场新人的头等大事。

橱窗 IV ——自己不知道,别人知道的部分,称为"盲目区",犹如一个人的"背部",自己看不到,别人却看得很清楚。如果自己诚恳地、真心实意地征询他人的意见和看法,就不难了解"盲目区"。我们可以采取同自己的家人、朋友、同事等交流的方式,可以借助录音、录像设备,尽量开诚布公。

三、自我认知的意义

古代希腊德拉斐神庙里的石碑上刻着象征人类最高智慧的神谕：认识你自己。中国的老子也指出："知人者智，自知者明"；孙子说："知己知彼，百战不殆。"《全唐文纪事》中有一段话，太宗谓侍臣曰："夫以铜为镜，可以正衣冠；以古为镜，可以知兴替；以人为镜，可以明得失。朕常保此镜，以防己过。"先哲们不断地教导我们认识自己的重要性。对于大学生来说自我认知是职业生涯的基础，对个人成长、工作定位以及社会价值实现等都具有极为重要的指导意义。

（一）自我认知的个人意义

大学生进行自我认知对自身身心和谐、自身职业发展都有着重要的意义。准确的自我认知，使自己更有可能获得机会从而获得成功。例如，一个人认识到自己遇事比较容易烦躁和冲动时，就可以在日常学习、工作实践中有意识的放松自己的情绪状态、要求自己三思而后行，这样不仅能让自己获得成长，而且能够收获他人的信任，从而赢得发展的机会。

（二）自我认知的社会意义

如上文所述一个人的自我认知与自我调节结果是相辅相成的。积极的、正确的自我认知能够帮助个体树立正确的个人发展观，而个人的发展又是与社会国家的发展紧密联系在一起的，因此，个人正确的发展观能促进社会各方面的和谐发展。

四、职业生涯规划过程中自我认知的误区

在职业生涯规划过程中，自我认知也存在多个误区，如认知方式的单一化、认知内容的片面化、认知结果的静态化。

（一）认知方式的单一化

个体由于自己的思维模式或者行为模式，往往只选择一种认知方式。例如，有的大学生仅凭着感觉认为自己与别人某方面或者某些方面相似，就错误地认为自己可以复制对方的成功路线。还有的大学生常常把亲朋好友、老师和同学等对自己的评价作为自我认知的结论。自我认知的结果与他人评价的结果往往有很大的出入，这样的认知结果本身不具备足够的信度和效度，更不能用它指导自我进行生涯规划。

他人评价仅仅是认识自我的方式之一，而通过职业测评、职业咨询、团体辅导以及情境模拟、实践等方式无疑更具有理性意义。其中实践的理性意义尤为突出，自我认知一定要结合实践，在做人做事的过程中真正加深自我了解。

（二）认知内容的片面化

职业生涯规划要求个体清晰和准确地进行自我认知，尤其是对自身条件、自我能力和发展

潜能的认知,这其中包括职业性格、职业能力、职业兴趣和职业价值观等内容的探索。有人习惯把职业测评和职业咨询的结果解读成自身这个特殊"化合物"的化学成分分析报告,或者自己的血型鉴定、DNA鉴定报告。

类似误读是有害的,仅以自我认知内容中职业能力的认知为例,其原因有以下两点。

第一,能力在心理学中定义为直接影响活动的效率和使活动顺利进行的个性心理特征,它具有相对稳定性,但并非数学中的不可变量。首先,包含人个性特征在内的人的心理特征就是一个动态的心理过程,人的各项职业能力随着个体职业经验的增加不断得到拓展。其次,每个人都潜藏着未被发现的各项潜能,这些潜能在积极的认知模式下,在科学合理的目标下会得到良好的激发。

第二,职业本身也是不断发展的,职业方式的变化、职业地位获得方式的变化、职业流动方式的变化、职业成功标准的变化,都要求个体职业能力必须不断发展和提升,以便提高自身的职业核心竞争力。

（三）认知结果的静态化

在职业生涯规划中,如果过度依赖认知结果,将一时片面的结论当成永远不变的定论,容易让人产生宿命感,从而失去探索职业发展的动力,对个体的长远的发展也是有害的。人类是毕生从事认知的生物,人类的心理以重要的方式发生着变化,改善与生涯决策有关的自我认知是一个终生的过程,永远不会结束。人在成长的过程中,一定还有某种潜能从来没有被开发出来。事实上,每种生活经历都会增加人的价值观、兴趣和技能的信息储存。没有一种生活经历会被浪费——有时候,我们宝贵的经验就源于那些最开始被认为失败的经历。有时学生说他们选错了专业,但那只是短期内的评价,从长远看,那些经历能够明确和澄清个人的职业旅程。

总之,大学生的职业生涯规划,绝不是写在纸上的一成不变的静态结果,它是一个为了实现目标而不断变化的动态过程;不仅是一个职业目标选择,更是一个自我实现的方法体系;不仅是针对现在的人职匹配,更是指向未来的一个良性动态的循环过程。

第二节　性格与职业选择

一、性格概述

（一）性格的概念

性格是人的态度和行为方面比较稳定的心理特征,是指一个人在生活中形成的对现实的稳定的态度以及与之相应的行为方式。性格不是先天赋予的,而是在先天素质的基础上通过家庭、教育和社会环境的影响,以及人的自身积极活动才逐渐形成的。性格不是一朝一夕形成的,但是一旦形成就比较稳定,而且会贯穿在个体的全部行动之中。

（二）性格的特点

要想认识自己的性格,就必须把握自己性格的特点,一般可以从以下四个方面来考察。

1. 性格的态度特点

性格的特点首先表现在个体对社会、对集体、对他人以及对自己的态度上。包括富于同情心、善交际、为人正直、直率、谦虚、自傲、自信;或者与此相对立的冷漠、孤僻、拘谨、虚伪、自卑、羞怯等。在对劳动和工作态度方面,包括勤劳或懒惰,有无责任心,认真仔细或粗心马虎,有创新精神或墨守成规等。

2. 性格的意志特点

性格的意志特点即人在自己行为的自觉调节方式和水平方面的个人特点,如独立性、目的性、组织性、纪律性或冲动性、盲目性、散漫性;主动性、自制力或任性;恒心、坚韧性或见异思迁、虎头蛇尾;镇定、果断、勇敢、顽强或优柔寡断、鲁莽、怯懦等。

按照调节行为的依据、水平和客观表现,性格的意志特点可分为意志的自觉性、意志的自制性、意志的果断性、意志的坚毅性几个方面。

3. 性格的情绪特点

性格的情绪特征是个体依据客观事物对人的不同意义而产生的对该事物的不同态度,包括坚定性、乐观性,情绪的内外倾向性和波动性。一个人的情绪特征会影响他的全部活动。当情绪对个体活动的影响或个体对情绪的控制有某种稳定的、经常表现的特点时,就构成性格的情绪特征。

4. 性格的理智特点

个体表现在感知、记忆、思维和想象等方面的特点和个体差异叫作性格的理智特点。这些差异表现在知觉的特点上,可以分为被动知觉型和主动观察型,或详细罗列型和概括型,或粗略型和精细型。在记忆方面可表现为直观形象型或抽象型。在思维方面则可表现为思想深刻或肤浅,思维的稳定或不稳定,善于独立思考或回避问题。在想象方面则可表现为现实感或脱离实际,内容广阔或狭窄,等等。

（三）性格的分类

人的性格分为很多类型,是不同的心理学家按照一定的原则对性格所做的分类。性格是人格的重要组成部分。个体在一定社会条件下表现出来的习惯化了的行为反应与情感,形成了相对稳定的人格心理特征。

心理学所划分的性格类型主要有以下几种分法。

（1）根据知、情、意三者在性格中何者占优势,把人们的性格划分为理智型、情绪型和意志型。理智型的人,通常以理智来评价、支配和控制自己的行动;情绪型的人,往往不善于思考,其言行举止易受情绪左右;意志型的人一般表现为行动目标明确,主动积极。

（2）根据人的心理活动倾向于外部还是内部,把人们的性格分为外向型和内向型。

（3）根据个体独立性程度,把人们的性格划分为独立型和顺从型。独立型的人善于独立思考,不易受外来因素的干扰,能够独立地发现问题和解决问题;顺从型的人,易受外来因素的干扰,常不加分析地接受他人意见,应变能力较差。

（4）根据人的社会生活方式以及由此而形成的价值观,把人们的性格类型分为理论型、经济型、审美型、社会型、权力型和宗教型。

（5）根据人际关系,把人们的性格划分为 A、B、C、D、E 这五种。

A 型性格情绪稳定,社会适应性及向性均衡,但智力表现一般,主观能动性一般,交际能力较弱。

B 型性格具有外向性的特点,情绪不稳定,社会适应性较差,遇事急躁,人际关系不融洽。

C 型性格具有内向性特点,情绪稳定,社会适应性良好,但在一般情况下表现被动。

D 型性格具有外向性特点,社会适应性良好或一般,人际关系较好,有组织能力。

E 型性格具有内向性特点,情绪不稳定,社会适应性较差或一般,不善交际,但往往善于独立思考,有钻研性。

此外,也有按人们的体型、血型对性格进行分类的。

（四）性格与职业生涯的关系

人的性格类型与职业之间具有一定的相关性:一方面是不同的性格类型适应不同的职业要求;另一方面是从事某种特定职业的人员,会按照职业的要求不断巩固或者调整原有的性格特征,甚至影响职业原有的一些特点。但是,性格与职业之间并不存在严格的对应关系,任何对性格与职业关系的固定、静止、片面的看法都是有失偏颇的。不同性格类型的人在同一职业领域中能够有各具特色的表现,同一性格的人在不同的职业领域中也会各显魅力。例如,情绪型的人,如果从事文学创作,会因感情丰富细腻而将人物的心理活动刻画得惟妙惟肖;如果从事科学研究,则会因善于想象而在非逻辑思维上比理智型的人更胜一筹。

二、职业性格概述

（一）职业性格的概念

职业性格是指人们在长期特定的职业生活中所形成的与职业相联系的比较稳定的心理特征。许多职业对性格品质有着特定的要求,要选择某一职业就必须具备这一职业所要求的性格特征。但是,性格在很大程度上是来源于后天的培养,并不是无法改变的,每个人在社会中都会因为种种外界原因而改变原先的性格,也许这种改变会让人意外地发现自己的潜力。研究表明,不同的职业有不同的性格要求,如对驾驶员要求具备注意力稳定、动作敏捷的职业性格特征;对医生则要求具备耐心细致、热情待人的职业性格特征。当然,每个人的性格都不能百分之百地适合某项职业,但却可以根据自己的职业方向来培养和发展相应的职业性格。不同性格特征的人员,对组织而言,决定了每个雇员的工作岗位和工作业绩;对个人而言,决定着自己事业能否成功。因此,性格是组织选人、个人择业的重要因素之一。

职业个性特征是职业发展的基础,良好的职业个性特征是职业成功的重要保障。大学生通过职业个性特征探索,可以及早地了解自己的职业性格及职业技能,促进大学生能力的增强、性格的优化和气质的提升。

（二）职业性格的类型

近年来,国内一些教育学、心理学研究人员根据我国的实际情况,将职业性格分为九种基本类型。

1. 重复型

特征:适合并喜欢连续不断地从事同一种工作,喜欢按照一个固定的模式或别人安排好的计划工作,爱好重复的、有规则的、有标准的职业。

2. 变化型

特征:能够在新的或意外的工作情境中感到愉快,喜欢工作内容经常有些变化,在有压力的情况下工作得很出色,追求并且能够适应多样化的工作环境,善于将注意力从一件事转移到另一件事情上去。

3. 服从型

特征:喜欢配合别人或按照别人的指示去办事,愿意让别人对自己的工作负责,不愿意自己担负责任,不愿意自己独立做出决策。

4. 劝服型

特征:乐于设法使别人同意自己的观点,并能够通过交谈或书面文字达到自己的目的。对别人的反应具有较强的判断能力,并善于影响他人的态度、观点和判断。

5. 独立型

特征:喜欢计划自己的活动并指导别人的活动,会从独立的、负有责任的工作中获得快感,喜欢对将要发生的事情做出决定。

6. 机智型

特征:在紧张、危险的情况下能很好地执行任务,在意外的情况下,能够自我控制、镇定自若,工作出色。在出差错时不会惊慌,应变能力强。

7. 协作型

特征:会对与人协同工作感到愉快,善于引导别人按客观规律办事。

8. 自我表现型

特征:喜欢表现自己,通过自己的工作和情感来表达自己的思想。

9. 严谨型

特征:注重细节的精确,愿意在工作过程的各个环节中,按照一套规则、步骤将工作过程做得尽善尽美。工作严格、努力、自觉、认真,保质保量,喜欢看到自己出色完成工作后的效果。

三、职业性格对职业的影响

职业心理学的研究表明,不同的职业有不同的性格要求,性格影响着一个人对职业的适应性,一定性格的人适于从事一定的职业。一方面,选择职业要考虑自己的性格特征,尽量选择适合自己性格的工作。因为每一种工作都对从业者的性格有特定的要求,如各类公众服务人员,必须具有亲切、热情、周到、体贴他人的性格,这样才能做好服务工作。再如,作为一位工程技术人员,则要求具有严谨认真、一丝不苟、精益求精、善于合作的性格。如果自己的性格和职业需要的性格相反的时候,那么工作的时候会遇到很大的心理冲突,工作上成功的概率也会较小。例如,一个比较缄默的人担任销售的工作,缄默的人往往乐群性比较低,喜欢对事不对人;而销售的工作是需要应付人与人之间的复杂情绪交流。所以,缄默的人如果担任销售的工作,那么在工作的过程中,不可避免会有很多心理冲突。另一方面,进行职业生涯规划时,除了要考虑自身性格同职业所要求的人际关系相适应外,还要考虑自己的性格特点同职业本身性质、规矩的适应关系。国内外研究发现,有成就的杰出人物绝大多数属于性格坚强、有毅力、人缘和谐的类型,其中有的人要经过数年甚至几年的努力,花费大量的精力和劳动,才能取得一项或几项成果。因而,大学生在就业前,要认识自己的性格,应该根据性格去寻找职业,选择更适合发挥自己性格特长的工作。

四、职业性格的类型与职业选择

（一）职业性格的类型

关于性格的话题,在人类社会已经持续了几千年,而对于职业性格的探索也已发展出许多不同的方法,其中目前应用最广泛的是基于荣格心理类型理论的"梅尔 - 布瑞格斯心理类型指标"（Myer Briggs Type Indicator, MBTI）。该理论根据四组维度 8 个向度将人的性格分为16 种性格类型。

（1）外向—内向（Extraversion-Introversion, E-I）,是指我们与世界相互作用的方式和能量的疏导方式。外向型的人心理能量指向外部世界,与他人在一起的时候感到兴奋,希望成为注意的焦点,愿意与他人共享个人信息,先行动后思考;内向型的人心理能量指向内部世界,喜欢独处,不愿意成为注意的焦点,只与少数人共享个人信息,先思考后行动。

（2）感觉—直觉（Sensing-Intuition, S-N）,是指接收信息的方式。感觉型的人注意和留心事物的细节,用感官接收信息;直觉型的人相信灵感,从整体上看事物。

（3）思维—情感（Thinking-Feeling, T-F）,是指作决策的方式。思维型的人崇尚逻辑、公正,通过事实和数据做出决策,很少把个人感情牵涉到决定中去;情感型的人通过个人的价值观和感受做出决定,注重人际和睦。

（4）判断—知觉（Judging-Perceiving, J-P）,是指日常生活方式。判断型的人先工作后玩,确立目标并按时完成,注重结果,通过完成任务获得满足;知觉型的人如果有时间就会先玩后工作,有新情况时便改变目标,注重过程,通过接触新事物获得满足。

对以上四个维度加以两两组合,便可以得到 16 种性格类型(表 3-3)。

表 3-3　MBTI 16 种职业性格类型

感觉判断型 SJ		感觉知觉型 SP		直觉情感型 NF		直觉思考型 NJ	
注重人生价值,保持机构稳定		关注现在,寻找快乐和冒险刺激		关注情感世界,注重精神理念		喜欢动脑思考,寻求发明创造	
ISTJ	检查者	ISTP	操作者	INFJ	咨询者	INTJ	策划者
ISFJ	保护者	ISFP	创作者	INFP	治疗者	INTP	设计者
ESTJ	监督者	ESTP	创业者	ENFP	倡导者	ENTP	发明者
ESFJ	供应者	ESFP	表演者	ENFJ	教导者	ENTJ	决策者

(二)不同职业性格类型的职业倾向

MBTI 类型理论为大学生了解自己的职业性格开启了一个窗口,据此开发的 MBTI 测验量表被广泛应用于职业指导中。通过 MBTI 测验量表的测试,每个人可以了解自身的性格特点,从而选择适合自己性格类型的职业。下面简要列出十六种性格类型的特点和适合的职业类型,仅供参考。

1.ISTJ

ISTJ 型的人是严肃的、有责任心和通情达理的社会坚定分子。他们值得信赖,重视承诺。对他们来说,言语就是庄重的誓言。ISTJ 型的人工作缜密,讲求实际,很有头脑也很现实。他们具有很强的集中力、条理性和准确性。无论他们做什么,都相当有条理。他们具有坚定不移、深思熟虑的思想,一旦他们采用的是自己相信的最好的行动方法时,就很难转变或变得沮丧。ISTJ 型的人特别安静和勤奋,对于细节有很强的记忆和判断能力。他们能够引证准确的事实支持自己的观点,把过去的经历运用到现在的决策中。他们重视和利用符合逻辑、客观的分析,以坚持不懈的态度准时地完成工作,并且总是安排有序,很有条理。他们重视必要的理论体系和传统惯例,对于那些不是如此做事的人则很不耐烦。ISTJ 型的人总是很传统,谨小慎微。他们在聆听之余还喜欢确实、清晰地陈述事物。ISTJ 型的人天生不喜欢显露,即使危机之时也显得很平静。他们总是显得责无旁贷、坚定不变。但是在他们冷静的外表之下,也许有着更加强烈却很少表露的反应。

适合领域:工商业领域、政府机构、金融银行业、技术领域、医务领域。

适合职业:审计师、会计、财务经理、办公室行政管理、后勤和供应管理、中层经理、公务(法律、税务)执行人员等;银行信贷员、成本估价师、保险精算师、税务经纪人、税务检查员等;机械、电气工程师、计算机程序员、数据库管理员、地质、气象学家、法律研究者、律师等;外科医生、药剂师、实验室技术人员、牙科医生、医学研究员等。

2.ISFJ

ISFJ 型的人忠诚、有奉献精神和同情心,特别理解别人的感受。他们意志清醒而有责任心,乐于为人所需。ISFJ 型的人十分务实,他们喜欢平和谦逊的人。他们喜欢利用大量的事实情况,对于细节则有很强的记忆力。他们耐心对待任务的整个阶段,喜欢事情能够清晰明确。ISFJ 型的人具有强烈的职业道德,所以他们如果知道自己的行为真正有用时,会对需要完成之事承担责任。他们能够准确系统地完成任务。他们具有传统的价值观,十分保守。他们利用符合实际的判断标准做决定,并且他们注重实际的态度增加了稳定性。ISFJ 型的人平和谦虚、勤奋严肃。他们温和、圆通,支持朋友和同伴。他们乐于协助别人,喜欢实际可行地帮助他人。他们利用个人热情与人交往,在困难中与他人和睦相处。ISFJ 型的人不喜欢表达个人情感,但实际上对于大多数的情况和事件都具有强烈的个人反应。他们关心、保护朋友,愿意为朋友献身,他们有为他人服务的意识,愿意完成他们的责任和义务。

适合领域:无明显领域特征。医护领域、消费类商业、服务业领域。

适合职业:行政管理人员、总经理助理、秘书、人事管理者、项目经理、物流经理、律师助手等;外科医生及其他各类医生、家庭医生、牙科医生、护士、药剂师、医学专家、营养学专家、顾问等;零售店、精品店业主、大型商场、酒店管理人员、室内设计师等。

3.ESTJ

ESTJ 型人的能高效率地工作,自我负责,监督他人工作,合理分配和处置资源,主次分明,井井有条;能制定和遵守规则,多喜欢在制度健全、等级分明、比较稳定的企业工作;倾向于选择较为务实的业务,以有形产品为主;喜欢工作中带有和人接触、交流的成分,但不以态度取胜;不特别强调工作的行业或兴趣,多以职业角度看待每一份工作。ESTJ 型的人很善于完成任务;他们喜欢操纵局势和促使事情发生;他们具有责任感,信守他们的承诺。他们喜欢条理性并且能够记住和组织安排许多细节。他们及时和尽可能高效率地、系统地开始达到目标。ESTJ 型的人被迫做决定。他们常常以自己过去的经历为基础得出结论。他们很客观,有条理性和分析能力,以及很强的推理能力。事实上,除了符合逻辑外,其他没有什么可以使他们信服。同时,ESTJ 型的人又很现实、有头脑、讲求实际。他们更感兴趣的是"真实的事物",而不是诸如抽象的想法和理论等无形的东西。他们往往对那些认为没有实用价值的东西不感兴趣。他们知道自己周围将要发生的事情,而首要关心的则是目前。因为 ESTJ 型的人依照一套固定的规则生活,所以他们坚持不懈和值得依赖。他们往往很传统,有兴趣维护现存的制度。虽然对于他们来说,感情生活和社会活动并不像生活的其他方面那样重要,但是对于亲情关系,他们却固守不变。他们不但能很轻松地判断别人,而且还是条理分明的纪律执行者。ESTJ 型的人直爽坦率,友善合群。通常他们会很容易地了解事物,这是因为他们相信"你看到的便是你得到的"。

适合领域:无明显领域特征。

适合职业:大、中型外资企业员工、业务经理、中层经理(多分布在财务、营运、物流采购、销售管理、项目管理、工厂管理、人事行政部门)、职业经理人、各类中小型企业主管和业主。

4.ESFJ

ESFJ 型的人通过直接的行动和合作积极地以真实、实际的方法帮助别人。他们友好、富有同情心和责任感。ESFJ 型的人把他们同别人的关系放在十分重要的位置,所以他们往往具有和睦的人际关系,并且通过很大的努力以获得和维持这种关系。事实上,他们常常理想化自己欣赏的人或物。ESFJ 型的人往往对自己以及自己的成绩十分欣赏,因而他们对于批评或者别人的漠视很敏感。通常他们很果断,表达自己坚定的主张,希望事情能很快得到解决。ESFJ 型的人很现实,他们讲求实际、实事求是和安排有序。他们参与并能记住重要的事情和细节,乐于别人也能对自己的事情很确信。他们在自己的个人经历或在他们所信赖之人的经验之上制定计划或得出见解。他们知道并参与周围的物质世界,并具有主动性和创造性。ESTJ型的人十分小心谨慎,也非常传统化,因而他们能恪守自己的责任与承诺。他们支持现存制度,往往是委员会或组织机构中积极主动和乐于合作的成员,他们重视并能保持很好的社交关系。他们不辞劳苦地帮助他人,尤其在遇到困难或取得成功时,他们都很积极活跃。

适合领域:无明显领域特征。

适合职业:办公室行政或管理人员、秘书、总经理助理、项目经理、客户服务部人员、采购和物流管理人员等;内科医生及其他各类医生、牙科医生、护士、健康护理指导师、饮食学、营养学专家、小学教师(班主任)、学校管理者等;银行、酒店、大型企业客户服务代表、客户经理、公共关系部主任、商场经理、餐饮业业主和管理人员等。

5.ISTP

ISTP型的人坦率、诚实、讲求实效,他们喜欢行动而非漫谈。他们很谦逊,对于完成工作的方法有很好的理解力。ISTP型的人擅长分析,所以他们对客观含蓄的原则很有兴趣。他们对于技巧性的事物有天生的理解力,通常精于使用工具和进行手工劳动。他们往往做出有条理而保密的决定。他们仅仅是按照自己所看到的、有条理而直接地陈述事实。ISTP型的人好奇心强,并且善于观察,只有理性、可靠的事实才能使他们信服。他们是现实主义者,所以能够很好地利用可获得的资源,同时他们善于把握时机,这使他们变得很讲求实效。ISTP型的人平和而寡言,除了与好朋友在一起时,他们往往显得冷酷而清高,而且容易害羞。他们平等、公正。但是他们往往受冲动的驱使,对于即刻的挑战和问题具有相当的适应性和反应能力。因为他们喜欢行动和兴奋的事情,所以他们乐于参加户外活动。

适合领域:技术领域,证券、金融业、贸易、商业领域,户外、运动、艺术等领域。

适合职业:机械、电气、电子工程师、各类技术专家和技师、计算机硬件、系统集成专业人员等;证券分析师、金融、财务顾问、经济学研究者等;贸易商、商品经销商、产品代理商(有形产品为主)等;警察、侦探、体育工作者、赛车手、飞行员、雕塑家、手工制作、画家等。

6.ISFP

ISFP型的人平和、敏感,他们保持着许多强烈的个人理想和自己的价值观念。他们更多的是通过行为而不是言辞表达自己深沉的情感。ISFP型的人谦虚而缄默,但实际上他们是具有巨大的友爱和热情之人,但是除了与他们相知和信赖的人在一起外,他们不经常表现出自我的另一面。因为ISFP型的人不喜欢直接地自我表达,所以常常被误解。ISFP型的人耐心、灵活,很容易与他人相处,很少支配或控制别人。他们很客观,以一种相当实事求是的方式接受他人的行为。他们善于观察周围的人和物,却不寻求发现动机和含义。ISFP型的人完全生活在现在,所以他们的准备或计划往往不会多于必需,他们是很好的短期计划制定者。因为他们喜欢享受目前的经历,而不继续向下一个目标兑现,所以他们对完成工作感到很放松。ISFP型的人对于从经历中直接了解和感受的东西很感兴趣,常常富有艺术天赋和审美感,力求为自己创造一个美丽而隐蔽的环境。ISFP型的人经常是忠诚的追随者和团体成员,而没有想要成为领导者。因为他们利用个人的价值标准去判断生活中的每一件事,所以他们喜欢那些花费时间去认识他们和理解他们内心的忠诚人士。他们需要最基本的信任和理解,在生活中需要和睦的人际关系,同时对于冲突和分歧则很敏感。

适合领域:手工艺、艺术领域,医护领域,商业、服务业领域。

适合职业：时装、首饰设计师、装潢、园艺设计师、陶器、乐器、卡通、漫画制作者、素描画家、舞蹈演员、画家等；出诊医生、出诊护士、理疗师、牙科医生、个人健康和运动教练等；餐饮业、娱乐业业主、旅行社销售人员、体育用品、个人理疗用品销售员等。

7.ESTP

ESTP 型的人不会焦虑，因为他们是快乐的。ESTP 型的人活跃、随遇而安、天真率直。他们乐于享受现在的一切而不是为将来计划什么。ESTP 型的人很现实，他们信任和依赖于自己对这个世界的感受。他们是好奇而热心的观察者。因为他们接受现在的一切，所以他们思维开阔，能够容忍自我和他人。ESTP 型的人喜欢处理、分解与复原真实事物。ESTP 型的人喜欢行动而不是漫谈，当问题出现时他们乐于去处理。他们是优秀的解决问题的人，这是因为他们能够掌握必要的事实情况，然后找到符合逻辑的明智的解决途径，而无需浪费大量的精力。他们会成为适宜外交谈判的人，他们乐于尝试非传统的方法，而且常常能够说服别人给他们一个妥协的机会。他们能够理解晦涩的原则，在符合逻辑的基础上，而不是基于他们对事物的感受之上做出决定。因此，他们讲求实效，在情况必须时非常强硬。在大多数的社交场合中，ESTP 型的人很友善，富有魅力、轻松自如而受人欢迎。在任何有他们的场合中，他们总是爽直、多才多艺和有趣，总有没完没了的笑话和故事。他们善于通过缓和气氛使冲突的双方相互协调，从而化解紧张的局势。

适合领域：贸易、商业、某些特殊领域、服务业、金融证券业、娱乐、体育、艺术领域。

适合职业：各类贸易商、批发商、中间商、零售商、房地产经纪人、保险经济人、汽车销售人员、私家侦探、警察等；餐饮、娱乐及其他各类服务业的业主、主管、特许经营者、自由职业者等；股票经纪人、证券分析师、理财顾问、个人投资者等；娱乐节目主持人、体育节目评论、脱口秀、音乐、舞蹈表演者、健身教练、体育工作者等。

8.ESFP

ESFP 型的人乐意与人相处，有一种真正的生活热情。他们顽皮活泼，通过真诚和玩笑使别人感到事情更加有趣。ESFP 型的人脾气随和、适应性强，热情友好和慷慨大方。他们擅长交际，常常是别人的"注意中心"。他们热情而乐于合作地参加各种活动和节目，而且通常立刻能应对几种活动。ESFP 型的人是现实的观察者，他们按照事物的本身去对待并接受它们。他们往往信任自己能够听到、闻到、触摸和看到的事物，而不是依赖于理论上的解释。因为他们喜欢具体的事实，对于细节有很好的记忆力，所以他们能从亲身的经历中学到最好的东西。共同的感觉给予他们与人和物相处的实际能力。他们喜欢收集信息，从中观察可能自然出现的解决方法。ESFP 型的人对于自我和他人都能容忍和接受，往往不会试图把自己的愿望强加于他人。ESFP 型的人通融和有同情心，通常许多人都真心地喜欢他们。他们能够让别人采纳他们的建议，所以他们很善于帮助冲突的各方重归于好。他们寻求他人的陪伴，是很好的交谈者。他们乐于帮助旁人，偏好以真实有形的方式给予协助。ESFP 型的人天真率直，很有魅力和说服力。他们喜欢意料不到的事情，喜欢寻找给他人带来愉快和意外惊喜的方法。

适合领域：消费类商业、服务业领域、广告业、娱乐业领域、旅游业、社区服务等其他领域。

适合职业：精品店、商场销售人员、娱乐、餐饮业客户经理、房地产销售人员、汽车销售人员、市场营销人员（消费类产品）等；广告企业中的设计师、创意人员、客户经理、时装设计和表演人员、摄影师、节目主持人、脱口秀演员等；旅游企业中的销售、服务人员、导游、社区工作人员、志愿工作者、公共关系专家、健身和运动教练、医护人员等。

9.INFJ

INFJ 型的人生活在思想的世界里。他们是独立的、有独创性的思想家,具有强烈的感情、坚定的原则和正直的人品。即使面对怀疑,INFJ 型的人仍相信自己的看法与决定。他们对自己的评价高于其他的一切,包括流行观点和存在的权威,这种内在的观念激发着他们的积极性。通常 INFJ 型的人具有本能的洞察力,能够看到事物更深层的含义。即使无法分享他们的热情,但灵感对于他们却更加显得重要而令人信服。

INFJ 型的人忠诚、坚定、富有理想。他们珍视正直,十分坚定以至达到倔强的地步。因为他们具有超强的说服能力以及清楚认识到什么对公共利益最有益,所以 INFJ 型的人会成为伟大的领导者。由于他们的贡献,他们通常会受到尊重或敬佩。因为珍视友谊与和睦,INFJ 型的人喜欢说服别人,使之相信他们的观点是正确的。通过运用嘉奖,而不是争吵和威胁,他们赢得了与他人的合作。他们愿意毫无保留地激励同伴,避免争吵。通常 INFJ 型的人是深思熟虑的决策者,他们觉得问题使人兴奋,在行动之前他们通常要仔细地考虑。他们喜欢全神贯注于一件事情,这会造成一段时期的专心致志,并且满怀热情与同情心。INFJ 型的人强烈地渴望为他人的幸福做贡献。他们注意其他人的情感和利益,能够很好地处理复杂的人。INFJ 型的人本身具有深厚复杂的性格,既敏感又热切。他们内向,很难被人了解,但是愿意同自己信任的人分享内在的自我。他们往往有一个交往深厚、持久的小规模的朋友圈,在合适的氛围中能产生充分的个人热情和激情。

适合领域:咨询、教育、科研等领域,文化、艺术、设计等领域。

适合职业:心理咨询工作者、心理诊疗师、职业指导顾问、大学教师(人文学科、艺术类)、心理学、教育学、社会学、哲学及其他领域的研究人员等;作家、诗人、剧作家、电影编剧、电影导演、画家、雕塑家、音乐家、艺术顾问、建筑师、设计师等。

10.INFP

INFP 型的人把内在的和谐视为高于其他一切。他们敏感、理想化、忠诚,对于个人价值具有一种强烈的荣誉感。他们个人信仰坚定,有着为自认为有价值的事业献身的精神。INFP 型的人对于已知事物之外的可能性很感兴趣,精力集中于他们的梦想和想象。他们思维开阔、有好奇心和洞察力,常常具有出色的长远眼光。在日常事务中,他们通常灵活多变、具有忍耐力和适应性,但是他们非常坚定地对待内心的忠诚,为自己设定了事实上几乎是不可能的标准。INFP 型的人具有许多使他们忙碌的理想。他们十分坚定地完成自己所选择的事情,往往承担得太多,但不管怎样总要完成每件事。虽然对外部世界他们显得冷淡缄默,但 INFP 型的人很关心内在。他们富有同情心、理解力,对于别人的情感很敏感。除了他们的价值观受到威胁外,他们总是避免冲突,没有兴趣强迫或支配别人。INFP 型的人常常喜欢通过书写而不是口头来表达自己的感情。当 INFP 型的人劝说别人相信他们的想法的重要性时,可能是最有说服力的。INFP 很少显露强烈的感情,常常显得沉默而冷静。然而,一旦他们与你认识了,就会变得热情友好,但往往会避免肤浅的交往。他们珍视那些花费时间去思考目标与价值的人。

适合领域:创作性、艺术类,教育、研究、咨询类。

适合职业:各类艺术家、插图画家、诗人、小说家、建筑师、设计师、文学编辑、艺术指导、记者等;大学老师(人文类)、心理学工作者、心理辅导和咨询人员、社科类研究人员、社会工作者、教育顾问、图书管理者、翻译家等。

11.ENFP

ENFP 型的人充满热情和新思想。他们乐观、自然,富有创造性和自信,具有独创性的思想和对可能性的强烈感受。对于 ENFP 型的人来说,生活是激动人生的戏剧。ENFP 型的人对可能性很感兴趣,所以他们了解所有事物中的深远意义。他们具有洞察力,是热情的观察者,注意常规以外的任何事物。ENFP 型的人好奇,喜欢理解而不是判断。ENFP 型的人具有想象力、适应性和可变性,他们视灵感高于一切,常常是足智多谋的发明人。ENFP 型的人不墨守成规,善于发现做事情的新方法,为思想或行为开辟新道路,并保持它们的开放。在完成新颖想法的过程中,ENFP 型的人依赖冲动的能量。他们有大量的主动性,认为问题令人兴奋。他们也从周围其他人中得到能量,把自己的才能与别人的力量成功地结合在一起。ENFP 型的人具有魅力、充满生机。他们待人热情、彬彬有礼、富有同情心,愿意帮助别人解决问题。他们具有出色的洞察力和观察力,常常关心他人的发展。ENFP 型的人避免冲突,喜欢和睦。他们把更多的精力倾注于维持个人关系而不是客观事物,喜欢保持一种广泛的关系。

适合领域:广告创意、广告撰稿人、市场营销和宣传策划、市场调研人员、艺术指导、公关专家、公司对外发言人等。

适合职业:儿童教育老师、大学老师(人文类)、心理学工作者、心理辅导和咨询人员、职业规划顾问、社会工作者、人力资源专家、培训师、演讲家等;记者、(访谈类)节目策划和主持人、专栏作家、剧作家、艺术指导、设计师、卡通制作者、电影、电视制片人等。

12.ENFJ

ENFJ 型的人热爱人类,他们认为人的感情是最重要的。而且他们很自然地关心别人,以热情的态度对待生命,感受与个人相关的所有事物。由于他们很理想化,按照自己的价值观生活,因此 ENFJ 型的人对于他们所尊重和敬佩的人、事业和机构非常忠诚。他们精力充沛、满腔热情、富有责任感、勤勤恳恳、锲而不舍。ENFJ 型的人具有自我批评的自然倾向。然而他们对他人的情感具有责任心,所以 ENFJ 型的人很少在公共场合批评人。他们敏锐地意识到什么是(或不是)合适的行为。他们彬彬有礼、富有魅力、讨人喜欢、深谙社会。ENFJ 型的人具有平和的性格与忍耐力,他们擅长于外交,擅长在自己的周围激发幽默感。他们是天然的领导者,受人欢迎而有魅力。他们常常得益于自己口头表达的天分,愿意成为出色的传播工作者。ENFJ 型的人在自己对情况感受的基础上做决定,而不是基于事实本身。他们对显而易见的事物之外的可能性以及这些可能性以怎样的方式影响他人感兴趣。ENFJ 型的人天生具有条理性,他们喜欢一种有安排的世界,并且希望别人也是如此。即使其他人正在做决定,他们还是喜欢把问题解决了。ENFJ 型的人富有同情心和理解力,愿意培养和支持他人。他们能很好地理解别人,有责任感和关心他人。由于他们是理想主义者,因此他们通常能看到别人身上的优点。

适合领域:培训、咨询、教育、新闻传播、公共关系、文化艺术。

适合职业:人力资源培训主任、销售、沟通、团队培训员、职业指导顾问、心理咨询工作者、大学教师(人文学科类)、教育学、心理学研究人员等;记者、撰稿人、节目主持人(新闻、采访类)、公共关系专家、社会活动家、文艺工作者、平面设计师、画家、音乐家等。

13.INTJ

INTJ 型的人是完美主义者。他们强烈地要求个人自由和能力,同时在他们独创的思想中,不可动摇的信仰促使他们达到目标。INTJ 型的人思维严谨、有逻辑性、足智多谋,他们能够看到新计划实行后的结果。他们对自己和别人都很苛求,往往同样强硬地逼迫别人和自己。他们并不十分受冷漠与批评的干扰,作为所有性格中最独立的类型,INTJ 型的人更喜欢以自己的方式行事。面对相反意见,他们通常持怀疑态度,十分坚定和坚决。权威本身不能强制他们,只有他们认为这些规则对自己更重要的目标有用时,才会去遵守。INTJ 型的人是天生的谋略家,具有独特的思想、伟大的远见和梦想。他们天生精于理论,对于复杂而综合的概念运用灵活。他们是优秀的战略思想家,通常能清楚地看到任何局势的利弊。对于感兴趣的问题,他们是出色的、具有远见的组织者。如果是他们自己形成的看法和计划,他们会投入不可思议的注意力、能量和积极性。领先到达或超过自己的高标准的决心和坚韧不拔的性格,使他们获得许多成就。

适合领域:科研、科技应用、技术咨询、管理咨询、金融、投资领域、创造性行业。

适合职业:各类科学家、研究所研究人员、设计工程师、系统分析员、计算机程序师、研究开发部经理等;各类技术顾问、技术专家、企业管理顾问、投资专家、法律顾问、医学专家、精神分析学家等;经济学家、投资银行研究员、证券投资和金融分析员、投资银行家、财务计划人、企业并购专家等;各类发明家、建筑师、社论作家、设计师、艺术家等。

14.INTP

性格类型:INTP 型的人是解决理性问题者。他们很有才智和条理性,以及创造才华的突出表现。INTP 型的人外表平静、缄默、超然,内心却专心致志于分析问题。他们苛求精细、惯于怀疑。他们努力寻找和利用原则以理解许多想法。他们喜欢有条理和有目的的交谈,而且可能会仅仅为了高兴,争论一些无益而琐细的问题。只有有条理的推理才会使他们信服。通常 INTP 型的人是足智多谋、有独立见解的思考者。他们重视才智,对于个人能力有强烈的欲望,有能力也很感兴趣向他人挑战。INTP 型的人最主要的兴趣在于理解明显事物之外的可能性。他们乐于为了改进事物的目前状况或解决难题而进行思考。他们的思考方式极端复杂,而且他们能很好地组织概念和想法。甚至偶尔,他们的想法非常复杂,以至于很难向别人表达和被他人理解。INTP 型的人十分独立,喜欢冒险和富有想象力的活动。他们灵活易变、思维开阔,更感兴趣的是发现有创见而且合理的解决方法,而不是仅仅看到成为事实的解决方式。

适合领域:计算机技术理论研究、学术领域、专业领域、创造性领域。

适合职业:软件设计员、系统分析师、计算机程序员、数据库管理、故障排除专家等;大学教授、科研机构研究人员、数学家、物理学家、经济学家、考古学家、历史学家等;证券分析师、金融投资顾问、律师、法律顾问、财务专家、侦探等;各类发明家、作家、设计师、音乐家、艺术家、艺术鉴赏家等。

15.ENTP

ENTP 型的人喜欢兴奋与挑战。他们热情开放、足智多谋、健谈而聪明,擅长于许多事情,不断追求增加能力和个人权力。ENTP 型的人天生富有想象力,他们深深地喜欢新思想,留心一切可能性。他们有很强的首创精神,善于运用创造冲动。ENTP 型的人视灵感高于其他的一切,力求使他们的新颖想法转变为现实。他们好奇、多才多艺、适应性强,在解决挑战性和理论性问题时善于随机应变。ENTP 型的人灵活而率直,能够轻易地看出任何情况中的缺点,乐于出于兴趣争论问题的某方面。他们有极好的分析能力,是出色的策略谋划者。他们几乎一直能够为他们所希望的事情找出符合逻辑的推理。大多数的 ENTP 型人喜欢审视周围的环境,认为多数的规则和章程如果不被打破,便意味着屈从。有时他们的态度不从习俗,乐于帮助别人超出可被接受和被期望的事情。他们喜欢自在的生活,在每天的生活中寻找快乐和变化。ENTP 型的人富有想象力地处理社会关系,常常有许多的朋友和熟人。他们表现得很乐观,具有幽默感。ENTP 型的人吸引和鼓励同伴,通过他们富有感染力的热情,鼓舞别人加入他们的行动中。他们喜欢努力理解和回应他人,而不是判断他人。

适合领域:投资顾问、项目策划、投资银行、自我创业、市场营销、创造性领域、公共关系、政治。

适合职业:投资顾问(房地产、金融、贸易、商业等)、各类项目的策划人和发起者、投资银行家、风险投资人、企业业主(新兴产业)等;市场营销人员、各类产品销售经理、广告创意、艺术总监、访谈类节目主持人、制片人等;公共关系专家、公司对外发言人、社团负责人、政治家等。

16.ENTJ

ENTJ 型的人是伟大的领导者和决策人。他们能轻易地看出事物具有的可能性,很高兴指导别人,使他们的想象成为现实。他们是头脑灵活的思想家和伟大的长远规划者。因为 ENTJ 型的人很有条理和分析能力,所以他们通常对要求推理和才智的任何事情都很擅长。为了在完成工作中称职,他们通常会很自然地看出所处情况中可能存在的缺陷,并且立刻知道如何改进。他们力求精通整个体系,而不是简单地把它们作为现存的接受而已。ENTJ 型的人乐于完成一些需要解决的复杂问题,他们大胆地力求掌握使他们感兴趣的任何事情。ENTJ 型的人把事实看得高于一切,只有通过逻辑的推理才会确信。ENTJ 型的人渴望不断增加自己的知识基础,他们系统地计划和研究新情况。他们乐于钻研复杂的理论性问题,力求精通任何他们认为有趣的事物。他们对于行为的未来结果更感兴趣,而不是事物现存的状况。ENTJ 型的人是热心而真诚的天生的领导者,他们往往能够控制他们所处的任何环境。因为他们具有预见能力,并且向别人传播他们的观点,所以他们是出色的群众组织者。他们往往按照一套相当严格的规律生活,并且希望别人也是如此。因此他们往往具有挑战性,同样艰难地推动自我和他人前进。

适合领域:工商业、政界、金融和投资领域、管理咨询、培训、专业性领域。

适合职业:各类企业的高级主管、总经理、企业主、社会团体负责人、政治家等;投资银行家、风险投资家、股票经纪人、公司财务经理、财务顾问、经济学家、企业管理顾问、企业战略顾问、项目顾问、专项培训师等;律师、法官、知识产权专家、大学教师、科技专家。

五、大学生培养职业性格的途径

(一)培养大学生积极向上的人生观

正确的人生观是实现人生目标和生活信念的基础,有了坚定的人生观,大学生的职业性格就会受到生活信念的影响和熏陶,不断向积极、乐观、向上的方向前进。反之,没有树立正确的人生观,人生目标空泛而缥缈,生活的信念和意志日渐消沉,人的性格就会越来越消极、悲观。可以通过开设相关人生指导课程来引导和培养学生树立积极向上的人生观。

(二)帮助大学生分析和了解自我

每个人的性格都是有差异的,良好的性格可以促进工作的进行,做好自己所从事的工作。需要了解个人对行为自控是有目的还是盲动型、主动型还是被动型;在学习工作中,尤其是遇到困难时的坚持性,是持之以恒还是见异思迁、半途而废;面对紧急或意外,是勇敢果断、镇定自若还是怯懦畏缩、惊慌失措等。从而使每个人都对自己的性格特征进行科学的分析与评价,使自己的性格得到锻炼,进而形成良好的性格。

(三)帮助大学生认清自己性格的优缺点

性格就像一把双刃剑,要看怎么使用。要发挥出性格的最大威力,关键在于扬长避短。不同的工作要求有不同的性格与之相适应,因此性格的优缺点也是相对而言的。在工作中应尽量发挥与工作相适应的性格特点,克服性格中与工作相抵触的方面,从而扬长避短,塑造良好地性格,以实现性格与职业的匹配。每个人都有自己的性格特点,如果能够清楚地知道自己的优点和缺点,又能扬长避短,那么就一定能够成功。

第三节 能力与职业选择

一、能力概述

(一)能力的概念

从心理学角度说,能力往往指的是人顺利完成某种活动所必备的一种个性心理特征,这是人们完成各种工作、学习任务,达到既定目标,取得一定成绩的保证和必要条件。从这里可以看出,能力是每个人所独有的,不同个体具有不同能力,表现出自己的特点,这使得我们的社会中存在具有不同能力类型的人,共同促进社会的进步。比如有些人语言表达能力很强,有些人动作协调能力很强,有些人空间判断能力很强等。

有些能力既是先天存在的,也有些是通过后天学习得来的,一般来说,能力是和活动联系在一起的。人的能力在活动中形成和发展起来,并在活动中表现出来,人们也总是在活动中考察他人的能力。比如,一个人具有很强的语言表达能力,但是这种能力只有在需要这种能力的场合或活动中才能突出的表现出来,而这种语言表达能力也能在这种场合或活动中得到培养和锻炼。另外,需要注意的是,能力并不是取得成功的唯一条件,任何活动取得成功,除去必要的能力以外,还受到性格、态度、人际关系、意志等方面的影响。

（二）能力的分类

根据不同的标准，可以将能力分为不同的类型。

1. 根据能力的产生方式进行分类

根据能力的产生方式，可以将能力分为模仿能力和创造能力两大类。

（1）模仿能力

模仿能力是指人们通过观察别人的行为、活动来学习各种知识，然后以相同的方式做出反应的能力。模仿是动物和人类的一种重要的学习能力。

（2）创造能力

创造能力指产生新的思想和新的产品的能力。一个具有创造力的人往往能超脱具体的知觉情境和思维定式的束缚，在习以为常的事物和现象中发现新的联系和关系，提出新的思想，产生新的产品。

2. 根据能力的倾向性进行分类

根据能力的倾向性，可以将能力分为一般能力和特殊能力两大类。

（1）一般能力

一般能力是指在不同种类的活动中表现出来的共同能力，适用于广泛的工作范围，是有效地掌握知识和顺利地完成活动所不可缺少的心理条件。观察力、思维力、记忆力、注意力、语言表达能力等属于一般能力。

（2）特殊能力

特殊能力是指在完成某种专业活动所必须具备的能力。机械操作能力、绘画能力、音乐能力以及数学能力等都属于特殊能力。

3. 根据能力的获得方式进行分类

根据能力的获得方式，可以将能力分为能力倾向和技能两类。

（1）能力倾向

能力倾向是指一个人潜在的能力，是与生俱来的，但是人们只有经过一定的训练后才能获得这种能力。其中，能力倾向又可划分为一般能力倾向和特殊能力倾向。一般能力倾向是指完成多种活动所必需的一般潜力，特殊能力倾向是指完成某一方面特殊活动所必需的特殊潜力，如某人在音乐或绘画方面有能力倾向，那就意味着此人在音乐或绘画方面学习能力较强，而要成为专业的工作者，必须经过专门的学习和训练。

（2）技能

技能是指经过后天学习和练习培养而形成的能力。技能的学习与个人的能力有关。美国职业心理学家辛迪·梵和理查德·鲍尔斯将技能分为通用技能、知识技能和自我管理技能三种类型。通用技能也被称为可迁移技能，是主要在日常生活活动中获得和不断得到改善的技能，也就是说这种技能可以从生活中的方方面面，特别是工作之外得到发展，是能够从一份工作中转移运用到另一份工作中，可以用来完成许多类型工作的技能，比如组织、管理、调整能力、与人交流的技巧等。知识技能是指一般需要通过教育或者培训获得的具有一定专业性和系统性的知识或能力。自我管理技能经常被看作是个性品质而非技能，它主要用来描述或说明个体具有的某些特征,常用形容词或副词表示,如理性的、高效的等。

4. 根据能力的功能进行分类

根据能力的功能,可以将能力分为认知能力、操作能力和社交能力。

(1)认知能力

认知能力是指人脑加工、储存和提取信息的能力。观察力、记忆力、想象力等都属于认知能力。

(2)操作能力

操作能力是指人们操作自己的肢体以完成各项活动的能力。劳动能力、艺术表演能力、体育运动能力等都属于操作能力。

(3)社交能力

社交能力是指在人们的社会交往活动中所表现出来的能力。组织管理能力、言语感染力、判断决策能力等都属于社交能力。

5. 根据能力在人的一生中的不同发展趋势以及能力和先天禀赋与社会文化因素的关系进行分类

根据能力在人的一生中的不同发展趋势以及能力和先天禀赋与社会文化因素的关系,可以将能力分为晶体能力和流体能力两大类。

(1)晶体能力

晶体能力是指获得语言、数学知识的能力,它决定于后天的学习,与社会文化有密切的关系。晶体能力在人的一生中一直在发展,只是到25岁以后,发展的速度渐趋平缓。

(2)流体能力

流体能力是指在信息加工和问题解决过程中所表现出来的能力。如对关系的认识,类比、演绎推理能力,形成抽象概念的能力等。它较少地依赖于知识和文化的内容,而决定于个人的禀赋。一般人在20岁以后,流体能力的发展达到顶峰,30岁以后将随年龄的增长而降低。

二、职业能力概述

(一)职业能力的概念

职业能力是指人们从事某种职业所需要的各种能力的综合,它是人们进行职业活动的基础。一方面,职业能力是从职业活动中表现出来的,是个人在职业领域中顺利完成任务的必备条件。职业能力的大小决定着职业活动效率的高低,决定着一个人在该职业中取得成功的可能性。另一方面,职业能力表现出来的是一种综合能力,即各种能力的集合,仅仅一种能力是无法顺利完成复杂的职业活动的。但是每一种职业的特点要求的各种职业能力的组合也是不同的,如律师需要有很强的一般能力以及很强的语言表达能力、逻辑分析能力等;而建筑师需要很强的空间判断能力、运算能力、形态知觉能力等。

（二）职业能力的影响因素

一个人职业能力的大小、范围以及掌握的程度有多种因素影响,既有客观因素,也有主观因素,具体来说,有以下几个方面。

1. 先天生理因素

先天生理因素是指个体先天所具有的生理素质,主要是指某些解剖和生理的特征,这是人的能力产生和发展的物质基础,也是职业能力的自然条件。从这个角度来说,先天生理因素所决定的职业能力很难通过后天的教育和培养改变,这是与生俱来的能力。比如患有先天性色觉障碍的人的颜色辨别能力很差,甚至全部丧失,这种能力在现有的条件下也很难恢复,导致这些人不能从事有关颜色辨别方面的工作。

2. 教育因素

通过家庭、学校、培训教育机构以及其他方面的教育活动,可以让人掌握知识和技能,更可以使人提高和发展自身的能力。可以说,教育是提高和发展人的职业能力的重要途径。一方面,教育活动可以激发人潜在的能力,进而在走向工作岗位时,能发展和运用为职业能力。另一方面,教育可以发展和培养人的能力,使人们的职业能力更加纯熟。在很多时候,企业都要对员工进行教育和培训,以期提高他们的职业能力。

3. 实践因素

在社会中实践是发展和提高职业能力的又一条重要途径。不同的职业对不同的职业能力有着特殊的要求,不同职业的劳动,制约着能力发展的方向。这就使人们必须在实践中不断磨炼自己的技能,克服自己的薄弱环节,提高自己的职业能力。

4. 主观努力

除了一些客观条件的影响,个人主观的努力和勤奋也是影响人的职业能力的一个重要方面。要想顺利完成工作任务,要想在事业上取得成功,就需要很高的职业能力。而提高职业能力最主要的一点就是个人的努力和勤奋。如果一个人不能积极主动地去提高自己的职业能力,那么再好的客观条件也很难发展其自身的职业能力。换而言之,要想职业能力得到较快和较大的增长,需要个人主观上的勤奋和努力,否则,任何能力的提高都是空谈。

（三）职业能力与职业生涯的关系

在职业生涯中,能力对职业生涯的重要性是不言而喻的。职业的成功不仅与个性特点、工作态度、人的知识技能、人际关系、物质条件以及健康状况等因素有关,还与一个人的职业能力密切相关。心理学家罗圭斯特与戴维斯在对个体的工作适应问题进行多年研究以后,提出了明尼苏达工作适应论。他们认为:当个人能满足工作的要求时,个人能够达到"外在满意",即令自己的雇主、同事满意,而"外在满意"主要可以通过衡量个人职业技能和工作技能要求之间的配合程度来进行评估。做自己能胜任的工作,发挥自己的潜能,常常是个人选择职业时希望能够得到满足的需求。由此可见,无论是对"内在满意"还是"外在满意"的指标衡量当中,能力都占有很重要的地位。职业能力是从事职业活动和推动职业发展的核心要素之一,也是大学生职业素质最关键的组成部分。

一方面,具有一定的职业能力是人们胜任某一职业岗位的必要条件。如果说职业兴趣可能会决定一个人的择业方向,并决定其在该方面所乐于付出努力的程度,那么职业能力则能说明一个人在既定的职业发展中各方面是否能够胜任,也能说明一个人在该职业生涯中取得成功的可能性。社会上任何一个职业岗位都有相应的岗位职责要求,因此一定的职业能力则是胜任某种职业岗位的必要条件。另一方面,职业能力是人的发展和创造的基础。这是因为职业能力也和职业发展、职业创造有着十分密切的关系。个体的职业能力越强,各种能力越是综合发展,就越能促进人在职业活动中的创造和发展,就越能取得较好的工作绩效,越能给个人带来职业成就感。

总之,职业能力是推动职业生涯发展的重要因素,大学生在求职择业的过程中,首先要明确自己的能力优势以及胜任某种工作的可能性。大学生可以根据自身的学历状况、职业资格、职业规划等来确定自己的职业能力,必要时可以通过职业测试作为参考,在基本确定自己的职业能力和发展的可能性的基础上进行职业生涯选择。当然,如果在条件允许的情况下,由专业职业指导人员帮助分析更好。

三、职业能力对职业的影响

职业能力对一个人的职业选择、职业发展等方面具有重要影响和作用。职业上的成功不仅与个人的性格、价值观、物质条件、外部环境等因素相关,还与个人的职业能力有密切的关系。具体来说,表现在以下几个方面。

(一)职业能力影响职业选择

因为不同职业所要求的职业能力不同,而每个人的能力结构和能力倾向也是不同的。这就要求人们在选择职业时,必须要与自己的能力相对应,一定的职业能力是胜任某种职业岗位的必要条件,尤其是一些比较专业的能力。从这方面来说,职业能力影响和制约着人们的职业选择。如果一个人不能正确的评估自己的职业能力,选择了错误的职业岗位,就会无法胜任这项工作,或者无法最大限度地发挥自己的潜力,就会造成很大的损失。

(二)职业能力影响职业成就感

在人们以职业能力胜任职业的基础上,人们又通过职业能力在职业活动中进行发展和创造,在职业活动中不断激发自身的热情和潜力,达到一定的成就,然后又反过来促进职业能力的提高。于是,人们各种职业能力越是综合发展,就越是能促进人们在职业活动中的创造和发展,由此形成一个良性循环。在这个良性循环中,人们通过职业能力的作用获得一定的成就,从而也提高了人们的职业成就感。

(三)职业能力影响职业发展

在职业活动中,每个人的职业能力各不相同,有时是能力结构上的差异,有时是同种能力间的差异。很显然,不同的能力结构决定了人们在职业道路上的发展方向,否则,该职业能力就不能适应职业的需要。同理,只有更强的职业能力才能挑战更高难度的工作,只有更高水平的职业能力才能促进工作效率的提高,才能在职业上获得更好的发展。因此,一个人在职业能力上的发展水平、大小、高低、范围、方向等方面,决定了职业的发展方向、深度、路线,是人们未来职业发展的基础。

四、职业能力的类型与职业选择

(一)职业能力的类型

在其他条件相同的情况下,职业能力强的人更能使工作顺利进行,更容易获得成功。一个人如果不能很好地评估自己的能力,错误地选择职业,将无法发挥出自己的潜力。概括来说,大学毕业生的职业能力类型如表3-4所示。

表3-4　职业能力类型及其特点

职业能力类型	特点
操作型职业能力	以操作能力为主,是运用专业知识或经验,掌握特定技术或工艺,并形成相应的职业技能与技巧的能力
艺术型职业能力	以想象能力为核心,是运用艺术手段来再现现实生活和塑造某种艺术形象的能力
教育型职业能力	运用各种教育手段传授知识和思想或组织受教育者进行知识与态度学习的能力
科研型职业能力	以创造性思维为核心,是通过实验研究、社会调查和资料检索等手段进行新的综合、发明与发现的能力
服务型职业能力	以敏锐的社会知觉能力和人际关系的协调能力为主,是借助人际交往或直接沟通使顾客获得心理满足的能力
经营型或管理型职业能力	以决策能力为核心,是能够广泛地获得信息,并以此独立地做出应变、决策或形成谋略的能力
社交型职业能力	以人际关系协调能力为核心,是指深谙人情世故,能够掌握人际吸引规律,善于周旋、协调,且能使对方通力合作的能力

(二)不同职业能力类型的职业倾向

不同的人其能力结构与能力倾向是不同的。人们的职业能力存在着个体差异,这是客观存在的,它制约着人们活动的领域与职业选择的范围。每个人拥有的技能是不同的,既有优势能力也有弱势能力。可以说,"通才"与"全才"是少有的,大多数人都只是在某个或某些方面能力突出。对照表3-5,可以得出不同能力的人所适合的职业。

表3-5　不同职业能力类型的职业倾向

职业能力类型	职业倾向
操作型职业能力	打字、驾驶汽车、种植、操纵机床、控制仪表等
艺术型职业能力	写作、绘画、演艺、美工等
教育型职业能力	教育、宣传、思想政治工作等

职业能力类型	职业倾向
科研型职业能力	研究、技术革新与发明、理论研究等
服务型职业能力	商业、旅游业、服务业等
经营型或管理型职业能力	经理、厂长等管理领域及各行业负责人
社交型职业能力	联络、洽谈、调解、采购等

五、大学生培养职业能力的途径

大学生可以通过以下几种途径来培养自己的职业能力。

（一）努力塑造自身优秀的人格品质

大学生要在认识自我的基础上，加强自我管理和提升，通过各种渠道主动培养自身的职业素质技能，形成积极、健康、优秀的人格品质。具体来说应该做到以下几方面。

第一，在保证专业课程学习的基础上，关注国家和社会的动态，培养社会责任感和道德情操。

第二，积极投身校园文化和科技竞赛活动，发展广泛的兴趣爱好。

第三，主动参与组织学生活动，促进问题解决能力。

第四，积极参加社会考察、企业实习等社会实践，树立职业观念。

第五，通过班级、社团、学生会等渠道加强人际交往，学会团队协作。

第六，学习自我情绪管理和心理调适的方法，保持良好的精神状态。

第七，学习时间管理和高效工作的技术，提升学习和工作效率。

第八，借助校内外资源，虚心向师长、学长、在职人士请教，主动探寻职业发展道路等。

（二）学会把握施展能力的机会

事实证明，一个人即使在某些能力上具有优势，但如果不主动参与实践活动，不能把握施展能力的机会，也不会得到良好的发展。因此，大学生要积极参与社会实践活动，把握住施展自己才能的机会，如学生会、团委组织的活动，学校安排的学生自我管理、参与学校管理决策的活动、社区公益活动、生产实践活动等都是培养良好的职业技能和交往能力的机会。

（三）学习上要有锲而不舍的精神

职业能力的发展需要客观条件，更需要学习者坚强的意志和毅力。在人的能力形成过程中，越接近成功，需要付出的代价就越大，因此就需要学习者努力使自己坚持下去，不被挫折和困难阻挡在成功的门前。

（四）主动培养自己的实践动手能力

大学生在校学习期间，应当主动地把所学的理论知识用于解决实际问题。在课余时间里主动参加一些实践活动,这不仅有利于发展与职业能力相关的实际技能,而且能促进同学们对专业理论知识的深入理解和牢固掌握。

第四节 兴趣与职业选择

一、兴趣概述

(一)兴趣的概念

兴趣是指建立在需要基础上,带有积极情绪色彩的认知和活动倾向,是个人对其环境中的人、事、物所产生的喜爱程度,是个人力求认识、掌握某事物,并经常参与该种活动的心理倾向。当个人对某事物有兴趣时,会对它产生特别的注意力,对该事物感知敏锐、记忆牢固、思维活跃、情感浓厚、意志坚强。兴趣是人们活动的重要动力之一,是活动成功的重要条件。

(二)兴趣的特点

1. 广泛性

兴趣的广泛性是指兴趣所涉及客观需要的事物或对象的范围程度,即兴趣的范围。有的人生活阅历丰富,眼界开阔,乐于探索未知领域,兴趣广泛开阔;有的人则生活单调平淡,知识有限,没有志向,兴趣单调狭窄。可见,兴趣的广泛程度与知识面的宽窄有密切的联系,我们应该广泛涉猎,汲取各个领域的知识,培养广泛的兴趣爱好,同时对于起主导作用的兴趣进行更深入的延伸和拓展,做一名社会需要的一专多能型人才。

2. 倾向性

兴趣的倾向性是指对某种客观需要的事物或对象的特定指向性与选择,即对什么发生兴趣。不同人的兴趣会表现出不同的倾向性。不同事物会引起的兴趣倾向性也不同,有益于人类社会的事物易引起高尚的兴趣倾向性,有害于人类社会的事物容易引起低劣的兴趣倾向性。培养高尚的兴趣倾向,需要我们通过教育树立起正确的人生观和价值观。

3. 持久性

兴趣的持久性是指兴趣的导向在个体的心理良久运行并保持的时间,即兴趣的稳定程度。人们对事物的兴趣可以经久不变,也可以变化无常。有些个体的需要一经产生就会相当稳定,所以对所需的事物会一直保持浓厚的兴趣和相对的稳定性,无论发生什么,都不会改变并继续良久运行;有些则极不稳定,瞬息万变。所以,无论是工作还是学习,培养持久的兴趣才是取得成就的先决条件。

4. 中心性

兴趣的中心性是指对兴趣的深度。人们不可能对每一种事物都抱有浓厚的兴趣,而兴趣的中心性正是体现了人们对某种兴趣的集中程度。只有目标集中,兴趣深入,才能发展某个方面的专长;大学生只有将广泛的兴趣与中心兴趣相结合,才能促进自身的健康发展。

5. 稳定性

兴趣的稳定性是指兴趣保持或持续时间的长短。有的人能够长时间对某项事物保持浓厚的兴趣,有些人却很难对某项事物保持长期的热忱。稳定而持久的兴趣能够使人对事物有深刻而全面的了解,有利于事业的成功。因而,对于大学生来说,稳定的兴趣能带来更多的机会。

6. 效能性

兴趣的效能性是指兴趣对活动效果的影响程度。有些人对工作或者某项事物缺乏热情和信心,或者不能积极行动,仅仅停留在表面的"感兴趣"上,这都是低效能的兴趣,而高效能的兴趣能够促使人积极主动地学习和工作,并产生明显效果。大学生应该积极在实践中培养兴趣,提高兴趣的效能,才能使兴趣发挥最大的作用。

7. 广阔性

兴趣的广阔性是指兴趣范围的大小。有些人兴趣范围很广,对什么都感兴趣,视野广阔,知识丰富;有些人兴趣范围很窄,只对某些方面特别感兴趣,对很多事物都漠不关心。对于当代大学生来说,广泛的兴趣才更有利于个人的发展与事业的成功。

8. 均衡统一性

由于多方面的兴趣之间完全有可能是互相对立、相互冲突的,这有损于大学生完整人格的形成和发展,因此,兴趣不仅应是多方面的,而且应该是均衡统一的。赫尔巴特说:兴趣的各个方向是形形色色地分布开去,就像它的对象多得让人眼花缭乱,可是这些方向都是从一点伸展开去的,在一个人身上,所有的兴趣都必属于一种意识、一种观念,我们决不可以忘记这种统一性。所以,不管兴趣包含多少个方面,完整人格的形成以及和谐的发展需要在一个均衡统一的环境下才能顺利、平稳地进行。

(三)兴趣的功能

1. 兴趣可以开发智力

兴趣是一种强大的精神力量,它可以使人集中精力去获得知识,并创造性地开展工作。古今中外著名的科学家、艺术家之所以能对人类做出贡献,莫不是由于他们的创造兴趣和他们对事业的责任感相结合而凝成的一股强大的力量,推动他们不懈努力而取得成功的。当一个人对某种事物发生兴趣时,就能调动整个身心的积极性,积极地感知,观察事物,积极思考,大胆探索,情绪高涨,想象丰富,并具有克服困难的意志。反之,就不会取得好的效果,当然也就不能充分发挥一个人的聪明才智。

2. 兴趣是学习和工作的动力

从心理学上讲,兴趣不仅是一种积极的情绪和态度表现,也是一种重要的内在动力。有了兴趣,便会引起对学习或工作的欲望,对成果和成就的追求,并很快使得我们的想法和创造付诸行动。在兴趣教学思想中,这已经形成共识。卢梭很早就认为,"现实的利益、学习的欲望和兴趣快乐的动机可以促使他们去学,这才是最大的动力,才是使人走得又稳又远的唯一的动力"。赫尔巴特说过,"兴趣代表各种智力追求的能量","能量通过兴趣这个词表达出来"。

3. 兴趣可以促进知识的掌握和技能的提高

兴趣会促使我们对感兴趣的事、物进行探求,并提升我们学习和工作的技能和能力。没有愿望、没有兴趣,就不能有卓有成效地获取知识。克鲁普斯卡雅认为:"兴趣所决定的不仅是获得知识的内容,更是对知识所持的态度,兴趣是掌握新的知识的基础。"赫尔巴特认为:"兴趣意味着知识的掌握和扩展,能牢固地掌握着知识,并试图去进一步丰富它,就表示对所获取的知识有兴趣。"一个人从事兴趣所驱使的工作或学习要比他被动做事情所能得到的技能和精神训练效果好很多。当从心里对事物感兴趣的时候,就会主动去思考,去学习、探求事物的本质和与之相互联系的知识,掌握相关技能并为获取一定能力而努力。学习和工作的技能和能力也在这一过程中不断提高和完善。

4. 兴趣有助于终身学习观念的形成和保持

斯宾塞认为愉快的教育过程,会使得求知不至于在离开学校时停止。如果求知经常带来满足,在督促下进行的自我培养就大有可能在没有督促时继续保持,这是必然的结果。所以,当兴趣促使终身学习成为大学生的习惯以后,这种观念也就自然而然地深入其内心,大学生也就自然而然地接受并保持了终身学习的人生观。这种理念不会随时间而淡化甚至忘记,相反,终身学习的理念会由于兴趣的原因而愈加强烈并永久保持青春的活力。

5. 兴趣可提高人的工作效率

一个人对某一工作有兴趣时,枯燥的工作也会变得丰富多彩,趣味无穷。兴趣使工作不再是一种负担,而是一种享受。兴趣可以调动身心的全部精力,以敏锐的观察力、高度集中的注意力、深刻的思维和丰富的想象投入工作,从而有助于工作效率的提高。据研究,如果一个人对某一工作有兴趣,就能发挥它全部才能的80%～90%,并且长时间保持工作高效率而不感到疲倦;而对工作没有兴趣的人,只能发挥全部才能的20%～30%,也容易精疲力竭。多方面的兴趣可以使人善于应付多变的环境。如需变换工作,只要自己感兴趣,也能很快熟悉、适应新的工作。

(四)兴趣的分类

根据不同的标准,可以将兴趣划分为不同的类别。

1. 根据兴趣的性质进行分类

根据兴趣的性质,可以将兴趣分为直接兴趣和间接兴趣两种类型。

(1)直接兴趣

直接兴趣是指对活动过程本身的兴趣,比如,有人喜欢跳舞,沉醉于舞蹈的过程中,这是直接兴趣。

(2)间接兴趣

间接兴趣主要指对活动所能产生的结果的兴趣。比如,有人也经常跳舞,但是目的是塑造身材、强身健体,甚至为了结交朋友、扩大社交圈,这是间接兴趣。

2. 根据兴趣的内容进行分类

根据兴趣的内容,可以将兴趣分为物质兴趣、精神兴趣和社会兴趣三种类型。

（1）物质兴趣

物质兴趣主要是指人们对某些物质和物质生活的兴趣和追求,比如衣食住行方面的兴趣。

（2）精神兴趣

精神兴趣主要是指人们对精神生活的兴趣和追求,比如学习、研究、文学艺术等方面的追求。

（3）社会兴趣

社会兴趣主要是指对社会工作、人际交往等活动的兴趣,比如加入社团、参加聚会,当志愿者等。

3. 根据兴趣的深度和发展阶段进行分类

根据兴趣的深度和发展阶段,可以将兴趣划分为有趣、乐趣和志趣三种类型。

（1）有趣

有趣是兴趣过程的第一阶段,也是兴趣发展的低级水平,是人们经过短暂接触后,出于新鲜感和趣味性对某些事物的兴趣倾向。例如,很多年轻人的兴趣爱好总是层出不穷,今天喜欢电影、绘画,明天喜欢摇滚、街舞,这种兴趣是短暂的,往往一瞬即逝,易起易落。

（2）乐趣

乐趣是兴趣过程的第二阶段,又称为爱好。它是在有趣的基础上定向发展形成的,是兴趣发展的中级水平。在这一阶段或水平上,人们的兴趣会向专一的、深入的方向发展。如果一个人对绘画有乐趣,他不但会经常欣赏绘画作品,关心与绘画相关的信息资讯,还会掌握绘画的技术,与志同道合的人经常沟通交流。

（3）志趣

志趣是兴趣过程的第三阶段。当人的乐趣与人的社会责任感、理想、奋斗目标结合起来时,便转为志趣了。志趣是兴趣发展的高级水平,具有社会性、自觉性和方向性的特点。稳定的志趣经常与人的职业选择相结合,如果对绘画有乐趣的同学进一步发展到要一生从事绘画事业,希望将来可以成为一名画家,并且通过与绘画行业的接触印证了自己的想法,那么绘画就成了一种志趣。

二、职业兴趣概述

（一）职业兴趣的概念

当兴趣直接指向与职业有关的活动时,就表现为职业兴趣。职业兴趣是指一个人力求认识、接触和掌握某种职业或专业的心理倾向。一个人的职业兴趣在寻求专业或职业的过程中起着至关重要的作用。它不仅是人们职业选择的重要依据,而且可以使人更快地熟悉并适应职业环境和职业角色。另外,在职业活动中,职业兴趣能发挥个体的主动性和创造性,开发个体的潜力,使个体在职业活动中取得新的发现、新的成果,并促进个人的进步和社会的发展。

职业兴趣的研究,无论是对于个人寻求理想职业、充分实现个人自身价值,还是对于组织人力资源的开发利用,生产效率的提高都具有重要的意义。

(二)职业兴趣的影响因素

职业兴趣不是天生的,它的形成与人们所处的历史条件、实践活动和自身能力有着密切的关系。因此,有关职业兴趣的研究不能孤立进行,应当结合家庭的、社会的、自身的因素开展系统性的研究。

1. 个人需要与个性特征

兴趣是以个人需要为前提和基础的,人们的需要不同,所产生的兴趣也就不同。因为人们的需要有物质需要、精神需要以及社会需要之分,因此人的兴趣也就有物质兴趣、精神兴趣之分。一般来说,人的物质需要是暂时的、容易满足的。如人对某一种食物、衣服感兴趣,吃饱了、穿上了也就满足了。而人的精神需要却是稳定的、持久的、不断增长的,如对艺术的兴趣、文学、人际交往、对社会生活的参与则是长期的、终生的,而且是需要不断追求的。需要指出的是,个人兴趣与爱好品味的高低还会受一个人的个性特征优劣的影响。

2. 个人认识与情感

兴趣的产生与个人的认识、情感有着密切联系。如果一个人对某项事物没有认识,也就不会产生情感,也就不会对它产生兴趣。同样,如果一个人根本不了解这种职业,或者缺乏某种职业知识,他也就不可能对这种职业感兴趣。因此,个人认识与情感对职业兴趣有着重要影响。

3. 家庭环境

家庭作为最基本的社会单元,对每个人的心理发展都产生重要的影响,因此家庭环境的熏陶对个人职业兴趣的形成具有十分明显的导向作用。一般情况下,个人对于家庭成员特别是长辈的职业比较熟悉,在职业规划和职业选择上产生了一定的趋同性影响,同时受家庭群体职业活动的影响,个人的生涯决策或多或少产生于家庭成员共同协商的基础上。另外,兴趣有时也是受遗传的影响,父母的兴趣可能会对孩子有直接的影响。如父母是教师,可能会使子女从小就对教师这一职业感兴趣,当然也可能会因为父母经常抱怨教师这一职业的艰辛而使子女对教师职业无法产生兴趣。

4. 受教育程度

个体自身接受教育的程度是影响其职业兴趣的重要因素。任何一种社会职业,从客观上对从业人员都有知识与技能等方面的要求,而受教育的程度则决定着个人的知识与技能水平的高低。一般意义上,个人学历层次越高,接受职业培训范围越广,其职业取向领域也就越宽。

5. 职业需求

从个人角度来说,职业需求是指一个人对某种职业的渴求与欲望。而这种渴求与欲望,正是成为一个人职业行为的积极性的源泉。但是我们这里所说的职业需求主要是指一定时期内用人单位可提供的不同职业岗位对从业人员的总需求量,它是影响求职者职业兴趣的客观因素。职业需求越多、类别越广,求职者选择职业的余地就越大。

6. 其他社会因素

影响个人职业兴趣形成的社会因素主要包括政府政策导向、传统文化以及社会时尚等。其中,政府就业政策的宣传是主导的影响因素,传统的就业观念和就业模式也往往制约个人的职业选择,而社会时尚职业则始终是求职者特别是青年人追求的目标,如当前旅游事业和计算机技术都得到了较大的发展,对这两个职业有兴趣的人也随着增加。

（三）职业兴趣与职业生涯的关系

1. 职业兴趣是职业生涯选择的重要依据

在日常生活中,人们喜欢从事自己感兴趣的活动。同样的道理,有某种兴趣(类型)的人更倾向于寻找与此有关的职业(类型),尤其是在外界环境限制较小时,更倾向于选择自己感兴趣的职业。因此,对自己的兴趣或兴趣类型有了正确的评估后,就可以预测或帮助进行职业生涯选择。

2. 职业兴趣是提高工作效率的重要保障,是职业生涯成功的重要因素

一个人对某一工作感兴趣时,枯燥的工作会变得丰富多彩、趣味无穷。兴趣使工作不再是一种负担,而是一种享受。兴趣可以调动身心的全部精力,以敏锐的观察力、高度集中的注意力、深刻的思维和丰富的想象力投入工作,从而有助于工作效率的提高。由此可见,职业兴趣对职业生涯的成功有着重要影响,可以说,谁找到了自己最感兴趣的职业,谁就等于踏上了通向成功的道路。美国曾对两千多位著名的科学家进行调查,发现很少有人是由于谋生的目的而工作,他们大多是出于个人对某一领域问题的强烈兴趣而孜孜以求,不计名利报酬,忘我地工作,他们的成功是与他们的兴趣相联系着的。如果从事自己感兴趣的职业,则能发挥全部才能的 80% ~ 90%,而且长时间保持高效率而不感到疲劳。而对所从事工作没有兴趣,只能发挥全部才能的 20% ~ 30%。由此可见,他们职业生涯的成功与他们的兴趣是紧密相连的。

3. 职业兴趣是影响工作的满意度和职业稳定的重要因素

兴趣影响工作的满意感和稳定性,这是由兴趣的本质所决定的,在不考虑经济因素的情况下,这甚至起决定性作用。一般来说,从事自己不感兴趣的职业很难让人感到满意,并由此导致工作的不稳定。而对某一职业有浓厚的兴趣,是智力开发的"孵化器"。如果人们对某个领域充满激情,就有可能在该领域中发挥自己所有的潜力,学习就会成为一种享受。兴趣是工作动力的主要源泉之一。在其他条件相似的情况下,从事自己感兴趣的职业不但让个体感到满意,而且能够让个体的工作单位感到满意,并由此导致工作的长期性与稳定性。

三、职业兴趣对职业的影响

职业兴趣对职业有着不可忽视的影响。有研究表明,从事有兴趣的工作,会让人更觉得身心愉快,工作效率也会更高,也能使人发挥更大的潜力和能力;反之,一个人所从事的工作和职业与其职业兴趣没有什么关系,那么人就会很容易导致疲劳和厌倦,工作能力也会下降。可见,职业兴趣对职业有很大的影响,具体来说包括以下几个方面。

（一）职业兴趣影响职业选择

职业兴趣影响人的职业选择，是人们进行职业选择的重要依据。只有当一个人的职业兴趣与职业吻合，人们才能更加努力地去工作，才能获得成就感，才能为职业的发展提供持续的动力和活力。

（二）职业兴趣激发工作的积极性

职业兴趣可以帮助人们激发自身的能力，使之在职业上获得更大的成就。当一个人对某项职业有浓厚的兴趣时，他就会调动自身的积极性，以最佳的智能和体力提升自身的主观能动性，发挥自身的潜能和创造力，充分施展才华，取得事业上的成功。

（三）职业兴趣增强职业适应力和稳定性

第一，兴趣与职业的结合可以使人产生强烈的满足感和愉悦感，让人很容易就能融入工作中去，增强人的职业适应力。

第二，兴趣与职业的结合使人们从工作中获得更多的乐趣和自我价值，并产生稳定性。如果从事自己不感兴趣的职业，就很难让人愉快和满意，也会导致工作的不稳定。

由此看来，大学生在进行职业规划时，要充分考虑到职业兴趣的影响。了解自己的兴趣取向，了解自己的职业兴趣，力求使自己的职业兴趣与职业定位相符合，为未来的职业发展做充分的准备。

四、职业兴趣的类型与职业选择

职业兴趣的认知和评测是进行职业定位的内容之一。鉴于职业兴趣与职业的密切关系，人们通常把职业兴趣划分为若干类型，每种类型的职业兴趣与一定的职业相符合，以帮助人们更好地确定自己的职业方向、职业目标，进而做出更适合自己的职业定位。其中，比较经典和广泛认可的是美国著名心理学家约翰·霍兰德的职业兴趣理论。下面我们就根据霍兰德的职业兴趣理论探讨职业兴趣与职业选择的关系。

（一）职业兴趣的类型

认知兴趣是进行职业选择的重要前提之一。美国著名心理学家约翰·霍兰德在前人研究的基础上，提出了具有广泛社会影响的职业兴趣理论。他将职业兴趣分为六种类型，每一种类型都有着自己的显著特征，如表3-6所示。大学生可以对照下表认知自己的兴趣。

表 3-6　霍兰德的职业兴趣类型及各类型的特点

职业兴趣类型	特征
现实型（R）	·现实型的人拥有传统的价值观，偏好在制度约束下工作 ·相信自由（独立或自由选择） ·认为雄心勃勃和自我控制是重要的价值，鄙视怜悯 ·认为自己有机械的、技术的或者运动的能力 ·乐于用双手、工具和机械电器工作 ·认为自己缺乏人际交往方面的能力，相信在一些社会性任务上会受挫 ·用现实型信念、能力和价值观解决工作或其他场合中遇到的问题 ·喜欢具体的、实际的和结构化的解决方案或策略，而不喜欢学究气的或者富有想象力的事情 ·喜欢从事自己偏好的现实型职业或情境而回避社会型职业或情境所要求的活动
社会型（S）	·重视社会和道德活动与问题 ·相信人人平等，愿意助人 ·鄙视逻辑性、理性或奢华的生活 ·重视宗教信仰 ·认为自己乐于助人，理解他人 ·有教学才能、社会技能，缺乏机械与科学能力 ·满足于助人或教学 ·用社会型信念、能力和价值观解决工作或其他场合中遇到的问题 ·在社会情境中发现问题，因此，这些问题更多被看作是人际关系类问题 ·社会能力特质（如寻求互惠互利等）支配着问题解决过程 ·喜欢从事自己偏好的社会型职业或情境，而回避现实型职业或情境所要求的活动，能与具有相似信念和价值观的人交往
研究型（I）	·研究型的人重视科学性的或学术性的活动和成果 ·重视自主（独立）以及一些个人特点（比如智慧的、富有逻辑的、雄心勃勃的），但是认为其他的生活目标或价值观相对而言不太重要，如家庭保障、快乐、拥有真正的友谊 ·认为自己有科学研究能力以及数学才能 ·认为自己善于分析、好奇、博学、兴趣广泛，乐于阅读或思索问题的解决方案 ·相信劝说他人采取行动会受挫 ·认为自己心胸开阔，有广泛的兴趣 ·用研究型的信念、能力和价值观，解决工作或其他场合中遇到的问题，寻求具有挑战性的问题 ·喜欢从事自己偏好的需要上进的研究型职业或情境
企业型（E）	·企业型的人持有传统的价值观（比如经济和政治成就） ·重视控制他人，而不愿受到他人控制，雄心勃勃 ·认为自己有进取心、受人欢迎、自信、好交际 ·有领导和演说才能；缺乏科学研究能力，高自尊。善于用企业型信念、能力和价值观解决工作或其他场合中遇到的问题 ·在经营中发现问题，因此，这些问题更多地被看作是社会影响类问题 ·喜欢从事自己偏好的企业型职业或情境，而回避研究型职业或情境所要求的活动
常规型（C）	·重视商业和经济成果 ·认为成为财政或贸易方面的专家、过舒适的生活以及从事许多工作都是重要的目标 ·持传统价值观，信念封闭 ·认为自己遵从规则、守秩序，具有文书和数字能力 ·认为在事务方面具有最佳才能，而在艺术方面的能力最弱 ·用常规型信念、能力和价值观解决工作或其他场合中遇到的问题 ·遵从既有的规则、实践和程序，向权威人士征求意见和进行咨询 ·喜欢从事自己偏好的常规型职业或情境，回避艺术型职业或情境所要求的活动

职业兴趣类型	特征
艺术型（A）	·艺术型的人重视审美体验和成就 ·重视自我表达、人人平等以及一些个人特征（比如富有想象力、勇敢），不服从指挥，逻辑性不强或责任心不强 ·认为自己有表现力、坦率、创新、直觉、不拘泥、不循规蹈矩、好自省、独立、不讲秩序，具有艺术与音乐才能以及表演、写作和演说才能 ·用艺术型信念、能力和价值观解决工作或其他场合中遇到的问题 ·在艺术情境中发现问题，因此，艺术才能和个人特征（如直觉、表达力、独创性）支配问题解决过程 ·喜欢从事自己偏好的艺术型职业或情境（如作家或室内装饰设计师），而回避常规型职业或情境所要求的活动

（二）不同兴趣类型的职业倾向

对霍兰德的职业兴趣类型进行分析，可以得知每种兴趣类型的职业倾向，具体情况如表3-7所示。

表 3-7　不同兴趣类型的职业倾向

职业兴趣类型	职业倾向
现实型（R）	计算机硬件人员、摄影师、园艺师、木匠、厨师、兽医、修理工、维修工等
社会型（S）	教师、心理咨询师、牧师、社会工作者、护士等
研究型（I）	心理学家、工程师、学者、科学研究人员等
企业型（E）	项目经理、销售人员、营销管理人员、政府官员、企业领导、法官、律师等
常规型（C）	秘书、办公室人员、记事员、会计、行政助理、图书馆管理员、出纳员、打字员、投资分析员等
艺术型（A）	艺人、导演、艺术设计师、歌唱家、作曲家、诗人、小说家、剧作家、书法家、画家、节目主持人等

通常兴趣爱好广泛的人容易注意和接触多方面的事物，在选择职业时自由度就大一些，能为自己创造更多的有利条件。但兴趣并不代表能力，对某一特定职业有兴趣并不意味着能干好这个职业。只有对某一种职业感兴趣，并具有该职业所要求的能力时，才有可能做好这项工作。

五、大学生培养职业兴趣的途径

（一）培养广泛的职业兴趣

大学期间是培养广泛兴趣的关键时期，大学生应积极参加学校组织的活动，培养自己的广泛兴趣，并在此基础上发现自己将来的职业倾向。这是因为，具有广泛兴趣的人不仅对自己职业领域的东西有浓厚的兴趣，而且对其他方面也有一定的兴趣，具备"多技之长"，才能适应职业选择和职业变换的需要。反之，如果一个人兴趣范围狭窄、涉足面小，对新事物的适应性就弱，在职业选择上所受的限制就多。

（二）重视培养中心兴趣

现代社会对人才的要求是博与专，如果一个人兴趣广泛，但没有一个中心的兴趣，没有确定的职业方向，就难以获得事业的成功。中心兴趣可以使人钻研自己的本职工作，发挥自己的潜能，容易获得事业的成功。因此学校、教师在教育和引导大学生培养广泛兴趣的基础上，还要着重培养他们在某一方面的中心兴趣，促进大学生的发展和成才。

（三）培养间接兴趣

在大学生中，还存在着学习偏科的现象。这些同学没有认识到系统、综合的知识学习对未来职业发展需求的关系，在将来的社会汇总，一个工科大学生如果没有掌握计算机辅助设计技术、英语、写作等知识，就不可能胜任工科类的技术工作。例如，学习编计算机程序和文字输入规则很枯燥，但是，想到将来从事任何职业都需要掌握计算机才会有更好的发展，就会对计算机学习产生间接兴趣，从而克服学习中遇到的困难。

（四）积极参与社会实践活动培养职业兴趣

对于大学生来说，只通过书本或者课堂上获得职业兴趣是远远不够的，大学生还必须积极参与一定的社会实践活动。一方面，职业兴趣要在真正的社会实践活动中才能得以形成和巩固。另一方面，只有参与其中，大学生才能对职业本身产生深刻的认识与了解，并从活动中获得亲身体验、激发自己的职业兴趣。所以大学生应积极参加社会实践活动，根据社会与自我的需要，有意识地去培养和发展自己的职业兴趣。

第五节 价值观与职业选择

一、价值观概述

（一）价值观的概念

价值观是一种独特且持久的信念，是个人对客观事物及对自身行为结果的意义、作用、效果和重要性的总体评价，是对什么是好的、是应该的总的看法，是影响个体决策和行为的准则和规范。价值观包括内容和强度两种属性。内容属性告诉人们某种方式的行为或存在状态是重要的；强度属性表明其重要程度。下面三条准则有助于我们更好地理解价值观的丰富内涵。

（1）价值观是一种假设的理论构建。一方面，价值观是一种客观推断，它由人们对自己的目标或外界事物的正确选择得来。另一方面，价值观也是一种主观反映，它是人们的信仰、兴趣、需求、渴望的外在体现。

（2）价值观意味着什么是我们应该做的或我们应该怎么做。这表明价值观与伦理行为、活动和道义联系在一起。

（3）价值观是一种激励手段。这表明价值观影响着工作，在人们的生活中起作用。

价值观是后天习得的，由于所受教育的不同和所处环境的差异，人们对各种职业有着不同的主观评价，再加上传统思想观念的影响，各类职业在人们心目中的声望和地位也有好坏高低之分，这些评价就形成了人们的职业价值观。在许多场合，人们往往要在一些得失中做出选择。而左右其选择的，往往就是他们的职业价值观。例如，是要工作舒适轻松还是要高标准的工资待遇，是要成就一番事业还是要安稳太平；当两者有矛盾冲突时，最终影响人们决策的就是存在于内心的职业价值观。我们的工作价值观的发展似乎与我们对职业的了解程度无关。影响价值观形成的因素很多，包括我们的家庭价值观、社会价值观，我们的民族与文化传统，学校老师与教育经历，我们的宗教经验与信念，以及我们的朋友和同伴。研究表明，男性与女性在与生涯相关的价值观上有所不同，且并不随着时间的变化而发生太大的改变。例如，男性认为工作安全、工作发展、工作类型、公司和薪水是衡量工作好坏的重要方面；而对于女性而言，重要的方面是工作类型、公司、工作安全、同事和工作发展。

（二）价值观的特点

1. 价值观是因人而异的

由于每个人的先天条件和后天成长环境不同，人生经历也不尽相同，每个人的价值观的形成会受到不同的影响，因此，每个人都有自己的价值观和价值观体系。在同样的客观条件下，具有不同价值观和价值观体系的人，其动机模式不同，产生的行为也不同。

2. 价值观是相对稳定的

价值观是人们思想认识的深层基础，它是人们的世界观和人生观的组成部分。它是随着人们认知能力的发展，在环境、教育的影响下，逐步培养而成的。人们的价值观一旦形成，便是相对稳定的，具有持久性。

3. 价值观在特定的环境下又是可以改变的

由于环境的改变、经验的积累、知识的增长，人们的价值观有可能发生变化。

（三）价值观的类型

1. 斯普兰格的价值观类型

德国著名教育学家、哲学家斯普兰格认为，人以固有的气质为基础，同时也受文化的影响。他在《生活方式》一书中提出，社会生活有六个基本领域（理论、经济、审美、社会、权力和宗教），人会对这六个基本领域中的某一领域产生特殊的兴趣和价值观。据此，他将人的性格分为六种类型——理论型、经济型、审美型、社会型、权力型和宗教型。这种类型划分是一个理想模型，具体的个人通常是主要倾向于一种类型兼有其他类型的特点。

（1）理论型：推崇求知，面对人和事，重视从中认识真相，找出规律。科学是理论价值的最高体现，科学工作的一个重要原则就是摒弃善恶判断，以中性态度看待万事万物。科学更是与艺术即审美价值的集中体现分处两极。

（2）经济型：具有经济价值观的人，基本上是对"有用"发生兴趣。这种人关心的是生产商品、提供服务和积累财富。他们是彻底的实用主义者，完全按照商人通行的原则办事，追求物质利益。

（3）审美型：该类型的人以美为最高人生意义，不大关心实际生活，总是从美的角度来评价事物的价值，以自我完善和自我欣赏为生活目的。艺术家多属于这种类型。

（4）社会型：认为人与人之间的快乐交往以及关爱，社会福利、善、道德等，都是社会价值的表现。"以人为本"可以说是对这种价值的最集中总结。中国古代儒家学说对人际交往中的"善"有许多总结，这在世界古代文明中也是少有的。

（5）权力型：具有权力价值观的人感兴趣的主要是权力。这种人不一定是一个政治家。由于竞争和奋斗在他一生中起很大作用，他在任何要有高权力价值观才能获得成功的职业或工作中，会做得很好。

（6）宗教型：追求超验感受和精神寄托，渴望某种超凡脱俗的感受。宗教活动当然是宗教价值的体现，但并非只有宗教活动才能体现宗教价值。

2. 罗克奇的价值观类型

米尔敦·罗克奇一生致力于价值观的研究，1968年出版的《信仰、态度和价值》、1973年出版的《人类价值的本质》在很大程度上影响了价值观问题在社会心理学研究中的地位。他认为，价值观与行为模式和存在的最终状态有关。说某人具有某种价值观，即是说，他具有持久的信仰。特殊的行为模式或存在的最终状态是指个人和社会偏爱选择的行为模式或存在的最终状态，认为价值观是人们对作为自己生活指导原则的目标的观念，它反映了人类普遍需求的认知标准：生物体的生理需要、人际间合作和社会活动的需要、社会制度的需要。一旦价值观有意识地或无意识地被内化，它就成为指引行为，对客体和情境所抱态度、对自己和他人的行为与态度进行判断、对自己与他人以及比较自己与他人进行道德判断的标准和尺度。他还认为，价值观具有适应环境、自我防卫、自我认识和自我实现的功能，是个人组织自我、在世界上采取行动并与他人建立关系的标准。在他看来，价值观是一般性的信念，它具有动机功能，不仅是评价性的，还是规范性的和禁止性的，是行动和态度的指导，是个人的也是社会的现象。

罗克奇认为，我们有两种不同类型的价值观。第一种类型被他定义为"终极价值观"，指的是一种期望存在的终极状态，它是一个人希望通过一生而实现的目标。他认为有18种价值观，包括我们概念体系中类似自由、平等、美丽的世界、和平的世界或拯救的含义。具体内容如下。

（1）舒适的生活（富足的生活）。
（2）振奋的生活（刺激的、积极的生活）。
（3）成就感（持续的贡献）。
（4）和平的世界（没有冲突和战争）。
（5）美丽的世界（艺术与自然的美）。
（6）平等（兄弟情谊、机会均等）。
（7）家庭安全（照顾自己所爱的人）。
（8）自由（独立、自主选择）。
（9）幸福（满足）。

（10）内在和谐（没有内心冲突）。

（11）成熟的爱（性和精神上的亲密）。

（12）国家的安全（免遭攻击）。

（13）快乐（愉快的、悠闲的生活）。

（14）救世（救世的、永恒的生活）。

（15）自尊（自重）。

（16）社会承认（尊重，赞赏）。

（17）真挚的友谊（亲密关系）。

（18）睿智（对生活有成熟的理解）。

例如，"舒适的生活"即意味着富足的生活；"自由"意味着独立、自由选择；"振奋的生活"意味着刺激、积极的生活；"社会承认"意味着尊重、赞赏。

罗克奇还定义了一种"工具价值观"。工具价值观是我们在日常生活中偏爱的行为方式或实现终极价值观的手段。例如，"雄心勃勃"，持有这种价值观的人常常是辛勤工作，奋发向上的；"富于想象"，这样的人常常是大胆的，有创造性的。

工具价值观更直接地与我们的日常行为联系在一起。工具价值观的18项具体内容如下。

（1）雄心勃勃（辛勤工作，奋发向上）。

（2）心胸开阔（开放）。

（3）能干（有能力，有效率）。

（4）欢乐（轻松愉快）。

（5）清洁（卫生，整洁）。

（6）勇敢（坚持自己的信仰）。

（7）宽容（谅解别人）。

（8）助人为乐（为他人的福利工作）。

（9）正直（真挚，诚实）。

（10）富于想象（大胆，有创造性）。

（11）独立（自力更生，自给自足）。

（12）智慧（有知识的，善于思考的）。

（13）符合逻辑（理性的）。

（14）博爱（温情的，温柔的）。

（15）顺从（有责任感，尊重的）。

（16）礼貌（有礼貌的，性情好）。

（17）负责（可靠的）。

（18）自我控制（自律的，约束的）。

3. 格雷夫斯价值观的七个等级类型

格雷夫斯在对企业组织各类人员进行大量调查的基础上，按表现形态将价值观划分为由低到高的七个等级类型，即反应型、部落型、自我中心型、坚持己见型、玩弄权术型、社交中心型、存在主义型，如表3-8所示。有调查表明，企业员工的价值观分布在第二级到第七级之间。就管理人员而言，属于第四级和第五级的人是多数，但随着时代的发展，属于第六级和第七级的管理人员会越来越多。

表 3-8　格雷夫斯价值观的七个等级类型

级别	类型	价值观特点
第一级	反应型	这种类型的人并没有意识到自己和周围的人类是作为人类而存在的。他们是照着自己基本的生理需要做出反应，而不顾其他任何条件。这种人非常少见，实际等于婴儿
第二级	部落型	这种类型的人依赖成性，服从于传统习惯和权势
第三级	自我中心型	这种类型的人信仰冷酷的个人主义，自私且爱挑衅，主要服从于权力
第四级	坚持己见型	这种类型的人对模棱两可的意见不能容忍，难以接受不同的价值观，希望别人接受他们的价值观
第五级	玩弄权术型	这种类型的人通过摆弄别人，篡改事实，以达到个人目的，非常现实，积极争取地位和社会影响
第六级	社交中心型	这种类型的人把被人喜爱和与人善处看得重于自己的发展。受现实主义、权力主义和坚持己见者的排斥
第七级	存在主义型	这种类型的人能高度容忍模糊不清的意见和不同的观点，对制度和方针的僵化、空挂的职位、权力的强制使用敢于直言

（四）价值观的功能

1. 价值观是人的过滤器

简单地说，价值观就是人的一个过滤器。它决定了什么最重要，什么不重要，什么是有意义有价值的，什么是无聊的乏味的。如果价值观与工作相吻合，那么会觉得很开心。如果不相吻合，那么会感到很无奈很痛苦。而这些感受通常是金钱和威望不能弥补的。有些人虽然勉强从事着一份与自己价值观不符的工作，但是却以损失情感、精神甚至是身体为代价。

很多人在工作中最看重的是能否有更多的培训和学习机会，有较大的发展空间；还有很多人在工作中最看重的是创造性、挑战性，这样可以使他们更具活力；也有一些人最看重的是能否有更多的休闲时间，有没有假期，能不能更多地与家人待在一起；还有一些人看中的是获得更多的报酬与金钱，以便过上富裕的生活等等。

2. 价值观是成功的基础

有什么样的决定，就会造成什么样的命运，而主宰我们做出不同决定的关键因素就是个人的价值观。一个人要想成为社会上的领导人物，他就必须清楚知道自己的价值观，同时确实按照这个价值观过其一生。社会阶层的各类精英人士，不管是职业人士、企业家或是教育家，在他们的专业领域能有杰出成就，全是因为能够发扬光大所持的价值观所致。

3. 价值观是人生决策的依据

当知道了自己最重要的人生价值所在，那么怎么下决定就易如反掌；反之，如果不知道什么是最重要的，那么就很难做出决定，往往成为痛苦的折磨。有杰出成就的人，往往能很快做出决定，那是因为他清楚地知道自己人生最重要的价值何在。

不管在工作中还是生活上，我们始终都得清楚地知道人生中最重要的价值是哪些，然后不管周遭发生任何状况,毅然决然地遵从这些价值而活。这种生活态度我们必须始终一致,而不能计较这么做是不是有什么好处,即使这么做会得罪人也必须坚守原则。因为人生真正的幸福只有一条路,那就是按照正确的价值观去生活,怎么样地坚信,就怎么样地去行动。

如果我们不确知自己的价值观所在,那就势必要像只没头苍蝇似的乱撞。许多人每天都在追逐那些物质方面的东西,却没好好想一想自己到底要过一个什么样的人生,这实在是极大的悲剧。追逐物质永远无法使人生得到满足,只有真正明白并确信生命中什么是真正有价值的,潜能才能充分发挥出来。

4.价值观是人生的指南针

不管我们的价值观是什么,千万别忘了它就是人生的指南针,掌握着人生的去向。每当面临抉择的关头,它就会代替我们做出决定,引领我们拿出行动。这个心里的指南针如果使用不当,就会给人带来挫折、失望、沮丧,甚至人生就此掉进阴暗的世界;若使用得当,它就会带给人无比的力量,从此人生充满自信,不论处在何种状况都能保持乐观的态度,这是许多成功人士所共有的一个特质。

要想永远都过着快乐且成功的人生,唯一的方法就是按照正确的价值观生活,否则就必然会吃许多苦头。在我们周围经常会发现有些人抽烟、酗酒、贪吃、吸毒、动不动便想指使人、待在电视机前过久等等,这些坏习惯都是因为他们欠缺正确的价值观而养成的,结果人生不是过得浑浑噩噩,便是最后毁了自己。

人生要过得快乐,就一定要按照自己最高的价值标准过日子,每当能符合自己的价值观,内心就会充满欢乐。真正的快乐不是来自于吃更多的食物、喝更多的酒、让自己无所事事。其实生命本身就充满了富足,无须再从外面去取得。好好思考目前所持的价值观,它们是怎么塑造出今天的自己。今后我们要坚守正确的价值观,修正错误的价值观,因为一切决定都受制于所持的价值观。

(五)价值观与职业生涯的关系

由于价值观是人们思考问题和做出决定时所看重的原则或标准,是人们行为的内在驱动力。所以价值观在人们的职业生涯发展中往往能起到极其重要和决定性的作用,对人们在做出职业选择的时候所产生的影响十分巨大。

有的人喜欢当一名教师,自我激励,自我约束,教书育人,乐在其中;有的人喜欢公务员职业,仕途竞争,努力升迁,权力在握,衣食无忧;有的人喜欢经商搞销售,货进货出,人来人往,钱来钱去,不亦乐乎;有的人喜欢搞研究,自挖潜力,不断创新,发明创造,乐在其中;有的人喜欢做管理搞经营,筹划企业,参与竞争,风霜雨雪,在所不惜;有的人喜欢自由自在的职业,写作投稿,绘画雕塑,网络开店,自己说了算。这些个人的所作所为,都与价值观的内在影响和驱动有密切的联系。

一个人越清楚自己的价值观,就越了解自己在职场和生活中想要追求什么,想要得到什么,也就越知道什么对自己是最重要的,他的职业生涯发展目标也就越清晰,职业生涯策略也就越明朗。即使是面临熊掌和鱼不能兼得的两难境遇时,他也容易做出取舍的决策,而不至于陷入混乱之中。日本著名女影星山口百惠在自己的电影事业如日中天的时候,为了能在成家之后安心相夫教子,毅然决定退出影坛,做一个家庭主妇,这令很多影迷大惑不解。其实,这就是个人的价值判断和选择。被尊称为"中国咨询第一人"的潘望博,放弃名利,去做一名没有酬劳的传教士,同样也是受价值观的影响。这些事例都充分说明了价值观对一个人职业生涯选择的深刻影响。

二、职业价值观概述

(一)职业价值观的概念

职业价值观是价值观的重要组成部分。关于职业价值观的概念,国内外学者做出了自己的阐释。最早提出职业价值观概念的 Super 认为职业价值观是个人追求的与工作有关的目标,即个人的内在需求及从事活动时所追求的工作特质或属性;Kalleberg 认为职业价值观是个人对于其工作活动赞同与尊重的渴望程度。Elizur 认为,职业价值观是个体对某种工作结果重要性的看法;Ros 认为,职业价值观是人们对某种职业所取得的终极状态(如收入高)或行为方式(如与同事一起工作)的信念;Schwartz 认为,职业价值观是指人们通过工作而达到的目标或取得的报酬,它们是更一般的个体价值观在职业生活中的表现。

国内学者也提出了不同的概念。楼静波认为,职业价值观是关于职业选择、职业生活的意义、职业等级等问题的价值的评判,主要表现在职业价值取向、职业选择原则、职业活动报酬的期望等问题上;宁维卫认为,职业价值观是指人们衡量社会上各种职业优势、意义、重要性的内心尺度,属于个性倾向性的范畴;黄希庭等认为职业价值观是人们对社会职业的需求表现出来的评价,它是人生价值观在职业问题上的反映,是人生价值观的一个重要方面;凌文辁等认为,职业价值观是人们对待职业的信念和态度,或是人们在职业生活中表现出来的一种价值倾向,它是价值观在职业选择上的体现;余华等认为,职业价值观是人们衡量社会上某种职业的优劣和重要性的内心尺度,它是个人对待职业的一种信念,并为其职业选择、努力实现工作目的提供充分的理由;于海波等认为职业价值观是人们依据自身和社会的需要对待职业、职业行为和工作结果的、稳定的具有概括性和动力作用的一套信念系统,是个体在长期社会化过程中所获得的关于职业经验和职业感受的结晶,属于个性倾向性范畴;金盛华、李雪认为,职业价值观是个体评价和选择职业的标准。与国外学者不同的是,国内学者倾向于从更一般和抽象的角度来概括职业价值观的本质。

综上所述,我们认为职业价值观是价值观在所从事的职业上的体现,是人们对待职业的一种信念和态度,或者在职业生涯中表现出来的一种价值取向。职业价值观的内涵包括三方面:第一,职业价值观是一个人对各种职业价值的基本认识和基本态度。第二,职业价值观表明了一个人通过工作所要追求的理想是什么,为了钱,为了权力,还是为了一种情感关系等。第三,职业价值观是人们在选择职业时的一种内心尺度。它支配着人的择业心态、行为、信念和理解等;支配着职业认知、明白事物对自己职业发展的意义及自我了解、自我定位、自我设计等;同时也为自认为正当的职业行为提供充足的理由。

（二）职业价值观测试

虽然对价值观做出客观测试比较困难，但是因为价值观，尤其是工作价值观对人们的职业生涯发展与规划起着深刻、广泛的重要作用，所以人们还是开发出了一些测试方法。我们可以通过以下四种方法来对工作价值观进行评估。

1. 问卷法

问卷法就是以问卷的方式进行测试。例如，明尼苏达重要性问卷（MIQ），它是审视职业需要和价值的一件工具，旨在衡量六大职业价值（安全性取向、自主性取向、舒适取向、利他主义、成就取向以及成长取向）和20种由这些价值观衍生出来的职业需求。

MIQ是职业价值和职业需求的书面评估问卷，其测试内容分为以下两种形式。

（1）配对问题形式。在这部分问卷上，关于职业需求的陈述成组成对地出现。做心理测试的人从每一对陈述中选出最重要的需要。这一部分的测试大约需要30分钟的时间。

（2）排序形式。在这部分问卷上，有若干组关于职业需求的陈述，每组都有五个关于职业需求的陈述。做心理测试的人根据自己心目中每个陈述的重要性，把每组五个陈述依次排序。回答这部分问卷花费的时间要比配对问题形式少，需要15～20分钟的时间。

通过参加职业价值问卷测试，可以判断所得到的职业是否符合自己的价值追求。

2. 生活馅饼法

把自己生活中所有的内容当作一个馅饼（圆圈），然后根据各项具体内容所占的比例大小和多少，将馅饼进行分割。比如可以用这一馅饼表示每天的24个小时，然后按各项活动（如吃饭、工作、休息）所占时间分割圆圈。这种方式有助于个人对自己的生活进行客观、具体的分析和检查，使自己的生活朝着更为理想的境地发展。

3. 价值排队法

价值排队法是指在自己认为有价值的多种事物中，依次挑出价值最大的、价值次之的或价值较小的，然后对其进行排序。

4. 人际关系价值测试

人际关系价值测试衡量的是一个人在处理与他人关系时所遵从的六大重要价值观。它们分别是慈善、从众、独立、领导能力、认同和支持。

（1）慈善：为别人做好事。

（2）从众：被接受，做符合社会主流观念的事情。

（3）独立：自主自决，独行其是。

（4）领导能力：运筹帷幄，统管全局，拥有权势和威信。

（5）认同：备受尊敬和敬仰，社会地位高，承担举足轻重的任务。

（6）支持：受到他人的理解支持、关心体贴。

总之，通过上述方法可以测出自己的价值取向大致属于哪种类型。但在现实生活中，某个人的价值观可能并不只属于上述哪一种，而是属于多种类型的复合体。此时，需要的就不仅仅是知道自己的价值观类型，而是看重自身的价值观在生活和社会实践中不断澄清和完善的过程。因此,我们需要正确地了解澄清价值观的科学合理性过程。

三、职业价值观对职业的影响

职业价值观对职业的选择、发展都具有十分重要的意义,具体来说,表现在以下几个方面。

(一)职业价值观决定职业目标

人生中不断追求的目标是由其价值观决定的,同样,职业价值观也决定着一个人的职业目标。有着什么样的价值观,就决定着有什么样的职业目标。一个非常清楚自己职业价值观的人,才能肯定自己的职业目标,并向着这个目标不断努力。因此,大学生应该尽早了解自己的职业价值观,确定自己的职业目标,这样才能更好地确定职业生涯规划路线。

(二)职业价值观决定职业选择

当人们在职业生涯中面临职业选择和进行决策中,最终起主导作用的是职业价值观。由于社会迅猛发展,大学生常常在职业选择上面临着冲突和矛盾,需要做出妥协或者放弃。这时职业价值观往往起到关键作用,大学生要进行科学的价值决策,需要澄清自己的核心的职业价值观。需要注意的是,大学生应该树立起积极的、高尚的价值观,这样才能做出合理的职业选择。

(三)职业价值观决定职业发展

职业价值观决定了人们的职业期望,决定着人们就业后的工作态度和劳动绩效水平,从而决定了人们的职业发展情况。如果一个人在清楚了自己的职业价值观,并且能在工作中实践自己的职业价值观,那么这会使他的工作更有意义,也能提高他的工作积极性和工作效率,进而促进事业的成功;反之,如果一个人工作不能令他满足,也不能实现其职业价值,那么他在职业上也很难有所发展。因而大学生一定要使自己的职业与职业价值观相符合,这样才能更好地促进职业发展。

四、职业价值观的类型与职业选择

(一)职业价值观的类型

对于价值观的类型,不同的学者根据不同的标准对其进行了不同的划分。职业指导专家通过大量的调查,从人们的理想、信念和世界观角度把职业价值观分为以下几大类,每种职业价值观都有各自的特点,如表3-9所示。

表 3-9　职业价值观类型及其特点

职业价值观类型	特点
自由型	不喜欢受别人指使，喜欢凭自己的能力和本领创造生活，不愿受人干涉，想充分施展本领
经济型	断然认为世界上的各种关系都建立在金钱的基础上，包括人与人之间的关系。这种类型的人确信，金钱可以买到世界上所有的幸福，属于典型的拜金主义者
支配型	喜欢运用自己的权力支配别人，无视他人的想法，为所欲为，且视此为无比快乐
小康型	追求虚荣，优越感也很强。很渴望能有社会地位和名誉，希望常常受到众人尊敬。欲望得不到满足时，由于过于强烈的自我意识，有时反而很自卑
自我实现型	喜欢发挥个性，追求真理。不考虑收入、地位及他人对自己的看法，尽力挖掘自己的潜力，施展自己的本领，并视此为有意义的生活
志愿型	富于同情心，把他人的痛苦视为自己的痛苦，不愿干表面上哗众取宠的事，把默默地帮助不幸的人视为无比快乐
技术型	性格沉稳，做事组织严密，井井有条，并且对未来充满平常心态
合作型	人际关系较好，认为朋友是最大的财富
享受型	喜欢安逸的生活，不愿从事任何挑战性的工作

（二）不同职业价值观类型的职业选择

通过对表 3-9 所列出的价值观类型及其特点进行分析可以得出每种价值观类型所适合的职业，具体情况如表 3-10 所示。

表 3-10　不同价值观类型的职业倾向

职业价值观类型	职业倾向
自由型	室内装饰专家、图书管理专家、摄影师、音乐教师、演员、作家、记者、诗人、作曲家、编剧、雕刻家、漫画家等
经济型	各种职业中都有这种类型的人，商人为甚
支配型	经理、政治家、总裁等
小康型	记账员、会计、银行出纳、法庭速记员、成本估算员、税务员、办公室职员、统计员、计算机操作员等
自我实现型	气象学者、生物学者、天文学家、药剂师、动物学者、化学家、科学报刊编辑、地质学家、植物学者、物理学者、数学家、科研人员等
志愿型	社会学者、导游、福利机构工作者、咨询人员、社会工作者、社会科学教师、护士等
技术型	木匠、工程师、机械工、电工、司机等
合作型	公关人员、推销人员、秘书等
享受型	无固定职业类型

需要指出的是，随着社会的发展，一些职业可能会退出社会生活，还会出现一些新的职业，而各种职业自身所代表的社会声望、实际收入水平、工作环境背景也将会发生很大的变化，这些都将影响个人的职业指向。要想确定个人的职业方向，还需综合考虑个人的个性、兴趣、能

力及社会环境等因素。

五、大学生培养职业价值观的途径

(一)努力培养择业的信心

随着就业形势的日趋严峻,很多大学生对找工作产生了恐惧,有的严重缺乏就业信心。因此,大学生应在提高自己专业能力的同时,加强对心理健康知识的学习,通过各种形式的讲座、丰富多彩的活动,让学生面对现实、了解现实,提高大学生的择业信心,使他们在校期间以饱满的热情投入学习和工作中去,为将来的就业做好准备。

(二)树立正确的职业价值观

1.把握好自我特点与社会需求的关系

每个人都有自身的特点,在社会需求的大背景下不断变化的今天,处理好社会需求与自身特点的关系,对树立正确职业价值观尤为重要。如果选择不符合社会需求的价值观,我们的发展空间也不会很大。因此,树立正确的职业观,应该把握自我特点,去寻找适合自我特点的社会需求,投入社会的大发展中来。

2.正确处理好"专业对口"的问题

"专业对口"是指所学专业能够与岗位相匹配,但随着岗位变化,有部分专业已经找不到自己对应的岗位了,而一些新的岗位没有对应的专业。很多高校采取了"重基础,宽口径"的教学理念,来应对这种情况。所以,我们应当树立"专业不代表岗位"的理念,一个专业可以选择多种岗位,一个岗位可以选多个专业。只要所学知识,能够解决岗位的需求,就是专业对口。

3.把握好各种价值取向的平衡实现

每个人都有很多职业价值取向,虽然目前认为某一项取向特别重要,但不等于其他职业取向不重要。当人实现了认为特别重要的取向后,其他职业取向反而显得更重要了。这就像一个人生存需要水、食物、空气一样,当渴了的时候,水很重要,喝完水,食物、空气就显得尤为重要了。所以要把握好各种价值取向的平衡实现,不要过于看重某一方面。

(三)努力提高自己的核心竞争力

目前很多在校大学生狂热的追求各种资格证书,但是通过对用人单位的调查发现,用人单位在招聘中比较注重的是综合素质较高的人才。因此,培养个人的职业核心竞争力,提高综合素质是择业成功的关键。高校大学生应加强对组织沟通能力、语言表达能力等综合能力的培养,以提高自己的核心竞争力。

第四章 大学生就业的准备

大学毕业生就业是其人生的一大转折,通常就业前毕业生对求职的程序、途径、方法都存在许多困惑,有些毕业生还存在心理上的一些问题。尤其是部分学生没有太多的社会实践经验,面对一个复杂的、变化的社会环境,虽然有众多的选择机会,但是往往不知该如何下手,或者所采用的方法单一,不能有效地获取到适合自己的就业信息并达到自己的求职目的。本章从就业知识、就业材料、就业心理、就业信息四个方面入手,帮助大学毕业生做好就业准备。

第一节 就业知识的准备

一、就业知识概述

（一）知识的内容

知识是人们在改造世界的实践过程中所取得的认识和经验总结。它反映着客观世界各个领域物质运动和社会发展的规律,是人类改造自然、发展社会、争取自由的有力武器。一般可以包括基础知识、专业基础知识和专业知识三个方面的内容。

1. 基础知识

数学(算术、代数、几何、三角代数、微积分)、物理学(力学、热学、电学、电磁学、光学、原子物理学)、化学、外语、计算机知识及应用、人文知识(哲学、文学、艺术、文化、伦理道德)、历史、地理、汉语言应用。

2. 专业基础知识

大学所学专业的基础。专业方向不同,所学基础知识也不尽一样。例如,普通心理学是心理学专业和教育学专业的专业基础课。

3. 专业知识

专业知识是指一定范围内相对稳定的系统化的知识。大学生各自所学的专业的知识,是一个大学毕业生的本行和一技之长,是大学生知识结构中的核心内容,是大学生知识结构的突出点和直接显示部分。例如,大学英语教师,其应该掌握的核心专业知识是英语,包括基础英语、会话、口语、听力、英美概况等。

（二）知识的结构

知识结构是指一个人经过专门学习培训后所拥有的知识体系的构成情况与结合方式。所谓合理的知识结构，就是既有精深的专门知识，又有广博的知识面，具有事业发展实际需要的最合理、最优化的知识体系。李政道博士说："我是学物理的，不过我不专看物理书，还喜欢看杂七杂八的书。我认为，在年轻时，杂七杂八的书多看一些，头脑就能比较灵活。"大学生建立知识结构，一定要防止知识面过窄的单打一偏向。

合理的知识结构不是固定的、一成不变的，目前，学术界提出的比较有代表性的知识结构模式有四种。

1. 环型知识结构

环型知识结构的排列顺序是依据相关性和支撑性的由强到弱的顺序。核心是专业知识，其次是专业基础知识，再次是相关知识，最外环是外围知识。例如，学习管理专业的知识结构应该为：核心为管理学专业知识（如人力资源管理等），专业基础知识外环为相关知识（如管理科学、行为科学、心理学、统计学、计算机科学等），最外环为外围知识（如社会学、政治学、经济学、哲学、法律、人文、地理、环境等）。

2. 塔型知识结构

塔型知识结构的排列顺序也是依据相关性和支撑性的由强到弱的顺序。最上端是专业知识和主攻方向，下一层是专业基础知识，再下一层是相关知识，最底层是基础知识和外围知识。

3. 网络型知识结构

网络型知识结构是以所学的专业方向目标为中心，把其他与该专业接近的、有较大相互作用的知识作为网络的节点，这样相互连接形成的网状知识结构，适应性强，能在较大空间发挥作用。往往高层次的管理人员和决策人员应具备这种知识结构。

4. 帷幕型知识结构

帷幕型知识结构的具体含义是一个具体的社会组织对其成员在知识结构上有一个总体的要求，而作为该组织的个体成员由于所处的层次不同，在知识结构上又存在着一些差异。对我们毕业生的启迪是：在寻找职业过程中，不但要注意在整体上对求职者知识结构的要求，同时还要了解所选职业在企业中的位置及层次，以此来调整自己的知识结构，增强择业时的适应能力。例如，作为一个刚刚毕业的金融专业大学生，到一家金融机构（银行、证券、保险机构）应聘，不要求具备十分雄厚的投资、融资管理方面的知识，而具备一定的会计、财务管理方面的知识就可以，更深层次的知识可以边干边学。

（三）现代职业对求职者知识结构的要求

1. 宽厚扎实的基础知识

基础知识作为知识结构的根基，是每个大学生的就业之本。毕业生无论选择何种职业，也不管向哪个专业方向发展，都少不了宽厚扎实的基础知识。特别是随着科技和经济的高速发展,大学毕业生在择业、就业上已不可能再从一而终,职业岗位随时变动的情况不可避免。因此,要不断适应变化,不仅要掌握浑厚的基础知识,还要不断拓宽自己的知识面,这样才能不断提高自己的实际工作能力。

2. 广博精深的专业知识

广博精深的专业知识指大学生对自己所要从事专业的知识和技术具有一定的广度和深度,一定范围的深入研究,对概念体系、理论体系、研究方法各类信息要了解和把握,同时,对其专业相邻的知识也要有所了解和熟悉,并善于将其专业领域与其他相关知识紧密联系起来。专博相济,专深博广,已成为当前人才素质的重要要求。

3. 现代管理和社会知识

现代社会的快速发展,使得信息爆炸,新知识层出不穷,用人单位非常青睐那些对现代管理和社会知识、适应社会工作能力相对较强的人。所以,掌握一定的现代管理和社会知识也是对于大学生的基本要求。

二、建立合理的知识结构

作为毕业生,除对自己的专业知识水平有一个合理的认识外,还应当对自己积累的其他知识有一个较为系统的整合。通过对专业知识的梳理和对其他知识的整合,使毕业生明确自己具有一个怎样的知识结构体系。建立合理的知识结构要遵循以下原则和途径。

(一)建立合理知识结构的原则

要建立适合自己发展的最佳的知识结构并不是一件容易的事。因此,在确立自己的知识结构和学习新知识之前,应该掌握一些建立合理的知识结构的原则。这些原则不是一般意义上对学习者的要求,而是必须遵循的准则,离开这些原则的支撑和指导,要建立任何具有实际意义的知识结构都是不可能的。

1. 整体性原则

整体性原则体现的是知识内在的逻辑联系和必然性。在建立自己合理的知识结构时,必须从总体上来考虑知识的功能和效应,片面零散的知识、支离破碎的知识不可能提高认识能力和解决问题的能力。知识的内在结构和体系,由浅入深、由表及里、由个别到一般,这些原理都是符合学习知识的过程;而好高骛远、脱离实际地追求博大精深只能是一种幻想。

用整体性原则指导自己建立合理的知识结构,就是从自己的实际出发,结合自己的整体目标,先从宏观上把握对自己发展起决定作用的知识,然后再从知识的内部融会贯通,完整掌握,而不能满足于浅尝辄止和一知半解。一种职业、一个岗位总是对从事它的人提出特定的知识要求,这些知识的本身总是一个个有机的整体,有其自身的规律和价值,才能从整体上把握,它的价值也才能越大。

2. 相关性原则

相关性原则体现的是知识的相互依赖、相互牵连的内在本质特点。所有的知识都不是孤立和分散的,一个学科、一门知识总是和其相邻的学科和知识有着或多或少、或深或浅的联系,从而构成了知识相互影响、相互促进的互动态势。比如语言学和文学之间,物理学和数学之间,气象学和生物学之间等。建立自己合理的知识结构,必须按照知识互相影响、互相依赖、互相促进的特征去组合、去建设,按照自己的人生目标、工作性质的相关要求去学习掌握知识,而不是按照个人的喜好片面单纯地追求某一方面的知识。

3. 迁移渗透性原则

迁移渗透性原则体现的是知识的相互交叉、相互派生的特征。知识不是孤立分散的,相近相关的知识不仅可以互相促进,而且在一定情况下也可以相互转化和派生。尤其是随着新的科学方法和思维观念的出现,知识之间的相互渗透、相互迁移日益增多,交叉学科、边缘学科大量涌现,马克思预言的自然科学奔向社会科学的洪流已经成为现实,比如数学已经越来越多地渗透到多个学科领域。大学生在掌握现有的相关知识的同时,还要善于将已有知识相互深透,将知识学活,用知识创新知识,使自己的知识结构变为一个不断向外扩张的体系。

4. 动态性原则

动态性原则体现的是知识的发展规律,不能期望建立一个一劳永逸的知识结构。所谓"活到老,学到老",就是对知识动态性原则最通俗的注释。在信息时代,知识的更新更加频繁,一个人昨天建立的知识结构,如果今天不充实更新,它的价值就会降低。只有用动态性原则要求自己,不断在原有的知识结构中叠加新的内容,才能把握更多稍纵即逝的机会。

建立合理知识结构的四个原则,在具体的运用过程中并不是孤立的,而是相互联系、相互作用的,是揭示一个合理知识结构的必不可少的四个方面。因此,只有将四个原则结合起来,才能真正起到指导作用。

(二)建立合理知识结构的一般程序和途径

建立合理的知识结构,对于每个人来讲并无定型的程序,因为千篇一律的知识结构无助于社会的进步,也无助于人的个性和能力的发展。更何况由于人们所处的社会位置的不同,接受教育多少的区别以及每个时代的发展特征都会直接影响人们知识结构的构建。但是,就它的共同性来讲,知识结构的一般层次的构建可以借鉴以下的程序和途径来完成。

(1)要根据自身的情况确定准备选择的职业目标,并以此确定自己知识结构的类型。

(2)根据拟构建的知识结构模式,将自己已有的知识结构按整体性要求以及层次进行优化组合,并构建出一种属于自己的知识结构雏形。比如:经营型、管理型、科研型等。

(3)根据自身在就业工作岗位中的不断实践调整知识结构,使之更加趋于合理。

建立合理的知识结构,没有捷径可循,其基本途径只能是学习和积累。具体地讲,包括以下几点。

(1)博览群书,这样可以使人视野开阔,思维灵活,基础厚实。

(2)按主攻目标积累知识。知识的积累过程中,按主攻目标积累的知识在实践中是最有效的。这是因为,有了主攻目标才能制订计划完成工作,才能明确积累什么样的知识,才能判断知识的相对价值,才会使积累的知识最有效,才会最大限度地发挥知识结构的作用。

(3)注意动态调节。世界上一切事物都处于不断运动、变化和发展当中。大学生在实际的学习和构建知识结构的过程中,动态地调节主要有两种情况:一是由于科学技术的迅猛发展引起的知识更新,需要调整知识结构,以适应形势的需要;二是职业或工作性质的变动,需要调整原有的知识结构,使其保持高效状态,发挥潜在效能。

(4)合理分配大脑记忆与外部记忆的信息量。记忆是掌握知识的基本手段,人们积累知识,一般是通过大脑记忆和脑外记忆完成的。知识海洋浩瀚无边,一个人要想记忆更多的知识,仅凭大脑记忆是无法完成的,还必须借助于脑外记忆工具:电脑、卡片、笔记、索引、剪辑资料、照片、录音、录像等。而大脑中记忆的有效知识通常是能够反复应用的,是帮助人们进行日常思维活动实践的工具。

知识的积累是其成才的基础和必要条件,人们常常把一个人掌握知识的多少作为衡量水平高低的标准,但它不是衡量人才的绝对标准。单纯的知识数量并不足以表明一个人真正的知识水平,大学生不仅要具有相当数量的知识,还必须形成合理的知识结构,没有合理的知识结构,就不能发挥其创造的功能。在职业生涯设计时,大学生要能够根据职业和社会不断发展的具体要求,将已有知识科学地重组,建构合理的知识结构,最大限度地发挥知识的整体效能。合理的知识结构一般包括宝塔形和网络形两种。

新世纪对未来人才的知识综合性结构提出了更高的要求,要求大学生既要能很好地适应社会需要,又要充分体现个人特色;既要满足专业要求,又要有良好人文修养;既要发挥群体优势,又要展现个人专长。构建合理的知识结构没有捷径可走,只有通过学习和积累,采取适合自己的科学方法,持续不断地付出艰辛的劳动,辛勤耕耘。

第二节　就业材料的准备

就业材料即求职材料,它是大学生求职全过程的第一个环节,也是大学生以书面形式与用人单位进行的第一次接触。它事关求职的成败,因此不能掉以轻心,务必认真、慎重,全面展示自己的情况,争取在众多的求职者中脱颖而出。

一、就业材料的内容与要求

对于每一位即将毕业的大学生来说,求职材料(又称自荐材料)的重要性是不言而喻的。大学毕业生获得用人单位面试机会的最主要渠道就是要靠求职材料去"推销"自己。要想从众多的应聘者中脱颖而出,获得用人单位的青睐,求职材料是极其关键的。一套较为完整的求职材料应包含以下七个部分。

(1)求职信。

(2)个人简历。

(3)《毕业生就业推荐表》。

(4)学习成绩单。

(5)各种证书。

(6)实践环节的相关材料。

(7)有关科研成果证明及在学术期刊发表的论文。

在上述七个部分中,又可以分为两块:"核心材料"或客观性材料,"辅助材料"或偏主观性材料(有客观成分)。

(3)~(7)部分的材料应为"核心材料"或客观性材料。一般来讲,用人单位首要关注的应是(4)(5)(6)(7)部分,这是一个毕业生的核心竞争力,是衡量一个毕业生综合表现和综合素质的最重要指标。这部分材料基本上都是"凭证"式的材料,是客观存在、无法增添的。第(3)部分《毕业生就业推荐表》是政府就业主管部门统一印制的,结构固定、格式统一,主要反映学生的自然情况、奖惩情况、学校评语及推荐意见,这部分是用人单位了解考察大学毕业生情况最权威、最真实的材料。但从不少用人单位反映的情况看,由于不少学生随意地添油加醋、学校评语的千篇一律、学校公章的随意加盖而导致用人单位对这份材料的信心不足,一定程度上只起到证明求职者毕业生身份的作用。

大学毕业生整理准备的第(3)~(7)部分的材料(核心材料)是主要的,应注意以下几点。

(1)只提供复印件。由于各种证书、证明,包括《毕业生就业推荐表》只有一份,且遗失后无法弥补,不管投递什么单位,复印件均适用。如想让对方相信毕业生的各种证书、证明没有虚假,不妨将其原件、复印件材料让院系有关老师审核后在复印件上再加盖院系的公章。如果在毕业生对是否确定愿意去某家用人单位犹豫不决时,《毕业生就业推荐表》原件一定不要交出,因为一旦《毕业生就业推荐表》原件交给对方而毕业生又想改变主意时,主动权就已不属于毕业生了。

(2)学习成绩证明材料重点应放在开设的课程上。应将两年或三年专业背景较强的主干课程、基础课程、专业选修课等列出。

(3)奖惩情况和大学期间社会工作情况应重点突出地反映在《毕业生就业推荐表》上。

(4)不要弄虚作假。不少大学毕业生为了增加材料的"含金量",把别人的获奖证书、资格证书改头换面复印成自己的或者直接克隆"真品",学习成绩自行提高,职务自我突击提拔等造假现象,不能排除有极个别弄虚作假、投机取巧而侥幸得逞的,但这样做蒙混过关的可能性极小。

(5)要能随时合理准确地回答用人单位就材料中有关内容的询问。有的用人单位会对毕业生的材料中的某点感兴趣或有疑问,会在面试或电话交流时询问毕业生,如果毕业生事先毫无准备,回答时不知所措或回答得有漏洞,可能会丧失机会。

(6)联系方式清晰准确。最好是能直接联系到本人的,尽可能不要让人转告。

第(3)~(7)部分的材料都是"凭证"式的材料,是客观存在、无法更改的,没有什么技术性的问题,剩下需要认真准备的就是第(1)部分的求职信和第(2)部分的个人简历了.

二、就业材料的制作

(一)求职信

求职信是一个文字的自我,求职信集自我介绍、自我推介和自我展示于一体,是个人求职意向、成长背景和个人理想的集中表现。一份好的求职信能体现求职者清晰的思路、优美的语言文字、富有个性的创意思想和各方面所具备的能力和才华。通过求职信,以求吸引招聘人员的注意力,取得面试的机会。

1. 求职信的内容

求职信的内容包括以下四个方面。

（1）求职目标

写求职信一定要有的放矢，毫不含糊地宣示我们的求职意向和目标，一定要十分明确地陈述我们希望从事的工作种类和工作岗位、要求得到的待遇，甚至还有录用的附带条件，不能为了被录用而模糊交代。

（2）求职缘起

在求职信中，明确地写完求职目标以后，毕业生随即就应该交代自己的求职理由，简洁而实事求是地陈述毕业生选择到该公司工作的动机，以及这种动机产生的原因。当然，叙述时应委婉而不失原则。

（3）求职条件

能否尽可能全面具体地说明自己的求职条件，是毕业生求职成败的关键。在阐明自身求职条件时，毕业生应该针对目标，尽量表现自己的主要成绩、成果和优势，重点介绍自己所学的专业和特长，有针对性地谈谈自己的兴趣爱好。在表述这些内容时，毕业生一定要尽可能按照公司的实际需要扬长避短，有的放矢。

（4）附件

为了证明毕业生在求职信中介绍的一切是真实可靠的，毕业生必须同时向对方递上毕业生的毕业证、资格证书、专业技术职称、各种获奖证书的复印件以及毕业生自己写的自传或者个人简历等，并在求职信的正文之后，署名之前加注说明。

2. 求职信的基本结构

求职信又叫自荐信或自我推荐书。其结构一般分为标题、称呼、正文、结语和落款五个部分。

（1）标题

用较大字体在上方标注"求职信"（或"自荐信"）三个字即可。

（2）称呼

它是毕业生与招聘方的第一关联，要礼貌，又不能生硬，同时也要明确收阅人。毕业生可以写"尊敬的先生／女士"或"尊敬的领导"。如用人单位明确，可直接写上单位名称，后冠以收件人职务；如单位不明确，则用统称"尊敬的贵单位（公司或学校）领导"领起。

（3）正文

正文是求职信的核心，一般分两大部分。

第一部分：写明毕业生要申请的职位和毕业生是如何得知该职位的招聘信息的。

第二部分：说明并简明阐述毕业生如何满足公司的要求。写出毕业生自己关键的经历、最好的成绩、最重要的特长，以及自己的心情和信心等。表明毕业生所特有的教育、技能和个性特征将会为公司做出贡献。

开语应表示向对方的问候致意。主体部分重点在于"荐"，在构思上一定要围绕"为何荐""凭何荐""怎么荐"的思路安排。

（4）结语

感谢他们阅读并考虑毕业生的应聘，并表明希望迅速得到回音，加上"敬上"之类的谦语或祝语。

（5）落款

落款处要写"自荐人×××"的字样，并标注规范的公元纪年和月日。随文处可说明回函的联系方式、邮政编码、地址、邮箱、电话号码等。

3. 求职信写作的技巧

写好求职信要做到"三忌""三要"和"三突出"。

（1）"三忌"

第一忌："高枕无忧"。以为自己有技术、有经验、有文凭，就拥有了求职成功的全部资本，过分地坚信"天生我材必有用"，而在求职信中流露出盲目自信，甚至提出过分要求。

第二忌："洋洋万言"。述说自己对几乎所有职业都有能力和兴趣，一副"包打天下"的架势。

第三忌："主题不明确"。事无巨细，写成一份流水式学习工作总结。

（2）"三要"

第一要："精心构思"。着力于表达或暗示自己的聪明才智、适应能力、工作态度和发展潜力。

第二要："情有独钟"。展现出自己对应聘单位及拟从事岗位有着浓厚兴趣，写作中可适当地用一些表示情态的言辞。

第三要："新颖独特"。在形式和内容上都要争取一些冲击力或震撼力，突出重点兼顾一般。

（3）"三突出"

第一，突出名气。毕业生在学校或是周围人群里名气如何，曾取得过什么成绩，受过什么奖励，别人的评价如何等。

第二，突出优点、长处，特别是那些毕业生所具有而别人没有的优点和长处，比如用人单位正好需要的技术特长、知识水平和其他本领。

第三，突出特殊技术和能力。能解决别人不能解决的困难，设计和策划出别人不能想出来的技术和办法。

4. 求职信中常见的问题

以下是一些在大学生求职信上出现的常见的问题。有些看来虽然相当明显，却时常在一些学生的求职信上出现。这里提出来，希望毕业生能够明白，有所察觉，以防出错。

（1）过分自信

很多刚从学校毕业的同学，都会出现一个问题，就是以为只要考试成绩好，便会是一个称职的职员。其实，不少招聘单位曾再三指出，成绩好并不等于能力强。好职员必须既有良好的学习成绩，又有多方面的经验和才干。所以，如果因自己在考试中得到数科优良成绩便沾沾自喜，忽略经验和性格条件，只会使招聘单位觉得毕业生自高自大、思想不成熟。

（2）不够自信

谦虚虽然是美德，可是现代社会里过谦却越来越不合时宜了。大学生应该在信里强调自己的长处，如果毕业生不能避免要在信中提到自己的缺点，则尽量轻轻带过。很多学生推理有问题，为了取悦招聘人员，便再三强调自己的学业成绩，保证自己会成为优秀的职员；另一些人则在信中三番五次地提到自己对这行业的兴趣等。这些推理都犯了一个重大的错误，就是以为只要有好成绩或有浓厚兴趣，或者有着满腔热诚便可以成为一个理想的职员，而不知其他方面的能力和经验亦是很重要的。

（3）语气不庄重

招聘单位大都喜欢看事物比较客观的申请人，所以，要尽量避免在求职信上用"我觉得""我看""我想"等字眼来说明自己的观点，也忌用"我非常希望""我真的喜欢"之类的强调语气。

（4）措辞不当

这方面的例子实在数不胜数，例如"你知道有我这类应聘，势必大喜过望。"或者"我（她是女的）特别喜欢陌生人。"再如"这职位对我来说简直是无法抵挡的引诱。"如果认真撰写的话，这种种不妥当的修辞其实是完全可以避免的。

（5）求职信篇幅过长

有的毕业生为了突出自己、尽力展示自己，往往求职信篇幅过长。可是根据调查显示，若一封求职信超过400个单词，则有效度只有25%，即阅读者只会留下1/4内容的印象。因此，简洁是十分必要的。

在这里需要说明，求职信只是简历的一个补充，不是必须要与简历共用，要根据实际情况做取舍。如果招聘单位招收的毕业生数量、岗位多、招聘工作人员少的情况下，就不要附加求职信。因时间短招聘任务重，招聘单位没有时间阅读求职信，附带求职信反而给他们的工作带来负担。

（二）简历

简历是对求职者基本情况、教育背景、经历、技能等的简要总结。简历的主要任务是争取让招聘官与求职者联系，目的就是帮求职者争取到面试的机会。一份简历，既要切实地把求职者的价值令人信服地表现出来，又要在短短的篇幅中使求职者的形象从其他竞争者中脱颖而出。一份好的简历无疑是一份新工作的"敲门砖"。在求职应聘的过程中，简历决定了求职者是否有机会进入下一轮面试。如何做一份合适的简历，赢得面试官的青睐，并获得面试的机会，是每个走在求职路上的毕业生所要掌握的。

1. 制作简历的原则

（1）真实性

真实性，是对简历的最基本的要求。诚信，是单位用人最看重的素质之一。用人单位在招聘时一般都会对应聘者的求职材料的真实性进行核实，若发现简历有虚假成分或带有水分，首先就会对该应聘者的印象大打折扣，缺乏诚信的求职者，一般都会被拒绝在用人单位的大门之外。

（2）针对性

用人单位在招聘时，对相关职位都有招聘要求，招聘者在阅读简历时，会快速搜索简历中的关键字，查看是否有不符合招聘条件的内容来筛选简历。因此，毕业生在制作简历的时候，要尽量使简历的内容与用人单位的招聘条件相符合，也即简历所述的内容有所针对应聘职位的要求。

（3）简洁性

简洁性也是简历制作的原则之一。招聘者每天都会收到铺天盖地的简历,根本没有时间去细看简历的所有内容,面对冗长的简历,招聘者要么没有时间完整地阅读,要么干脆直接筛掉。毕业生在制作简历时注意保持简历的简洁,尽量挑重点的内容放在简历里,对求职会更有利。

2. 简历的基本类型

简历的类型很多,有完全表格式、半文章式、小册子式、提要节略式、时间式、职能式等多种类型。当然,所有这些形式互相之间可以重叠。这里只介绍对应届大学生最实用的两种类型。

（1）表格式简历

这是指将各方面有用信息填写在表格中,优点是简单明了,便于大学生展现自己各方面的优势,也使用人单位筛选时更加快捷。

（2）时间式简历

这是指按照时间的先后顺序来描述一个人的经历,将个人的学习、工作经历逐一列出。应届毕业生在写这种简历时,要有所侧重地突出自己不断学习、不断实践、不断成长的经历。

3. 简历的基本内容

一份完整的简历主要包括以下基本内容。

（1）个人的基本信息

将与求职相关的个人基本信息写进简历,如姓名、性别、年龄、联系电话等。有些信息可以根据应聘单位的情况及招聘职位的需求来进行增删,如在国家机关和事业单位里,比较看重政治面貌,在应聘简历中可加入"政治面貌"一栏。

（2）求职意向

求职意向是很多毕业生在简历制作中容易忽视或遗忘的一项,而求职意向又是简历制作中所不可或缺的。用人单位在收到没有求职意向的简历的时候,不可能去帮应聘者来作决定,这样的简历,通常只会被放到一边,不会再被招聘者阅读。在简历上写出清晰明确的求职意向,一是方便招聘者将不同职位的简历分类;二是会给招聘者留下好印象,因为有明确的求职意向,表明该应聘者喜欢或愿意从事这类职位的工作。

在写求职意向的时候,需要注意的是尽量只写一个职位,或同一类型的职位群,而不要写多个职位,甚至是性质完全不同的两个职位。例如,有的毕业生将简历"一稿多投",在一份简历的求职意向写上"技术员、销售员等",而这样的表述则会让用人单位感觉应聘者没有明确的职业定位。这样的简历,通常也会被用人单位筛掉。

（3）教育背景

在教育背景这个栏目里,除了写明自己的专业、学历及毕业院校外,还可写上在校期间参加的培训以及获得的奖励,如奖学金等。

（4）实践与实习经历

对于没有工作经历的大学毕业生而言,实践与实习经历则是比较重要的部分了。用人单位非常看重毕业生的实践经历,没有一家单位会喜欢只掌握了书本理论知识,而缺乏实践能力的应聘者。毕业生在制作简历的时候,就要在这部分重点花些笔墨。

（5）能力与特长

此项是最能反映毕业生优势的部分。毕业生可以把自己的能力与特长以简练的语言概括出来，如在专业领域的突出技能（有相关的作品或成果），英语和计算机运用能力等。

4. 简历制作注意事项

（1）态度要认真

一份高质量的简历，起码要花 30 多个小时，这当中包括 3 次以上的大改及多于 10 次的小改。尤其是对高校的毕业生及一些受过良好教育的在业人士而言，一份高水准的简历就显得尤为重要。

（2）设计与众不同的封面

事实上，用人单位的领导拆阅集中的来信是有先后选择的，自荐材料封页的作用不可小视，一个精心设计的与众不同的封面会令人目光为之一振，在封页上适当的位置展示一下求职者的创意，也许会被人欣赏。

（3）内容上要重点突出

根据应聘单位的特点和职位的要求，有的放矢，把自己的优势和亮点展示给用人单位，突出关键信息。关键信息就是那些将求职者的技能、能力和资质与未来雇主的需求相匹配的信息，即表明求职者完全符合招聘条件的信息，如广告设计专业的毕业生，有平面广告设计方面特长，在校期间设计了许多作品，那么，在制作简历的时候，就应当重点突出这个特长。

（4）格式上要规范工整

在陈述时采用计算机程序式版面而不是文章式版面，每一行说明一个内容，方便招聘者阅读。我们有些毕业生在制作简历的时候通常是长篇大论，用很长的一段文字来描述自己的经历或特长。而在许多情况下，招聘者阅读简历的习惯不是逐行阅读，而是一目十行式地阅读，大段的文字内容，因为突不出重点，反而容易被招聘者忽略。

（5）修改上要精益求精

检查语法和文字上的错误，润色简历中的用词。一份错字连篇或者是文字表达不通顺的简历，会让招聘者对毕业生的印象大打折扣。在发送简历前，细心地检查语法和文字上的错误很有必要。另外，可以将简历发送给朋友、同学阅读，问问他们看完简历后最深刻的印象是什么，听取他们的建议和意见。

（6）注意"留白"

在编辑学上有一个术语叫"强势"，就是引人注意的程度。同时，在编辑实务上，空白本身就是一种"强势"。同时，空白还具有很强的功能性。比如在合适的位置留一道空白，这样筛选者可以做批示、记录。

（7）重复你的名字

求职者可以在每一页的适当位置署上自己的姓名。这主要是因为在实际求职中，简历筛选人员往往为了使筛选工作更易进行，会把求职者的简历拆开来，比如把附信和附件拆掉。所以要确保每一页上都有求职者的名字（可在页眉或页脚处），这样做还有一个好处就是可以帮助面试考官记住求职者的名字。

（8）切忌千篇一律

在每年的高校毕业生中，简历千篇一律的情况经常发生，用人单位负责人看到第二份相同的简历时,会非常反感,说明这名应聘者没有独立工作的能力。因此,一定要设计出有个人特色的简历,表现出自己独立思考的能力和求职的认真态度。

（9）关于手写简历的问题

现在有一些单位希望看到求职者使用手写的简历,因为他们越来越发现"字如其人"在工作中的意义。笔者不建议大家跟风,但如果求职者对自己的硬笔书法很有信心,则建议求职者在已打印的简历的基础上进行适当发挥。

（三）其他求职材料的准备

除了简历和求职信,毕业生还需要准备其他的求职材料。这些材料可用文件夹集中在一起,在面试合适的机会展示给招聘者,以证明自己的相关能力与水平。

（1）由教务部门出具的成绩单。

（2）外语等级证书复印件。

（3）计算机等级证复印件。

（4）各类获奖证书复印件。

（5）各类技能证书及职业资格证书复印件。

（6）推荐信。推荐信是辅导员或相关领导、老师、亲友对毕业生的评价,也是比较权威、可信的。如果是他们介绍毕业生到某单位应聘求职,最好带上推荐信。因为这是组织对毕业生的评价,用人单位一般来说是比较重视的。

（7）公开发表的论文或文章原件及取得的成果等。

第三节　就业心理的准备

心理素质在大学生综合素质中占有重要地位。只有不断提高心理素质,把握良好的择业心态,才能顺应社会的发展和适应时代的要求,才能为自己事业的成功奠定良好的基础。

一、大学生心理健康的一般要求

根据大学生所具备的生理、心理、年龄特征,对大学生心理健康的一般要求如下。

（一）保持对学习较浓厚的兴趣和求知欲望

正常的智力活动是人从事一切活动的最基本的心理条件。大学生的学习活动一般都是智力活动,学习科学文化知识是大学生活的主要内容。一个心理健康的学生会珍惜学习机会,端正学习态度,求知欲望强烈,能克服学习生活中的诸多困难,学习成绩和效率比较稳定,能通过掌握有效的学习方法,从学习中获得满足感与幸福感。

（二）保持正确的自我意识和自我评价

自我意识是人格的核心，指人对自己以及自己与周围社会关系的认识和体验。"人贵有自知之明"，心理健康的学生能了解自己，接受自己，自我评价客观，既不盲目去做力所不能及的工作，也不妄自菲薄而甘愿放弃可能发展的机会。我们要尽量保持自信乐观，让生活目标与理想切合实际，不苛求自己，能扬长避短。

（三）能调节与控制情绪，保持良好心态

在生活中，我们经常会碰到有些人一取得好成绩，就喜不胜收，忘记了自己的努力方向和奋斗目标，使前进画上了句号；一碰到困难，就一筹莫展，认为前进道路上处处布满荆棘，畏缩不前，失去了前进的勇气，因而丧失了取胜与成功的机会。这二者都不是良好的心理状态，尤其是对处于成长期的大学生而言，会对成才与发展造成阻碍。因此，大学生应当时刻保持乐观、向上的良好心态，对生活与未来充满自信与希望。主动调节喜、怒、悲、乐，适时控制自己，时刻把握自己，做到喜不狂、忧不绝、胜不骄、败不馁。

（四）具备较好的适应环境的能力

这里谈到的环境，是指人际环境与社会自然、生活和工作环境。适应人际环境，就是善于与人交往、开朗乐观、积极主动、助人为乐，与人相处时可做到尊重、信任、友爱、宽容与理解。适应社会自然、生活和工作环境，是指大学生在面临环境改变时，能正视自我，面对现实，对环境做出客观的认识与反应；调整自我，使个人的行为符合新环境的要求，能与社会保持良好的接触和链接；对社会现状有清晰的认识，能及时修正自己的需要与愿望，使自己的思想行为与社会协调一致。

（五）具备坚定的信念与顽强的毅力

大学生具备坚定的信念与顽强的毅力是指大学生在气质、能力、性格、理想、信念、人生观、价值取向等多方面得到平衡发展。大学生应当将自己的所思、所做、所言、所信协调一致，树立积极进取的人生观，并以此为中心，把自己的需要、愿望、目标和行为统一起来。

二、就业中常见的心理问题及调适

大学生面对求职择业，心理上主要存在心理矛盾、心理误区和心理障碍等问题。

（一）心理矛盾

心理矛盾，是指两种或两种以上的不同欲望、动机、目标和反应同时出现而相互冲突所引起的心理紧张状态。心理冲突的主要表现为以下几种。

1. 渴望竞争又害怕竞争的矛盾

大学生只有在富有挑战性的工作和学习环境中，才会勇于拼搏，乐于进取。而就业制度的改革，为大学生的择业提供了公平、平等的竞争环境。大多数学生对此渴望已久，他们已经认识到，在激烈的市场竞争条件下，如果没有强烈的竞争意识，就不可能成就一番事业。但是，当真正面对社会为其提供的竞争机会时，许多大学生又顾虑重重，缺乏勇气，有的怕竞争失败丢了面子，有的怕竞争失败伤了和气，有的认为不正之风干扰太大，竞争肯定会失败。他们把不愿参与竞争的原因归结到外界，其实，真正的原因是他们自己主观努力不够，缺乏实践的能力和勇气，尤其一些学生在择业中遇到困难时，不善于调整目标、调整自己，而是自己给自己打"退堂鼓"，自己拱手让出竞争的权利。

2. 理想与现实的矛盾

人的一生总是在不断追求美好的未来。大学生择业中这种追求和憧憬更为强烈，更为丰富，更为远大。经过充实而丰富的大学生活，大学生知识的羽翼已渐丰满，面对汹涌的市场经济大潮，他们豪情满怀，准备搏击一番。然而，由于他们涉世尚浅，接触社会较少，理想往往脱离客观与主观现实条件。如许多大学生都想成为企业家或大经理、大老板，走商业巨子之路。但是，在择业中他们并未考虑自己的知识、能力、性格、爱好、气质等是否适合从商，或者未真正考虑所选择的单位是否有利于自己的发展，出现了理想的自我膨胀和现实的自我萎缩之间的矛盾。

3. 所学专业与未来工作的矛盾

不少大学生对自己的专业看得很重，在择业中只要是专业不对口就认为不适合自己，但在现实社会中，真正完全与所学专业对口的工作是不多的，于是就产生了所学专业与未来工作的矛盾。其实，本科教育更多的是学习能力的教育，是接受新事物能力的教育，是适应环境能力的教育，因此，大学生完全不必为学不能致用而苦恼。当前，许多大学都在强化对本科生的基础知识的培养，一些高校对入学新生不分专业，这些做法都是在淡化本科生的专业意识。国内许多大公司更是对专业看得很淡，如"宝洁公司"在招收大学生时就根本不限制专业，仅对应聘者进行基本能力测试和面试。

4. 自我观念强与缺乏把握自我的矛盾

随着年龄的增长，社会阅历和经验的日益丰富，大学生的自我意识日趋完善。他们中的大多数已能够客观全面地评价自己的优缺点，并对自身的价值有比较明确的认识，这些为大学生顺利择业奠定了一定的心理基础。但是，也有部分大学生不能客观地评价自己，缺乏把握自我的能力，在求职择业的过程中，表现为狂妄自大，志满气傲，盲目自信，对自我期望过高，缺乏承受挫折的心理准备。还有部分大学生对自己评价过低，不能客观地估计和把握自我，缺乏竞争的信心和勇气，结果坐失很多择业的良机。这些心态对大学大学生顺利择业是极为不利的。

5. 一步到位与循序渐进的矛盾

许多求职者希望一开始就找一个最理想的工作，大学毕业就想应聘大型企业的总经理助理。不愿意从基础性的工种干起，这样就会造成高不成低不就。在择业中，很多大学生都自愿根据自己的专业到祖国需要的地方去建功立业，实现自己的人生价值，不愿碌碌无为。然而，同时又缺乏艰苦创业的心理准备,不愿到艰苦的地方去,不愿到边远的地区去,不愿深入基层。有些大学生想走捷径,幻想成才的道路平坦笔直;想涉足层次高、工作条件好的单位,想一举成名,这些都是不可取的。

(二)心理误区

心理误区是指人在心理上尤其在认识上和人格上陷入无出路而不能自拔,且对此缺乏意识的心理状态。大学生在求职择业中存在诸多心理误区,常见的有以下几种。

1. 哪个单位待遇好就去哪里

有相当一部分求职者认为,行政、人事、大型企业这些单位待遇好,工资高。只有去这些单位,才能充分发挥自己的聪明才智。其实,这些条件较好的单位,人才济济,竞争十分激烈,落选的可能性很大。况且,这些单位里常常发生"大材小用"的情况。所以,只要有真才实学,在其他单位同样能干出一番事业来。

2. 自我期望过高

有相当一部分大学生对社会就业环境以及用人单位对人才的需求了解不足,对个人专业技能、特长、兴趣等又没有客观、准确的认识和定位,在求职择业过程中一味追求舒适的工作环境和高薪。这种不切合实际的择业标准,使得他们在求职择业的过程中屡屡受挫,最终导致对个人能力产生怀疑,丧失自信心,更为严重的形成心理障碍以及导致恶性事件。

3. 强求心理平衡,产生不满足心理

大学生参加大规模的供需双方洽谈会尚属首次,他们在这种场合评价自己的价值能否得到承认的最常见的办法是互相攀比,比周围的同学哪个选择了知名度高、效益好的单位,哪个同学去了大城市或高层次部门。这都会导致他们心理不平衡。学习稍好的学生更是如此,于是在选择中,攀比嫉妒,强求心理平衡,总是把比别人强作为标准,"这山望着那山高,这花看着那花俏"。有的同学自己毫无主见,总是随波逐流,认为大多数人钟情的一定是好工作,盲目跟着大多数人走,忽视了自己的特长。结果,不从实际出发,延误了时机,丧失了最能发挥自己特长的机会。

4. 只重眼前利益,忽视长远发展

部分大学生在社会上"拜金主义"风气的影响下,不顾自己所学的专业,只求高薪收入。他们在择业时最关心的是用人单位的效益和待遇。这部分大学生只注重眼前个人利益和物质利益,不考虑长远发展,其结果往往会使用人单位产生反感,从而被用人单位拒之门外。

5. 职业需求模糊

一个大学生,经过十余年的学校生活,从学校走向社会,一开始根本没有考虑到事业发展会怎么样,在找工作时一个是看哪个单位的牌子大,再有就是哪个单位的地方好,第三就是挑哪家单位待遇高,而并没有考虑到自身的发展问题。事实上,大学生很难一毕业就明确干什么,因为学生刚刚踏入社会,很多想法都与社会现实有相当距离。必须要经历现实生活的磨炼,才能正确地看待自己、看待别人、看待社会,这时候定位才有意义和价值。

6. 多调动工作可以找到满意的单位

现在的大学大学生在择业时,总是抱着多找几个不同的行业,多换几个工作单位,就可以寻找到自己最喜爱职业的想法,频繁地调换工作,这是缺乏耐心和实力的表现。作为一名大学生,在择业之前应该对于自身及将来可选择的职业方向有一个起码的认识,一旦选定了一份正式的工作,就应该全身心地投入到工作中去。如果经过相当一段时间后(至少应有一年以上)感觉自己确实不喜欢或不适应该项工作,再考虑换工作也不迟。这样做并非浪费时间,恰好相反,如果一个人能够耐心地投入到一项工作一段时间,就可以详细了解所在工作岗位的相关情况,为自己将来的职业发展打下一个比较坚实的基础。而那些频繁调动工作的人,表面上看他们工作经验较为丰富,而事实上,不利于他们真正对任何一项职业及企业相关部门的了解。

7. 安稳的工作比较好

由于传统观念的影响以及对社会发展趋势认识的片面性,仍有部分大学生希望寻求一个一劳永逸的职业。然而,在市场经济条件下,这种传统的择业观念已经不符合时代发展潮流。在人本理念的社会中,每个人都应结合自身条件变化对职业做出多次选择和调整,以利于个人职业发展。

8. "天马行空独往独来"

市场经济的发展,为广大大学生提供了难得的择业机遇,"海阔凭鱼跃,天高任鸟飞。"但一些人希望无拘无束自由地选择职业,不愿受国家就业政策、人事制度、招生制度、户籍管理制度等方面限制。这实质上是法律意识淡薄的表现,实践中必然招致挫折失败。

9. 求职不如求关系

有的大学生认为求职择业竞争,并非人才素质竞争,而是看谁路子广、后台硬。因此,某些大学生不是把主要精力放在提高自身素质上,而是放在"通路子、结对子、托门子、递条子、送票子"上。这种不择手段的求职,违背了公开、公平、公正的竞争原则。

10. "天南海北深广口"

据抽样调查显示,大学生中71%要求去沿海发达地区,28%愿留大中城市,只有1%愿回到农村。宁愿到沿海城市放弃所学专业,也不愿到边远地区发挥特长;宁要东南一张床,不要西北一套房。把求职择业目标锁定在"天南海北深广口"(即天津、南京、上海、北京、深圳、广州、海口),很少考虑专业特长、事业发展和国家需要,由此导致发达城市岗位竞争更加激烈,形成不良竞争态势,而大学生也很难如愿以偿,找到理想的工作。

(三)心理障碍

心理障碍是指由心理压力和心理承受力相互作用,使人失去心理平衡的心理不健康现象或倾向。大学生求职择业标准不同、心理倾向不同,主体与客体矛盾,求职择业目标一旦难以实现,心理将会严重失衡,从而产生心理障碍。

1. 自燥

它是由心理冲突引起的一种复杂而过度的情绪反应。大学生在求职择业中总是担心人生价值能否实现；专业特长是否对口；用人单位可否选中；被拒聘该怎么办；选择失误怎么办；遭父母反对又怎么办等。这些焦虑，使大学生食不甘味，卧不安席，恨时光过得太慢，度日如年，怨用人单位拖得太久。盼望面试一锤定音，希望签约马上搞定。自躁心理常使他们签约匆匆，后悔不迭。

2. 胆怯

这是一种胆小、脆弱性格特征的心理现象。有的大学生在求职过程中，面试时，见到主考官，面红耳赤，不敢目视；回答提问时，张口结舌、语无伦次；现场演示时，"台词"忘光，拙手笨脚；直到试用考察时，仍谨小慎微，怕说错话。这种自怯心理，常见于一些女生或性格内向或抑郁质的学生。

3. 自懒

某些大学生在求职择业中不主动去联系单位，不积极参与竞争，而是寄希望于学校、父母或朋友，坐等学校优生优荐，指望父母跑前跑后，甚至要求由父母包办。这种等、靠、要的心理，常存在于某些家庭、社会条件较好的学生身上。

4. 自傲

这是一种缺乏自我客观评价，心理素质极不成熟的表现。高估自己，低看别人，自以为高人一等，胜人一筹，优势明显。例如，学习成绩优、政治条件好、学校牌子硬、专业需求旺、就业门路广。在求职择业中，好高骛远，期望值高，横看鼻子竖挑眼，一旦未能如愿，则情绪一落千丈，产生孤独、失落、抑郁等不良心理现象。这种自傲心理，多存在于一些自身条件较优的学生身上。

5. 自卑

这是一种与自傲心理相反、缺乏自尊心、自信心的表现。多见于家境条件差，或自我意识不健全，性格内向，或有生理缺陷的大学生，特别存在于一部分女生之中。他们低估自己，自惭形秽，遭受挫折后更觉自不如人。自卑使一些学生悲观失望，沮丧孤寂，忧郁孤僻，不思进取，破罐破摔，"脚踩西瓜皮，滑到哪里是哪里"。

6. 犹豫

犹豫是指大学生在求职面试过程中缺乏主见、犹豫不决、顾虑重重的心理状态，是大学生心理品质中的意志品质缺乏果断性的一种表现。在求职时，大学生应该慎重行事，反复斟酌，以保证决策的科学性。但有的同学过于谨慎、瞻前顾后、优柔寡断，四处征求意见，结果还是难以决定。有的即使做出决定也是心绪不宁，人家一说好，就沾沾自喜；一说不好，就马上后悔不已，丝毫没有自己的主见。有位文秘专业的大学生，由于擅长写作，发表过数篇文章，因此就业期望值较高。在求职时，他陷入了高不成、低不就的困境，在权衡中失去了很多机会。后来在一次招聘会上，好几家新闻单位都想要他，他还是徘徊不已，举棋不定。这便是典型的犹豫心理。

7. 恐惧

大学生在求职面试时也存在恐惧心理，表现为害怕与用人单位接触，一想到和用人单位见面，就感到恐惧。大学生之所以产生求职恐惧心理，原因各不相同：有的大学生从小到大一直生活在单纯的校园里，社会阅历不深，面临着即将跨入社会、独立生活的转折点，心理上难免有些害怕；有的对与人交往怀有恐惧心理，因而在面试时也产生恐惧感；有的同学的恐惧心理是源于求职与求学的冲突……克服恐惧心理的关键是要引导大学生正确分析、认识自己，认识社会，充分做好踏入社会的心理准备，增强求职的自信心，敢于展现自己、推销自己。

三、大学生就业心理的自我调适

心理调适就是运用心理学原理和方法，促使自己的心理和行为积极变化的过程。它能帮助大学生在求职择业过程中遇到困难、挫折和失败时，及时解除心理冲突，迅速消除心理误区，有效排除心理障碍，从而能保持积极的心态面对求职择业。心理调适主要有以下几种方法。

（一）适当调整就业期望值

就业市场化、自主择业给大学生带来了机遇与实惠，但一部分大学生对就业市场残酷的一面认识不足，对就业市场的客观实际了解不够。经过对就业市场、就业形势的客观了解与深刻体验后，大学生必须面对现实、接受现实，不能怨天尤人。同时大学生要适当调整就业期望值，对事情的期望值不要太高，因为事情的结果往往和预想有一定差距，要做好最坏的思想准备，又要向最好的方向积极努力，在职业生涯规划和职业发展观念上确定自己正确的人生轨迹，要树立长远的职业发展观念，放弃过去那种择业就是"一次到位"，要求绝对安稳的观念。在择业时要看得长远一些，学会规划自己整个人生的职业生涯。在当前大学生学历、素质还有待于提高的前提下，获得一个十分理想职业的时机还不成熟，应采取"先就业，后择业，再创业"的办法。先选择一个职业，在工作中不断提高自己的社会生存能力、增加实践经验，然后再凭借自己的努力，通过正当的职业流动，来逐步实现自我价值。许多大学生不愿意去经济落后的地区工作，可是随着国家政策的倾斜和贫困地区的发展以及西部大开发的进行，这些地区将成为经济发展的热点，也将给大学生们提供更多的发展机会，因此抢先抢到这些地区工作可能更有利于自己的职业发展，取得事业的成功。

（二）建立合理的职业价值观

对于当代大学生来说，职业对个体的意义已经远不是仅仅满足生存的需要，职业的价值是丰富的，要充分认识到职业对个体发展、社会进步所起到的重要作用，因此，大学生在择业时也不能只考虑工作的经济收入、工作条件、地点等因素，更要考虑职业对大学生一生发展的影响与作用，应看重职业是否有助于实现自我价值。因此，要在考察社会需要的基础上，树立重自我职业发展、才能发挥、事业成功的职业价值观。对于那些虽然现在工作条件较差，但发展空间大，能充分发挥作用的单位要优先考虑；对于那些现在经济发展水平不太高，但发展潜力大，创业机会多的工作地点也要重视。大学生要建立适合自己发展需要的、合理的职业价值观，实现正确择业。

（三）正确地自我评价

正确认识、评价自我，才能找准求职方向和切入点。正确认识自我要遵循以下原则和方法。

1. 自我评价的原则

（1）适度性

自我评价应该适当。不适当的自我评价是指过高的评价或者过低的评价。过高的评价往往使自己脱离现实，意识不到自己的条件限制，甚至自傲狂妄，由自信走向自负；过低的自我评价，往往忽视自我的长处，缺乏自信，过于自卑。过高或过低的自我评价，对自己都是不公正的。

（2）全面性

自我评价应当全面。既要看到自己的优点和特长，又要看到自己的缺点和不足；既要对自我某一方面的特殊素质进行具体评价，又要对其他各个方面的整体素质进行综合评价；既要考虑到全面的整体因素，又要考虑到其中占主导地位的重点因素。反之，任何一种片面的、孤立的、不分主次的自我评价，显然都不可能全面而正确地反映自己的整体素质状况。

（3）客观性

自我评价还应当掌握客观性的原则。尽管是自己对自己进行观察、分析和评价，但毕竟需要以客观事实为基础和依据。人贵有自知之明。"自知"的可贵，是与其不易分不开的。"自知"之所以不易，是因为自知的过程往往会受到个人主观因素的限制和干扰。只有努力克服和排除这些限制及干扰，才能使自我评价趋于客观和真实。

（4）发展性

自我评价时，应以发展的眼光看待自己。世间万物都是不断变化的，包括自我评价者自己。今日的自我，已不同于昨日的自我；明日的自我，显然也不会依然故我。自我评价不但应当对自己的现实素质做出适当、全面、客观的评价，而且应当着眼于未来的发展变化，预见性地估价自己将来的发展潜力和前景。

2. 自我评价的方法

（1）自我现实分析法

第一，应对诸如"我的人生需求到底是什么？什么对我是最重要的，是挣钱的多少，还是什么样的职业？"等问题进行深入思考，充分认识自己的人生态度。兴趣可以弥补能力和知识的欠缺。因此，把兴趣和职业方向联系起来至关重要，不可因经济实惠的利益驱动而抹杀自己的兴趣。

第二，要正确地对知识、能力、个性、特长等方面进行分析，确定自己最适合的职业。知识影响专业背景，能力影响职业素质，人际关系影响发展前景，特长影响成功。尽管求职者对某一职业感兴趣，也拥有相应的知识，但如果求职者的个性和能力表明求职者不适合从事这项职业，那么固执地选择，只会造成人才资源的浪费。

第三，要考虑社会的需要。择业时考虑个人因素是合理的，但前提是这种选择是否符合社会的需要。人是现实的、社会的人。个人期望与社会需求有效结合，才是最合理的选择。具体而言，是把国家经济发展、政治形势、就业政策导向、行业发展前景、职业性质、岗位要求等客观要求与个人主观愿望有机地统一起来，摆正两者的关系，才会使自己成为社会所需要的人才。在大学生甚至一部分指导学生就业的教师中存在着这样一种错误概念,即认为自主择业就是想去哪儿就去哪儿,想干什么就干什么。这是非常错误的,必须意识到择业的主客观约束条件,也就是自我职业适应性与社会需求的综合限制因素。

（2）自省比较法

自省比较法即通过自我反省、自我总结、自我比较的方法认识自己。如自己与自己的过去比较,回顾过去的经历,对自己的想法、期望、品德、行为进行理性思考,然后认真地描述和判断自己的特点。在这个过程中,个人需要收集信息,并耐心地进行分析。比如,问问自己:过去我做过什么自己确实喜爱的工作,喜欢这些工作的哪些方面? 现在我仍喜欢它们的哪些方面? 我喜欢处理人际关系,还是喜欢处理具体问题或处理信息情报的技术? 什么能激发我的活力,什么令我感觉倦怠乏味? 另外,要对过去的成功经验和教训进行回顾,分析自己过去有哪些成功,哪些不成功,原因是什么;除了客观因素外,自己在哪些方面需要改进。需要注意的是,要尽量以客观评价为依据,避免因为个人认识或个人动机出现较大误差。

（3）他人评价法

他人评价法是自我认识的一个重要方法,因为自己对自己的评价往往带有主观偏见,尤其是对自己的突出优点和缺点估计不足,如能借鉴他人对自己的评价(一般指老师、父母、朋友、同学等对自己相当了解的人的看法、评价),就能更准确地认识自己。他人评价法主要是依据他人对自己的态度、通过与自己条件相似的人进行比较、通过专家咨询来评价自我。

（4）心理测量法

大学生可以通过心理检测,用不同的量表,测量出自己心理素质、性格、能力等方面的情况。心理测验是一种力求客观的测量手段,其特点是能够在较短时间内测出一个人某方面的特点,并且这一特点是在与群体的比较中得出的。通过测量,个人能够在短期内获得对自己较为客观的描述和评价。通过评估、分析自我的特点,再结合职业的要求,帮助自我进行职业选择,这也就是通常意义上的"人职匹配"。了解自我可以帮助个人做出更好的职业选择,但在具体操作中,要准确理解测验报告。通过测验所得出的结果,是一种参照性的描述,它只是帮助自我分析的方法之一,而不是绝对的。

（四）正确认识社会,主动寻找机遇

目前,我国尚处于社会主义初级阶段,社会生产力水平总体上较低,物质和文化生活还不丰富,社会提供就业岗位十分有限,人才供求矛盾相当突出,市场经济体制尚在建立与健全之中。大学生在择业时要多参加招聘会,主动寻找机遇,并根据已确定的择业标准进行选择。要知道机遇并不是对任何人都适用的。一份工作的好与不好,是相对的,对别人合适的,对自己不一定合适,对本科生合适的,对大学生不一定合适。因此,一定不能盲从,要时时记住,只有适合自己的才是最好的。还要注意机遇的时效性,在发现就业机会时要主动出击,及时把握,不能犹豫,也不要害怕失败,应有敢试敢闯的精神。

（五）坦然面对就业挫折,提高心理承受能力

求职过程是一个竞争的过程,有竞争就会有失败。当前,由于受多种因素的影响,毕业生的就业理想与现实常会出现一定的差距,所以,普通大学生在求职择业过程中遭受一些挫折是

在所难免的。作为一名新时代的大学生,应该对自己和就业形势有清醒的认识,预想到可能出现的障碍和挫折,不怕失败,及时总结经验和教训,越挫越勇,直到择业成功。

（六）积极调整心态,促进人格完善

在求职择业过程中,大学生应当自觉提高自我心理调适的主动性。当自身心理平衡难以维持,即将产生或已经产生心理障碍时,应当根据自己心态的实际情况,选择诸如自我转化法、适度宣泄法等各种自我心理调适方法来调节自身心态,重新建立心理平衡。

首先,可以进行积极的自我心理暗示,鼓励自己、相信自己,帮助自己渡过难关。其次,可以向朋友、老师倾诉,寻求他们的安慰与支持。最后,还可以通过体育锻炼、听音乐、郊游等方式转移自己的注意力,排解心中的烦闷,放松自己的心情。

通过对自己在就业时出现的种种不良心态的分析,可以发现自己平时不容易察觉的一些人格缺陷。应该说这些人格缺陷是产生这种就业心理问题的根本原因,如果现在没有很好地完善自己的人格,那么这些问题还会给今后的工作、生活带来干扰。因此,要正确面对就业过程中自身暴露出来的问题,不必为自己所存在的人格缺陷而懊恼,因为绝对的人格健全者几乎是不存在的,关键是要在发现自己问题的基础上,积极改变自己、发展自己,使自己的人格更加成熟,健全。

第四节　就业信息的搜集与利用

一、就业信息概述

（一）就业信息的含义

就业信息是指与毕业生就业有关的消息和情况。它包括广义和狭义两个方面。广义的就业信息包括国家宏观就业政策、整个社会人才供需关系、毕业生面临的就业形势、未来行业发展趋势、高校的政策制度等综合信息。狭义的就业信息是指用人单位发布的、择业者未知的、经过加工处理后被求职者所接受并对择业者具有一定的职业或职位价值的、客观存在的就业信息、资料和情报的总和。

（二）就业信息的分类

根据不同的标准,可以将就业信息分为不同的类型。

1. 根据就业信息的形式进行分类

（1）口头信息

口头信息是指通过与人交谈获取的信息。毕业生可以从同学、老师、亲朋好友那里了解就业的相关情况。但是口头信息存在一定的缺陷,那就是它的真实性有待证实。除此之外,口头信息只是口口相传，既不系统，也不全面，对求职者分析、判断就业信息产生了一定的影响。

（2）书面信息

书面信息是指通过书面材料获取的信息。毕业生可以根据地方下发的就业信息文件、学校和用人单位出示的就业信息通知、函件等来了解就业的最新情况。相比较网络信息而言，书面信息比较有权威性，更真实可靠，毕业生应该对这类信息引起足够的重视。

（3）媒体信息

媒体信息是指通过电视、广播、网络、杂志、报纸等媒介获取的就业信息。它们是信息传播的主要载体，在当今信息化的时代起到了举足轻重的作用。特别是网络信息更新及时、内容丰富，受到了广大毕业生的青睐。但是，由于网络信息监管上存在漏洞，很难辨别就业信息的真伪。因此，毕业生在网络上获取就业信息时，一定要小心谨慎，以免上当受骗。

2. 根据就业信息的内容进行分类

（1）就业形势信息

就业形势信息主要是指用人单位和毕业生之间的供需关系。从目前的调查结果来看，当前大学生就业的形式并不乐观，这已经成为一个客观存在的事实。总体上而言，就业已经从昔日的卖方市场转向了今天的买方市场。

（2）社会需求信息

社会需求信息是指各级、各类用人单位对毕业生的需求情况，主要包括用人单位对毕业生的学历层次、专业、人数、性别等的要求。社会需求信息其实就是在为毕业生求职者提供就业岗位，它是最直接有效的信息，毕业生可以针对岗位需求，联系自己的兴趣、爱好，对它们进行选择。通常所说的毕业生获取就业信息，主要也是指的这方面的信息。

（3）用人单位信息

用人单位信息是指关于用人单位具体运作情况的信息，主要包括用人单位的地理位置、所有制性质、经营范围、经济状况、福利待遇、发展前景等。毕业生求职者在择业前，一定要对用人单位的大致状况进行了解。了解的途径包括：查看其官方网站；从该单位的主管部门查看其介绍资料；咨询就业指导服务中心；从亲朋好友那里了解用人单位的相关信息；实地考察等。总之，求职者对用人单位的信息掌握得越多，就越有利于自己成功地择业。

（三）就业信息的特点

1. 动态性

世界上的万事万物都处于变化发展之中，就业信息也不例外，它时刻处在动态的变化之中，不但受到与国际、国家政治和经济形势的影响，也受到所在地区、行业形势变化的影响。例如，金融危机造成经济处于低迷状态，许多企业的经济效益不景气，毕业生就业形势较之以前就变得更加严峻，而经济复苏之后，毕业生就业形势也会随之好转。这就是就业信息的动态性，需要大学生密切关注市场的变化和发展，做到未雨绸缪。

2. 时效性

时效性是指在规定的时间内是有效的，过了一定时间，就失去了它的意义和作用。就业信息的时效性极强，每一条信息都有时间要求。通常，就业信息的功效和价值，时间越短，就业信息的价值越大；时间越长,就业信息的价值越小。随着时间的推移,其功效和价值可能会完全丧失而成为无效信息,即便是在信息公布的有效期内,如果用人单位完成了自己的招聘计划,这一单位公布的就业信息也会失效。因此,大学毕业生在收集、整理、处理就业信息时,一定要注意信息的有效时间,争取及早对就业信息做出应有的反应,对搜集到的最新信息要及时进行分析,并及时采取相应的行动,以免行动不及时,错失良机。

3. 潜在性

就业信息的潜在性特点是指受到一些内部因素或者外部因素的影响,就业信息会有潜在的发展趋势,比如,今年某个专业就业状况良好,导致培养量和社会供给量的增加,当社会的人才供给量的增加超过了社会对人才需求量的增加时,就会出现人才的供过于求,就会出现某个专业的就业难,人才的结构性矛盾就显现出来了。有时,社会的人才需求受一定时期国家的政治和经济形势、产业政策、宏观调控等方面的影响,比如,国家鼓励发展的行业,产业政策会大力支持,这些行业发展的速度就快,人才需求的数量就会增加很大。反之,人才需求数量就会变小。就业信息的潜在性特点,要求大学生在从长远方向考虑自己的就业问题,要克服惯性思维方式,努力地多学一些跨专业的知识,为今后的就业奠定一个良好的知识基础。

4. 相对性

就业信息的相对性特点是指就业信息的价值是相对的。就业信息的价值就是为了达到实现毕业生就业,满足毕业生工作需要的目的,因而,毕业生无论是搜集信息还是分析信息都应该围绕着就业这一目的展开。但是随着社会分工的进一步细化,用人单位所要求人才的层次、专业、性别、能力等方面的针对性提高,就业信息本身必须能够说明它所适用的对象,以及该对象所应具备的具体条件。因此,就业信息的价值是相对的,一则招聘信息,对一部分人是非常有价值的,而对另一部分人则不见得有多大价值。就业信息的这一特点要求求职的毕业生在得到就业信息时,要进行认真分析和研究,要与自身的条件进行客观比较,看看自己的知识、水平、业务能力以及综合素质等是否符合用人单位的要求,以减少求职的盲目性。

5. 多样性

由于社会生产力迅速发展,技术进步速度加快,人才流动频率增加,用人更新变快,这就使得就业信息的传播渠道、传播媒介大量增加,因而也造成了大量信息扑面而来,使就业信息具有了多样性的特点。由于这些就业信息来自四面八方,其中既有真实信息,又有虚假信息,让求职者真假难辨。一些非正式的中介机构的虚假或过时用人信息不仅给求职者造成了无法挽回的人力、物力、财力损失,而且还给求职者增添许多不必要的麻烦。这就要求毕业生在面对各种信息时应多观察、勤思考,以确保所获得的就业信息的准确性和真实性。

6. 共享性

就业信息的共享性特点是指就业信息可以通过不同的载体进行传播,所到之处为社会各方所共享,这些共用信息是共有的,可以互通有无,任何人都不可能阻止别人消费它,每个求职者都可以公平、平等地获知和利用。随着信息网络技术的发展,信息共享性程度越来越高,这一方面可以使得求职者的信息搜集事半功倍,为其提供多方面的参考消息,另一方面就业信息的广泛传播可以使大多数人获得相同的信息,由于职位的有限,这样将会面临着激烈竞争的局面,这就要求毕业生及时地捕捉各种最新的就业信息,及时采取相应行动,以便在激烈的市场竞争中占有一席之地。

（四）就业信息的意义

1. 就业信息是毕业生求职择业的基本前提

随着毕业生就业工作的进一步市场化，用人单位的责任与毕业生择业的自主权得到了进一步强化，通过政府职能部门配置人才智力资源已经成为人们在教科书上加以批点、评估的历史。当然，对用人单位和毕业生来说，在其自主权加强的同时，都需要调整自己的招聘或应聘方式。对毕业生而言，如果不占有准确可靠的需求信息，就无法把握自己择业的主动权，实现职业理想就会变成一句空话。

2. 就业信息是毕业生顺利就业的可靠保证

毕业生要想顺利通过面试关，就必须对用人单位的情况有深度了解。在用人单位面试过程中，如果只能抽象地表明一个求职要求，而对企业的经营方式、产品结构、市场行情及其历史和发展前景一无所知，那面试的结果就根本不需要主考官正面来告诉毕业生了。而如果毕业生对一个企业有一个充分的了解，那么就有可能出现不一样的面试结果。由此可见，就业信息对于毕业生的顺利就业具有重要作用。

3. 就业信息是毕业生择业决策的重要依据

毕业生要想使自己的择业决策更具科学性，必须占有大量的就业信息，如国家大的就业方针、各地方及行业的就业政策、自己所属院校的就业细则、用人单位的需求信息等。如果这些信息的占有量不大，毕业生决策的科学性、准确性就要大打折扣。

4. 就业信息是调节生涯目标的参考

大学生在校学习期间，往往学习的针对性不强，而通过对就业信息的了解，对当前国家的政治经济状况、就业政策、就业形势、就业机构、人才供求情况以及用人单位对人才素质的要求等信息的了解、掌握、分析和研究，就能明了未来能从事的某些具体职业的类型和特点、岗位的能力标准和要求，客观上就促使学生更好地认识到学习对社会的意义和对个人的意义，使学生明确学习目的，增强学习的积极性和主动性，为以后毕业的成功就业打下基础。

二、就业信息的搜集

（一）就业信息搜集的原则

1. 准确性、真实性原则

准确性、真实性原则，就是要求信息的内容真实、可靠。如果就业信息是虚假的，那么它会影响求职者对就业信息的分析、判断，造成决策的失误。

2. 计划性、条理性原则

计划性、条理性原则要求求职者获取信息时带有一定的目的性。只有目的明确，才能保证获取有用的信息。求职者要在分析自己专业、兴趣、爱好的基础上，明确所需要的就业信息的内容范畴，做到有的放矢。除此之外，还要明确自己获取信息的方法，方法是达到目的的手段，只有获取信息的方法正确，才能收到事半功倍的效果。

3. 适用性、针对性原则

适用性、针对性原则要求求职者能够正确找到自己所需要的信息。只有这样，这个信息对求职者才具有价值。因此，毕业生在搜集就业信息的时候，必须对自己有充分的认识，然后根据自己的专业、特长、能力、性格、气质等各方面因素去搜集有关的就业信息，避免搜集范围过大，从而浪费不必要的人力和时间。

4. 系统性、连续性原则

系统性、连续性原则要求就业信息具有一定的完整性。在许多时候，收集到的信息是零碎的，这就要求大学生善于将各种相关的信息积累起来，然后对其分类、整理，使其可以系统客观地反映当前就业的政策、形式等，从而为自己择业提供更可靠的依据。

（二）就业信息搜集的要求

在搜集就业信息时，大学毕业生既要做到高质高效、准确及时，又要结合实情、掌握要领。具体来说，就业信息搜集的要求有以下几个。

1. 要突出一个"早"字

时效性是就业信息的一个最基本特征，这就要求大学毕业生在搜集就业信息时必须突出一个"早"字，要早准备、早收集、早获取、早利用、早确定。

2. 要做到一个"广"字

大学生在搜集就业信息时，要保证搜集的就业信息相对广泛，如果搜集的就业信息太狭窄，就会造成自己的视野过于狭窄，在一定程度上影响自己求职择业的行为。另外，搜集的就业信息层面也要广，通过对比多个用人单位的招聘信息，大学毕业生既可以掌握、分析用人单位的招聘用人趋势，也可从中挑选出符合自己意愿的单位。在搜集到某一个用人单位的招聘信息时，也要对该单位的性质、地域、招聘要求、岗位特点与发展前景等层面进行认真分析，从而有效地利用好信息。

3. 要力求一个"准"字

大毕业生在面对纷至而来的各种就业信息时，必须发掘对自己有价值的信息。对搜集到的有关用人单位招聘信息，大学毕业生必须准确了解，掌握用人单位的基本情况、人才招聘条件、时间等信息，并通过多种渠道核实信息的准确性和可信度。通过道听途说获得的支离破碎的不完整信息，不仅不能够成为有效信息，还可能贻误时机。大学毕业生也必须准确掌握就业信息是否过期，要通过多种途径了解掌握该信息的时效性，过期的信息要予以放弃。大学毕业生还要了解用人单位招聘活动已经进入到什么阶段，是否已经物色到合适的人选等基本信息。

（三）就业信息搜集的方法

1. 定区域采集法

毕业生在求职时会带有明显的地域倾向，因此，在获取就业信息时会从地域的角度来考虑。

2. 定方向采集法

毕业生会根据个人的兴趣、爱好来选择职业，因此，在获取就业信息时会从行业的角度考虑。

3. 全方位采集法

毕业生会全方面地收集相关的信息，再按一定的标准分类、整理，以备使用。

上述三种搜集就业信息的方法都有各自的优缺点。大学毕业生在求职时，不应该单一使用一种方法，而应该将上述两种或几种方法综合起来，这样才有利于选择适合自己的信息。

（四）就业信息搜集的途径

在当今信息化时代里，就业信息传播的途径十分广泛，通常情况下，毕业生可以通过如下途径获取到就业信息。

1. 从互联网中获取

互联网已经成为人们获取信息的重要来源，因此，获取就业信息，互联网也是非常重要的渠道。目前，许多用人单位利用互联网简单、便捷的特点发布招聘信息，对此，毕业生应该及时关注这些就业信息，可以从网上投递简历，实现网上求职。同时，还可以通过电子邮件及时与用人单位取得联系，了解用人单位的相关情况。

2. 从学校就业工作部门获取

大学毕业生获取就业信息的主要渠道就是来自于学校就业工作部门。学校就业工作部门是专门为广大学生及毕业生提供各种服务的部门，自然包括给毕业生提供各种就业信息。学校就业工作部门提供的就业信息真实、可靠，是毕业生获取就业信息最有效的途径。学校本着对毕业生负责的态度，严格筛选各类就业信息，审查无误之后，才会通过学校的相关网站、手机、宣传栏等多种方式进行发布。对此，毕业生应及时关注，以获取更多有价值的信息。需要注意的是，这个途径也适合于毕业生获取其他院校的就业信息。

3. 从新闻媒介获取

每年大学生毕业的时候，都是招聘信息最集中的时候。广播、电视、报纸、杂志等都会发布大量的就业信息，其中包括对就业政策、就业形势的分析。作为正式发行的新闻媒介，其发布的就业信息较为准确，可靠性高，因而受到毕业生的普遍青睐。

4. 从各类招聘会中获取

招聘会是大学生就业信息来源的主要渠道。目前，我们国家为了帮助大学生及时就业，每年都会定期举办各种大型的人才招聘会。这些招聘会往往规模较大,参加的用人单位集中,提供的就业信息较为丰富。对此,毕业生要对这类招聘会给予高度的关注,以获取丰富的招聘信息。

5. 从政府公共信息中获取

政府公共信息即政府机关的职能部门在其官方信息平台上发布的本市高校毕业生状况及就业情况。作为官方的就业信息发布渠道,具有权威性,真实可靠。但是它涵盖的就业面比较窄,一般只公布与政府机关或事业单位相关的信息,如公务员考试信息、事业单位招聘信息等。

6. 从社会关系中获取

毕业生可以发动自己周围的社会关系,如家长、老师、亲戚、朋友、同学等,从他们那里获取就业信息。通过这种途径获取的信息,信息量大且涵盖的面广,具有较强的针对性。相关调查表明,亲友介绍和推荐就业,成功率是最高的,事实上每年也有不少毕业生是通过自己的社会关系落实就业单位的。

当然,毕业生还有一些其他获取信息的途径,如到企业中实习、参加社会实践、到用人单位实地考察等。随着就业信息的多样化,大学生应该及时调整自己获取信息的途径,以便正确找出自己所需要的信息。

(五)搜集就业信息时应克服的心理误区

大学毕业生在搜集就业信息时,应避免陷入一定的心理误区,从而以正确的心态对待就业信息搜集。具体来说,大学毕业生在搜集就业信息时应克服以下几个心理误区。

1. 要克服定式思维

在日常生活中往往由于习惯而形成定式,而在搜集就业信息的过程中也存在着一些定式,主要表现在以下几个方面。

第一,只收集招聘信息,不收集就业政策信息、咨询信息等其他信息。

第二,只选择自己熟悉的信息收集途径和方法。

第三,只收集与本专业有关的信息。

第四,只一味"求稳",选择那些工作较稳定的就业信息。实际上,由于现代社会的竞争激烈,每个人都有可能遇到职业转换的问题。

第五,只关心离家较近的单位的招聘信息,不愿意离家较远,更不愿意到外地单位工作。

2. 要避免依赖盲从

当前,有很多大学毕业生在求职中抱着依赖心理,仿佛自己的就业是家长、学校的事情,希望父母、学校提供一切信息,自己则坐享其成。还有些大学生在求职时总是盲目随大流,别人搜集什么信息,自己也跟着搜集什么信息,不知道自己搜集信息的明确目标是什么。结果是尽管搜集到的只是一些不适合自己的信息,也不敢亲自尝试去寻找一个满意的就业信息。其实,每个求职者都有一定的依赖心理,关键是在实际求职过程中注意预防克服,主动出击,及时准确地收集适合自己的就业信息。

三、就业信息的利用

（一）分析就业信息

就业信息的分析是进行就业信息利用的首要和关键环节，具体来说，就业信息的分析可以分为以下几个方面。

1. 分析就业信息的真实性

真实性是对就业信息进行分析非常重要的一个方面，包括用人信息是否真实；用人单位是否合法正规；用人单位的自我宣传是否符合实际；招聘信息中公布的薪金待遇、办公条件是否能兑现等。由于信息的来源渠道不同、传递方式不同，大量信息扑面而来，难免造成信息的真实程度不一。在当前人才市场尚不十分健全的情况下，假信息或不很准确的信息层出不穷，造成有的毕业生求职未成却人财两空，耽误了求职的最佳时机。因此，毕业生务必冷静分析，增强判断就业信息真实性的能力。

一般来说，验证就业信息的真实性时可以根据就业信息资料的内在逻辑，如果发现资料内容的表述前后矛盾，或违背事物发展的逻辑，或有违反实践经验即实际情况的内容，或内容不全面等，此类就业信息的真实性就值得怀疑。比如招聘条件过于诱人，而招聘条件不高的信息。学校毕业生就业机构提供的信息，经劳动、人事部门核准的向毕业生发布的信息，或在正规报刊、广播、电视、网站等媒体上发布的招聘信息，是正规渠道发布的就业信息，比较真实可靠，但是也不排除有虚假信息，所以要作进一步的真实性分析。为了弄清信息的可靠程度，可进一步通过电话、电子邮件向信息发布人直接咨询，或向其主管部门、协作单位查询等，如果遇到自己认为很重要的信息，在求职前一定要先打听清楚它的来龙去脉，通过自己能想到的各种办法去证实它的真实性，以免失误。

2. 分析就业信息的有效性

就业信息的有效性是一个比较宽泛的概念，包括了就业信息的很多方面。在进行就业信息有效性分析时需要做到以下几方面。

第一，要注意就业信息是否在有效的时间内，因为就业信息有很强的时效性，过了某段时间就会失去意义和作用，因此在进行分析时，一定要注意信息的有效时间，争取及早对信息做出应有的反应。

第二，对于某些具体的招聘信息和计划，有时会随着形势的变化而有所调整和，毕业生要结合用人单位的情况和岗位的核心特征进行分析，考虑其中的可变性，尝试自己是否等够有效使用。

第三，仔细分析就业信息的内涵，认真琢磨，仔细体会，确保自己把握了就业信息的真实意图。比如对于国家和地方发布的就业政策要认真分析其中有利于自己就业的地方，以及如何利用；对于具体的招聘信息要全面、认真地解读，避免出现理解错误的现象等。

3. 分析就业信息的竞争性

就业信息的竞争性往往是指具体的招聘职位的竞争。当今就业形势日益严峻，一个职位往往有许多应聘者竞争,特别是热门职业。职位的竞争程度与该职位的计划招收人数及应聘该职位的人数有关。如果该职位招收人数少、待遇较高、发展前景较好,而且应聘者人数很多,该职位的竞争程度就越激烈,那么成功应聘该职业的可能性就越小。如果毕业生在众多的就业信息面前只挑选待遇最高、发展前景最好的职位,那么也意味着竞争激烈程度越高,成功率不高。对就业信息的竞争性进行分析时,首先要对自己的能力、专业、特长、优势、劣势等做一个全面的分析,对自己在众多竞争者中的位置做一个大概的估计。其次对应聘对竞争程度的估计,一要看自己的专业特长、学业成绩与综合素质能力;二是要看符合这个职位的竞争者有多少,用人单位的计划招聘人数有多少,自己有多少把握能成功;三是要搜集、总结其他求职者或者在本单位工作的人对这个单位的评价,以此判断该单位的受欢迎度等。综合以上方面,在客观现实和个人条件与理想之间找到平衡点。

4. 分析就业信息的适应性

就业信息的适应性分析是指要考虑分析就业信息是否适合自己,根据用人单位列出的招聘条件、岗位要求等,与自身条件进行对比分析,不断调整和优化自己的求职目标,使自己的求职目标更贴近实际。

在进行就业信息适应性分析时,首先要考虑到职位与自己的专业是否对口。大部分的毕业生经过长期的专业学习后希望从事专业对口的工作,也有比较充分的准备和较大的把握去适应工作岗位,而用人单位也希望有能胜任岗位的专业人员。其次,毕业生要考虑到要从事的工作和职业是否是自己感兴趣的,因为兴趣爱好是一个人事业取得成功的重要条件,促进人们发挥自己的聪明才干,不过在选择兴趣爱好作为适应性分析的重要参考时,还要考虑到自己的能力是否能胜任工作岗位。最后,就业信息的适应性分析还要考虑到自己的性格特征,比如一个性格开朗外向、善于与人交流的人可以考虑营销方面的工作,而这种工作就不太适合性格内向的人。除此之外,根据个人的期望和要求,还可以对用人单位的规模、性质、地理位置等方面做出分析,选择最适合自己的就业信息。

(二)整理就业信息

通常,大学毕业生通过一些渠道所收集到的原始就业信息比较杂乱,有相当一部分是没有用的,大学毕业生应根据自己的实际情况和需求有目的、有针对性地对信息进行筛选处理,去粗取精,去伪存真,以使获得的信息具有准确性、全面性和有效性,使之更好地为自己的求职服务。

1. 去伪存真,取其精华

甄别是信息处理的第一步,甄别信息首先要确定信息的可靠程度,对于不可靠和心里不踏实的信息要通过各种信息渠道和知情人士去打听;其次,要甄别信息的内容是否齐全,特别是发现自己所想知道的细节没有或者不清楚时,要抓紧时间进行一番实际考察,旁敲侧击地询问一些情况,或通过其他渠道了解,还可以在应聘时向主聘人提出。在甄别就业信息的同时,还要对与自己有关的信息按重要程度排队,标明并注意留存,一般的信息则仅作参考。如果做不到主次分明,就可能在求职的过程中走很多的弯路,甚至因为自己将时间花在一般信息上,导致自己错过机遇,因为信息并不为个人所独有,谁都知道,信息具有明显的时效性,谁赢得时间,谁就可能抢占主动,首先成功。通过仔细甄别,可以将所收集的信息去伪存真,取其精华。

2.分类整理,有效利用

管理信息最有效的办法,便是分类整理。比如可以用一个本子或利用电子表格来管理,将岗位的就业信息按照岗位素质要求、岗位能力发展、岗位晋升路径、工资和保险金、工作地点等进行分类;也可以制成如下卡片,记录搜集信息的日期、联系方式、单位、岗位、笔试和面试的情况。

3.补充搜集,完善现有

对所收集到的信息进行分析之后,可能会发现所搜集的信息不是很完善的情况。因此,如果要有效地开发、利用这些信息,就需要有针对性地进行补充。如在投递简历之前,需要先了解公司的状况、岗位素质的要求及发展前景等,可电话咨询人事主管、上网查询或请教相关人士,完善相关求职材料,以在面试前做好充分的准备。

4.深度解析就业信息

对于重要的信息,毕业生要注意寻根究底,争取对首选对象的历史、现状和未来有一个清醒的认识,对于待遇、发展可能等情况还要通过合适的方式或从侧面进行了解。详细掌握这些材料,毕业生就能在随后进行的面试中处于主动。另外,许多信息的价值往往不是浮在表面上的,必须经过深入挖掘才能发现。比如,根据有些单位的现状,可能还难以判断、预测单位和自己今后的发展;有些单位虽然目前条件可能差一些,但从长远看是有前途的,能够给人才以较大的发展空间。这就要求毕业生既要站在高处,从长远的、大局的方向看职业、单位的趋势,同时又要由表及里地挖掘信息的内涵价值。

(三)利用就业信息

就业信息的运用是指对经过求职者理解并加工处理后的信息的一个转换过程,即依据信息进行择业的过程。具体来说,就业信息的运用主要表现在以下几个方面。

1.确定职业目标

求职者在运用就业信息之前,首先要对自身条件和实际状况,如兴趣、能力、性格、气质、期望值、价值观等进行分析,然后再结合获取到的就业信息确定职业目标。职业目标除了职位目标之外,还应该包括行业目标、收入目标、地区目标等。根据就业信息的分析结果,最终确定适合自己的职业发展目标。记住适合自己的才是最好的。

2.了解信息背后的启示

招聘信息不只是用人单位提供一个求职岗位那么简单,在它背后常常还蕴含着更多的讯息,求职者必须要深入分析思考,了解招聘信息背后的动机和启示。求职者应该站在用人单位的角度考虑,了解他们的需求,应该明白用人单位希望招收能够为他们创造利润的人,他们害怕用错了人,对他们而言,招聘用人也是一种风险投资。

3.及时准备

就业信息从发布之日起,就会被众多求职者所了解,因此求职者必须及时确定需求信息,主动与用人单位联系,询问面试的方式、时间、地点和要求,并准备好一套自己完整的求职材料。除此之外,求职者还要根据用人单位具体招聘信息的要求分析自己是否能够胜任该岗位,及时调整自己的期望值以及智能结构。

4. 共享信息资源

招聘信息丰富多样,很多信息对自己都未必有用,这时候,应该将这些信息分享给他人,千万不要抓住这些信息不放。要知道,你主动为他人提供信息,不仅对他人是个帮助,对自己来说,也增加了与他人交流的机会,别人了解到了求职信息之后也会第一时间分享给你,所以,帮别人就等于帮自己。

第五章　大学生就业的技巧

随着高校的不断扩招,大学毕业生的人数迅速增加,大学生的就业形势并不乐观,大学生想要在求职过程中脱颖而出,除了要有过硬的专业知识、较强的职业能力和良好的综合素质以外,还必须要掌握正确的择业技巧。本章即对大学生就业的技巧进行简要阐述。

第一节　自荐的技巧

一、自荐的种类

从目前的就业市场来看,自荐的常见种类主要包括以下几种。

(一)现场自荐

现场自荐的方式可以分为以下三种。

第一,登门自荐,即带上自荐材料亲自到用人单位推荐自己。

第二,参加人才招聘会自荐,即带上个人自荐材料到人才招聘会的现场推荐自己。

第三,在实习或社会实践过程中自荐,即通过各种实习和社会实践的机会推荐自己。

现场自荐要求求职者必须亲临用人单位或招聘现场。其优点是直接面对用人单位,便于展示自己的风采,容易给人留下深刻的印象,如果表现出色,可能会被当场录用。但是这种方式也存在一定的缺点,即涉及面有限,有时受时间、精力和地域的限制。

(二)书面自荐

书面自荐就是通过邮寄或递送自荐材料的方式推销自己。这种方式覆盖面宽,可以扩大自荐范围,不受"临场发挥"和"仪表效应"的影响,也不受时空限制,是毕业生求职择业过程中常用的自荐方式。

(三)电话自荐

电话自荐就是通过电话推荐自己的一种求职方式。在求职过程中,电话自荐起着"敲门砖"的作用。充分利用电话接通后短暂的时间,用最简洁明了的语言展示自己,为面试打下良好的基础。

电话自荐的优点是信息沟通顺畅,省时省力;缺点是仅凭借电话自荐难以产生清晰的印象,而且电话自荐容易受环境和接听者的心情等因素的影响,效果难以预测。

（四）网络自荐

网络自荐是近年来借助高科技工具新兴的一种自荐方式。一般说来,网络自荐有以下四种方式。

第一,利用专业的求职网站。很多专业的求职网站每日动态地发布大量工作职位和个人发展信息,而且专门为求职者开辟求职主页,方便求职者注册使用。

第二,利用本校就业网站发布自己的择业信息。现在,很多高校都建立了自己的毕业生就业网站,毕业生可以方便地在学校的就业网站上发布自己的择业信息。

第三,利用用人单位的招聘网站。现在很多用人单位都建立了自己的网站,用于展示自己的形象、宣传自己的产品、扩大自己的知名度、拓展自己的业务范围等,其中一个重要内容就是招聘人才。毕业生可以直接登录它们的网站,或者在其他网站上查找企业的网站,录入自己的求职信息。

第四,网上推介自己——建立个人主页。它能充分发挥个人的能力,展现张扬的个性。

毕业生可以将自己的自荐材料甚至照片上传至专门的毕业生就业信息网站或人才招聘网站,也可以直接给用人单位的人事部门发送电子邮件。这种方式受众广泛而且层次较高,供需双方可在网上及时交流、沟通,且成本相对较低。随着信息技术的飞速发展,这种自荐方式已被越来越多的毕业生和企业招聘人员所接受。

（五）广告自荐

广告自荐主要是借助有关毕业生就业的人才杂志、报纸、广播或电视等媒体向社会推荐自己。这种方式覆盖面宽,受众广泛,易达到"广种薄收"的效果。部分长线专业、非通用专业或有特殊专长的毕业生采取这种方式往往会收到意想不到的效果。

（六）委托推荐

委托推荐也是一种较常用的自荐方式,通常来说,大学生常用的委托推荐方式主要包括以下几种。

1. 学校推荐

学校推荐的特点是,学校向毕业生推荐的单位往往是主动向学校提供明确的用人需求,或是与学校有密切关系、相互信任的用人单位,因此,就业信息可靠,用人单位的情况明确,值得依赖。同时在用人单位看来,学校对毕业生的情况是比较了解的,学校对毕业生的推荐可信度高,有权威性,因此,经过学校的推荐,求职者和用人单位往往容易相互认可,成功率较高。

2. 中介机构推荐

中介机构推荐即把自己的择业信息发送到社会就业中介机构,由他们向用人单位推荐的方式。这种方式最大的好处是就业中介机构对外联系广泛,择业面广。但是中介机构只能作为一个客观的中间环节,对于供需双方缺乏深入的了解,而且一些中介机构受利益驱动,可能会收取一定的中介费用,所以在目前情况下,利用中介机构推荐只能当成扩大就业面的一种选择。

3. 他人推荐

他人推荐即利用老师、父母、亲友推荐从而达到自我推荐目的的一种自荐方式。有的教师与一些对口用人单位的领导或业务骨干有较为密切的联系,或已经在某个行业、学科中具有较高的学术声望,因此,他们的推荐容易引起用人单位的重视和信任。当然,父母、亲友的推荐也可以帮助大学毕业生扩大自荐的范围,对大学生的成功择业具有极大的帮助。

二、自荐的注意事项

(一)选择恰当的自荐方式

选择恰当的自荐方式,在求职择业的过程中无疑是十分重要的。每一个求职择业的大学毕业生,究竟采用何种自荐方式,取决于自己的实际情况,如擅长语言表达而且普通话标准流利的求职者,采用口头自荐似乎更能打动人心;爱好写作并能写一笔秀丽字体的求职者,则选择书面自荐更能显示魅力;能制作精美的个人网页的求职者,将自己的美好形象个性化、立体化地展现在互联网上,选择网络自荐更能脱颖而出。当然,选择哪种自荐方式主要还要看用人单位的需要,对招聘教师、导游、播音员的用人单位来说,口头自荐优秀者显然占优势。招聘计算机技术、管理人员的单位,擅长网络操作的求职者通常会受到青睐;招聘文秘职员的用人单位,则可能希望求职者先呈递书面的自荐材料。

(二)注意精心设计自荐材料

在自荐过程中,材料准备工作极为重要,自荐信、个人简历、证明材料、学校推荐意见等要齐全、完整,不能遗漏。缺少任何一个方面,自荐材料都不够完整。用人单位因招聘的对象和条件不同,对求职者的要求也不尽相同,因此自荐材料也应根据不同的需要进行相应调整、变化。如前往外事、外企单位求职的,可另外准备一份外文自荐信;要去少数民族地区择业的,最好能用民族文字撰写自荐信;有舞蹈特长的别忘了附上照片;有驾驶执照的别忘了附上复印件。

需要指出的是,设计自荐材料千万别忘了"诚信为本"的古训,善于表现自己并不意味着可以弄虚作假,成绩不好自己加分,不是干部写干部,没有入党填党员,未评优秀变优秀。对于此类弄虚作假,用人单位一旦来学校调查了解,就会真相大白。即使侥幸混入单位,也逃不过实践的检验。这些学生还未进入社会,就已在信用考试中被罚出局,所以不要冒这种人格风险。

(三)选择适当的送达方式

送达自荐材料通常有通过邮局邮寄、本人面呈、师长转递、利用网络发送四种方式。送达自荐材料的方式各不相同、各有利弊,究竟选择哪一种方式为好,应根据各自的实际情况而定。如邮寄方式因其覆盖面宽,可以扩大自荐范围,不受时空限制,而历来被大学生广泛选用。其缺点是,在竞争激烈的情况下,往往不易引起用人单位的注意。本人面呈自荐材料的方式,要求求职者必须自赴用人单位或招聘现场。其缺点是,涉及面有限,尤其对路途遥远的单位更难以实现;其好处是能"精耕细作",易于加深用人单位对求职者的印象,易受重视,易获成功。如果是通过亲朋好友或师长介绍、推荐的单位,通常会采用委托转递的方式。网络发送要看对方是否方便,是否有网站。

三、自荐的相关技巧

(一)自我介绍的技巧

在进行自我介绍时也有一定的技巧,概括来说,这些技巧主要包括以下几方面。

1.积极主动

自荐本身就是求职者的主动行为,不能消极等待。自荐信、个人简历等自荐材料的呈交、寄送要尽量及时进行,在得悉需求信息时,更不能迟缓,否则就会错失良机。为了使用人单位更全面地了解自己的情况,事先应做好各种自荐材料的准备,选择适当时机,主动呈交、主动介绍、主动询问。这样做,往往会给人一种"态度积极、求职心切、胸有成竹、准备充分"的印象。

2.突出重点

在自我介绍时,应重点突出自己的能力和知识,本人基本情况和家庭情况可做简单介绍,对于自己的专长、经验、能力等,应做比较详细的介绍,有时还要举例说明。比如,大学期间发表过的研究论文,参加的有关研究课题,获得的各种奖励,组织的各种大型活动,承担的社会工作或某些工作经验、社会阅历等。要尽量突出自己的优势和闪光点,因为与众不同的特点,可能就是毕业生的魅力所在。

3.如实全面

在自我介绍中,既要突出重点,又不能忽视其他方面的情况,一定要实事求是,优势不羞谈,缺点不掩饰,做到全面客观,不能吹嘘或夸大,尤其是在介绍自己以往学习、工作上所取得的成果时,一定要恰如其分;否则将适得其反。同时,自我介绍材料要全面、完整,个人基本情况、工作简历、学习成绩、业务特长及爱好,关键的内容不可缺少,否则会给人一种不全面的感觉。自荐信、推荐表、个人简历、证明材料一应俱全,才能给人以系统全面的整体印象。

4.有的放矢

要针对用人单位的具体要求,强调自己的社会经验和专业特长,做到"适销对路",这样才能使招聘者相信其就是最合适的应聘者。如果用人单位拟招聘文秘人员,毕业生介绍自己如何去公关,就不如介绍自己的写作、电脑操作和文史哲知识方面的能力;如果用人单位拟招聘科研人才,毕业生展示自己的语言才能,就不如介绍学业成绩和科研成果来得实在;用人单位拟招聘管理人员,毕业生的学生干部经验及组织管理才能可能会更受重视。但是,强调针对性的同时,也不能忽视相关知识才能的作用,只有把专业特长和广泛的知识面、兴趣爱好有机结合起来,才会更受用人单位的青睐。

总之,自我介绍时既要积极主动、重点突出,又要有的放矢、如实全面。只顾如实全面,就会变成流水账,缺乏吸引力;过于突出"闪光点",又难免有哗众取宠之嫌。因此,要综合考虑各方面的因素,努力提高自荐成功率。

(二)电话自荐的技巧

在进行自电话自荐时也有一定的技巧,概括来说,这些技巧主要包括以下两方面。

1. 提前准备通话要点

毕业生在打电话之前,一定要做好充分的准备工作,对自己的谈话内容要有一个全面的考虑,在电话中应该说些什么,最好在打电话之前列出一份提纲,然后按照拟订的提纲全面、有条理、重点突出地介绍自己的有关情况,千万不要打"无准备之仗"。还要做好必要的心理准备,控制自己的不良情绪,保持良好的心理状态。让受话者能在与毕业生交谈的过程中,感受到毕业生的朝气和锐气,以及积极向上、有理有节的良好品质。

2. 选择恰当的通话时间

如果给个人打电话,则应当根据受话人的工作时间、生活习惯选好打电话的时间,当然最好是在约定的时间里和对方通话、联系。如果没有和对方事前约好,最好不要在受话人休息时打电话。

如果给用人单位打电话,应当尽量避免刚上班和快下班这两个时间,因为这时打电话,不仅可能因为时间仓促而无法认真地表达,而且很可能会因为对方即将开始工作和结束工作而给对方添加麻烦,给对方造成心理上的不良印象。

为了取得较高的工作效率,人们都希望能够用最短的时间做最多的事情,珍惜时间。因此,电话自荐要注意控制双方通话时间,尤其要控制自我介绍时间,力争在不超过两分钟的时间内,把自己的情况介绍清楚,并且能够引起对方的注意。通话时,要努力控制自己的语音、语速、语调,以保证全面完整地表达自己。

(三)赢得好感的技巧

自荐时要想赢得对方的好感也需要一定的技巧,概括来说,这些技巧主要包括以下几方面。

1. 自信大方

自荐时洪亮的声音、洒脱的字体、从容的举止,都能表现自己的自信心。极端的羞涩、懦弱,过于自卑的做法等都是不可取的。只有求职者充满了自信,才有可能赢得好感,从而获得就业的机会。

2. 注意礼貌

礼仪是道德的一种外在表现形式,它在人际关系的调节中具有不可忽视的作用,以礼待人是赢得好感的基本原则之一,而礼貌的言谈举止是其基本的表现形式。在自荐过程中,大学毕业生首先应当注意礼貌地称呼对方,或按照社会习惯称其职务,或沿用学校的习惯称其老师。交谈结束时,应使用辞行场合的礼貌用语。

3.谦虚谨慎

大学毕业生在向用人单位推荐自己时,切忌过高评价自己,或者对用人单位评头论足,这样会导致招聘者反感。一个善于尊重别人的人,才会受到别人的尊重。一个对别人有好感的人,才会得到别人的好感。即使自己有过人之处,也应以谦恭的态度向对方展示。即使自己有好的建议,也应以委婉的言辞提出。前来招聘的人不是单位领导就是专业骨干或人事干部,他们多年从事本职工作,一般来说对关专业比较了解,初出茅庐的求职者倘若在他们面前妄自尊大,班门弄斧,显然不会得到对方的好感。

4.认真细致

无论哪个用人单位都会喜欢一个办事认真细致的职员。因此,大学毕业生的自荐材料书一定要写得工整,无涂改痕迹,文法用词恰当,无错字别字,标点符号准确无误,这样会给人以办事认真细致的印象。

第二节 面试的技巧

一、面试的概念

面试是一种经过招聘单位设计的,以谈话为主、观察为辅了解应聘者素质和相关信息为目的的测试方法。面试是就业成功的一个重要环节,是展现自我素质能力的一次难得良机,是了解用人单位的一个沟通平台,是职业生涯发展中的一个重要台阶。相对于简历来说,面试在求职中发挥的作用更大,它几乎起决定性的作用。因为主考官就是在那面试的一段时间里决定是否聘用求职者。面试有利于评估那些通常只能通过面对面相互作用才能测量的因素,如外表、口才、自信度、人际交往能力、应变能力、分析判断能力、思维敏捷性等。不过,当主考官是外籍人士时,他往往会夸大外语能力的重要性,而忽略岗位要求具备的其他技能。另外,有时面试官会不自觉偏重求职者的外表、体态和个性等因素,当面试官与求职者性别不同时,"以貌取人"的现象更容易发生。

二、面试的种类

面试有许多种类型,在这里我们主要对压力式面试、问答式面试、漫谈式面试、无领导小组讨论面试、文件筐面试进行简要介绍。

(一)压力式面试

面试官有意识地对求职者施加压力,针对某一问题作一连串的发问,不仅详细,而且追根究底,甚至让求职者无法回答。主要目的是考察应聘者面对挑战时的反应,并以此来判断求职者的机智程度和应变能力。

（二）问答式面试

根据面试官和求职者的人数分类,问答式面试可分为单独面试、小组面试以及合议制面试。

（1）单独面试。单独面试是指一位主考官面试一位应聘人员的一对一面试。

（2）小组面试。小组面试是一对多或多对多面试。这种面试形式大多见于初次面试阶段。

（3）合议制面试。合议制面试是多对一面试,面试人员由人事部门负责人、单位领导、用人部门负责人、人才评价机构的专业人士等组成。合议制面试提问较多,时间较长。但录用迅速,往往通过一次合议制面试就可以决定录用结果。公务员、事业单位招聘面试都是采用这种方式。

问答式中求职者得回答一系列的问题,很多用人单位在面试前就拟好了面试问卷式提纲,主试人不能任意发挥,要按照提纲逐一发问。这种方式有利于全面、深入地考核应聘者的知识结构、语言表达能力以及应变能力。求职者如果能预先了解面试的过程,知道哪一阶段面试官大致会问哪一类问题,就会从容应对,正常发挥。一次完整的面试一般会由以下五个阶段组成。

第一,热身阶段。面试一般是主考官与求职者初次见面,所以面试一开始主考官的问题多是友善的客套话,目的在于使求职者消除紧张。同时,切忌因主考官态度友善而过分随便。虽然是开场白,但这亦是求职者给主考官的第一印象。

第二,查明背景资料。这阶段的问题主要围绕求职者所递交的申请表、就业推荐表、简历等应聘资料进行。自我介绍应该具有针对性,根据自己所应聘职位的岗位要求,重点介绍自己在相关方面进行的实践、获得的成绩或成就。

第三,进入正题。这阶段的问题主要围绕应聘单位的业务范围、岗位结构、工作方针、发展方向、政策,以及对所申请职位的认识(如工作性质、内容及职业范围)等展开,目的在于判断求职者对该单位的兴趣及诚意。求职者对机构及职位的兴趣是大多数面试面试官关心的问题,如果这部分问题应付不当,被录用的可能性便降低很多。

第四,评审阶段。这个阶段是整个面试过程中的高潮,并具决定性影响。这个阶段问题所涉范围广,不容易预测,而不同面试官亦因其阅历、背景不同,自有一套评选的方法,他们只会挑选适合自己心意的应聘者。这部分的问题虽然不容易猜测,但仍可将之大致归入以下几方面:求职者说明为何自己适合某职位;假设性的问题;一般时事性的问题;兴趣与参与活动的问题。

第五,尾声。这一阶段面试官会问到对薪酬的期望值。如果没有被问及,求职者不宜主动提及。明智的做法是预先了解所应聘行业岗位的薪酬状况,被问及时最好按市场同类职位薪酬提一个范围。

（三）漫谈式面试

漫谈式面试是一种毫无主题的面试方式,没有一个中心话题。但表面上看似说者"无意",如求职者的家庭情况、人生价值、大学经历、对社会上某个事件的看法等都可能成为面试的主题。但是,考官在这种看似闲聊中观察求职者的知识,能力,谈吐及风度,因此,听者要"有心"。求职者回答问题时要流畅、自然、真实,要围绕能力这个主题来进行,千万不要漫无边际地乱侃。

（四）无领导小组讨论面试

"无领导小组讨论"测试一般把6～8名应聘人员划分为一个小组,小组不指定领导者,所有组员地位平等,小组被要求根据提供的案例最后形成一致意见,并以书面或口头形式向面试官汇报。整个讨论过程面试官不参与。

无领导小组讨论主要考察求职者的组织协调能力、领导能力、团队合作能力、说服能力、综合分析能力以及决策能力等,还可考察求职者的进取心、灵活性、自信心、责任感、情绪稳定性等个性特征。这种面试方式模拟的是"小组讨论会"的形式,而小组讨论主要用来解决管理中出现的各种问题,因此它更适合考察求职者的管理能力。

对人际特征的观察在无领导小组讨论这种测评形式中能得到有效进行。因为无领导小组讨论是多人同时进行,讨论的设计往往是先要造成分歧,然后再达成统一意见。这种面试形式还能观察到求职者其他一些特征,尤其是性格方面。虽然这些零碎的信息构不成一个完整的轮廓,但有时某一点上的表现确实能成为优中取优的依据。

无领导小组讨论对性格内向的求职者不利。通常,外向型人在人际关系处理与语言表达方面要优于内向型人。另外,熟悉无领导小组讨论面试方法的人比不熟悉的人更容易在讨论中占优势。

（五）文件筐面试

在文件筐面试中,求职者被置于特定职位或管理岗位的模拟环境中,被要求在一定时间内处理信函、电话记录、电报、请示报告和备忘录等一大批杂乱、随机排列的文件,它们分别是来自上下级、组织内外部的各种典型问题和指示、日常琐事和重要事件。处理完后,求职者还要陈述自己这样处理的理由。文件筐测验主要考查求职者在管理方面的计划、组织协调、分析判断、决策、授权、团队管理、时间管理和文字表达等方面的能力,还可以测试应聘者对信息的收集利用能力、处理问题的条理性和灵活性程度以及人际敏感性等。

三、面试的特点

（一）面试是一个双向沟通的过程

在面试过程中,求职者不是一个完全被动的角色。面试官可以通过谈话和观察来评价求职者,求职者也可以借此机会了解自己想要知道的信息,以此决定是否可以接受这一工作。

（二）面试以谈话和交流为主要手段

在面试过程中,面试官精心设计谈话题目,求职者应当恰当、顺畅地回答面试官提出的问题。

（三）面试内容具有灵活性

由于不同的职位对人有不同的要求,面试可以根据职位特点灵活地采用不同方式去考查求职者；在面试过程中要因具体情况而异，灵活调整；既能让求职者充分展示自己的才华，又要达到用人单位自己的意图。

（四）面试交流具有直接互动性

面试官和求职者面对面交流，双方的接触、观察直接互动，信息交流和反馈也相互作用，因此，求职者的语言及行为表现与面试官的评判直接相连。

四、面试的原则

在面试时，大学生要想取得成功，就应该遵循一定的原则，这些原则是大学生面试成功的重要保证。

（一）了解应聘单位的背景

对公司背景及其经营状况要了如指掌，在应聘面试前对公司作深入了解和研究，包括公司的产品、服务、存在的问题、前景以及公司在其领域所处的地位。这种试前准备对应聘成功与否具有不可估量的作用。

（二）态度积极自信

参加面试最重要的是要保持胜利者的心态。精心准备加上信心，求职者就已取得了一半的成功。即使求职者以前面试有过失败和挫折，也不必气馁，要深知求职者和面试官之间的关系是建立在相互感兴趣的基础上的，要大胆告诉面试官求职者未来的计划，以及求职者的计划如何能充分协调和满足公司的需求。

（三）注意力集中

集中注意力聆听面试官的话。在应聘时，如果不集中注意力，就会遗漏某些要点，更可能答非所问。要做到集中注意力，当面试官说话时，应直视对方双目，同时目光在两眼和鼻梁间移动。不能左顾右盼，否则会给面试官留下缺乏诚意的印象。

（四）保持良好的姿势

僵硬呆板的姿势只能被人视为刻板，斜靠桌子上或懒散伸开四肢则是太随便、不礼貌的表现。聆听时应显示出一种积极的兴趣，不时在脸部表情上做出反应。可以不时点头或可以发表一些评论，这样既能体现尊重，又能体现出能力和个性。需要注意的是，在保持良好姿势的基础上，大学生一定要集中注意力聆听面试官的话。

（五）说话言简意赅

面试时不宜滔滔不绝，应当言简意赅。面试官往往将面试时间安排为 25%给自己，75%给应聘者，这样才能有充分的时间观察了解应聘者的方方面面，包括专业知识、个人性格爱好以及那些在简历中难以获得的信息。明智的应聘者应该将这个时间安排倒转过来。应聘者应在充分展示其特殊能力和资格方面以及这些能力和资格在满足公司需求的重要性方面做好功课。

（六）握手时要坚定有力

有力的握手是一种充满能量、值得信赖的象征。政治家们往往能把握手作为一种交朋友和影响他人的手段。当然，握手用力也不能过分，否则，可能会使对方觉得你支配欲太强。大学生在与应聘者握手时一定要坚定有力，以给用人单位留下一个良好的印象。

（七）谨慎对待工资问题

面试之前，在工资问题上多了解其他公司同等职位或相关职位工资的行情。询问该公司的雇员，了解与心目中的工资行情是否相一致。求职者的能力越是公司所急需的，在工资商讨方面就越有竞争力。

五、面试前的准备

（一）调整面试状态

在公司的一些外向型岗位，比如前台、销售等人员的初次筛选，招聘人员都比较青睐采取突袭式的电话面试，他们认为这样能够更好地知道求职者的真实情况。那些表现得体、举止礼貌的求职者，比较容易通过。因此，求职者在面试前一定要调整好自己的状态，包括调整自己的心情。在参加面试前要适当放松，洗澡、理发，搞好个人卫生，准备好面试的服装、公文包、皮鞋及笔、记事本，甚至准备好第二天的早餐等，调节自己的生活规律，保证充分的休息时间，以饱满的精神状态面对主考人员。

（二）独立前往，尽量早到

在各类面试及咨询中，一定不要让自己的父母或亲戚朋友陪同，要独自前往。这样可以避免用人单位怀疑个人的独立能力和自信心。

同时，最好比约定时间提前到达面试地点（一般提前 10 分钟到达），以稳定自己的情绪和做好面试准备。

（三）注重形象礼仪

面试者当天的穿着打扮对能否被应聘单位录取有着重大关系。一般来说，在参加面试时，求职者一定要选择得体的服装,尽量穿正装,务必使自己所选择的服饰传达出这样的信息:谨慎大方、精明能干、办事可靠及认真负责。在选择服装时,要牢记国际公认的服饰"TPO"原则。T指时间(Time),即服饰要根据具体时间来决定;P指地点、场所、位置、职位(Place),即服饰打扮要与所处的场合及职位相协调;O代表目的、目标、对象(Object),即求职者首先应明确想要通过衣着打扮达到给面试官留下一个什么样的印象的目的,再根据目的有选择地确定服饰。

（四）展示自己的资料要准备妥当

求职者要熟悉并牢记自己各方面的情况,事先一定要核查一下自己的资格是否符合条件,如果觉得自己符合应聘条件,还得确定自己可以胜任哪种职位,然后准备好自己的毕业证书、专业资格任职证书、职业技能证书、获奖证书、身份证、推荐信等材料。在准备这些材料时,求职者应注意以下几点。

第一,列出自己所有的具体能力和经历,以证实自己有解决问题的经验,尽管这些经验并不成熟。

第二,列出自己期望在这个职位中得到满足的个人目标,应挑选几个适合在面谈中提及的与工作有关的例子。

第三,列出一些对求职者来说较难回答的问题进行预演,将它们写在纸上,逐一回答并记录下来,接着做出评判、修改,直到满意为止。可能的话,最好找有经验的人指导一下。然后,将这些答案默记在心,以便面试时派上用场。

六、面试的内容

求职者在面试前了解用人单位面试测评的主要内容,有利于自己在面试中从容不迫地应对各种问题。具体来说,面试的内容包括以下几个方面。

（一）专业知识

用人单位一般都会对求职者的专业知识有一定的要求。在面试中常会以比较灵活的方式对求职者进行考察,所提问题也更接近空缺岗位对专业知识的需求。

（二）表达能力

面试中最能体现的就是求职者的表达能力。面试考官通过求职者叙述自己的思想、观点、意见对其表达能力进行判断。一般来说,教师、公关人员和管理人员等职位对表达能力的要求较高。

（三）实践经验

用人单位通过查阅求职者的个人简历来了解其相关的实践经验。在面试的过程中可能还会对求职者进行进一步的提问,以便起到补充、证实的作用。

（四）应变能力

其主要看求职者对主考官所问的问题理解是否准确,回答的迅速性、准确性等,面对突发问题以及突发事件是否能够进行恰当地回答和处理等。急诊科医务人员、司机和飞行员等职位对应变能力要求较高。

（五）人际交往能力

面试中,主考官会对求职者的人际交往能力进行判断和分析。了解的途径包括询问求职者经常参与哪些社团活动,喜欢同哪种类型的人打交道等。销售人员、公关人员和管理人员等职位对人际交往能力的要求较高。

（六）自我控制能力

一些职位对于求职者的情绪控制能力要求较高,如国家公务员、企业的管理人员等。

（七）工作态度

一是要了解求职者对过去学习、工作的态度;二是要了解其对现报考职位的态度。

（八）求职动机

用人单位会提出一些问题来了解求职者的求职动机。例如"为什么选择来这里工作""你对这类工作的看法是什么""在工作中你最看重的是什么"等,从而判断本单位所能提供的职位或工作条件等能否满足其工作要求和期望。

（九）综合分析能力

面试中,主考官会对求职者提出一些问题,根据求职者对这些问题的分析情况,用人单位会做出相应的判断。市场分析员和管理者等职位对综合分析能力的要求较高。

（十）兴趣爱好

用人单位有时会了解求职者的兴趣与爱好,以便对工作进行安排。了解的方式主要是询问求职者喜欢从事哪些运动,喜欢阅读哪些书籍,有什么样的嗜好等。

（十一）其他

面试时主考官还会向求职者介绍本单位及拟招聘职位的情况与要求,讨论求职者关心的工资、福利、晋升等问题。

七、面试的技巧

(一)面试答问的技巧

1. 有良好的语言习惯

语言习惯对语义的表达有重要作用,要注意恰当地使用语音语调以及肢体语言。面试中,合理地运用肢体语言,不仅有助于阐释自己的观点,可以给面试官留下良好的印象,因此,求职者在面试时可以在以下细节上多注意:面带微笑,手势恰当,仔细聆听,适当做笔记,声音响亮、抑扬顿挫,保持高昂的精神状态,这些丰富的肢体语言和恰当的语音语调,势必会增加面试成功率。

2. 抓住重点、思路清晰

一般情况下,求职者可以先明确表达自己的观点,然后再对观点进行阐释。否则,长篇大论,会让人不得要领。除此之外,面试时间有限,如果求职者无关紧要的话太多,很容易淡化自己的中心思想。同时,还要注意,不可简单地以"是""否"来回答考官提出的问题,求职者要有针对性地稍微阐释下自己的答案,有的需要解释原因,有的需要说明程度。

3. 不要答非所问

如果在面试中,没听清楚主考官提出的问题,或者对问题的意思还不明确,就不要急于回答。可将问题复述一遍,并先就自己对这一问题的理解,请教对方以确认内容。这样才能做到有针对性地回答问题,不至于答非所问。如果真遇到自己不会的问题,也要大方地承认自己在这一方面的不足之处,千万不可以不懂装懂或者是默不作声。这样只会给主考官留下不好的印象。

4. 有独立的见解

面试官对求职者提出的问题都差不多,千篇一律的回答只会让他们头脑发麻,因此,只有那些有个人特色的回答,才会在众多的求职者中脱颖而出,引起对方的兴趣。当然,有些用人单位也会故意设计一些"刁钻"的问题,以难为求职者,然后看他们的反应和表现。这些提问常让求职者摸不着头脑。如果求职者为此恼羞成怒,恶语相对,无疑等于自己在封杀求职的道路。

5. 善于打破沉默场面

面试中,有时面试官故意长时间不说话来测评求职者的心理承受能力。当出现这种情况时,求职者要学会主动打破僵局,充分把握好这一段时间。可以利用这段时间,对前面所讲的话题加以必要的补充,或者是提出自己尚未理解的问题,还可以对个人的有关情况做进一步的说明。

面试时若主考官问到还有没有其他问题,求职者可以适当问一些问题,问题的重点放在招聘者的需求及求职者如何能满足这些需求上。例如怎样更好地处理应聘岗位中的困难和挑战;所应聘职位与其他部门之间的关系;在应聘职位上应该取得怎样的成果等。

6.忌急问待遇问题

在面试中,求职者最关心的就是自己的待遇问题。因此,常常是说不了两句话就开始问自己的工资待遇、福利情况、休假制度等,这些问题常会让用人单位产生不好的印象,不利于双方的进一步交流。虽然说找工作就是为了挣钱,但一定要看准时机,一般在对方已有初步录用意向时谈薪酬问题比较合适。

7.自然地结束面试

有些求职者不知如何自然地结束面试,只是一味地等着面试官说结束。其实,当面试官说:"行,今天面试就到这里吧!"求职者就应该徐徐起立,与对方进行一个眼神上的交流,然后说一些"感谢贵公司提供面试机会"等类似的话语。如果时间相对充足,就表达自己对意向单位的兴趣:"如果能有幸进入贵单位服务,我必定全力以赴。"以此突显自己的满腔热忱。

（二）应对面试突发情况的技巧

在面试中,有很多突发的状况是求职者面试前所准备不到的。如果求职者不能很好地处理这些问题,将会直接影响面试的结果。为了便于大学生在求职时面对突发状况可以应对自如,下面就介绍几种比较常见的突发状况的应对策略。

1.遇到不清楚问题的应对策略

在一些情况下,求职者对主考官提出的问题并不十分明确,完全不知从何答起,这时,求职者可以婉转地问主考官是否指某方面的问题,千万不可以随意猜测、东拉西扯。如果一点头绪都没有,也要如实地告诉主考官,不可以不懂装懂。事实上,告诉主考官自己没有学过某方面的知识并没有什么丢人的,毕竟没有人什么都知道。

2.精神紧张的应对策略

几乎95%以上的大学毕业生在接受调查时都承认自己在面试时精神紧张,陌生的环境,被陌生的人提问,事关自己今后一段时间的发展前途,大学毕业生不可能不紧张,适度的紧张可以促使大学毕业生更加集中注意力投入面试。但如果紧张过度,则对面试极为有害,不仅使求职者注意力不集中,甚至可能将事先准备的内容忘了。以下是一些缓解精神紧张的方法。

（1）做好准备,从容镇定

在面试之前,应聘者应事先请有关教师或同学充当主考官,举办模拟面试,找出可能存在的问题与不足,增强自己克服紧张的自信心。在面试前可预先到达应试场所,熟悉环境可增强信心,或找亲朋好友搞几次模拟面试,做好充足准备。另外,要掌握一些方法控制自己的紧张情绪,这些方法主要有以下几种。

①节奏控制

掌握说话节奏,不能太快,快中出错会乱了阵脚,造成心理紧张,也不能太慢,太慢会引起主考官听得不耐烦,继而又引起自己的慌乱。

②转化控制

不要把一次应试失败看得太重,要洒脱些;同时暗示自己,其他的求职者也同样会紧张;最后要想到,此处不留人,自有留人处。

③缓解控制

面试前,可进行自我鼓励,心里默念:"我能行,我能行,……"同时可以在手掌上写下"我不紧张"的字样,这样会使紧张的情绪得到缓解。

④冷化控制

挺直腰,身体微微前倾,坐在椅子上,做深呼吸。或用机械的方法自控如咬紧嘴唇,手捏肌肤等,这样触觉刺激在大脑皮层引起强烈的兴奋,对已有的情绪兴奋起到诱导作用,从而达到冷化控制的目的。

⑤泄露控制

经过以上努力,仍不能缓解紧张,最明智的办法就是坦白告诉主考官,例如说:"对不起,我确实有点紧张,可不可以让我先冷静一下,再回答您的问题?"而你也因为讲了出来,觉得舒服多了,因而紧张程度大大减轻。

(2)不要急着回答问题

主考官问完问题后,求职者可以考虑五至十秒钟后,再作回答。对某些一时难以回答的问题,可用比较委婉的语气避开,这也是一种诚实机智的表现。

3.讲错了话的应对策略

人在紧张时很容易说错话,而说错话之后就会更加紧张,这样一来,很容易形成恶性循环,导致面试成绩不高。求职者即使讲错话,也要保持镇静,不要太在意,可以很自然地提出下一个话题,不要因为一个小问题就影响了大局。同时,也可以对自己进行心理暗示,想着每个人都会出错,紧张也没有用。

值得注意的是,如果说错的话比较重要,就应该立即纠正错误,给对方道歉,例如说:"对不起,刚才我紧张了一点,好像说错了话,我的意思是……不是……请原谅!"及时改正自己的意思,这也是求职者勇敢和坦白的表现。

4.几位主考官同时提问的应对策略

有时候几位主考官会同时提问,遇到这种情况,面试者千万不能毫无顾忌地针对某一位考官的问题进行回答,否则,很有可能引起其他考官的不满。正确地做法是,求职者要有礼貌地逐一回答。建议这样回答:"对不起,请让我回答甲领导的提问,然后再谈乙领导的问题,可以吗?"对于回答的顺序,一般应先回答主考官的问题,或者是按发问的先后次序回答。回答问题的过程中,要注意与发问的主考官进行眼神上的交流。

总之,在面试中,遇到任何突发情况,求职者都要保持冷静的头脑,寻找最佳的方式对其进行处理,惊惶失措只会乱了自己的阵脚。只要认真对待,定能化险为夷。

(三)面试的忌讳

1.忌迟到

面试切忌迟到,没有什么比迟到更让用人单位反感的了。如果有意外情况,最好能够在面试前通知用人单位,告之自己不能准时到达面试地点。

2.忌假扮完美

在面试时,求职者切忌假扮完美。世界上根本不存在完美的人,没有人没有弱点,没有人没有受过挫折。只有充分地认识到自己的弱点,也只有正确地认识自己所受的挫折,才能造就真正成熟的人格。

3.忌毫无礼貌

与人谈话时,口中吃东西、叼着烟都会给人不庄重的感觉,也显得不尊重对方。所以,不嚼口香糖,不抽烟,不要随便乱动办公室的东西。不要因私事而独占谈话时间。不可要求茶点,除非是咳嗽或需要一杯水来镇定自己。自己随身带的物品不可放置在面试官办公桌上,公文包、大型皮包可放置于座位下右脚的旁边,小型皮包则放置在椅侧或背后,不可挂在椅背上。

4.忌口头禅

有些人在交谈中非常爱说口头禅,比如"我认为""然后""绝对"等。不管这些话是否与所说的内容有关联,说多了,不仅影响说话的效果,而且还很容易被别人当作笑柄,所以在面试时切忌用口头禅。

5.忌妄自菲薄

招聘单位所聘岗位和专业很可能与自己所学专业或原从事职业不同,这时求职者切不可妄自菲薄,只有增强自信,勇于挑战和跨越自我,及时调整自我心态,适应周围环境,才能到达成功的彼岸。而且,选定要就职的职位,只表现出自己胜任那一职位的能力即可,不要锋芒太露,预先设敌。

6.忌好高骛远

找一份理想的职业是每个求职者的愿望。但美好的愿望应根植于自身素质和客观现实之上。审时度势,准确定位是求职成功的关键所在。眼高手低,这山望着那山高是求职之大忌。所以,求职者一定要结合自身情况找到一份适合自己的职业,切忌好高骛远。

7.忌目光飘忽

求职者在面试时切忌目光飘忽不定,这容易让面试官认为求职者对面试不重视。如果想让对方注意求职者说话的重点时,可看对方的眼睛。眼睛和嘴一样都可说话,如眼朝下,不敢直视对方说话,则表示没信心。一般而言,直盯着对方的眼睛说话较失礼,所以最好的方式是看对方的嘴说话,特别想强调某一部分时再看面试官的眼睛。

8.忌小动作

在面试过程中,应当避免当众挖耳朵、擦眼屎、剔牙缝、擦鼻子、打喷嚏、用力清喉咙等小动作。只要应聘者意识到这些小动作会误了自己的大事,想避免这些小毛病是完全可以做到的。应聘者可以将双手交叠在膝上,用拇指甲抚弄着另一只手的掌心,这样双手就会被服帖地管制住。即使喷嚏难以抑制住,打过之后应聘者也应该脱口说一声"对不起"。这样,被喷嚏所破坏了的谈话气氛又可以马上恢复过来。有些人总爱在脸上表露出对别人说话的反应,或惊喜,或遗憾,或愤怒,或担忧,表达这些情绪时,他们总是歪嘴、眨眼、皱眉、瞪眼、耸鼻子,这就是扮鬼脸,在面试时有害无益,应加以克服。还有一类小动作就是为了掩饰内心的紧张和不适而去抓头皮、弄头发、搔痒痒,这类小动作也应该加以克服。

9.忌完全被动

在面试的过程中,求职者要么表现为默不作声,要么就是主考官问一句答一句,回答也只是简单地"是"或"不是",这样的求职者必然让用人单位失望。

10.忌弯腰垂头

弯腰垂头不但显得没朝气、精神不振,也会令人觉得求职者对此次面试缺乏兴趣。正确的姿势应是腰杆挺直,双手放置适当位置,双眼直视对方,面带微笑。

11.忌傲然自大

有些面试者只顾提出自己的问题,全然不顾用人单位提出的问题,甚至是随意打断主考官的说话,让整个气氛陷入尴尬。这种做法在面试中是非常忌讳的。

12.忌不当反问

例如主考官会问求职者对工资的期望值是多少,如果求职者反问:"你们打算出多少?"就是非常不礼貌的,很容易给面试官造成不好的印象。

13.忌不耐烦

主考官有时为了全面地了解求职者,常会问一些与职位完全无关的问题,以考查求职者的应变能力和其他方面的技能。面对这种情况,求职者不要表现出不耐烦或惊讶,以免给用人单位留下一个太计较的印象。

14.忌情绪激动

稍微有肢体语言的出现是自然现象,但情绪过分激动,肢体语言夸张会让人厌恶,所以,手轻握放在膝上是最自然、标准的。

15.忌盲目应试

求职者对于招聘单位的信息并不清楚,只是盲目地应试,让自己赶紧有份工作,这样做必然以失败告终。

16.忌惊慌

部分主考官为了观察求职者的反应,故意提出一些反对意见,所以,应试者切忌因主考官不赞同自己的意见而惊慌失措。

17.忌主动报有熟人

求职者在面试时切忌主动说出"我认识你们单位的××""我和××是同学,关系很不错"等,一般情况下,这种话面试官听了会反感,如果面试官与求职者所说的那个人关系不怎么融洽,求职者这话可能会适得其反。

(四)探知面试结果的技巧

面试结束后,面试官常常会说"回去等通知"之类的话,当然也有一些意外,就是当场表示面试者是否被录用。在一般情况下,主考官在面试结束后,都要进行讨论、筛选,可能要等3~5天。求职者在这段时间应该耐心等待,不要过早打听面试结果。如果在对方通知的时间之内没收到答复,就应写信或打电话给招聘单位或主考官,询问是否已做出了决定。

八、面试的举止

面试的举止，包括人的表情、姿势、动作等，是一种无声的语言，从他们的变化中也可以获得某种信息。它是一个人内心修养的真实体现。因此，求职者在面试时，应该注意规范自己的举止。具体来说，要注意以下几方面的内容。

（一）进入面试室时的举止

在进入主考官的办公室之前，首先要调整好自己的心态，然后用合适的力度敲门，听到回复后再进去，在走向主考官的过程中，要始终抬头挺胸、保持微笑。如果没有敲门直接把头伸进去张望，会显得很没有礼貌；或者是敲门后在没有得到答复的情况下进入也是十分不礼貌的。

（二）与主考官打招呼时的举止

与主考官打招呼一定要采取积极的态度，或微笑点头，或轻声问候；不可以主动去和考官握手，除非是主考官先伸过手来，才要与之热情握手。在与考官打招呼的时候，一定要保持微笑，这有利于塑造求职者自信、友好的形象，给人留下美好的印象。

（三）回答问题时精神集中

在回答考官的问题时，一定要精神集中，力求给对方留下诚恳、沉稳的印象。同时，求职者应该始终与主考官保持目光的交流，根据听者的反应适时调整自己的语言表达方式。所谓的目光交流，并不是直直地看着面试官的眼睛，而是盯住主考官的鼻梁处，切忌目光犹疑、躲避闪烁，这是缺乏自信的表现。如果是群体面试，说话的时候要经常用目光扫视一下其他人，以示尊重和平等。

回答问题时要注意语言的条理性和逻辑性，可以通过一些肢体语言的配合来补充自己所要表达的意思，表情不宜夸张，语速不宜太快，只要真诚、大方地回答出自己对问题的看法，就会加大成功的概率。

（四）保持微笑

微笑在不同的语境中，可以表示不同的意思，它可以表示对对方的赞同、歉意以及没有关系等。初次见面，微笑可以营造一种融洽的氛围，缓解紧张的气氛，给人亲切自然的感觉。如果主考官看起来比较严肃，那么微微一笑可以拉近双方的心理距离，提高面试的成功率。

（五）面试时的正确姿势

正确的站姿应该是端正、稳重的，做到上身正直，微收下颌，肩平挺胸，直腰收腹，两臂自然下垂，两腿相靠直立，两脚靠拢，脚尖呈"V"字形。女生两脚可并拢。如果在面试的过程中，随意乱晃，身体不够端正、无精打采，则会显得整个人没有修养。

九、面试常见问题的解析

（一）常见的面试问题

常见的面试问题主要包括以下几个方面。
第一，自我介绍，对个人的优点和不足之处进行分析。
第二，来应聘公司工作的原因。
第三，对应聘公司的了解程度
第四，对工资待遇的期望。
第五，找工作的一些印象深刻的经历。
第六，阐述失败的工作经历。
第七，理想中的工作。
第八，介绍自己的家庭情况。
第九，他人对自己的评价。
第十，未来的工作规划。

（二）面试问题解析

如果能够预测主考官可能提出的问题，并对其进行一定的分析，可以大大增加面试的成功率。一般来讲，主考官问到的问题如表 5-1 所示。

表 5-1　面试问题的简单分析

问题的类型	代表性问题	问问题的意图	回答的方法
询问过去的经历	能进行简单的自我介绍吗	考验应聘者的表达能力	语言简洁，流畅
	在学校都参加过哪些活动	在学校是否表现优秀	选择典型回答，符合公司文化
自我评价	最大的优势是什么	是否具备与工作相匹配的岗位能力	与求职岗位相匹配
	自己做过认为有意义的事情是什么	是否能够脚踏实地工作	抓住事情的典型细节，表示把事情做好就有意义
处理矛盾	怎样对待与自己意见不同的人	是否具有良好的人际交往能力	能够接受别人的意见，吸取其意见中有益的部分
	你不喜欢与什么样的人交往	是否合群	争取跟所有人沟通，对事不对人
考查知识	计算机的操作技能有哪些	专业知识是否扎实	引用完整的定义，适当举例
	人民币汇率最近的变化是什么	是否关注时政热点，有无自己的见解	针对热点，提出看法
分析问题的思路	大学生创业的意义	是否思路清晰，逻辑严密	从结构上入手回答
	如何将公司的产品销往国外	能够想出几种方法，是否具备处理问题的能力	想出两种以上的方法，方法不能有漏洞

续表

问题的类型	代表性问题	问问题的意图	回答的方法
未来的打算	希望自己的工作取得什么样的成果	是否有规划，是否符合公司的发展状况	脚踏实地，慢慢成长
	有创业的打算吗	是否具备开拓、创新精神；在公司可以干多久	谈自己对创业的看法，表示暂时没有打算

十、面试结束后应做的事

（一）及时感谢

在面试结束后，求职者应在 24 小时内之后给主考官写一封感谢信或打电话表示谢意，加深招聘人员对求职者的印象，增加求职成功的可能性。感谢信的全部内容最好不超过一页纸，应包括求职者的姓名、基本信息及面试时间，对招聘人员提供的面试机会、为求职者所花费的精力和时间、提供的各种信息表示感谢，同时再次重点表达求职者对该公司、该职位的兴趣及自己能胜任此项工作的优势，表达出求职者会发挥自己最大潜力、尽职尽责干好工作的信心和决心。此外，求职者也可以选择打电话去表达自己的谢意，但感谢电话一般最好不要超过 3 分钟。

（二）耐心等待

在面试结束后，用人单位一般需要三到五天的时间来讨论投票、人事汇总及确定最佳录用人选。在这段时间内，求职者一定要耐心等待面试结果。如果两星期之内还没有收到用人单位的任何答复，求职者可以写信、发 E-mail 或打电话向招聘单位询问面试结果。

（三）抓住机会，全面准备

如果求职者同时得到几家用人单位的面试机会，在一次面试结束后，一定要调整状态，收拾心情，全力以赴地准备第二家单位的面试，把握好任何一次面试机会。

（四）总结分析

如果求职者不幸被用人单位所淘汰，不要自暴自弃、悲观失望，而应自我分析，总结哪些方面做得不够完善，然后及时调整修正，振作精神，信心百倍地来迎接下一次挑战。

第三节　笔试的技巧

一、笔试的概念

笔试是指用人单位采用书面形式,对应聘者所掌握的基础知识、专业知识和心理健康等综合素质进行的考察和评估,是用人单位对应聘者专业基础知识、文字表达及书写综合能力进行有据可查的测试。它通常用于一些专业技术要求很强和对录用人员素质要求很高的大型企事业单位,如一些涉外部门、技术要求很高的专业公司以及国家机关选聘公务员等。

二、笔试的类型

笔试考试按照内容划分,可以分为以下几种类型。

(一)专业考试

专业考试主要是针对那些对专业知识要求特别高的职位,如研发型和技术类职位等而设置的考试。这类考试对专业知识的要求比较高,题目内容主要关于涉及工作需要的技术性问题。因此,要想在考试中取得成功,就必须具有过硬的专业知识。

值得注意的是,大公司和小公司对技术性考试的侧重点会有很大的不同。大公司强调基础知识,注重挖掘个人的潜力,通常试题的内容都会比较宽泛;小公司注重实用性,考得比较细。

(二)非专业考试

非专业考试的内容涵盖的范围比较广,包括通用知识、心理测试、智能考试等。

通用知识考试是指求职者所需要了解的日常知识,它包括社会生活的许多方面,如政治、经济、科技、法律、管理等。不论求职者应聘什么岗位,这些日常生活的基本知识都需要了解,否则,就无法正常从事相应的工作。它对求职者知识的广度要求比较高。

心理测试一般是要求被试者完成事先编制好的标准化问卷,根据完成质量来判定其心理水平或个性差异的方法。一些用人单位会使用这种考试方式,以此来对求职者的心理状况作出判断,判断的内容包括求职者的兴趣、智力、个性等,有些用人单位还用以考察求职者的观察能力、综合分析能力、思维反应能力等。

多数心理学家认为,智力是先天因素和后天因素共同作用的结果,智力虽然可以经过后天的培养获得发展,但是先天因素对智力的影响仍然是不可忽视的,遗传因素起主要的决定作用。因此,用人单位常用智力来判断一个人的发展能力和学习接受能力,他们认为,智力一方面决定着求职者其他能力的高低和培养的快慢,另一方面决定了他们的工作效率。所以,用人单位尤其是外资企业在招聘新员工时会在笔试阶段进行智力测试。

（三）英语技能考试

英语被定为世界通用语言，英语的考核在中国教育中占有很重要的地位，所以拿出来单独介绍。

英文笔试在中国的考试中占有较大的比例，它也是非技术性笔试的一种，主要考查考生的阅读能力和写作能力。写作是英文笔试中考察的重点。通常英文写作的题目比较灵活，开放性较强，对求职者的应变能力、分析能力以及书面表达能力要求较高。

除此之外，笔试根据不同的应用范围还可以分为以下几大类（表5-2）。

表 5-2　笔试的五大类题型

类型	内容举例
政论类	（1）谈谈对国家税制改革的看法 （2）谈谈对中国特色社会主义道路的认识
公文类	（1）某单位要采购一批电脑，请你写份申请 （2）某单位要召开董事会，请拟一份会议通知
技能类	（1）请用英文把下面的句子翻译出来 （2）请用 C 语言编写一段程序
综合类	（1）分析某一汽车品牌的市场行情，进行市场调研，并写出调查报告 （2）参加一次主题研讨会，会后，请应试者就本次讨论会写出一份会议纪要和英文提要，并打印出来
专业类	应聘英文翻译职位，就应该有与之对应的英语题型 应聘语文教师职位，就应该有文学专业的题型

三、笔试的特点

（一）专业性

在实际的考试过程中，用人单位组织的各类招聘考试往往与其行业有着密切的联系，最终目的也是检验求职应聘者的真实专业水平以及相关的实践能力是否适合工作岗位的客观需要。因此大学毕业生要尽可能地选择专业对口的用人单位。

（二）客观性

与面试相比，笔试受主考官感情因素的影响较小。因为笔试的试题、评分标准以及考试时间等情况对于广大考生是一致的，同时现在的考试也越来越多采用客观题的题型和密封改卷的方式来进行。

（三）规范性

无论是关于考试命题、考场的设置，还是考试的进行、评卷以及最后成绩的公布，这一系列过程都非常强调规范,禁止泄露命题、操纵考场等各种徇私舞弊行为的发生,以此来保证笔试的权威性、客观性以及公平公正性。

（四）公平性

由于笔试的规范性和客观性的存在,因此广大考生就处于同一条起跑线上公平竞争,就有利于从众多的考生中间选拔真正优秀的人才。

（五）广泛性

与面试相比,由于笔试不太容易受时间、空间上的限制,因此用人单位往往会在同一时间组织多人参加笔试,从而在更加广泛的范围之内择优录取,选拔出真正需要的人才。

（六）应用性

用人单位组织的考试与学校组织的考试有着很大的区别。学校组织的考试比较侧重于理论知识。由于实际工作的需要,用人单位组织的考试就显示出较强的应用性和对实践能力的侧重,重视应聘人员对于实际问题的分析解决能力和实际操作能力。

四、笔试的原则

（一）审清题意

在动笔答题之前,一定要认真审题,逐字逐句分析题意,这样答题时才会切合题意,避免偏题、跑题。

（二）不留空白

笔试时一定要尽可能填满试卷,不留空白。所谓不留空白,是指无论是对主观性试题还是对客观性试题都要回答,即使没有把握答对也要答,特别是像选择题或判断题之类的题型,更不能随意空白。不答就没有分,答错了也不倒扣分,而答对了或对主观性试题答对了一部分都会有分。

（三）保持卷面整洁

阅卷者给一份书写工整、没有涂抹的试卷的打分很可能要比给那些字体潦草、涂抹得脏兮兮的试卷打分要高。所以,保持卷面整洁很重要。求职者在笔试答卷时使用黑色、蓝色钢笔或圆珠笔;以正楷书写,字迹清晰,字号适中,尽量减少语法、文字、逻辑及标点符号等细节方面的错误,尽量少作修改。

（四）控制时间

笔试题目类型多,题量大,要在规定的时间内答好,必须学会控制时间。建议笔试时一定要带上手表或时钟等计时工具,作答前记住考试结束的时间;拿到试卷后先从头到尾浏览一遍,大体了解题目的难易程度、每道题的分值,以此安排每道题的答题时间分配和先后顺序,按照先易后难、先简后繁的原则作答,不要在一道分值不多、难度不小的题目上纠缠过多,即便做对了也是得不偿失。最后有时间的话最好做一下检查,特别注意不要漏题,更不能跑题或出现错别字、语法不通、言不达意等错误。

（五）综合展示

笔试不仅考察求职者的文化、专业知识,往往还会考核其心理素质、工作态度、办事效率、思维方法、修辞水平等。所以,求职者在回答一些客观问题时应该正确和严谨,而对主观性问题,就应该展开和发挥,以充分地展示自己的个性和创造性。

五、笔试的内容

总的来说,笔试的内容主要包括以下几个方面。

（一）知识性笔试

知识性笔试包括两个方面的内容,即通用性的基础知识和业务知识。知识按照获得的途径又可以分为靠记忆掌握的知识和通过不断运用掌握的知识。从目前求职笔试的内容来看,主要是考求职者对知识的运用能力。因此,求职者一定要注意对知识举一反三,活学活用,争取把理论与实践相结合。

（二）技能性笔试

技能性笔试内容主要涉及针对受聘者处理问题的速度和质量的测试,检验其对知识和能力运用的程度和能力。

（三）智商性笔试

智商性笔试内容主要是针对大学生求职者的综合能力而言的,包括测试求职者学习新知识的能力、记忆能力、观察能力、分析能力、归纳能力、反应能力等。

（四）性格方面的笔试

性格方面的笔试内容主要是心理测验试题,或者是一些开发式的问题,以此来考查求职者的个性特征是否合适某岗位的依据。

六、笔试的准备

求职者为了能在笔试时能更好地发挥水平,在笔试前应做充分的准备。具体来说,笔试的准备主要包括知识准备和身心准备两个方面。

(一)知识准备

参加笔试前,求职者应通过多种途径了解用人单位笔试的测试目的、测试内容、测试方式、测试工具及应聘岗位需求等信息。对这些信息了解得越充分,在笔试复习时越有针对性,在应试时就越能够驾轻就熟,得心应手。同时在复习时广泛阅读相关知识,扩大知识面,提高阅读能力,以备应试时能应付自如地回答各类问题。另外,求职者平时也应注意培养运用所学的知识分析、解决问题的能力和实际动手能力。

(二)身心准备

1. 保持良好的身心状态

求职笔试是用人单位挑选招聘人选的重要参考。就业前的焦虑、笔试前的紧张复习,都会给毕业生的身心带来一定的负面影响。参加笔试,需要良好的心理素质。临考前,一要正确评价自己,树立自信心,调整好心理状态;二要注意饮食,保证营养卫生,保持充足的睡眠,以免影响正常思维。可以参加一些文体活动,从而使高度紧张的大脑得到放松休息,以充沛的精力去参加考试。

2. 平时认真学习,扩大知识面

良好的笔试成绩来自于平时的努力学习。有了平时的知识积累,笔试时无论用人单位从哪方面进行知识考查,求职者都会信心十足,应对自如。大学的学习不仅仅是专业课,更多的在于四年如一日的各方面知识的学习与积累,并注意多方面了解社会信息。在学校期间应努力学习,掌握专业知识和技能。

3. 笔试前进行必要的复习

复习已学过的知识是准备笔试的重要方式。有些已学过的知识可能已经被淡忘,经过简单的复习,有助于恢复记忆。在复习过程中,注意将知识运用到解决实际的问题,要理论联系实际,学以致用。

七、笔试的答题技巧

笔试的时候除了要有相应的专业知识,还需要具备一定的答题技巧。下面对笔试的答题技巧进行简单介绍。

（一）选择题的答题技巧

选择题是客观题,灵活性不强,容易得分,因此,选择题不宜空白,在时间仓促的情况下,可以参考以下几种方法。

1. 逐项排除法

在解答单项选择题时,应该带着选项去阅读题干,这样可以快速缩小分析的范围,节省时间。选项要逐一分析,不符合的就迅速转入下一选项,依次阅读下去,通过排除认定选项。

2. 印象认定法

有时求职者阅读完题干与选项后,能够迅速在头脑中形成答案的印象,即通常所说的"直觉",由此认定选项。

3. 比较法

这种方法是将备选项进行相互比较、分析,看哪个选项更符合题意,找出最优选项。

4. 猜测法

有时考生在解答选择题时,完全不知道该从何下手,无法认定正确选项。这时,就不要在这道题目上花费太长的时间。但又不宜留有空白,此时求职者可以大胆猜测,尽快确定选项。

（二）填空题的答题技巧

填空题考查的内容往往是易忘、易混、易错的重点内容,答案一般是唯一的。答题时需看清题目要求,碰上连续设空的填空题时,应试者应更加仔细。填空题答题时也需要一定的技巧,这些技巧主要包括以下几方面。

第一,利用前后逻辑关系推理作答。

第二,利用熟记的基本事实、数据、公式、原理、基本概念作答。

第三,解答时要仔细阅读题目,特别注意要点、易混淆点。

第四,填空题的结果必须是数值准确,形式规范。

（三）判断题的答题技巧

判断题通常只能检测记忆、理解、分析一类低层次的认识能力。判断题的命题通常是一些比较重要的或有意义的概念、事实、原理或结论。由于只有"正确"和"错误"两种选择,因此猜对几率高达50%。一般判断题只有一个误点,最多两个,要求考生做出正误判断的内容常常是易混淆和易误解的概念、原理、事实、结论等,解题时要把注意力集中在这些方面。解答判断题的关键在于能否正确地找出或辨析出试题的设错方式,对不能做出准确判断的试题,考生也应在作答处大胆画上一个对或错的符号,但对倒扣分的题目还必须经过慎重考虑再作决定。判断题答题时也需要一定的技巧,这些技巧主要包括以下几方面。

第一,注意"负负得正"的表述方式,不要被误导。

第二,看清题目说明,如果答错了要倒扣分的,对于把握性不大的题目最好留空。

第三,书写认真仔细,绝不能因漫不经心、粗心大意在本来想打"√"的地方打成了"×",或者在打"×"的地方打成"√"而失分。

第四,对不能做出准确判断的试题,也应在作答处大胆画上一个对或错的符号,但对倒扣分的题目还必须经过慎重考虑再作决定。

（四）简答题的答题技巧

简答题,顾名思义,就是要简练地回答,考生只需答出要点即可。答题时,要注意观点鲜明,知识点全面,语言简练,不需要在此类题上做大段的论述,花费过多的时间。需要注意的是,还有一种题型是简述题,它与简答题的答题要求并不完全相同。考生在做简述题时,不仅要回答出主要的观点,还要用一些材料对观点进行简单的论述,必要时还可以加入自己的理解。

（五）案例分析题的答题技巧

案例分析题是一种综合性较强的题目类型,它重点考查考生的分析能力、知识的运用能力。考生需要结合某些原理对材料进行分析。一般情况下,案例分析题的材料中常会有一些关于某方面知识点的暗示,对此,求职者一定要仔细、认真,找出与之对应的原理或理论,然后抓住案例中的实质问题,有重点、有层次地进行分析。

（六）论述题的答题技巧

论述题所占的分数比重较大,往往能够使学生之间的成绩拉开差距。解答论述题落笔前要先审清题意,理顺思路,按题目要求答题。解答论述题应抓住试题的中心议题,按照"是什么、为什么、怎么办",即"提出问题、分析问题、解决问题"的思路逐渐深入地进行阐述。论述题答题时也需要一定的技巧,这些技巧主要包括以下几方面。

第一,确立中心议题。明确试题的主旨是解答论述题的首要环节,也是整个解答过程最为关键的一步。求职者应使全文的论述紧紧围绕中心议题而展开。

第二,确立论点。论点是论文结构的支柱,就其内容来说,它实际上是对中心议题的分解,目的是对这一议题更深入、全面地阐述。

第三,选择论据。论据是为说明论点服务的,没有论据的支撑,论点就难以成立和存在,论据的选择是论述题的一项重要内容。有时可通过正反两方面论据对照使用来增加说服力。论据要有针对性和代表性。

（七）作文题的答题技巧

作文题主要测试求职者的逻辑思维、创造性思维及书面表达等多方面能力。在解答作文题时,求职者应掌握以下答题技巧。

第一,弄清题意,以免写作中出现偏差或失误。

第二,论点新颖独特,构思独特。

第三,选材精当,论证科学。

第四节　求职的礼仪

一、礼仪的概念

礼仪是对礼节、仪式的统称。它是指在人际交往中,自始至终地以一定的、约定俗成的程序、方式来表现的律己、敬人的完整行为。礼仪可以说是一个人的内在修养和素质的外在表现。也就是说,礼仪即教养、素质在一个人行为举止中的具体体现。从公共关系角度来看,礼仪是一种在人际交往中进行有效沟通的技巧;从审美角度来说,礼仪可以说是一种形式美。礼仪具有高度规范性、限定性、可操作性等特点,是约定俗成的行为规范,但也是应因地制宜、因时制宜、随机随时应变的规范,这种行为规范同时又是实用可行、简明有效的。学习礼仪是我们人际交往过程中的一张有用的名片。

二、礼仪的原则

(一)自我监督

学习礼仪应进行自我监督,对自己在这方面有所要求,所以要处处自我检查。古人强调提高个人修养要注意反躬自省,"吾日三省吾身"。这样,将有助于自己发现缺点,找出不足,将学习、运用礼仪真正变为个人的自觉行动和习惯做法。

(二)重复渐进

学习礼仪不可贪多务得,细大不捐,而应当有主有次,抓住重点。若从与自己生活最密切的地方开始,往往可以事半功倍。然而必须注意,学习礼仪是一个渐进的过程。对一些规范、要求,只有反复运用、重复体验,才能真正掌握。

(三)联系实际

礼仪本身就是一门应用学科,因此学习礼仪,务必坚持知行合一。这是学习礼仪的最佳方法。要注重实践,将知识运用于实践,不断地向实践学习。

(四)多学科结合

在学习礼仪的同时,不应将其孤立于其他学科之外,而应当将这种学习与其他科学文化知识的学习结合起来。这样做,不但可以全面提高个人素质,而且还有助于个人更好地掌握、运用礼仪。

三、求职着装礼仪

（一）女生求职的着装礼仪

女生着装以整洁美观、稳重大方、协调高雅为总原则，服饰色彩、款式、大小应与自身的年龄、气质、肤色、体态、发型和拟聘职业相协调、相一致。具体来说，主要包括以下几方面。

1. 五官

第一，注意保持眼部清洁，及时除去眼角上的分泌物。有视力问题的学生在面试时也要注意保持眼镜的清洁，并避免戴墨镜。

第二，定期清洁黑头。若求职者患有感冒，应注意不要当众擤鼻涕、挖鼻孔，应在无人在场时进行，以手帕或纸巾进行辅助，并注意不要搞得响声大作。

第三，定期护唇，避免唇部干裂起皮；认真刷牙，避免口腔异味；工作餐禁食葱、蒜、韭、豆腐乳、虾酱等；维护牙齿，去除牙石。

第四，注意清理耳部分泌物或灰尘，但切忌求职时在公共场合清理。

2. 毛发

（1）头发

发型发饰要符合美观、大方、干净、梳得整齐和有利于工作的原则，同时要与脸型、身材、年龄、气质、季节及环境等因素结合起来。例如，脸型长的人前刘海要较长些，同时使两侧头发蓬松；圆脸型的人应将头顶部的头发梳高，使脸部在视觉造型上增加几分力度，并设法遮住两颊；方脸型应设法掩饰棱角，使脸型显得圆润些；椭圆型脸可选任意发式；额部窄的脸型，应增加额头两侧头发的厚度；矮胖或瘦小的人头发不宜长，瘦高的人头发应留长一点；等等。

（2）身体其他部位毛发

女同学应该每周定期剃除腋毛，尤其是夏天着装较少的时候，避免因其使个人形象减分，方法则首推除毛露。

3. 妆容

对于求职的女性来说，化淡妆比较适宜，淡妆素抹更能显出端庄、自然、含蓄而得体的感觉。最高境界是"化过妆就好像没有化妆一样"。切忌浓妆艳抹，香气扑鼻，过分夸张，将大学生的清纯美掩盖掉。

第一，薄而透明的粉底可以营造出健康的肤色，在打粉底时也不要忘了脖颈处。

第二，选用质地上佳的优质腮红，并与唇膏和眼影属同一色系。

第三，用棕色眉笔调整眉形，描眉应在修眉的基础上进行，描出的眉形应符合自己的年龄、脸形。

第四，用睫毛膏让眼睛更加有神，施眼影强化面部的立体感。

第五，选用咖啡色系的眼影，而不应选择过分鲜艳的眼影。

第六，唇部的妆容应改变不理想的唇形，增加整个面部的神采，浅色口红可以增加自然美感。

第七,选用气味淡雅清新的植物型香水,喷洒在手腕、耳后、臂肘、腿弯处,避免体味。

4. 手臂

第一,注意保持手臂的洁净,注意经常清洗手臂,要真正做到无泥垢、无污痕。

第二,对指甲应做到"三天一修剪、每天一检查",尽量不要在指甲上涂抹彩色指甲油,或做美甲,可以使用无色指甲油。

第三,手臂的装饰应注意本着朴素、庄重的原则,不应以艳丽、怪诞取胜。

5. 服饰

服饰得体与否,也与个人形象、企业形象有极大关系。大学生要选择得体大方的服饰,要注意以下几方面。

第一,每位女生应准备 1 ~ 2 套较正规的套服,以备去不同单位面试之需。

第二,颜色以淡雅为宜,突出职业女性的气息。色彩要少,最好不超过三个颜色。

第三,选择适合自己皮肤色调的服装,穿出自己的风格和特点,突出个人的气质及魅力。应注意扬长避短,一个肤色较黑的人要避免穿黑、咖啡的衣服;脖子短的人不应穿高领衫;肥胖的人不能穿过分紧身的衣服等。

第四,衣着形式不宜过于暴露,裙装的长度应在膝盖左右,太短有失庄重。

第五,要选择纯毛、纯棉、纯麻、丝质等天然布料和高比例含毛、棉、麻的混纺面料,尽量避免使用纯化纤面料。

第六,应选择中高跟皮鞋,会显得步履坚定从容,让人感到职业女性干练而稳重的气质。夏日最好不要穿露出脚趾的凉鞋,也不要光脚穿凉鞋,更不要将脚趾甲涂抹成红色或其他颜色。

第七,搭配饰品要讲求少而精,才能真正起到画龙点睛之妙。若戴多件首饰,则要强调其同质同色,互相搭配。尽量少带或不带珠宝,戴珠宝也不应该比老板戴得更多。

6. 包

第一,款式以女式公文包或者单肩背包为佳。

第二,质料当然是皮质的最好,不要过于精美,太珠光宝气,但也不要太破旧、太脏、软绵绵的,最好不用牛仔包。

第三,包要足够大,因为确实需要用它来装一些东西。

(二)男生求职的着装礼仪

虽然现在的面试氛围讲求轻松自然,但面试本身还是一件比较严肃的事情。因此,男性求职者以穿正式西装为宜,口袋尽量不放东西,以免衣服变形;注意脸部清洁,头发梳理整齐;尽量不要穿运动鞋或露脚趾的凉鞋面试。如果去应聘管理性质的工作,最好带上一个公文包,给人留下干练的印象。具体来说,主要包括以下几方面。

1. 西装

在现代社会的公关社交活动中,"西装革履"是现代职业男士的正规服饰,就求职面试活动而言,穿西装也是最为稳妥合适的。穿西装要注意以下几方面。

第一,应聘者最好穿深色的西服,灰色和深蓝色都是不错的选择,这些颜色的西装给面试官留下稳重、踏实的印象。

第二,应聘者最好是穿天然织物做的衣服。因为人造织物的光泽和质地给人一种廉价的感觉。从暗示的角度方面来看,人造织物会让人把应聘者同"人造"联想起来,这可能会让面试官对应聘者产生虚假和缺乏深度的感觉。

第三,体瘦的人,如果穿深蓝色或中粗竖条的西装,会显得纤细而瘦弱;而穿米色、鼠灰色等暖色调西装,图案选用格子或人字斜纹的西装,就会显得较为强健。瘦高的人,宜穿双排扣或三件套西装,面料要选用质感给人温暖感觉的,不要选用廓形细窄的套装。体胖的人可穿深蓝、深灰、深咖啡色等西装,显得瘦一些,切忌穿米色、银灰等膨胀色的西装。

需要注意的是,穿西装时应该注意遵循一定的规则:穿两排扣的英式西装,应该所有的扣子都系上,否则就会松松垮垮;穿三粒扣的欧版西装则系最中间一颗或上面两颗;而穿两粒扣的日版西装则最好留下最底下一粒扣子不系。

2. 领带

领带的作用是为西服增色,而不能与西服的图案有任何冲突。领带的图案可以是立体形、条纹、印花、蜗旋纹。领带的宽度随衣服款式而变化,穿西服时,领带宽度要接近西服翻领的宽度。领带的面料要选用100%的纯丝,而不要使用亚麻或毛料,亚麻容易缩水,毛料的又显得太随便。

3. 毛发

求职者应坚持"前发不覆额、侧发不掩耳、后发不触领"的原则,去应聘时要保持头发整洁,精心梳理,避免"怒发冲冠"和给人油光发亮、湿淋淋的感觉,也不要直接用手抓挠,断头发或头皮屑不乱抖乱丢;发型要简单、朴素、稳重大方,不要留鬓角,最好不要留中分头;头发不能压着衬衣领子。另外,个别男同学的胡子、鼻毛、耳毛等都很浓重,所以要记得每天清理。

4. 袜子

如果求职者穿的是一双鞋面较低的无带鞋,袜子要够长,这点尤其重要。袜子的长度要使求职者在叠起双腿时不致露出皮肤,而且袜子要有足够的弹性,使它们不至于从腿上滑下或缩成一团。

5. 皮鞋

鞋面要锃亮;鞋带要干净且系紧,松开或未系的鞋带会给人带来不安全感甚至可以将自己绊倒;鞋跟要结实,破旧的鞋跟会使人显得不够干练。另外,注意皮鞋与西装要搭配协调。

6. 公文包

简单、细长的公文包是最佳选择。不要带会使人联想到推销员的皮包。还要注意检查包带、扣是否完好。

四、求职行为礼仪

(一)守时

面试前清楚地记得面试的时间和地点,并比约定的时间提前 5 ～ 10 分钟到达,这样做一方面表示求职者的诚意和对对方的尊重;另一方面提前到场可以稳定情绪,稍做准备,不因情绪紧张而影响面试效果。

（二）讲究礼貌

（1）面试前应关掉手机,进门之前应先按门铃或轻轻敲门,然后站在门口等候,按铃或敲门的时间不宜过长,无人或未经允许不要擅自进入室内。得到允许后再进去。开关门动作要轻,以从容、自然为好。

（2）进门之后要问好。见到面试官后,要主动打招呼自我介绍,说明来意,自我介绍时要有分寸,回答问题时要态度诚恳,内容完整,声音清晰洪亮,充满自信。

（3）面试时要等对方坐下后再坐下,要坐在对方指定的座位上,否则就坐在其对面;姿态举止要端庄、大方。

（4）递材料时,应轻轻端起,微微欠身,双手递上。同时要注意坐姿,在适当之处就座,在合礼之处就座,从座位左侧就座,向座位周围之人致意,无声无息就座,以背部接近座椅,坐下后调整体位。头部位置要端正,身体保持笔直,通常不应当将上身全部倚靠椅背,可能的话最好不用椅背。

（5）与人交谈时,为表示对其重视,不仅应面向对方,而且还应同时将整个上身朝向对方。大腿并拢,双膝可略开,两小腿向内收回。如果求职者身穿短裙,且座位较高,应将双腿完全地一上一下交叠在一起,交叠后的双腿没有缝隙,犹如一条直线,叠放在上的脚的脚尖绷紧垂向地面;如果座位较低,则应双腿斜放。

（6）认真倾听招聘者的讲话,不要随意打断,在倾听时,要目视对方,全神贯注,不能东张西望,心不在焉,这会让对方感到很不舒服。交谈时双方目光接触应该占总的交谈过程的一半以上,但并不意味着求职者应该目不转睛地盯着对方的眼睛,这样会让对方感到不舒服。不问自己没必要了解的事情;在与招聘者谈话期间,若有其他人与之谈其他的事,不可多嘴多舌。

（7）回答对方提问时,口齿要清楚,声音不要太大或太小,答话要简练、完整;说话时要注意小节,不要东张西望,眼睛要适时地注视对方,不能不停地晃动身子或用眼瞟面试官桌上的材料,更不能乱翻面试官的东西;不要随便地抽烟或嚼口香糖,不要向招聘者借用电话;对于对方提问的问题,要一一回答,如不能回答某一问题,应如实告诉对方;对对方谈话的反应要适度,要呼应,要认真聆听并适时点头或答话。面试结束时要表示感谢并有礼貌地告辞。应讲普通话,发音要正确;音量适中,快慢有度;不要急躁、避免生硬或态度轻慢。用词文雅,不讲粗话、不讲黑话、不讲脏话、不讲怪话、不讲废话,不仅语言内容文明、语言形式也要文明、语言行为更要文明。

（8）如果主试人有两位以上时,回答谁的问题,求职者的目光就应注视谁,并应适时地环顾其他主试人以表示对他们的尊重。谈话时,眼睛要适时地注意对方,不要东张西望,显得漫不经心;也不要眼皮低望,显得缺乏自信。激动地与主试人争辩某个问题也是不明智的举动,冷静地保持不卑不亢的风度是明智之举。

（9）离座前先有所表示,如以语言或动作先向身旁就座的人示意;如与他人同时离座,须注意离开的先后次序,地位低于对方时,应稍后离座,地位高于对方时,可首先离座,身份地位相似时,允许同时离座;起身时,动作要缓慢,避免带倒座椅,带下椅垫等;起身站定后方可离去。

（三）保持微笑

笑容是一种令人感觉愉快的面部表情，在笑容中，微笑最自然大方，最真诚友善。人们普遍认同的微笑是基本笑容或常规表情。在面试中，保持微笑，至少表现以下几个方面。

第一，心境良好，面露平和欢愉的微笑，说明心理愉快，充实满足，乐观向上，善待人生，这样的人才会产生吸引别人的魅力。

第二，充满自信，面带微笑，表明对自己的能力有充分的信心，以不卑不亢的态度与人交往，使人产生信任感，容易被别人真正地接受。

第三，真诚友善，微笑反映自己心底坦荡，善良友好，待人真心实意，而非虚情假意，使人在与其交往中自然放松，不知不觉地缩短了心理距离。

第四，乐业敬业，主考官会认为求职者能在工作岗位上保持微笑，说明热爱本职工作，乐于恪尽职守。

如在服务岗位，微笑更是可以创造一种和谐融洽的气氛，让服务对象倍感愉快和温暖。

（四）尊重接待人员

对每一位招聘者，不论是领导还是一般员工，也不论是地位高的老员工，还是地位低的年轻员工，都应做到端庄而不冷漠，谦逊而造作。

（五）适时告辞

面试谈话时间的长短一般要根据面试的内容而定，通常宜掌握在半小时左右。一般来说，在高潮话题结束之后或在招聘者暗示之后就应主动告辞，不要拖延时间。沟通中还要注意"有度沟通"。有度沟通一个是对沟通内容的深度把握上，哪些事情是非说不可的，哪些问题可以稍后再做沟通；另外，也要注意沟通的时间。时间过长会使人产生倦怠感，影响沟通质量。不要在招聘者宣告结束时再补充几句，再提出什么问题，拖泥带水，影响其他人面试。离去时应询问："请问还有什么要问的吗？"得到允许后应微笑起立，道谢并说："再见。"如对方当场表态可以接收求职者，要向对方表示感谢，并表示今后好好工作，为单位的发展尽心尽力；如对方没有表态接收求职者，可能还有问题未搞清，或要进一步考察和研究，不要逼着对方表态；如果对方表示不能接收，也不要失态，更不要当场说气话，相反，要表示理解对方。

五、求职其他方面的礼仪

（一）握手礼仪

握手是人们相互见面和离别时的礼节，还含有感谢、慰问、祝贺和相互鼓励的意思。大学生在求职过程中应掌握握手的礼仪。

1. 掌握握手时间

握手时间的长短可根据握手双方认识程度灵活掌握。初次见面者，一般应控制在 5 秒钟以内,切忌握住异性的手久久不松开。即使握同性的手,时间也不宜过长。但时间过短,会被人认为傲慢冷淡,敷衍了事。

2. 掌握握手顺序

面试双方见面,通常会互相握手。除非面试官没有意图跟求职者握手,否则求职者应等面试官伸出手来,求职者才迎上去握手。

3. 掌握握手神态

握手的标准方式是行至距握手对象一米处,双腿立正,上身略向前倾,伸出右手,四指并拢,拇指张开与对方相握,上下稍晃动三四次,随即松开手,恢复原状。与人握手,要专注、热情、友好、自然,面带笑容,目视对方双眼,同时向对方问候。

4. 掌握握手力度

握手时为了表示热情友好,应当稍许用力,但以不握痛对方的手为限度。在一般情况下,握手不必用力,握一下即可。男方与女方握手不能握得太紧,西方人往往只握一下妇女的手指部分,但老朋友可以例外。

(二)馈赠礼仪

在赠送别人礼物的时候思想上一定要有正确的认识,不能认为因为自己是去贿赂别人抑或是有求于别人才送礼物的。这样的送礼会给对方造成反感或者是心理压力。在求职交往中,送礼物给对方要考虑馈赠的对象、目的、时间、方式等几个问题。

1. 馈赠的对象

不同对象的需要和喜好是不一样的,比如,外宾喜欢自己的商务伙伴送能代表民族特色的礼物;喜欢书法的朋友可能喜欢别人送他字画;喜欢收藏邮票的人喜欢对方送他有珍藏价值的邮票,因此不一定是贵重的礼物才是最好的。而且在送礼物的时候要注意三大禁忌:民族禁忌、职业方面的禁忌和个人方面的禁忌。

2. 馈赠的时间

在商务交往中初次见面是不适合送礼物的,可以在告别或下次见面的时候送礼物,在对方比较重要的节日或者庆典中也可以送礼物的。

3. 馈赠的方式

馈赠的方式包括面交、寄交、转交。将礼品进行精美的包装,这样可以让对方感受到求职者对对方的重视。如果可能最好当面交给对方,如果寄交或转交要附带祝福之类的话语。

4. 馈赠的目的

在商务交往中送礼物大多是表示祝贺友好,希望和对方保持良好的关系,而不能因为要达到某些商业方面的利益和对方故意套近乎,这样会让对方感到厌恶。

(三)介绍互识礼仪

介绍他人和握手一样,主要的原则还是采取"谁尊贵,谁优先",尊贵一方拥有最先的知情权。如果是被介绍的那一方,要等介绍人介绍完之后再客气一下,或略作补充,以加深对方的印象。

(四)交换名片礼仪

如果是初次见面,交换名片是很多商务场合主动示好的一种很恰当的方式。一般来说在和对方握过手之后就可以互递名片了。在递给对方名片的过程中,要双手递上,并要将名片的正面朝向对方,可以说"您好,这是我的名片,请多指教!"以方便对方直接看到,同时接过名片的时候也要用双手。收到名片之后,一般的做法是,将名片上的内容,如名字、单位、职务等先确认一下,让对方感到受人重视,对后续的交谈会有所帮助。确认过基本信息之后需将名片放置在名片夹或者笔记本内,切忌将名片随意丢放在桌上或者衣服口袋里。

第六章 大学生的就业程序与权益保障

大学生就业工作是各级政府、高校全力抓好的一项工作,也是一项非常复杂的系统工程。就业工作不仅仅是用人单位与毕业生之间的招聘与应聘的简单关系,其就业手续的办理、派遣,档案的转递等程序还涉及教育、人力资源和社会保障、公安等政府部门,也涉及高校。没有政府、高校等社会组织的参与,"双向选择"就难以顺利开展。此外,大学毕业生在求职择业及上岗成为新职业者的过程中,依法享有不容侵犯的就业权益。但是在现实中,毕业生的就业权益经常受到有意或无意的侵犯,既损害了毕业生的利益,挫伤了毕业生服务社会的积极性,也影响了毕业生的职业发展前程。因此,大学生要成功择业、顺利就业,除具备良好的自身素质并做好各种就业准备外,还必须了解掌握择业过程中的每一个程序,并时刻注意对自身合法权益的维护,这样才能顺利择业,愉悦上岗,并在将来的事业上有所建树。

第一节 大学生的就业程序

就业程序是指大学生在毕业前进行各项就业准备开始到毕业到用人单位报到为止所要经过的过程。需要说明的是,广义的就业程序不仅仅包括毕业生在整个求职择业所要经过的过程,也包括就业管理部门如教育行政部门、人事劳动部门、高校的工作程序,还包括用人单位的招聘与录用程序。熟悉掌握各级政府及高校的就业工作职责和程序,用人单位的招聘、录用程序,有助于毕业生顺利、及时就业。

一、大学生就业管理与服务部门的工作程序

(一)就业管理与服务部门的构成与分工

目前,高校毕业生的就业管理与服务机构主要有教育部,国务院有关部委,各省、自治区、直辖市和高等院校。这些管理与服务机构可划分为三个层次。

第一层次是教育部主管全国高校毕业生的就业工作。

第二层次是各省、自治区、直辖市和中央各部委的有关部门分管本地区、本部门的高校毕业生就业工作。

第三层次是各高等学校负责本校毕业生就业的具体事宜。

（二）就业管理与服务部门的工作程序

1. 就业管理与服务部门的一般工作程序

（1）教育部对年度国民经济发展和国家重点建设工程情况开展调查研究,制定相应的政策,从而确定年度就业工作意见。

（2）各地区、各部门、各高校的就业管理与服务机构,采取多种形式召开由毕业生和用人单位参加的"供需见面、双向选择"大会和开办毕业生就业市场,为毕业生求职择业创造条件,提供服务。毕业生在学校的指导下可直接参加这类活动。

（3）各高等学校在完成全部教学计划后,按照国家统一要求,一般从6月中旬开始根据上报的毕业生就业方案,经上级主管部门审批后给毕业生下发《就业报到证》。

2. 省（市、区）高校毕业生就业办公室（就业指导中心）的管理及服务功能

近年来,随着高校毕业生就业指导工作的深入开展,各级地方政府的教育主管部门先后设立了高校毕业生就业办公室(或就业指导中心),负责高校学生就业的日常管理与服务工作。其主要职能包括以下几方面。

（1）根据国家高校毕业生就业工作的政策,制定具体实施意见。

（2）指导高校和用人单位开展毕业生就业工作,并为其服务。

（3）组织管理当地高校毕业生需求信息的登记、发布和供需见面、双向选择活动。

（4）组织实施当地政府委托的高校毕业生资格审查,负责高校毕业生的《报到证》签发、调整和接收工作。

（5）受委托协调当地高校毕业生就业过程中的有关争议。

同时,省(市、区)高校毕业生就业办公室(就业指导中心)还面向高校毕业生实施如下的就业服务工作。

（1）开展高校毕业生就业的咨询、推荐和招聘等相关服务工作。

（2）负责高校毕业生就业信息的收集、登记和发布。

（3）组织高校毕业生就业市场和信息网。

（4）开展与高校毕业生就业相关的各类指导与培训。

（5）为高校毕业生提供人事代理(目前仅有部分地区实施)等。

3. 高校就业管理与服务部门的工作流程

目前,各高校均设有负责大学毕业生就业日常工作的部门办公室或就业指导中心。其面向毕业生的主要职责包括以下几方面。

（1）负责本校毕业生的资格审查,及时向教育部或当地政府主管部门报送毕业生资源情况以及就业方案。

（2）组织开展毕业教育和就业指导活动。

（3）提供就业信息、就业咨询,组织校园招聘活动。

（4）负责《毕业生就业协议书》的签证或签证登记。

（5）负责办理毕业生的派遣离校手续。

（6）开展其他与学生就业相关的工作。

毕业生就业管理与服务部门的工作程序大致包括：就业指导、市场调查与收集信息、发布用人单位信息与毕业生资源信息、毕业生资格审查、毕业生测评与鉴定、学校推荐、供需见面与双向选择及其他形式的择业活动、《就业协议书》签订、办理《报到证》、派遣调整、办理档案关系、未就业毕业生管理与服务、毕业生追踪调查。

高校就业管理与服务部门的工作流程具体大致如下所示。

（1）生源统计。每新学年开学初，由各学院、系按专业、生源地、毕业生人数统计毕业生生源情况，再由学生就业管理与服务部门汇总，主要是给需求单位提供生源信息。

（2）制定专业介绍。每新学年开学初，由各学院对本学院所设专业做全面介绍，包括所设专业、培养目标、专业内容、课程设置（专业课、基础课、选修课）、毕业生适应的工作领域、专业前景等，再由学生就业管理与服务部门汇总并统一印制，主要是向用人单位做介绍。

（3）毕业生资格审查。毕业生资格审查的目的是确认和核实每一位毕业生的入学资格，通过审查后才能取得毕业资格。毕业生资格审查的主要内容是毕业生生源、姓名、专业、学制、培养方式等，所审查的内容以高校新生录取名单上的内容为准。如有不一致之处，须出具相关手续。如改名手续，需出具市区级公安部门的改名手续；生源地变迁，需出具户籍变动手续（由现住址所在地的派出所出具户口迁移证明信）；降级、休学、转系、转专业等，须出具学籍变动手续（由教务处、学生处共同签字盖章的手续）。

（4）发放《就业协议书》。《协议书》由学校统一印制，对已取得毕业资格的毕业生由学生就业管理与服务部门审查后，按学院发给毕业生。因为《协议书》是最后派遣的唯一依据，所以发下来时要仔细阅读上面的条款及说明，并核对自己的个人信息是否有误。因每位毕业生只有一套《协议书》，因此要妥善保管。

（5）走访。向用人单位介绍毕业生情况，了解各地区就业政策，收集需求信息。

（6）向用人单位发邀请函，收集需求信息，邀请用人单位参加学校毕业生就业供需见面会。

（7）组织校园招聘会、举办毕业生就业大市场，毕业生和用人单位"供需见面、双向选择"。

（8）针对下一年级学生开设就业指导讲座，对学生进行全方位的就业指导。

（9）收集已签好的《就业协议书》。

（10）形成就业方案并上报上级就业主管部门。

（11）派遣、离校。

①发放《报到证》。《报到证》是就业管理部门派遣毕业生的唯一依据。根据用人单位返回的《协议书》，学生就业管理与服务部门统一打印《报到证》。经省级毕业生就业管理部门审核批准盖章后由学生就业管理与服务部门发放到各学院，再发给毕业生本人。

②户籍关系、档案的转寄。户籍关系由学校户籍管理部门（保卫处、派出所）根据就业方案统一办理转迁证明，并发放给毕业生本人。学生离校后持《报到证》、户籍关系到单位报到。档案在毕业生离校后由学校学生处统一以机要的方式寄送到用人单位。

③办理改派手续。大学毕业生在择业期间，打交道最多的就是学校的就业工作机构。这里是信息的集散地，是学校与用人单位建立联系与沟通的桥梁和纽带。每位大学生在择业阶段，要多留心学校就业工作部门设立的公告栏和网站，在那里可以及时得到用人单位的需求信息、就业招聘活动以及新的就业政策规定等；要多到学校的学生就业工作部门走走，看看最近有哪些就业活动和信息。同时，在求职择业中所遇到的问题，也可以在那里得到解决，并能得到相关的就业咨询和服务。

二、大学毕业生的择业程序

大学毕业生求职择业也有一定的程序,也要遵循一定的程序。毕业生要顺利就业,不但要了解掌握学校就业工作部门的就业工作程序,还要了解掌握毕业生个人就业的程序。一般来说,毕业生的择业程序如下。

(一)了解有关就业政策

大学毕业生就业是一项政策性很强的工作,了解国家有关就业政策是大学生求职择业的关键一步。有人曾经形象地称求职择业中不熟悉就业政策的大学生"如同不懂得比赛规则而上场比赛的运动员"。的确,面临求职择业的大学毕业生们,如果不去首先了解国家以及有关部门的就业政策而盲目地去选择职业,那么很可能事与愿违,甚至碰壁。

大学毕业生就业政策是国家为实现一定历史时期的任务,适应经济建设和社会发展的需要而制定的有关大学生就业的行动准则,它将根据国家政治、经济形势的变化而不断调整。各地区、各部门也根据国家当年颁布的有关政策并结合本地区、本部门的实际,制定本地区、本部门的一些毕业生就业政策。

学校、毕业生和用人单位必须按照这些政策来指导和规范毕业生求职择业活动。因此毕业生在面向社会求职择业时,首先需要主动向学校及有关部门了解当年国家在大学毕业生就业过程中的具体政策规定,学校及有关部门也会在适当时机向学生公布国家及有关地区、部门的就业政策。

(二)收集信息

完成任何一项工作,信息的收集都是必不可少的。对大学生就业活动而言,信息的收集是迈向成功的第一步。大学生在择业过程中需要收集的信息,大致包括以下五方面内容。

(1)政策和法规信息,比如《中华人民共和国劳动法》、《劳动合同法》等。

(2)当前经济发展形势,社会各行业、各类企事业单位经营状况信息。另外,对某一具体的用人单位,它的经营状况、文化背景、发展前景、对人才的重视程度、工作条件、福利情况等,也是大学生应该收集的信息。

(3)就业活动安排信息,比如什么时候召开企业说明会,什么时候举办招聘会等,这些信息也十分重要。

(4)成功择业的经验、教训信息。择业过来人的择业经验、教训,就业指导老师的切身体会等,都会为大学生的成功择业助上一臂之力。

(5)用人单位的需求信息。用人单位的岗位需求信息,该岗位对于大学毕业生的能力、技能要求以及专业要求的信息对于大学生就业至关重要。

大学生收集信息的渠道,一般有以下几个。

(1)当地政府教育主管部门所属高校毕业生就业指导中心。

(2)学校学生处或就业指导中心。

(3)专业性报纸,如《人才市场报》、《就业指导报》等。

（4）广播、电视、报纸的《求职》《就业》专栏或专版以及有关企事业单位的招聘广告。

（5）社会考察及毕业实习。

（6）亲朋好友及学校校友。

（7）有关老师及其关系网络。

（8）用人单位举行的说明会等。

在择业过程中收集信息，应该有明确的目的，收集的信息要对自己的就业活动有用。这就要求大学生在收集信息时，注意所收集信息的准确性、客观性和全面性。而且，信息收集活动不应该中断，而要连续进行，大学生在择业的每一个环节，都要注意收集信息。

（三）自我分析

在收集信息的基础上，大学生要联系自身实际，理智地进行自我分析。自我分析内容包括以下几点。

（1）自身综合素质、能力的自我测评，如学习成绩在全专业中的名次，自己的兴趣、特长、爱好，自己有何出众的能力（包括潜能）等。

（2）分析自己的性格、气质。一个人的性格和气质对所从事的工作有一定的影响，如果能从事与自己的性格、气质相符的工作，也许更容易出成绩。我们可以用一些测试表对自己的性格、气质进行一定的分析。

（3）自己在择业过程中，具有哪些优势、哪些劣势，该如何扬长避短。

（4）问一问自己究竟想做什么，即自己想在哪一方面有所发展，想成为什么样的人才，换句话说，即自己的"满足感"是什么，"价值标准"是什么。

理智地对自我进行剖析，在择业中至关重要。如果不清楚自己有何优势、有何劣势，不分析自己真正想要什么，会导致择业过程中的盲目从众和患得患失，同时也会影响到今后的工作。

"当局者迷，旁观者清"，这句话对于处于择业过程的大学生，同样有效。有时我们确实很难清醒地认识自己，了解自己。这时，我们不妨与父母、老师、同学、朋友谈谈心，从他们那里得到一些对自己的中肯评价和有益的指点。

"知己知彼，百战不殆"，在今天双向选择的择业大背景中，认识自己有时比了解就业形势、了解用人单位更为重要。要在就业活动中最终获得成功，就一定要做到"知己知彼"。

（四）确定目标

自我分析的结果，是确定自己的择业目标。从广义上说，大学生首先需要确定的择业目标包括以下两个方面。

（1）择业的地域。即是在沿海城市就业，还是在内地就业；是留在外地就业，还是回本省、市就业。在确定择业地域时，要问自己这种决定是否符合政策条件，是否会得到政府教育主管部门以及学校的批准，同时还要考虑生活习惯、今后的发展等因素。

（2）择业的行业范围。即是在本专业范围就业，还是跳出本专业去其他行业就业；是从事本专业范围内的技术工作、管理工作，还是教学、科研工作等。在确定行业范围时，要多问自己的综合素质、能力如何，有什么兴趣和特长。

在确定了择业地域以及择业的范围与自己希望从事的职业后,可以向择业的目标进一步靠拢:对于愿意到企业工作的大学生,是选择国有企业,还是选择三资企业、民营企业;这些企业中,有哪些单位前来招聘,自己是否符合条件,自己最希望到哪一家企业工作。

择业过程中,当然会遇到一些不可预测的变化,但是,事先给自己的择业确定一个比较明确的目标,可以使整个就业活动显得有的放矢、有条不紊,不然,就会出现乱打乱撞的盲目、被动局面。

(五)准备材料

在确定了择业的目标之后,大学生接下来要做的事情便是准备材料。这些材料包括个人简历、自荐信以及有关的重要补充材料。有关自荐材料的准备,已经在本书第四章进行了介绍,这里就不再阐述。

(六)参加招聘会(投寄材料)

在大学生就业活动中,招聘会或就业市场在用人单位与学生间架起了见面、沟通的桥梁。招聘会或就业市场大致可分为四类:一是社会上的人才市场;二是政府教育主管部门所属就业指导中心组织的供需洽谈会、就业市场;三是学校组织的供需洽谈会、招聘会;四是各院系自身联系组织的小型招聘会。

在招聘会或就业市场上,用人单位与学生之间只是初步"结识"。用人单位向学生宣传单位的发展建设状况,同时收集众多学生的材料(有的用人单位可能向应聘学生发放登记表);学生则在了解用人单位的大致情况后,将材料或登记表交给单位。另外,用人单位往往会在网上发布需求信息,而大学生也可以通过上网将自己的信息传递给用人单位。

(七)参加考试

不少用人单位在招聘过程中,采用笔试的方法,考核应聘者的知识、能力与素质。

大学生如果获得笔试的机会,应该珍惜并认真对待。在笔试前,要对自己所学知识进行科学、系统的复习,同时调整好自己的应试心理和应试状态,准备好各种考试中可能用到的工具。

笔试检验的是大学生运用大学期间所学知识、所培养技能去处理实际工作问题的能力。因此,用不着过分紧张和担忧。

(八)参加面试

面试是一些用人单位考核学生综合素质的重要手段。通过面对面的沟通、交流,用人单位可以了解学生的表达能力、思维能力、处世能力以及其他一些不能通过笔试反映出来的个人素质。

对于面试,一些大学生容易出现以下情况:一是抱有过高的期望值,以致急于向用人单位展现自己,说出一些夸大其词的言语;同时因为担忧自己不能引起用人单位负责人的注意或者出现回答不出问题的尴尬局面,在面试过程中表现得十分紧张、患得患失。二是进取心不足,自信心不强。看着同来面试的其他学生,面对主考官,有的学生甚至临阵怯场,萌生退意。

（九）签订协议

用人单位通过供需见面、笔试、面试等招聘活动,选拔自己满意的大学生后,便向被其录用的学生发出录用通知书。学生在接到录用通知书后,如果愿意到该单位工作,则双方进入签订就业协议阶段。

《就业协议书》一般应包括以下条款:服务期、工作岗位和工作内容、劳动保障和工作条件、工资报酬和福利待遇、就业协议终止的条件、违反就业协议的责任等。另外,学生和用人单位可在《就业协议书》上附加双方认为需要增加的条款。

（十）走上岗位

与用人单位签订好协议,并得到学校、政府教育主管部门的审核通过后,接下来大学生要做的便是以优异的成绩完成毕业设计,等待毕业派遣,做好毕业离校的各项准备工作。

跨出校门,大学生将步入另一个天地。走上工作岗位,将会面临有更多的挑战。应做到服从安排,踏实肯干,遵守制度,刻苦钻研,尊重长辈,团结同事等。机会垂青于那些有准备的人,机会垂青于那些脚踏实地、勤奋努力的人,对于择业如此,对于今后的工作,更是如此。一名优秀的大学毕业生,一定能够在未来的天空展开腾飞的翅膀。

三、用人单位的招聘程序

随着我国经济体制的深化改革和社会主义市场经济的建立,现在我国高校毕业生就业渠道呈现出多样化格局。除了传统的事业单位、国有企业招聘单位外,三资企业、外资企业、私营企业、个体经济组织、国家服务项目、军队也都成为大学生就业的单位,这为毕业生就每一个用人单位的单位性质、生产经营、文化底蕴、用人机制不同,其对大学毕业生的要求也不同,招聘、录用程序和方法也不尽相同。毕业生应尽可能研究每一类用人单位的招聘、录用程序和方式,了解掌握用人单位的招聘、录用细节,精心准备,积极应对,有的放矢,力争实现谋得理想工作岗位的目标。

一般来说,企业型用人单位招聘、录用大学生的程序和方法如下。

（一）制定年度需求计划

每年,用人单位的二级单位、部门,根据生产经营情况、员工增减情况,制定本部门的年度员工需求计划,上报单位人力资源部（人事处）。人力资源部（人事处）对各单位、部门上报的用人计划进行调研、分析,编制本年度用人计划草案,报上级主管部门或领导、审批机构审批。经过上级主管部门或领导、审批机构审批后,形成正式的年度用人计划。人力资源部（人事处）根据岗位任职条件等编制招聘说明书。

（二）挑选学校

用人单位根据用人计划中规定的专业、学历、技能等要求条件及相关高校的专业设置、学生质量等因素,挑选招聘的学校范围。不同性质的用人单位对学校的要求也不同:有的希望在本省、直辖市、自治区范围内选取,有的愿意在全国范围内的学校挑选,有的希望在名牌高校中选择,有的希望在一般院校选择。一般来说,一些大型国企喜欢固定在一些院校招聘。

（三）发出招聘信息

用人单位在选定好高校后,会给选定的高校就业工作部门发出招聘的信息。高校有符合其招聘条件的毕业生并且符合高校招聘程序的,双方就信息发布、招聘时间、招聘专业、笔试面试、录用手续等相关议题达成共识后,通过学校就业信息网、就业宣传栏、校讯通及张贴通知等形式,向毕业生公布招聘信息。

（四）组织报名并审核简历

多数用人单位会采取让毕业生报名并收取简历的形式,通过报名环节可以掌握毕业生应聘情况,有针对性地制定下一步招聘方案。同时,对收取的毕业生简历进行初步审核筛选,挑选中意的毕业生入围笔试、面试,这样针对性更强,减少盲目性,缩短招聘时间,降低招聘成本。用人单位会根据毕业生报名情况和简历筛选情况制定具体招聘、面试方案。

（五）笔试

并不是所有的用人单位都采用笔试录用形式,笔试主要是一些国有大型企业、外资企业、公务员及事业单位考录及国家项目如"三支一扶"等经常采取招聘形式。由于报名的毕业生较多,采取笔试考查录用的形式,能够考查出毕业生的知识能力及知识面,可以达到"公平、公开、择优"的招聘目的。笔试的题型、内容也因单位而异。

（六）面试

面试是所有用人单位都采用的一种选录形式。通过面试重点考察应聘者的班级综合排名、学习成绩、专业技能、个性特征等综合素质。通过提问、交谈、笔试、审核自荐材料等方式,可以考查应聘者的综合素质,了解应聘者的应聘意图和想法,最终确定录用对象。面试分两种形式:一是在学校面试,另一种是到用人单位面试。

（七）签约

经过审核毕业生的简历和严格的面试程序,少数还需要笔试、政审等环节,用人单位认为应聘者符合本单位招聘条件,能够胜任工作岗位,应聘者也愿意到本单位就业的,就与毕业生签订《普通高等学校毕业生就业协议书》,正式录用毕业生。一般来说,用人单位校园招聘主要看毕业生的综合测评排名、学校成绩、专长能力等,愿意招收那些排名在前的学生。

（八）顶岗实习或试用

为了考察毕业生的实际能力和表现,缩短岗位适应期,现在用人单位尤其是企业都愿意被录用的毕业生提前离校到用人单位顶岗实习,也有一些用人单位规定毕业生报到工作后有一定时期的试用期。对顶岗实习或试用期间违反用人单位规章制度,表现很差的毕业生,或不适合用人单位工作岗位要求的,用人单位可以拒绝与其签订劳动合同。

（九）签订劳动合同

对顶岗实习或试用期间表现良好,符合用人单位工作要求的,用人单位凭毕业生的毕业证、就业报到证等,与毕业生签订书面劳动合同,毕业生也就成为用人单位的正式员工了,享受正式员工的待遇,毕业生就开始了自己的职业生涯。

第二节　大学生的权益保障

大学生在择业过程中如何正确行使自己的权利、合理有效地保护自己的利益,如何同用人单位签订就业协议、劳动合同,这些都是大学生极为关注的问题。本节主要介绍大学生的就业权益,大学生就业协议、劳动合同的签订,通过学习相关的法律,切实维护自身在求职过程中的权益,确保就业的安全与稳定。

一、大学生的就业权益与义务

（一）大学生的就业权益

大学生的就业权益主要体现在大学生与用人单位见面进行双向选择、签订就业协议、就业报到等环节中。根据目前大学生就业政策和有关法律、法规的规定,大学生在求职就业过程中主要享有以下几方面的权益。

1. 接受就业指导权

学生有权从学校接受就业指导。《中华人民共和国高等教育法》第五十九条规定,"高等学校应当为毕业生、结业生提供就业指导和服务,国家鼓励高等学校毕业生到边远艰苦地区工作。"由此可以看出,接受就业指导和服务是大学生的一项重要权益。各高校应成立专门的大学生就业指导服务机构,配备专员对大学生进行就业指导与服务,包括向毕业生宣传国家关于毕业生就业的有关方针、政策;对毕业生进行求职技巧的指导;引导毕业生根据国家、社会需要,结合个人实际情况进行择业,使毕业生通过接受就业指导,准确定位,合理择业。

2. 被推荐权

高等学校在就业工作中的一个重要职责就是向用人单位推荐毕业生。历年工作经验证明,学校的推荐往往在较大程度上影响到用人单位对毕业生的取舍。被推荐权包括以下三个方面内容。

（1）如实推荐,即高校在对毕业生进行推荐时,应实事求是,根据毕业生本人的实际情况向用人单位进行介绍、推荐,不能故意贬低或随意抬高对毕业生在校表现的评价。

(2)公正推荐,学校对毕业生进行推荐应做到公平、公正,应给每一位毕业生以就业推荐的机会,不能厚此薄彼。公正推荐是学校的基本责任,也是毕业生享有的最基本的权益。

(3)择优推荐,学校根据毕业生的在校表现,在公正、公开的基础上,还应择优推荐,用人单位录用毕业生也应坚持择优标准。真正体现优生优分,学以致用,人尽其才。这样才能调动广大毕业生和在校生学习的积极性。

3. 选择权

根据国家有关规定,实行招生并轨改革后的高校毕业生,可以在国家就业方针、政策指导下自主择业,即毕业生只要符合国家的就业方针、政策,就可以结合自身情况自主与用人单位协商,要求学校予以推荐,直至签订就业协议,学校、其他单位和个人均不得干涉。任何将个人意志强加给毕业生,强令毕业生到某单位的行为是侵犯毕业生选择权行为。

4. 公平待遇权

用人单位录用毕业生的过程中,也应公平、公正,一视同仁。但由于各项配套措施滞后,完全开放公平的就业市场尚未真正形成,用人单位录用毕业生还不同程度存在不公平、不公正的现象,如女生就业难仍然是困扰女毕业生就业的一大问题,招聘过程中其他不公正的条件时常出现。

5. 违约及补偿权

毕业生、用人单位、学校三方签订协议后,任何一方不得擅自毁约。如用人单位无故要求解约,毕业生有权要求对方严格履行就业协议,否则用人单位应对毕业生承担违约责任,支付违约金,毕业生有权利要求用人单位进行补偿。

(二)大学生就业的基本义务

毕业生在享有国家就业政策、法律、法规所规定的权利的同时,也应当履行自己应尽的义务,这些义务主要包括以下几方面:

1. 回报国家、社会

我国宪法规定,劳动对于公民来就,既是权利也是义务,是权利和义务的统一。对于毕业生而言,不仅要履行作为公民来说必须要履行的劳动义务,而且按照"得之于社会、还之于社会、报之于社会"的原则,积极地回报国家、社会和家庭,承担起自己应尽的义务。

2. 服从国家需要

虽然毕业生在择业过程中有相当大的自主权,可以根据个人的意愿选择用人单位,但作为当代大学生,上大学所要缴纳的学费只是培养费的一小部分,国家和社会为大学生的成才付出了很大的代价。因此,大学生就业不仅仅是个人行为,还应服从国家和社会的需要。不顾国家需要,坚持个人无理要求,经多方教育仍拒不改正的,由学校报地方主管毕业生调配部门批准,不再负责其就业。

3. 如实介绍自己的情况

大学毕业生在求职择业过程中应如实地向用人单位介绍自己的情况,这是基本的择业道德要求,也是自己应尽的义务。毕业生在填写推荐表、撰写自荐信、与用人单位洽谈介绍自己时,必须实事求是,不得弄虚作假。

4. 遵守和履行就业协议

毕业生与用人单位通过双向选择签订就业协议,以约束双方的行为。遵守协议是就业工作顺利进行的保证。一经签订协议,就不能随便违约,一旦违约,不仅影响学校正常的就业秩序,而且会损害用人单位、学校和其他同学的利益,因此,讲信誉是毕业生应尽的义务。

5. 按时到工作单位报到

《普通高等学校毕业生就业工作暂行规定》要求,毕业生办理完离校手续后,应持《报到证》按时到用人单位报到。如果自离校之日起,无正当理由超过三个月不去就业单位报到,或报到后拒不服从安排和提出无理要求被用人单位退回的,由学校主管毕业生就业部门批准,不再负责其就业。

二、大学毕业生就业过程中常见的侵权现象

(一)择业阶段常见的几种侵权现象

择业阶段是指毕业生和用人单位还未形成合同关系、劳动关系的阶段,也就是通常所说的求职阶段。这个阶段的侵权主要表现为以下几个方面。

1. 对毕业生知情权的侵犯

有的用人单位为了能招到优秀的高校毕业生,在所提供的招聘信息中夸大其词、隐瞒自己单位的真实情况,致使一些大学生轻信上当,在找工作时错过了自己宝贵的求职时机,有的甚至误入企业精心设置的陷阱。毕业生在应聘时一定要保持清醒的头脑,不要轻信用人单位的一面之词,可以通过咨询有关行政主管部门、实地调查、走访客户、询问员工、网络查询等多种途径全面客观地了解用人单位的真实情况。

2. 对毕业生平等权的侵犯

有的用人单位在招聘时通过擅自设置限制性规定,或者提高条件,对女学生或者乙肝病毒携带者制造就业障碍,实行就业歧视。遇到就业歧视的情况,毕业生应当主动与用人单位做好协商沟通工作,极力推荐自己,必要时可以通过有关行政主管部门的监管、新闻媒体的监督,或者是劳动仲裁、法律诉讼等途径依理、依法力争。

3. 对毕业生财产权的侵犯

有的用人单位巧立名目,向毕业生收取报名费、培训费、考试费等不合理费用,借录取为名行乱收费之实。毕业生应当依照法律、法规和政策的规定,拒绝用人单位不合规定的收费要求,并且向有关行政主管部门举报。

4. 对毕业生隐私权的侵犯

有的用人单位为了详细了解应聘者的情况,在面试时会问应聘者非常隐私的个人问题,比如"有没有异性朋友"等无礼的问题。有的用人单位草率处理毕业生的推荐资料,致使毕业生的私人信息流失。用人单位的行为既是对毕业生的不尊重,也是侵犯了毕业生的隐私权。毕业生在应聘时一定要有保护隐私权的意识,要有策略地回避用人单位侵犯隐私权的询问,推荐表的内容应当简洁明了,以客观介绍自己的基本素质和能力为主,不应当事无巨细,暴露自己的隐私。

(二)签约阶段常见的几种侵权现象

签约阶段即毕业生与用人单位签订就业协议的阶段。这个阶段的侵权主要表现为以下几个方面。

1. 就业协议的内容不合法

内容不合法或损害公共利益的就业协议是无效的,毕业生必须严格审查双方签订的劳动合同内容是否符合法律、法规和政策,不能无原则地迁就用人单位从事非法工作。

2. 无主体资格的虚假签约

无主体资格的就业协议是无效的,这就意味着毕业生的就业权益失去了保障。主体资格的无效问题有些是由于毕业生自己的因素造成的,例如,在报到时未取得毕业资格,或者没有满足用人单位附带的生效条件,用人单位可以不予接收而无须承担法律责任。有些是由于用人单位的过错造成的,例如,用人单位不具有从事各项经营或管理活动的能力,没有录用指标和录用自主权,而进行虚假签约。因此,毕业生应当在审视自己的主体资格的同时,严格审查用人单位的主体资格。

3. 违约金过高

用人单位刻意设置高额违约金,造成毕业生改派成本过高。因此,毕业生在签订就业协议时,要与用人单位慎重协商违约金额。根据自己的职业生涯规划选择合适的用人单位,确定适宜的签约期限,对于那些违约金约定数额较高的企业,毕业生应该考量自己承受的风险能力,量力而行。

(三)就业报到阶段常见的几种侵权现象

毕业生毕业离校后应当立即到用人单位报到,并且马上与用人单位签订劳动合同,使就业协议书和劳动合同有一个比较好的衔接。这一阶段就业权益的侵犯主要表现为以下方面。

1. 劳动合同不符合规范

我国的劳动法、劳动合同法等法律是调整劳动关系的重要依据,劳动关系的当事人应当依照上述法律规范地签订劳动合同。由于劳动关系所涉及的权利义务复杂多样,关乎劳动者的切身利益,毕业生在签订劳动合同时,一定要弄清劳动法、劳动合同法等法律的规定,要求用人单位对法定的必要条款必须给予清楚的确定,对于其他条款,也要进行适当的约定。在合同签字前,要对劳动合同的合法性和适当性依法进行审查。

2. 不签订劳动合同或者延迟签订劳动合同

有些用人单位在毕业生报到后借口就业协议的法律的适用性,要么不签订劳动合同,要么声明就业协议就是劳动合同。毕业生在签订就业协议时应当防范这种情况的出现,在就业协议中明确毕业生报到后与用人单位签订劳动合同,并通过补充条款尽可能地对劳动合同的内容进行约定。或者是在签订就业协议的同时就签订劳动合同,只是劳动合同暂时不生效,待所附期限到来即毕业生到单位报到时方始生效。如果遇到拒签劳动合同的情况,毕业生应当以就业协议的内容为参考,要求已经存在事实劳动关系的用人单位为自己的解约行为承担责任。

（四）试用期内常见的几种侵权现象

在实践中,试用期内的劳动纠纷主要表现为试用期过长、试用期辞职与辞退、以试用期合同代替劳动合同、劳动时间过长、强制加班、缺乏有效的劳动保护、限制婚姻生育等问题。毕业生在接受用人单位的考察、尽快融入劳动集体的同时,要学会用法律的武器,有效保护自己在试用期内的合法权益。对于明显侵犯自己权益的用人单位,可以选择解约辞职,并且要求用人单位依法承担经济赔偿责任。

三、大学生就业权益保护的途径

（一）毕业生就业主管部门的保护

毕业生就业主管部门可依据国家法律和政策规定来制订规范性文件,对侵犯毕业生权益的行为进行抵制或处理。如对不履行就业信息公开登记手续、侵犯毕业生获取就业信息权的用人单位,各省毕业生就业主管部门可以不审批其上报的协议书,不予审批其就业计划和打印就业《报到证》,同时对这种情况给予通报批评,严重者将取消其录用毕业生的资格。另外,为保护毕业生的合法权益不受侵犯,还可以对就业主体双方存在的争议和违约等问题进行协调处理,直至仲裁。

（二）高校的保护

学校对就业生权益的保护最为直接。学校可通过制定各项措施来规范毕业生就业指导和就业推荐,对于用人单位在录用毕业生过程中的不公平、不公正行为,学校有权予以抵制以维护毕业生的公平受录用权。高等学校在毕业生签订就业协议过程中应进行监督和指导。对于用人单位与毕业生签订不符合国家有关政策或显失公平的就业协议,学校有权拒签,未经学校审核同意的就业协议不能作为编制就业方案的依据。

（三）毕业生的自我保护

毕业生自我保护的前提是应了解目前国家和省、市关于毕业生就业的有关方针、政策,熟悉毕业生就业过程中的权益和义务。在此基础上,毕业生应自觉遵循有关就业规则,保证自己的就业行为不违反就业规则,不侵犯其他毕业生和用人单位的合法权益。更重要的是毕业生应学会运用法律手段维护自身的合法权益。

(四)法律的保护

1. 就业协议

就业协议书是为了明确毕业生、用人单位、学校三方在大学生就业中的权利和义务的法律文书,三方主要内容如表 6-1 所示,其填写注意事项如表 6-2 所示。

表 6-1　毕业生就业协议书三方内容

毕业生情况及意见	姓名		性别		年龄		民族	
	政治面貌		培养方式			健康情况		
	专业			学制			学历	
	家庭地址							
	应聘意见:							
	毕业生签名:　　　　年　　月　　日							
用人单位情况及意见	单位名称					单位隶属		
	联系人		联系电话			邮政编码		
	通讯地址			所有制性质	全民、集体、合资、其他			
	单位性质	党政机关、科研事业单位、学校、商贸公司、厂矿企业、部队、其他						
	档案转寄详细地址							
	用人单位意见: 签章 　　年　　月　　日				用人单位上级主管部门意见: (有用人自主权的单位此栏可略) 签章 　　年　　月　　日			
学校意见	学校联系人		联系电话			邮政编码		
	学校通讯地址							
	院(系、所)意见: 签章 　　年　　月　　日				学校毕业生就业部门意见: 签章 　　年　　月　　日			
备注:补充条款								

表 6-2　毕业生就业协议书填写注意事项

项目	注意事项
学生项目	1. 专业名称应为学生现在的专业名称,务必与学校登记的专业名称完全一致,不得误写、简写,以免造成不必要的麻烦 2. 落户地址应填写毕业生在毕业后,户口将迁往的地址

项目	注意事项
单位项目	1. 用人单位名称与单位公章一致，不要简写、误写或写别名 2. 用人单位性质填写单位的经济类型，如国有、独资、合资、民营、私营等 3. 档案接收（单位名称、邮政编码、详细地址）： 请填写清楚用人单位的人事档案保管单位的全称和地址，用于学校邮寄毕业生档案材料。有人事档案保管权的单位（如国家机关、国企、高校、省直属单位等）可写单位地址。无人事档案保管权的单位（如外资、私营、民营等）应填写其委托保管档案的地址，如某人才市场等
甲乙双方协商达成补充条款注意事项	1. 服务期、见习期等条款，必须明确填写 2. 各项福利、违约金等最好注明多少，若不注明，易引起纠纷 3. 甲乙双方可就有关事项协商达成附加条款，如乙方就读本科或研究生、或乙方未获得毕业证书（学位证书）、或甲方有何特殊的体检要求等均可在协议中写明

《毕业生就业协议书》是毕业生与用人单位签订的第一份法律文本，具有合同的某些法律属性，同工作后签订的劳动合同又具有明显的不同。

首先，《毕业生就业协议书》具有合同的属性。《中华人民共和国合同法》第二条、第三条明确规定，"合同是平等主体的自然人、法人、其他组织之间设立、变更、终止民事权利义务关系的协议。合同当事人的法律地位平等，一方不得将自己的意志强加给另一方。"毕业生所签订的《毕业生就业协议书》是否属于合同呢？通过分析可以发现，首先，《毕业生就业协议书》的主体是毕业生（自然人）和用人单位（法人或其他组织），他们在签订就业协议时的法律地位是平等的；其次，《毕业生就业协议书》是双方意思表示一致后达成的，任何一方都不得将自己的意志强加给另一方；再次，《毕业生就业协议书》所涉及的权利义务均属于我国民事法律调整的范围，因此可以说《毕业生就业协议书》具有合同的属性。

其次，《毕业生就业协议书》不能取代《劳动合同》。《毕业生就业协议书》作为确定劳动关系的依据，从本质上讲属于广义上的合同，具有劳动合同的部分特征，主要根据如下。

第一，签订《毕业生就业协议书》是毕业生、用人单位双方在平等互利的基础上进行的民事法律行为，其目的在于构建双方的劳动法律关系。在毕业生的就业选择中，毕业生可以自愿地选择用人单位，用人单位也可以根据自身业务发展的需要选择合适的优秀的毕业生到本单位工作，从而为单位谋求更大的利益和发展。其他的任何人或单位、组织若无法定的事由不得对毕业生和用人单位的就业协议加以干涉。

第二，《劳动合同》表明劳动者和用人单位间确立了劳动关系，而毕业生和用人单位确定的就业劳动关系的依据是《毕业生就业协议书》。

第三，签订《毕业生就业协议书》是用人单位和毕业生双方当事人设立各自权利义务的民事法律行为，它是一种双方承诺的毕业生就业书面合同。由于就业协议是确立毕业生就业关系的一种协议，凡用人单位与毕业生之间的就业争议、纠纷都应遵循就业协议中的有关规定设法解决。

虽然说《毕业生就业协议书》具有《劳动合同》的部分特征，但不能等同于《劳动合同》。《毕业生就业协议书》仅是一份简单的文本文件，很多诸如工作岗位、工作条件等劳动合同必备条款并不在其中直接体现，因此，单凭就业协议，毕业生就业后的劳动权利无法得到全面的具体保障。

从法律角度看,虽然《毕业生就业协议书》与《劳动合同》二者一经签订都具备法律效力,无论是毕业生还是用人单位都应当履行约定,但事实上《毕业生就业协议书》仅是毕业生与用人单位双方进一步确立劳动关系的前提。从内容上看,就业协议中所规定的条款大多是框架性内容,毕业生与用人单位的有关劳动权利和义务的具体内容还有待于双方在《劳动合同》中详细约定。因此,如果毕业生在报到后与用人单位始终未能签订《劳动合同》,双方一旦发生纠纷,由于举证不能等方面的原因,法律最终也很难保护其合法权益不受侵害。根据《劳动合同条例》的有关规定,《劳动合同》是劳动者与用人单位确立劳动关系、明确双方权利和义务的协议,应当以书面形式订立。在应当订立《劳动合同》的情况下,如果用人单位以种种借口不与毕业生订立《劳动合同》,毕业生完全可以拿起法律武器保护自己的合法权利。

最后,每位毕业生只能与一家用人单位签订《毕业生就业协议书》。《毕业生就业协议书》明确规定了学校、用人单位及毕业生三方的权利、义务与责任,一经签订即视为生效合同,不能随意更改。如由于特殊原因,毕业生单方面毁约,必须在规定时间内征得原签约单位的同意,经学校毕业生就业工作部门批准,方可办理改派手续。

就业协议书是学校派遣毕业生的依据。毕业生如果没有签署《毕业生就业协议书》,而只是与单位签了《劳动合同》,那么毕业生的档案、户口等人事关系都无法直接从学校转到用人单位,所以,毕业生应按照学校的就业工作程序签署《毕业生就业协议书》。

大学毕业生在签订就业协议时,需要注意签订程序的合法性。一般情况下,毕业生持学校下发的推荐表,参与双向选择活动。单位确定后,毕业生凭借推荐表回执或单位接收函换取《毕业生就业协议书》,协议一律以原件为准,复印件无效。签订毕业生三方协议书的基本程序如下。

第一,毕业生获得用人单位的书面接收函。

第二,毕业生到所在学校领取一式三份的《毕业生就业协议书》。

第三,毕业生与用人单位签署就业协议,并在就业协议书上签名盖章,用人单位应在协议书上注明可以接收毕业生档案的名称和地址,并由可接收毕业生档案的用人单位上级主管部门或人才部门盖章。

第四,毕业生到所在学校签署就业协议。

第五,学校签署完就业协议书以后,学校、用人单位、毕业生本人各留一份就业协议,毕业生本人把用人单位应持的一份就业协议书转交用人单位。

除了签约合法,就业协议书的解除也必须合法。一般情况下,就业协议书的解除分为单方解除和三方解除。

单方解除包括单方擅自解除和单方依法或依协议解除。单方擅自解除协议属违约行为,解约方应对另两方承担违约责任。单方依法或依协议解除,是指一方解除就业协议有法律上或协议上的依据,如毕业生未取得毕业资格,用人单位有权单方解除就业协议;毕业生考取研究生后,用人单位依协议规定可解除就业协议;此类单方解除就业协议情况,解除方无须对另两方承担法律责任。

三方解除是指毕业生、用人单位、学校三方经协商一致,取消原签订的协议,使协议不发生法律效力。此类解除原因是三方当事人真实意思表示一致的体现,三方均不承担法律责任,三方解除应在就业计划上报主管部门之前进行,如就业派遣计划下达后三方解除,还须经主管部门批准办理改派。

《毕业生就业协议书》一经毕业生、用人单位、学校签署即具有法律效力,任何一方不得擅自解除,否则违约方应向权利受损方支付协议条款所规定的违约金。从实际情况来看,就业违约多为毕业生违约。

毕业生违约,除本人应承担违约责任,支付违约金外,往往还会造成其他不良的后果,主要表现在以下三个方面。

第一,就用人单位而言,往往为招聘做了大量的准备工作,而毕业生就业工作时间相对比较集中,一旦毕业生因某种原因违约,势必造成前期准备工作的资源浪费,并使用人单位的这一岗位空缺,同时还会影响用人单位另行选择其他毕业生。

第二,就学校而言,用人单位往往将毕业生违约行为认为是学校的行为,从而对学校的推荐工作产生怀疑,甚至影响学校和用人单位的长期合作关系。从历年毕业生违约情况来看,一旦某高校的毕业生违约给用人单位造成损失,则该用人单位在几年之内都不愿再到此高校来挑选毕业生。面对激烈的就业竞争,用人单位的有效需求就是毕业生择业成功的前提,如此下去,必定影响今后学校的毕业生就业工作。

第三,就其他毕业生而言,用人单位到校挑选毕业生,一旦与某毕业生签订就业协议,就不可能再录用其他毕业生。若日后该毕业生违约,有些当初希望到该用人单位工作的其他毕业生由于录用时间等原因,也无法补缺,造成就业信息的浪费,耽误其他毕业生就业的机会。因此,毕业生在就业过程应慎重选择,认真履约。

2. 劳动合同

毕业生到用人单位报到后一般都要签订劳动合同。《中华人民共和国劳动合同法》(以下简称《劳动合同法》)第三条第一款规定,"订立劳动合同,应当遵循合法、公平、平等自愿、协商一致、诚实信用的原则",具体来说有以下几项原则。

第一,合法原则。合法原则是指订立劳动合同必须遵守国家的法律法规的规定。它包括三方面的内容:首先,订立劳动合同的主体必须合法,作为用人单位,必须是依法成立的企业、事业单位、国家机关、社会团体和个体经济组织等用人单位;作为劳动者,必须是具有劳动权利能力和劳动能力的自然人;其次,劳动合同的内容必须合法,劳动合同的所有条款都不能违反国家法律、法规的规定,不得分割国家利益和社会公共利益;最后,劳动合同订立的形式和程序必须合法。

第二,公平原则。公平原则是指劳动合同当事人要公平地确定合同权利义务,使双方的权利义务安排大致相当,合同当事人不得利用自己的优势地位或对方的不利地位,而订立有失公平的合同。合同的公平原则要求合同双方当事人之间的权利义务要基本平衡,即双方当事人之间给付与对待给付之间要具有等值性。如果合同内容有失公平,当事人一方有权请求劳动争议仲裁机构或者人民法院确认不公平的合同无效。

第三,平等自愿、协商一致原则。平等是指当事人双方在签订劳动合同时的法律地位平等,没有任何隶属、服从关系,用人单位与劳动者是以平等的身份订立劳动合同。自愿是指订立劳动合同完全出于当事人自己的意志,任何一方不得将自己的意志强加给对方,也不允许第三者干涉劳动合同的订立。协商一致是指合同的双方当事人对合同的各项条款,只有在双方充分表达自己意志基础上,经过平等协商,取得一致意见的情况下,劳动合同才能成立。凡是违反平等自愿、协商一致原则签订的劳动合同,不仅不具有法律效力,而且还应承担一定法律责任。

第四,诚实信用原则。诚实信用原则是指劳动合同当事人在订立劳动合同时要诚实,不得有欺诈行为。欺诈行为是指一方当事人故意实施某种欺骗他人而使他人陷入错误的行为。例如用人单位或劳动者为了达到签订劳动合同的目的，故意告知对方虚假的情况等。双方当事人在签订劳动合同时，要真实地向对方当事人陈述与劳动合同有关的情况，恪守信用，讲求信用。

对于大学毕业生而言，必须了解《劳动合同法》的以下几个问题。

（1）《劳动合同法》规范和保护的主体范围

大学毕业生有各种各样的求职愿望，有的希望进入公务员队伍，有的希望进入事业单位和社会团体，也有的想进入企业或者自己创业。在这种情况下，大学毕业生在学习和掌握《劳动合同法》时，首先要了解《劳动合同法》的适用范围。

新《劳动合同法》适当扩大了适用范围：①将民办非企业纳入到《劳动合同法》的调整范围。民办非企业单位是企业、事业单位、社会团体和其他社会力量以及公民个人利用非国有资产举办的，从事非营利性社会服务活动的社会组织。如民办学校、民办医院、民办图书馆、民办博物馆、民办科技馆等。②对事业单位与实行聘用制的人员是否适用作了灵活规定，即法律、行政法规或者国务院另有规定的，依照其规定；未作规定的，依照《劳动合同法》的规定执行。③规定国家机关、事业单位、社会团体和其建立劳动关系的劳动者，也就是除公务员和参照公务员法管理的人员，以及事业单位中实行聘用制的工作人员外，依照《劳动合同法》执行。④对劳务派遣用工作了专门的规定。

如果大学毕业生选择了《劳动合同法》适用范围内的组织（用人单位）就业，就会受到《劳动合同法》的规范和保护。

（2）劳动者的知情权保护

在求职就业过程中，不少大学生都曾遇到过这种情况，一些用人单位故意隐瞒真实的工作信息，或者将工作条件和劳动报酬说得天花乱坠，到实际工作时完全不是这么回事，这往往使毕业生大失所望，给其职业生涯带来负面影响。

《劳动合同法》第八条规定，"用人单位招用劳动者时，应当如实告知劳动者工作内容、工作条件、工作地点、职业危害、安全生产状况、劳动报酬，以及劳动者要求了解的其他情况"。也就是说，在应聘时，大学毕业生有权了解用人单位的基本情况、自己的工作内容和劳动报酬等；此外，用人单位还应当根据劳动者的要求，及时向其反馈是否录用的情况。

（3）劳动者个人隐私保护

为了尊重公民的基本权利，保护劳动者的隐私权，《劳动合同法》第八条明确规定："用人单位有权了解劳动者与劳动合同直接相关的基本情况，劳动者应当如实说明"，换句话说，不属于"与劳动合同直接相关的基本情况"，用人单位都无权过问，劳动者也有权拒绝作答。

2008年1月1日起开始施行的《就业服务与就业管理规定》第十六条也规定，用人单位在招用人员时，除国家规定的不适合妇女从事的工种或者岗位外，不得以性别为由拒绝录用妇女或者提高对妇女的录用标准。用人单位录用女职工，不得在劳动合同中规定限制女职工结婚、生育的内容。

（4）用人单位不得要求求职者提供担保或向其收取财物

少数用人单位为谋取钱财，采用招聘途径，通过向求职者收取招聘费、培训费、押金或服装费等，获取不当得利。一些毕业生求职时会遇到这种情况，参加面试时，公司告知要参加培训，考试合格后方能录用，培训费自付；或者用人单位称会给予毕业生职位，但须缴纳抵押金，而当劳动者提出辞职时,用人单位却拒绝退还抵押金。

《劳动合同法》加大了对扣押劳动者的居民身份证和收取押金等行为的处罚力度,其第九条规定:"用人单位招用劳动者,不得扣押劳动者的居民身份证和其他证件,不得要求劳动者提供担保或者以其他名义向劳动者收取财物"。第八十四条规定:"扣押劳动者居民身份证等证件的,由劳动行政部门责令限期退还劳动者本人,并依照有关法律规定给予处罚。用人单位违反本法规定,以担保或者其他名义向劳动者收取财物的,由劳动行政部门责令限期退还劳动者本人,并以每人五百元以上两千元以下的标准处以罚款;给劳动者造成损害的,应当承担赔偿责任"。

（5）建立劳动关系应当注意的问题

工作中用人单位不与劳动者签订书面劳动合同的情况较为普遍,劳动者的权益极易受到侵害,《劳动合同法》强调,"建立劳动关系,应当订立书面劳动合同"。大学毕业生求职就业要特别注意这一环节,《劳动合同法》强调了用人单位在订立书面劳动合同方面的义务,并将这些义务具体化。相关内容如下:①劳动合同应当在建立劳动关系的一个月内订立;②用人单位自用工之日起超过一个月不满一年未与劳动者订立书面劳动合同的,应当向劳动者每月支付两倍的工资;③用人单位自用工之日起满一年不与劳动者订立书面劳动合同的,视为用人单位与劳动者已订立无固定期限劳动合同;④用人单位未在用工的同时订立书面劳动合同,与劳动者约定的劳动报酬不明确的,新招用的劳动者的劳动报酬按照集体合同规定的标准执行;没有集体合同或者集体合同未规定的,实行同工同酬;⑤劳动合同由用人单位与劳动者协商一致,并经用人单位与劳动者在劳动合同文本上签字或者盖章生效。劳动合同文本由用人单位和劳动者各执一份。如果用人单位提供的劳动合同文本未载明必备条款,或者用人单位未将劳动合同文本交付劳动者的,由劳动行政部门责令改正;给劳动者造成损害的,应当承担赔偿责任。

（6）用人单位在哪些情况下可以约定违约金

用人单位利用其优势地位,常常预先在劳动合同中设定高额违约金,限制劳动者在职业上的自由流动,也侵害了劳动者的择业自主权,并由此引发大量劳动争议。新《劳动合同法》对违约金条款给予了严格的限制,明确规定只有两类劳动者可以在劳动合同中约定违约金。一是用人单位为劳动者提供专项培训费用,对其进行专业技术培训的,可以与该劳动者订立协议,约定服务期,如果劳动者违反服务期约定的,应当按照约定向用人单位支付违约金,但违约金的数额不得超过用人单位提供的培训费用。二是对负有保守商业秘密和知识产权义务的高级管理人员、高级技术人员和其他负有保密义务的人员,用人单位可以与之约定竞业限制,如劳动者违反竞业限制的约定,应当按照约定支付违约金。除这两类劳动者外,用人单位不得与劳动者约定由劳动者承担高额违约金。

在了解了《劳动合同法》的相关规定后,大学生在签订劳动合同时,也必须慎重。《中华人民共和国劳动法》（以下简称《劳动法》）规定:"劳动合同应当以书面形式订立"。但目前仍有某些用人单位逃避约束,使用各种借口不与劳动者签订书面劳动合同。对此,有关专家对劳动者提出两条建议:与其"任其宰割",不如趁早远离这样的单位;已形成事实劳动关系的,劳动者可依法向劳动保障行政部门举报。

另外,一份合法的劳动合同还需要具备以下条款,大学生必须予以注意。

（1）劳动合同期限

劳动合同期限是指当事人双方所订立的劳动合同起始和终止时间,也就是劳动关系具有法律效力的日期。劳动合同的期限分为固定期限、无固定期限和以完成一定的工作为期限,采取哪一种类型主要由双方当事人商定。

（2）工作内容

工作内容是针对劳动者而言的,是对劳动者设立的义务条款。工作内容包括劳动者从事劳动的工种、岗位、生产或工作应达到的数量、质量指标,或应完成的任务等。

（3）劳动保护和劳动条件

这是针对用人单位而言的,是对用人单位的义务规定的条款。劳动保护和劳动条件应当符合国家有关规定,具体明确,包括劳动安全和劳动卫生方面的设施、设备和防护措施等。

（4）劳动报酬

劳动报酬是劳动者劳动的成果返还和履行劳动义务后必须享受的劳动权利,包括工资、奖金、津贴等。劳动合同中规定的劳动报酬必须符合国家法律、法规和政策的规定。例如,工资不得低于规定的最低工资标准;工资支付形式和支付期限不得违反法律、法规。

（5）劳动纪律

劳动纪律一般包括上下班纪律、工作时间纪律等。劳动合同一般不详细列出劳动纪律的内容,只是表明劳动者同意接受用人单位依法制定的劳动纪律。

（6）合同终止的条件

合同终止条件是指关于劳动合同在法定终止条件之外的哪些条件下可以或应当终止的条款。

我国《劳动法》第二十三条规定:劳动合同期满或者当事人约定的劳动合同终止条件出现,劳动合同即行终止。

（7）违反劳动合同的责任

违反劳动合同应当承担的责任,是指当事人一方或双方,由于自己的过错造成劳动合同不能履行或不能完全履行,按照法律、法规和劳动合同的规定而承担的行政、经济责任或司法制裁。

此外,还有特殊法定必备条款,即法律要求某种或某几种劳动合同必须具备的条款。有的劳动合同由于自身的特殊性,立法中特别要求其除了规定一般法定必备条款外,还必须规定一定的特有条款。

第三节 大学生就业陷阱的防范

近年来,由于就业竞争日趋激烈,加上高职高专毕业生往往认为自身"底气"不足,容易导致就业心切、盲目相信虚假招聘广告。而非法职介机构和个别用人单位往往就利用这一点,设置种种陷阱引诱毕业生上当。受害者们不但没有找到工作,还为此赔了许多冤枉钱。本节着力解读一系列常见的"求职陷阱",希望引起高职高专毕业生的警惕,擦亮自己的眼睛,不要轻信虚假招聘广告、非法中介或个别用人单位的"花言巧语"。

一、全面解读招聘广告

王林大学毕业后,一直在积极找工作。某日,在浏览某求职网站的时候,王林发现了一条某信息咨询公司的招聘广告。广告写明:"岗位—市场推广员;用工形式——劳动合同制员工;薪水每月底薪 4 500 元人民币,并根据业绩另有提成。"王林看了觉得非常适合自己,立刻就把公司的招聘广告复印了下来,并按上面的联系方式,与这家公司联系。经过简单的面试后,被该公司正式录用。

在短暂培训之后,公司拿出了一份为期一年的《市场推广代表合作协议》,要求包括王林在内的新员工签字。王林翻阅内容,密密麻麻的小字几大篇,有条有理、文书规范、用语专业,其中约定了工作岗位、业绩提成等条款,想到招聘广告里提到的"根据业绩另有提成",便爽快地签了字。一晃半年过去了,公司竟然一直没有支付王林每月 4 500 元的工资,更没有为他缴纳社会保险费。

王林找公司交涉,公司却说已与他签订了《市场推广代表合作协议》,所以他是公司的"代理商"而非签有劳动合同的员工,不存在劳动关系,不符合缴纳社会保险费的条件。

王林听了非常气愤。向公司出具了当初打印的招聘网站上公司发布的招聘广告,指出里面明明白白地写着招收"劳动合同工",怎么能说自己是"代理商"呢?但公司强调,招聘广告在法律上属于"要约邀请",不具有法律上的约束力,双方的法律关系还是要以最终达成的协议为准,因此双方就是业务代理关系。

几经交涉无果,王林只能向区劳动争议仲裁委员会申请劳动仲裁,要求公司支付拖欠的工资,补办招退工手续。本案最终经法院的调解,公司承认其与王林的劳动合同关系,为王林补发工资和补办社会保险。

(一)招聘广告的法律性质

用人单位在招聘有关岗位人员时,正是通过招聘广告的形式,对所需人员提出了要求。同样,劳动者通过招聘广告了解了用人单位的企业性质、招聘的岗位、人数及相关的薪酬福利待遇等信息。招聘信息已经成为求职的首选渠道,那么招聘广告到底是什么性质?劳动者要注意些什么呢?

对于一般广告,法律认为它不具有合同效力,而只是希望别人来与自己签订合同的一个邀请,所以一般广告对发出人并不产生法律约束力。根据我国合同法的规定,所谓"要约"是指向特定人发出的希望订立合同的意思表示,只要受要约人承诺了,合同就成立了。"要约"有两个条件:一是内容具体明确,即应当包含所要订立的合同基本内容;二是到达受要约人,要约即具有约束力。如果,承诺对要约的内容提出修改,那就不是承诺而是发出了新的要约。本案中提到的"要约邀请"是指希望别人向自己发出要约的意思表示,最典型的就是商业广告。因此,商业广告中经常有一些夸张的意思表示,以吸引别人向自己发出要约。

但是法律同时规定,如果广告内容十分具体、明确,就应该认为是"要约",而不只是"要约邀请",即合同中的主要条款、内容已经具备了,比如价格。本案中公司发布的招聘广告中已经包含了岗位是业务代表、月薪 1 600 元,并有业绩提成。这事实上已经包含劳动合同的主要内容,非常具体、明确,应当是"要约"而不是"要约邀请"。

此外,根据劳动和社会保障部门的有关规定,用人单位的招聘行为是受到劳动保障行政部门监管的。主要有两种方式。

(1)委托职业介绍所发布招聘信息。

(2)经劳动保障部门同意,自行发布。

用人单位如委托职介机构发布招聘信息,需要出示单位介绍信、劳动保障年检手册、营业执照(副本)或其他法人登记文件、招聘简章和经办人身份证件。其中,招聘简章必须具备以下几方面的信息。

(1)单位的所有制性质。

(2)工种岗位要求。

(3)用工形式、劳动报酬、福利待遇和劳动保护。

(4)单位的固定和法定地址、电话、联系人等信息。

用人单位但经劳动保障行政部门审核同意,利用报刊、广播、电视等新闻媒介或其他形式发布招聘广告的,须提供以下信息。

(1)单位行政介绍信、劳动保障年检手册和单位法人代码证书。

(2)营业执照副本。

(3)招聘广告文书。其文本中也应包含类似于上述招聘简章的内容。

可见,招聘广告的内容应该是具体的,应该包含劳动合同的主要条款。这主要体现了劳动法对劳动者的保护,防止用人单位利用招聘广告欺骗劳动者。让劳动者可以看着明白,选得放心。因此,用人单位发布的招聘广告应该是要约。

同时,本案确实也存在一定的复杂性。在此提醒劳动者,在签订合同的时候要慎重,看清楚合同再签名。

(二)招聘广告的证据作用

现在各种人才类报刊的招聘广告是求职者索取求职信息的重要来源,可许多求职者一旦求职成功,这份招聘广告往往就随手丢弃了。殊不知,一个小小的招聘广告,在本案这样的劳动争议中却是一个有用的证据。一旦发生劳动争议,无论劳动者还是用人单位都可以此为据,证明已经承诺的信息。

上文提到的案例中,王林当初复印下来的公司的招聘广告,后来成为王林打官司时重要的呈堂证供。对他最终维护自己的权益起到了决定性作用。其实,不仅是遇上王林这样的事,需要保留招聘广告,对所有通过招聘广告求职的毕业生来说,保留招聘广告都具有非常重要的证据作用。

1.可以证明自己与用人单位的雇佣关系

曾有媒体报道,某劳动者在某招聘会现场结识了某公司正在招聘的公司副总,其后便开始在该公司工作,未签订劳动合同。此后,双方因工资纠纷,发生劳动争议。公司却提出该劳动者非公司员工,系该副总个人雇佣,与公司无关。因无招聘广告作证,劳动者最终输掉了官司。

2.可以证明用人单位的录用标准

根据《劳动法》的有关规定,用人单位在试用期内解除与劳动者的劳动关系,就必须证明其不符合录用标准,而招聘广告的内容也可作为"录用标准"。因此,劳动者应注意保留招聘广告,并充分了解其中的内容,尤其在试用期内,要严格照章行事。

3.可以确定劳动合同的主要条款

有些用人单位在招聘的时候,有各种各样的承诺,如出国培训、住房补贴等。但在正式签订劳动合同的时候,往往就拒不认账了。

因此,毕业生在就业后应保留招聘广告,以后与用人单位交涉的时候,招聘广告是个非常有力的证据。

(三)谨防招聘广告陷阱

在"满天飞"的招聘广告中,挑选一个称心如意的工作真不容易,更有甚者一不留神,还会坠进五花八门的广告陷阱中。

下面简单介绍一些常见的招聘广告陷阱,希望能引起毕业生们的注意,不要上当。

1.过期或虚构的招聘信息

有一些职介机构,为求壮大声势,在职位推介中,刊登一些已过期的所谓"招聘",有些职介机构甚至把报纸上、电线杆上抄来的招聘广告凑在一起,让求职者"交了中介费就可以多个职位随便挑",而求职者往往在交了钱之后才大呼上当。

2."高薪"招聘

招聘广告上常常铺天盖地的"高薪诚聘××",开出的薪金越高就越能吸引求职者的眼球。但是,等到求职者过五关斩六将接触到实质待遇问题时,职介或用人单位又玩起了数字游戏。有些单位甚至打出"保证年薪多少万以上"的承诺,这常出现在以业绩提成为主要收入的行业,而最后能否实现还需看求职者的工作表现及能力。求职者应当先衡量在没有业绩提成的情况下,固定底薪是否达到可接受的水平,不要让广告误导。

3.夸大头衔

一些公司为了提高入职要求,或吸引较高学历的应聘者,将职务头衔粉饰得光彩照人,有别于一般惯用的职务称号。明明招的是推销人员,却非要用"业务主管""部门经理"等来诱惑求职者;明明是打杂文员,却一律说成是"储备干部";明明做的是最底层的推销工作,可偏要说成是"做一回自己的老板"。

4.掩饰危机

某些公司会在报刊、职介或者人才网站大量刊登广告,给人不断发展的错觉,目的是掩饰裁员危机,以避开债权人的追债压力。另外,一些单位做广告仅仅是为了提高单位知名度。

5."不限男女"

碍于有关禁止性别歧视的规定,招聘广告中不能列明"非男不用"或"非女不聘",但实质上某些行业特性就是如此,例如秘书、厨师等。毕业生应当预先冷静探析,切莫浪费没必要的时间和精力。

6."长期招聘""急聘"

某些不法用人单位在招聘广告上冠以"长期招聘""急聘""大量求聘"等字眼,目的是借助广告大量吸纳新鲜血液,在录用后的短期内再淘汰不合适的员工。求职者可能只领到试用期的工资就会"下岗",有的甚至借试工之名欺骗求职者为其提供无偿的劳动。"长期招聘"使这些不法用人单位一直都有可以剥削的廉价劳动力。

7. 语言歧义

某报曾经刊登被指责有性别歧视的招聘广告,经法庭裁定,由于文句中无任何标点符号,使人可得出两种不同的理解,而成功脱罪。由此可见,雇主可以利用一长句而避开有关法例的限制。求职者应当仔细推敲广告语言的含意,以免浪费宝贵时间和精力。

8. 泄露个人信息

求职者在应聘时还需提防"暗箭伤人"。有些不法分子在报纸上刊登招聘信息,却是"醉翁之意不在酒"。他们的目的不在于招聘人才,而是诱使应聘者递上个人资料,然后假冒他人身份到银行申办信用卡,最后拿着卡进行疯狂透支消费;或者对应聘的女性进行性骚扰;更有甚者,成为犯罪分子的"猎物"。因此,求职者千万不要心存"撒大网捞大鱼"的心理,要有目的、有针对地应聘,对自身资料要加强保密。

(四)学会识别用人单位招聘陷阱

求职者应尽可能事先了解公司的基本情况,应聘时也要多留个"心眼":注意公司内部的摆设、工作人员的谈话,注意该公司是否正常运作,面试时是否草率等。对以下问题要重点留意。

(1)地点偏僻,员工诡异。若面试地点地处偏僻,最好能有友人陪同并在外等候;而面试时若发现其他员工不像在工作,面试官态度轻佻时,女性求职者务必提高警觉,除不饮用公司提供的茶水外,最好尽快结束面谈离开。

(2)还没工作,就先收钱。还没有正式上班,雇主便先要求预付工作保证金、材料费、培训费、拍照费或意外保险费等,要当心陷阱。如果需支付费用,一定要索要发票或收据,并应当留意发票上财务专用章的单位名称与公司实际名称是否一致。

(3)每天在招聘人员。公司的招聘广告长期刊登,且每次都以征求储备干部、兼职助理含糊带过,去电询问又对具体工作岗位待遇和长期福利等实质问题语焉不详时,要当心。

(4)索取身份证件。一些非法公司常借口办理各类手续,索取身份证和印章,以应聘者的名义从事各种违法犯罪活动,使求职者糊里糊涂沦为违法犯罪、偷税漏税甚至抵债的"替罪羊"。

(5)高薪急聘,轻易被录取。声称待遇优厚、工作轻松、免经验,去面试时发现根本没有问什么,甚至连毕业证都没有仔细鉴别,就被轻易录取时,要当心陷阱。

(6)动辄要和应聘者签署各种文件。不要随便和公司签署协议,每一份签字都意味着一定的法律后果。此外,不缴纳任何不知用途的费用,不购买公司以任何名义要求购买的有形或无形产品。如果在应聘的过程中感觉有不合理的要求,应该明确拒绝。

(7)该公司为不曾听闻过的企业。面试前可利用相关管理部门、亲朋好友的信息或者利用互联网查阅资料,确认是否为合法企业。最好能了解到公司的资质和规模,比如到工商行政机关去查询其注册资本额。如果发现其规模很小,就需要提高警惕。

（五）谨防合同陷阱

应届大学毕业生黄岩在求职过程中曾四处碰壁,终于在一次人才招聘会上应聘一家物质供应公司。公司一位负责人与他交谈后表示很满意,希望能当场签下合同,职位是公司销售部储备干部。而且许诺:去了后有住房,而且月薪 5 000 元以上。黄岩喜出望外,没有丝毫犹豫就同意当场签约,生怕错失良机。对方出具的是一份早已打印好的格式规范、条文专业的合同,双方的权利义务似乎也规定得很清楚。他只是草草地浏览了一下合同,就怀着一种兴奋的心情在上面签下了自己的名字。

等到正式上班之后,黄岩才慢慢明白,他干的正式职务是一线销售人员,所谓的月工资 5 000 元以上仅仅是有可能实现的最高值。因为销售人员的工资实行的是上不封顶下不保底,与销售业绩直接挂钩。销售部有十几名销售员,只有一位业绩突出的销售员曾拿到过 5 000 多元的月工资。对方许诺的住房其实是一间水泥瓦沿墙搭建的偏房,不到 30 平方米,挤住着 8 个人。

黄岩愤愤不平地找到了那位公司负责人讨个说法,却被告知,"当初的许诺只是口头上说的,并没有写进合同;至于住房嘛,不就是条件差点儿吗。如果好好干,月工资肯定不会低于 5 000 元。"

黄岩找出当初与单位签订的合同,在工资条款里只写着"工资待遇高",在住房条款里用词更是模糊:"由公司提供住处"。看到这里,他大呼上当,可是再往下看,却吓出了一身冷汗。合同规定,合同期间为三年,劳动者如果要提前解除合同,应当支付违约金 1 万元。

合同,是当事人一方与另一方建立权利义务关系、维护各自权利的法律依据。在签合同时,双方的地位是平等的,所以,写进合同的内容应是相互协商的结果,应体现出双方的权利和义务。合同是一份具有约束力的法律文本,它约束的是双方的行为,而不仅仅只是一方的行为。当一方当事人的行为违背了合同规定,另一方当事人有追究对方违约责任的权利。

大学生就业已是完全的"自主择业、双向选择"的今天,合同已成为规范就业市场的重要法律依据,是合同当事人双方维护自己权利的法律武器。但是,如果求职者与对方签订的是一份不利于自己的不平等合同,那么反过来,合同也许就成了对自己具有极大杀伤力的陷阱。

在就业市场,因为合同陷阱引发的纠纷比比皆是。一些毕业生签订的劳动合同中有不少陷阱条款,例如,有的规定毕业生的试用期长达 12 个月,有的规定毕业生不得恋爱结婚,甚至还出现了"生死合同"。一些用人单位正是利用求职者合同意识淡薄、法律观念不强、求职心切或盲目轻信设下合同陷阱,当经验欠缺的求职者掉进陷阱后大呼上当时,常常已身不由己,合同上白纸黑字签着自己的名字,许多人在无可奈何之下,只好任人宰割。

在就业难的今天,招聘方常常处于强势地位,有的求职者为了得到一份工作,明知是一份不平等的合同,也只好委曲求全违心地签字。但更多的人是合同意识淡薄,经验不足或求职心切,不小心掉进合同陷阱。所以,求职者在签订合同时一定要对合同斟字酌句进行推敲,谨防合同陷阱。

下面介绍几种常见的合同陷阱。

1. 格式合同

一些用人单位在劳动部门制定的合同示范文本基础上事先拟好劳动合同,表面看起来,这种合同似乎无可挑剔,可是具体条款却表述含糊,甚至可以有几种解释。一旦发生纠纷,招聘方总会振振有词地拿出这种所谓的规范合同来为自己辩护,并称自己依照合同享有最终解释权等,最后吃亏的往往是应聘者。

2. 单方合同

一些企业利用应聘者求职心切的心理,只约定应聘方有哪些义务,如遵守企业的各项规章制度,若有违反要承担怎样的责任;毁约要交纳违约金等,而合同上关于用人单位的义务几乎一字不提。这是最典型的不平等合同,如果接受这样的合同,无疑是"人为刀俎,我为鱼肉",任人宰割。

3. 口头合同

依照《劳动法》的规定,劳动合同必须采用书面的方式。这样却使口头承诺冠冕堂皇的劳动条件往往因为不是书面合同而难以被追究法律责任。许多用人单位与求职者就权、责、利达成口头约定,并不签订书面正式文本。一些涉世未深的大学毕业生极易相信那些诱人的许诺,以为对方许诺的东西就是真能得到的东西,毫不怀疑对方的诚意。可是,这种口头合同是最靠不住的,如果碰上对方不讲诚信,那些许诺就会像肥皂泡一样破灭。

4. 生死合同

一些危险性行业的用人单位为逃避承担的责任,常常在签订合同时,要求应聘方接受合同中的"生死条款",即一旦发生意外事故,企业不承担任何责任。有的求职者为了得到工作,违心地签了合同,却不知这样做的结果也许是用人单位更无视劳动者的安全,如果真的发生了意外,也许连讨个说法的机会也没有。

5. "两张皮"合同

有些用人单位慑于劳动主管部门的监督,往往与应聘方签订两份合同。一份合同用来应付劳动部门的检查,另一份合同才是双方真正履行的合同。用来应付检查的合同常常是用人单位一手炮制的,连签名也是假冒的,应聘者不但见不到这份合同,甚至不知道有这份合同的存在。而双方真正履行的那份合同,是不能暴露在阳光下的,因为那份真合同一定是只利于用人单位的不平等合同。

合同是维护自己权利的武器,失去了这个武器,不但会失去自己的尊严,同时也会失去本应该得到的利益。签合同时,一定要擦亮眼睛,冷静思考,谨慎自己的每一个签名。

二、正确认识与合理利用中介机构

刚从学校毕业的张扬通过中介介绍来到一家公司应聘。但令他奇怪的是,职介和用人单位负责人对他的简历、学历都不感兴趣,而只是让他支付 200 元的职介费,并承诺只要交费就可上岗。然而,当张扬付清费用之后,却被用人单位告知没有通过面试,这才感到自己上当受骗了。

(一)职介的法律地位

所谓中介,《牛津现代高级英汉辞典》中有两种解释:一是中间的人或物、中间人;二是媒介、方法等。在客观事物中，无论是自然界或是人类社会，都不是孤立的，而是相联系的，中介现象是普遍存在的。

从合同法的角度来讲，中介与当事人的关系属于中间合同关系，中介是一种以委托人名义为其提供定约机会的中间人。求职中介作为这样的中间人，是指为求职者和用人单位提供中介服务及其他居间服务的专营或兼营的组织。求职中介是生产力发展过程中出现的一种合理配置人才资源的劳动组织形式，在现代市场体制下是求职者联系社会、走向职业岗位的桥梁和纽带。

由于职介的重要社会作用，在《劳动法》《劳动保障监察条例》等法律法规的指导之下，各省、自治区、直辖市也相继出台了专门的《人才市场管理条例》，对职介做了比较详细的规定。

一般情况下，设立人才中介服务组织，应当具备下列条件。

（1）有规范的名称、明确的业务范围、组织章程和管理制度。

（2）有不低于10万元人民币的注册资金。

（3）有3名以上具有大专以上学历，并取得人事行政机关颁发的人才中介服务资格证书的专职工作人员。

（4）有与其申请的业务相适应的固定服务场所和办公设施。

（5）能独立承担民事责任。

（6）法律、法规规定的其他条件。

职介组织可开展下列业务。

（1）收集、储存、发布人才供求信息和提供咨询服务。

（2）人才推荐或代理招聘。

（3）人才信息网络服务。

（4）智力交流。

（5）人才测评。

（6）人才培训。

（7）经批准或授权的其他有关业务。

职介组织提供有偿服务，其收费项目和标准应按《中华人民共和国价格法》的有关规定向价格行政管理机关申请核定，不得擅自增加收费项目或提高收费标准。职介组织应当在其服务场所醒目位置悬挂许可证及其他登记证件，公布服务内容、收费项目、收费标准、监督机关名称及监督电话。

从上面的规定可以看出，法律对职介的管理是比较严格的，目的是防范虚假职介对求职者就业权利的侵害。上述法律法规实施以来，取得了较好的效果。

（二）常见的职介陷阱

1. 无照无证、打游击

最明显的非法职业介绍机构一般均为无《企业法人营业执照》《职业介绍许可证》，只是所谓的"租一间房、一张办公桌、一部电话"，甚至假身份证、假公章，深藏小巷出租楼骗人的"双无"机构，这样的违法职行为很易被人们辨认。其招聘信息，基本上都是虚假和不存在的，目的就是为了骗取求职者的报名费、职介费。求职者按其提供的地址去应聘，不是找不到地方就是单位根本不招人。一些非法职介机构为了逃避劳动部门的打击,将过期的《职业介绍许可证》涂改,再私刻公章,在车站、码头附近巷子里租一间小房,马路上放几块招聘信息牌,几个"职介所"集中租房,形成团伙,以壮声势、增加真实感、欺骗求职者。

2. 有照无证、走偏门

非法职介中,已有相当一部分具有了独立的法人资格,它们大多注册在郊区私营经济开发区,在各大开发区或劳动密集型用人单位的周边地区租用一定的办公场所,同时注册的"工商营业执照"上也多注有"劳务信息咨询""人力资源信息咨询""劳务输出"等经营范围,如此借"信息咨询"之名,行职业介绍之实,因而更具欺骗性,一般求职者因难以识别而容易上当受骗。而且,由于有利可图,这类"有照无证"违法从事职业介绍活动的机构还在日渐增多。由于没有受到专门的职介许可证的约束,这类机构往往是各种职介陷阱的制造者。

3. 滥广告、假信息

非法职介大多以张贴马路广告、派发小卡片等形式招揽求职者,而有的非法职介竟然还在专业性招聘报纸或刊物上刊登广告,有的更是利用互联网发电子邮件,信息量大、影响面广、具有极大的欺骗性。一些职介机构,为求壮大声势,在职位推介中,刊登一些已过期的所谓"招聘",有些职介机构公布的招聘信息竟然只是拼凑报纸上、电线杆上抄来的别人的招聘广告。

4. 多名目、乱收费

非法职介的收费也日趋提高,以成都市为例,过去违法职介收费一般在几十元到二三百元不等,现在已发现收费最高的竟达千元以上。非法职介往往要求求职者支付诸如信息费、报名费、登记费、资料费、推荐费、注册费等名目繁多的费用。比较常见的是采取多处收费方式,比如,甲所与乙所串通,甲处以各种名目收取介绍费,乙处进行培训和考核,考核合格后再予推荐,如不合格则不退回介绍费,结果往往大半不合格。总之,骗人手段日趋多样化,且更具隐蔽性。据媒体的曝光,许多合法的职介机构也存在上述违法的行为。

5. 职介与用人单位勾结。

这是最令求职者头疼的问题:职介机构和用人单位勾结,欺骗、欺诈求职者。一些中介和单位共同创造出子虚乌有的岗位,作为骗取钱财的工具。如果有应聘者前往,就不仅要在职介所支付介绍费,到用人单位进行"面试"或被"录用"时还要缴纳报名费、手续费、培训费、考试费等。而且是不言而喻的结果——要么"面试"都不过关,要么被压榨完了试用期的廉价劳动力之后再因"考核不合格"而被"辞退"。

许多毕业生有这样的经历:广告上说是招聘"经理",月薪5 000元。当他们交了50元的中介费,办完手续后,被安排在离职介所不远处的一家公司工作。结果上班第一天,公司负责人就叫他们"先从基层干起",让他们在1个月内,每人推销价值1万元的保健品。1个月下来,他们6人中,没有哪一个完成了任务,自然被辞退了,不但连基本工资没拿到,还支付了职介费。后来他们通过明察暗访,发现这家所谓的公司就是职介所的人开的,专门用来骗人的。

在这种情况下,求职者应当学会保存证据,职介机构开出的收据和用人单位的合同等文件都应该妥善保存,至少要备份复印件。要积极利用法律武器,向劳动部门、工商部门或者公安部门举报或者直接向法院起诉。

（三）学会识别职介陷阱

作为高职高专的应届毕业生，最好通过政府开办的年度人才招聘会或者各大学开办的应届毕业生双向选择会求职。当不得不选择职介机构时，必须注意识别职介陷阱。以下是辨别虚假职介的方法。

1. 上门就看"四证"

要识别职介机构的性质，首先就要看其是否合法，也就是"四证"是否齐全。如果是营利性的职业介绍机构，在营业场所的明显位置一定同时挂有各行政主管部门颁发的《企业法人营业执照》《职业介绍许可证》或《人才中介服务许可证》《税务登记证》《收费许可证》等证照原件。

2. 注意职介的设施

合法职介所都有规范的名称，大门外无一例外地要写上××职业介绍所或××市××区职业介绍中心等字样。合法职介所都有变体的"介"字标志，周围都有管理部门批准的、正式固定、面积数平方米以上的信息广告栏。规范的职介所营业面积一般不少于100平方米，而且一般在3楼以下。

3. 注意职介的服务

合法职介所不兼营其他业务，还应在经营场所公布劳动部门的举报和投诉电话，其工作人员也应佩戴由劳动部门统一制作的工作牌，同时在向求职者提供合适的岗位时还应出示用人单位委托其代为招聘的委托书。此外，职介组织应当在其服务场所醒目位置悬挂收费项目、收费标准。

4. 注意职介的收费

求职者需掌握的一个重要的判断标准就是看这个机构是否违规收费。根据劳动保障部门的有关规定，正规职介机构在正式给求职者推荐工作之前只能收取为数不多的建档费，并在一年内为其提供求职机会。而且，推荐成功所收取的费用一般不高于所提供工作月工资的10%，如果对方收取过高的中介费就应当引起警觉。

5. 及时向有关部门查询、报告

如果遇到无证照或证照不全的歪中介，应及时向相关的劳动保障部门、工商管理部门或公安部门反映，有关部门可以根据相应管理条例规定对其进行处罚，所收介绍费等费用应退还给本人。

三、网上求职应注意的问题

网上求职，是指通过互联网找工作的求职方法。求职者通过互联网查询招聘信息，填写求职信和个人简历，并通过 E-mail 或者网上提交系统提交给招聘单位。用人单位在获得求职者的求职信息后，给予求职者面试的机会，以进行下一步招聘工作。

网上求职与网下求职相比，主要涉及求职的前半部分，即求职者通过网上求职了解企业的职位信息与职位要求,并使企业了解个人的相关情况,从而获得面试的机会。当然也有企业将全部招聘过程通过网上进行。

（一）网上求职的技巧

应该说,随着互联网在中国的普及,现在越来越多求职者都有通过网上求职的经历,但是许多求职者并不清楚如何进行网上求职以及网上求职应注意哪些法律问题。

1.网上求职前的准备

网上求职主要是通过电子邮箱进行联系的,求职者一定要选择一个性能稳定的邮箱。还要注意的是,多数企业在看到求职的电子邮件后,会通过电话与求职者联系,因此求职者一定要有一个可以随时联系到自己的电话号码。

对于求职者而言,应该需要根据自己的实际情况,选择相应的招聘网站,例如,某位大学生是一个想在成都工作的求职者,可以登陆一些成都企业职位信息比较多的招聘网站,如天府人才网(http://www.tfzpw.com/)、成都人才网(http://www.rc114.com/)等。可以根据自己所求职的行业特点,直接去登陆一些自己感兴趣的成都企业的网站,看看企业网站里有没有招聘方面的信息,有没有适合自己的工作机会。但是得注意,网上招聘信息也会出现更新不够及时的情况,求职者须注意广告的上网日期及网页更新情况。

2.网上求职的技巧

因为是网上求职,这里就不对如何写求职信,如何写个人简历进行介绍。网上求职的主要环节就是通过电邮发送个人的求职资料,就这方面的一些技巧给大家介绍如下。

（1）网上求职要保持平和的心态

求职者要坦然地面对挫折和困难,求职时不要将全部的希望都寄托网上求职。网上求职只是求职的一个渠道,有可能的话仍然要通过网下的求职方式,如去人才市场参加人才招聘会。

（2）求职邮件应该简明扼要、重点突出

既要把自己在某一方面的特长讲清楚,又不要过于冗长。应该在邮件的主题及邮件正文中注明申请的是何职位。许多用人单位同时招聘多个职位,如果求职者没有写明自己的求职范围,会导致招聘人员看不明白从而失去机会。

（3）如果不是用人单位特别要求,不要以附件方式发送简历

由于邮件太多,有时看邮件的招聘人员不愿意打开;又因为电子邮件病毒流行,许多用人单位不愿打开电子邮件的附件;此外,由于格式的不同,有些附件在用人单位那里可能是打不开的。同时,要注意把简历转化为文本文件。此外,也不要出现字词及语法类的错误。

（4）一封电子邮件应聘一个职位

不要同时在一家公司应征数个职位。一般来说,在用人单位看来,求职者越是对某一职位志在必得,他们会感觉求职者是认真的,这样应聘的成功率自然比同时应聘几个职位要高。

（5）用邮件发简历的时候,应该写一封求职信同时发出

求职信应该有足够的内容介绍自己,但要控制字数,不宜过长;还要注意措辞,信中千万不可有错别字。求职者可以在电子邮件的草稿箱里创建并保存一个求职信样式,这样稍加修

改求职者就可以用它来申请其他的职位。

（6）求职信发出后可以在适当的时间向用人单位询问结果

这样做是向用人单位表示诚意，也让自己心中有数。询问的时候应该表示出对他们公司的职位仍然感兴趣并再简短介绍一下自己的专业特长和工作经验。但是不要反复询问结果，这样是不受欢迎的，许多公司每天都会收到上百份个人简历，他们是不愿意被求职者反复打扰的。

（7）可尝试建立个人主页

为了让有关单位全面了解求职者的情况，最好的办法是建立个人主页，求职者可以在发求职信的同时将自己的网址告诉给用人单位，利用求职网站充分展示自身特色，吸引用人单位的目光。个人求职网站应该图文并茂，内容包括自己的求职信、简历、论文、实习报告、日记、个人论坛以及发表的文章等。当然，粗糙的求职网站最好不要使用，那只会适得其反。

（二）网上求职应注意的法律问题

1. 谨防网上求职受骗

山东某大学应届毕业生李元在网上找工作时，相中了一家深圳的公司。按照该公司提供的电子邮箱，李元将简历发了过去。很快，该公司回了一封言辞恳切的信，称李元才思敏捷，打动了该公司人力资源部领导，决定破格聘用李元并给予高薪，但由于李元所学专业与该岗位不吻合，需要培训，而路途遥远，该公司经过研究提出了一个"非常体谅"的安排：李元可以先在学校学习有关教材，再来深圳参加培训。按照该公司规定，李元汇去了教材、档案和服装等各类费用共400元。就在李元为前往深圳发展踌躇满志的时候才发现，该公司已经不再回复李元的任何邮件，此时李元才意识到上当了。

网上求职的骗局通常有以下几类：一是骗子公司动不动就要求付费。求职者往往被要求汇款作为报名费、押金、手续费，凡是这类情况，求职者应当立即放弃，甚至可以举报；二是网上传销的骗局，一些人在网上声称只需要交几十元会费就可以在家创业云云，只不过搬到了网上的传销而已；三是收集个人信息和求职数据骗局；四是榨取廉价劳动力骗局。

又如，曾经有外语专业的学生，通过招聘网站应聘一家公司，该公司以考查他翻译能力为由，发送一些英语材料让他翻译，可翻译了好几次之后，仍没有得到该公司录用的表示。如此三番五次"考查"之后，张某明白了，该公司只是叫他为他们免费翻译英语技术材料，根本不招人。

求职者为了防止网上诈骗，应尽量寻找那些比较正规、知名的网站，如前程无忧（www.51job.com），以减少不必要的麻烦。一般正规网站在刊登人才需求信息时，都会仔细验证招聘单位的真实性，要求对方能提供单位营业执照、办理人员的身份证件以及加盖公章的单位证明等，严防虚假信息的发生。求职者在无法确定所要应聘单位的真实性与可靠性时，可以登陆当地的工商局网站查询一下企业的注册情况，或者直接在搜索网站"百度"里输入"公司名＋骗子"，看一下搜索结果，或者到一些求职论坛发帖请教，应该会有一个结果。

2. 注意个人信息保密

西安某大学正在找工作的女生王倩，不断接到外地或本地的陌生来电，这些人操着不同口音，问王倩的问题大同小异：是否愿意从事"特殊服务"。更让王倩吃惊的是，对方对王倩的年龄、籍贯和爱好等了如指掌。王倩百思不得其解，不由得有些害怕：这些陌生人是怎样把自己了解得这么详细呢？后来，王倩发现身边的女同学也有遇到这类情况的，大家不约而同想到了前不久在互联网上发布的求职简历。这时候，王倩和她的女同学们才知道，原来麻烦来自他们在网上发布的求职信息。这个时候她们才注意到登录查询求职者的个人信息，不需要浏览人提供任何身份证明。自己当时在网上提供的年龄、毕业院校、所学专业、籍贯、家庭住址、手机和身份证号码甚至写真照片等信息在网上一览无遗。王倩没想到，她一直认为省事的求职办法，却给自己带来那么多烦恼。

网上求职要注意对一些私人的信息进行相应的保护，不要在网站上透露家庭地址等个人安全信息，求职者只需要留下个人的电话、电邮及自己的大概位置就可以了，以防为一些犯罪分子所利用。

此外，常常有网上"雇主"以招聘为名，诈骗求职者的信用卡号、银行账号、社会保险账号、身份证或者身份证复印件等个人机密信息。毕业生应提高认识，注意防范。

综上所述，毕业生应当处处防范求职陷阱。当发现自己遭遇求职陷阱时，不要慌乱，更不要自认倒霉，要果断地拿起法律的武器来捍卫自己的合法权益。首要的选择是向各地所在区域的劳动监察部门咨询或举报，请求查处，也可以直接向人民法院起诉。

第七章　大学生的职业适应与发展

大学生在毕业后,绝大部分会选择一定的职业,进入一定的工作单位,继而真正走出校园、踏上社会。这是大学生的第一次人生转折,也是一次典型的角色转变。由于大学生在选择了某一职业和单位后,并不一定一直待在这一职业和单位中,因而还会遇到职业流动的问题。如何尽快适应角色转换、完成自我职业适应、正确对待职业流动,是摆在每一个大学生面前的重要现实问题。

第一节　角色转换与职业适应

角色转换是大学生从学校进入社会的必经阶段,也是大学生顺利走向社会的开端。而大学生只有顺利完成角色转换,才能更好地适应职业生活,在竞争中求得生存和发展,并最大限度地实现个人价值。

一、角色转换

角色转换就是在不同时空条件下,调整相应的权利和义务,承担相应的责任。对于大学生来说,角色转换就是从学生角色转换到职业角色。在角色转换过程中,大学毕业生应以积极正确的心态,认知新角色,适应新角色,促使整个角色转换顺利进行,不断走向成功。

(一)角色转换的重要性

根据社会心理学的角色理论,大学生从学生角色到职业角色的转变,必然伴随着角色冲突、角色学习和角色协调等一系列过程。因此,大学生在毕业前夕,应该对择业素质、自我评价、职业能力等进行深入细致地了解和调查分析,对自身合理定位,找出不足,提高心理承受能力,加强角色认知,做好上岗前的各项准备,顺利地实现角色转变。而且,大学生顺利实现角色转换,对于自身发展具有重要的意义,具体表现在以下几个方面。

1. 有助于大学生根据职业素质要求完善自身知识结构, 确立择业目标

过去有些大学生考入大学后,完成既定目标便忽略了职业目标设计与规划,丧失学习的主动性和目标性;还有相当一部分大学生在临近择业时,一味地奔波于多个企业之间求职,寻求理想的就业单位,即注重择业的结果,而忽视平时的就业准备,即择业的基础。通过角色认知,

有助于大学生强化"学业是择业的基础和前提"的意识,要想在就业竞争中获胜,就必须努力提高竞争的"实力"。因此,可以指导大学生勤奋学习,全面提高自身综合素质,注重各种能力的培养和提高。如今,学校校园中所出现的"考驾照热""计算机热""辅修课热""英语考级热"等,都是大学生为适应角色转变、实现人生理想所做出的积极努力。

2. 有助于大学生为将来的成才和创业夯实基础

从学生角色到职业角色的转变,实质上是从继承知识和储备知识向创造性地运用知识和创造知识的转变过程。一个企业发展的关键在于技术创新,而人才的本质特征就是创造性或创新性。能否主动地、较快地、顺利地实现角色转变,通过创新性劳动最大的创造经济效益和社会效益,反映出毕业生的素质和能力的高低。以积极的态度,主动适应岗位需要,投身于职业实践之中,不断积累知识和经验,调整和完善自身的知识和能力结构,将会为自己将来成才和创业打下扎实的基础。

3. 有助于大学生尽快适应职业生活

完成大学学业,走上工作岗位,依靠自身的职业劳动维持生存,实现人生价值,这是大学毕业生人生征途上的一个重大转折。在这个人生转折过程中,谁能够主动地、尽快地从学生角色进入职业角色,实现角色转变,谁就能够在事业之初掌握首先发展权。目前,在大学毕业生最后一个学期,毕业实习、就业实习、工作实习三者并重毕业生要合理规划,争取在这个学期就尽快进入职业适应期,提前完成角色转变。

4. 有助于大学生在激烈的人才竞争中脱颖而出

21 世纪经济领域的竞争归根结底是科技的竞争、人才的竞争,谁拥有高科技和高级人才谁就将在激烈的竞争中立于不败之地。大学毕业生作为高校培养的高级人才是用人单位争夺的焦点,但作为高等教育大众化阶段的毕业生人才面临着人才市场的竞争加剧,竞争是无情的,适者生存、优胜劣汰是不以人的意志为转移的客观规律。大学生初次进入从业大军中必然面临着来自各方面的挑战和竞争,只有尽快进入职业角色,尽快熟悉业务,才能在激烈的人才竞争中稳操胜券,脱颖而出。

(二)角色转换的认知

大学生十分熟悉学生角色的行为规范,但对社会职业人员的角色要求却是十分陌生的,而且学生角色和职业角色之间存在着很多的不同。只有能够清楚地了解和认识这种职业角色转换,每一个即将进入职业角色的大学生才能在大学期间就有针对性地做好准备。

1. 学生角色和职业角色的内涵

(1)学生角色的内涵

大学阶段是人生中增长知识、发展智力、求学成才的关键阶段。社会活动方式主要是接受教师对知识的传递,努力学习以专业知识为主的多方面知识,培养以专业能力为主的各种能力。因此,这是一个接受教育、储备知识、培养能力的重要阶段。学生对社会的责任,通常体现在学习的过程。教师教育学生要以社会为己任,家长引导孩子要增长才干,以适应日后社会的竞争,但此时社会责任的体现具有潜在性、后续性。另外,人的独立性归根结底上是经济的独立,只有通过劳动取得了报酬,才可能承担起社会责任和家庭责任,此时的"人"才能称其为真正的"社会人"。由于大学生以学习为主,经济上主要依靠家庭,始终处于被人扶助的环境之中,所以可以这样界定学生角色:在社会教育环境中依赖非自身劳动收入的资助,学习知识,培养能力,全面提高自身素质和完善自身的知识结构,努力使自己成长为社会合格的人才。

（2）职业角色的内涵

职业角色的个性表现非常具体,彼此差异明显,但是千差万别的职业角色却有其共性的特征:职业角色扮演者具有自己的社会职位和一定职权;相应的职业规范;一定的基础知识和业务能力;履行一定的义务;经济独立。社会对职业人员的要求是要运用知识和能力,向社会提供劳动、创造价值。职业人员的社会责任体现在工作对象中,工作质量的高低不再是个人范畴,其对社会产生的影响是直接的,因此要从社会的角度加以评判,并对社会责任有着更高的要求。由此,可以这样定义职业角色:在某一职位上,以特定的身份,依靠自身知识和能力并按照一定的规范具体地展开工作,在行使职权、履行义务为社会做出贡献的同时取得相应的报酬。

2. 学生角色与职业角色的区别

大学生就业以后,所扮演的角色从学生角色转换为职业角色,虽然完成变化的时间不长,但角色性质变化非常大,甚至可以说是职业生涯的转折。具体而言,学生角色与职业角色的差异主要体现在以下几方面。

（1）社会责任不同

学生角色的主要责任,是掌握科学文化知识,使德、智、体、美全面发展,为将来工作做准备。责任履行得如何,主要关系到本人知识掌握的多少和能力培养的程度。而职业角色的责任是以特定的身份去履行自己的责任,依靠自己的本领或技能完成职业角色所要求的任务:责任履行得如何,不仅影响到个人价值的实现,还会影响到单位、行业的声誉。

（2）社会权利不同

社会权利就是角色履行义务时依法应有的支配权利和应享受的权益的总称,或应取得的精神或物质报酬。学生角色的社会权利主要是接受教育,而职业角色的社会权利主要是依法行使职权,开展工作,并在履行义务的同时取得报酬。

（3）活动方式不同

大学生的主要活动是学习,因此,学生角色比较强调对知识的输入、吸收与接纳,对知识的输出与应用强调较少。从业者的主要活动是向外界提供服务,因此,职业角色强调从业者能够输出、应用与创造性地发挥自己的知识和技能,向外界提供专业服务。大学生就业以后,就要从输入、吸收与接纳知识等被动方式转变为输出、应用于创造性的发挥知识技能等主动方式,如果不能及时有效地转变活动方式,将会感到对工作难以适应。

（4）社会规范不同

学生角色的社会规范多是从培养、教育的角度出发的,以促使其以后能顺利成长为合格的人才。而职业角色的社会规范和要求的行为模式,因职业的不同而不同。这些模式既具体又严格,若违背了就要承担一定的责任,甚至法律责任。

（5）生活管理方式不同

大学生的学习生活是一种集体生活：住学生公寓、若干人同一间宿舍、在集体饭堂用餐，学校实行统一的生活作息制度，提出统一的行为规范，大家按照统一的时间表、同样的要求进行学习和生活，违反了纪律还要受到处罚。而成为从业者以后，单位只在工作时间对员工提出要求，其他时间主要由员工自行支配。在遵守国家法律法规和社会公德的前提下，员工在生活上享有很大的自由，没有严格统一的管理方式来约束，因此，职业角色对毕业生的独立性与自我管理能力提出了更高的要求。

（6）活动方式不同

学生角色强调的是对知识的输入、吸收和接纳，而对知识的输出和应用强调的较少。而职业角色主要强调的是职业人员能够输出、应用和创造性地发挥自己的知识和技能，并向外界提供专业的服务。

（7）认识社会的内容和途径不同

大学生是受教育者，对社会的认识、了解主要来自于书本，来自于课堂学习，认识的途径主要是间接的，认识的内容主要是理论性的，对社会的期望值也很高，有完美的理想，充满着浪漫的色彩，从业者则通过亲身实践加深对社会的认识、了解，认识的途径是直接的，认识的内容主要是实践性的、具体的、带有现实主义的。理想与现实总是存在着一定的差距，有的毕业生走上社会后，仍习惯用在学校时的思维方式去认识社会，因此，遇到现实矛盾容易困惑、迷惘、彷徨，甚至失望，无法适应工作环境，难于转换角色；有的毕业生则能正确认识这一差距，通过艰苦的努力拼搏，最终实现了理想。

（8）人际关系不同

学生的主要任务是掌握科学文化知识，提高自身的素质和能力，这主要取决于学生本身，竞争只是促进学习的手段，并未从根本上影响学生的利益，由此决定学生的人际关系是比较简单的。而成为职业人员后，竞争是不可避免的，竞争的胜败直接关系到利益的分配，由此决定了职业人员间的关系是相对复杂的。

（9）评价标准不同

学校评价的标准比较集中、单一，且主要是智力；而社会评价的标准是多样化的，最终是看贡献——满足社会需要的程度。同时，学校评价学生的时候，注重发展，给学生改正错误的机会；而社会很现实，不相信"期货"，不等待你成长，不给你"补考"的机会。

（三）角色转换的原则

大学生角色转换的完成需要很长的周期，而且过程十分艰苦，因而需要坚持不懈的努力，并在角色转换的过程中注意以下几个原则。

1. 增强社会责任意识

大学生在校期间，社会对其评价主要看其学习是否勤奋、品行是否端正、成绩是否优良，而这些通常都被看作是个人的事。大学生在进入工作岗位后，其工作或服务的效率、质量、贡献等不再简单地被看成是个人的事情。而且，社会对职业者的评判，主要是从其承担的社会责任方面进行的。因此，大学生在走上工作岗位之后，要时刻意识到自己所从事的工作和社会发展的关系,并要明确自己应对社会承担的责任。同时,大学生要依照职业角色规范的要求,提高自身的职业道德,加强自身的职业素质,履行自己应尽的社会义务。

2.增强独立自主意识

大学生在校期间,由于过分依赖家庭资助和家长关怀照顾、依靠学校的教育和管理及社会多方面的精心呵护,因而普遍都存在着自主意识缺乏以及独立生活能力差的现象。但当他们成为职业者后,要将自己掌握的知识与能力通过提供服务或劳动的方式回报给社会,就需要提高自主意识。另外,大学生从学生转换成职业者后,在经济上也有了自立的能力。与此同时,个人生存和发展的压力、支撑家庭的压力以及社会竞争的压力等也向其提出了增强自主意识与自立能力的要求。因此,大学生要实现职业角色的转换,还需要增强自主意识,提高独立工作能力以及自立能力等。

3.增强职业角色意识

大学生刚刚步入工作岗位,需要增强职业角色意识,对角色的任务、责任以及工作要求有充分的认识,以便准确及时地进入职业角色。从学生角色转换到职业角色的基础是爱岗敬业,因此,大学毕业生在进入工作岗位后,要尽快脱离学生学习生活的模式,认识到学生角色和职业角色的差异,并遵守职业角色规范,忠实履行职业角色的义务,正确行使职业角色的权利,进而使自己的言行适应职业角色的内在要求,全身心地投入工作岗位中。而"甘于吃苦""甘于吃亏"是大学生职业角色转换的重要条件。

4.提高心理调适能力

在角色转换的过程中,大学生往往会面临新旧角色的冲突。但有些大学生由于受到社会因素、家庭因素尤其是自身认知能力、人格心理发展意志品质以及情绪感等因素的影响,对角色转换的实质不能进行正确的认识,或是在角色转换的过程中不能持之以恒,导致自己的心理与职业角色的社会地位、作用和要求不相适应,于是在从学生角色到职业角色的转变过程中出现了很多的心理困扰,如依恋心理、畏惧心理、自傲心理、失衡心理等。这些心理问题如果得不到正确有效地调适和矫正,就会严重阻碍大学生的角色转变,进而直接影响大学生个人的成长和工作。因此,注意调整、控制、改善自身的心理,是大学生在进行角色转换时必须要遵循的一项原则。

(四)角色转换的过程

角色的转换不是瞬间发生和完成的,而是一个渐进的过程。通常而言,角色的转换包括获取角色和承担角色两个过程。

1.获取角色

对于大学生而言,所谓获取职业角色,其实就是择业。毕业生与单位的双向选择,找到自己满意或相对满意的工作,双方签署雇用合同。毕业后,毕业生到工作单位报到,从此步入工作岗位、步入社会,从这一刻开始,毕业生就已经获取了雇员角色。

2.承担角色

获取角色只是角色转换的起点,承担角色才是角色转换的目标。承担角色包括形式上的承担和实质上的胜任。因为大学生在校园中,主要是学习书本知识,较少接触实际,缺乏实际解决问题的能力,因而在工作的初始阶段,必然会遇到困难与挫折,还不能自如恰当地处理问题、高效地工作。这时,只是在形式上承担了雇员角色,还没有胜任这一角色。只有在不畏艰苦、勇于开拓的精神激励下,虚心求教、勤于实践并积极探索,使自己具备承担雇员角色的素质与才能并得到领导与同事的认可时,才能称之为胜任工作。只有到这一阶段,角色的转换才算完成。

(五)角色转换的阶段

学生角色向职业角色转换是一个艰苦的过程,需要坚持不懈的努力。同时,学生角色转换通常会经过以下几个阶段。

1.在校期间的角色转换

在校期间的角色转换对于大学生来说也是一个重要的阶段,虽然大学生在校期间的任务是学习,但是由于大学是进入社会、走进职场的最后一个门槛,所以大学生在校期间也要注意角色的转换。

(1)培养良好的学习习惯

在校期间,大学生要自觉培养广泛学习各方面知识的习惯,用渊博的知识丰富自己。对于当今大学生而言,如果只是一味地钻研专业,在毕业选择工作时,就会有很大的限制,也会显得无所适从。因此,大学生应该从进校起就培养学习各方面知识的习惯,广泛地培养自己的兴趣爱好。

(2)培养良好的交际能力

把学校看作一个社会,学会良好的人际交往。通过加强与同学之间的沟通与交流来锻炼自己。很多事实表明,性格孤僻、害怕社交的同学往往在工作中不能很好地展现自己,不能把自己的才华推销给领导,自然也不会受领导重视,因此大学生在校期间不能仅仅凭自己的好恶决定与谁交往、不与谁交往,而是要学会与各种人打交道。

(3)积极参加社会实践

大学生在校期间,学校通常会组织一些课外实践活动,大学生应该踊跃参加,不仅能够拓展视野,还能提高自身的实践能力,这些实践能力对于大学生毕业以后的就业会有很大的帮助。

2.毕业前夕的角色转换

这里所说的毕业前夕是指从大学生签订就业协议到毕业离校的这段时间。在这段时间内,大学生应该有针对性地学习知识、培养能力,提前奠定良好的心理基础和知识技能基础。

(1)重视毕业实习和毕业设计

学习与未来工作岗位有密切联系的专业知识和专业技能。大学的课程设置总体上偏重于基础知识的学习和基本技能的培养,而不一定涉及特定岗位所需的专业知识和技能。毕业实习和毕业设计是毕业生步入职场的一个必要的过渡阶段,是了解职位要求、锻炼实践能力的重要渠道。通过毕业实习和毕业设计,学生可以将自己所掌握的理论知识运用于实际,既有利于对书本知识的理解和巩固,还能够通过实践发现自身的不足,对自己的知识结构进行必要的补充和调整,提高观察、分析和解决问题的实际工作能力。

（2）进行非智力因素技能的训练

非智力因素包括情感、意志、兴趣、性格、动机、目标、包袱、信念、世界观等方面。大学毕业生智力上的相差并不太大,而非智力方面的技能却是影响毕业生择业、就业和创业的重要因素,所以大学生应重视非智力因素的训练。大学生要敢于表现自己,充满自信,在公众面前不缩头缩脑,往往会给人留下良好的印象;加强书面表达能力和口头表达能力的培养,善于表现自己,往往会使毕业生在工作中脱颖而出。在与人交往的过程中要诚恳而不谦卑,自尊而不倨傲,在与他人的竞争中做到争而不伤团结,赛而不失风格,获胜不忘形,失败不失态等,往往更能赢得单位领导和同事的信任和赞誉。

3. 试用期的角色转换

刚刚走上工作岗位的大学生,要经历试用期的考验,而试用期往往决定了大学生就业的成败。大学生只有在试用期被考核合格后才能转为正式的职业人。因此,在试用期内,大学生应充分做好角色转换,以使自己成为真正的职业人。

（1）要调整好生活节奏

在校期间,大学生学习和生活的条件比较优越,空闲时间和自由支配时间比较多,节奏也比较缓和,压力较小;成为职业人,来到了一个生活节奏全然不同的新环境,只有主动调整自己的生活节奏,才能尽快适应新环境。首先,作息时间的变化要适应。其次,要学会调整原来的生活习惯,培养新的生活习惯,顺利度过异地生活关。最后,要学会安排自己的业余生活。在学校课后有作业,晚间有自习,周末有丰富的文化活动。参加工作以后,业余时间的学习和文化生活,主要靠自己来安排或支配。不善于支配自己的业余生活,同样很难适应新环境。

（2）要学会了解职业

对职业的态度是建立在对职业的认识基础之上的,包括对国家的就业政策、劳动力市场的供求以及对可从事职业的性质、任职资格、报酬、优缺点的认识,通过多次的参与职业招聘会来了解政策,在实际中寻找方向与目标。

（3）要重视岗前培训

岗前培训对于刚刚走上工作岗位的大学生的角色转换是非常重要和必要的。它不仅仅是让新员工了解单位的基本情况,熟悉规章制度和工作程序,更重要的是通过岗前培训来树立集体主义观念,培养人际协调能力和奉献精神。从某种意义上讲,岗前培训可以直接反映出新员工的素质高低,因此单位都非常重视,并依此择优录用,分配岗位。大学生一定要以认真的态度把握好这样一次充实自己、表现自己和提升自己的良机。

（4）要安心本职工作

安心本职工作是角色转换的基础。刚走向工作岗位的大学生,应尽快从学生的状态中解脱出来,全身心地投入到新的工作中。只有在工作中,人们才会有归属感和安全感。把第一份工作作为了解社会的一个窗口,利用第一份工作来重新认识自己,来适应社会,完成从学生到职业人的转变。在这个过程中,要给自己一个计划,进行冷静的思考。

（5）要发展健全的职业自我概念

职业自我概念的发展基于学生对自我的认识和对工作的认识,在此基础上形成个人对职业的态度、对劳动的态度,职业责任感,社会责任感以及道德和职业价值观。学生只有具有了健全的职业自我概念,才会根据自己的身心特点、个人的能力及价值观来进行工作,轻松地从学生转变为职业人。

（六）角色转换的方法

1. 调整心理状态

（1）树立新的就业观念

高等教育在当今市场经济条件下得到了大力的发展,毕业生数量迅速增加,为用人单位提供了更多的选择机会,但却出现了就业难的现象。在这种形势下,毕业生必须树立"先就业后择业"的观念,即珍惜第一份工作,先自食其力,站稳脚跟,积累经验,丰富知识,然后再进行择业,选择更有前途更适合自己的工作岗位。选择职业是选择自己的人生道路。因此,作为即将毕业的学生要树立自立精神,克服从众心理,正确分析自己的条件,根据个人的情况选择适合自己的岗位,只有适合自己的才是最好的。

（2）做好充分的思想准备

毕业生要做好吃苦受累、从事基层工作及遭遇挫折的准备。为了使刚刚毕业的学生能全面了解工作范围和内容,同时,为了使刚毕业的学生能得到充分的锻炼,用人单位往往将初次走向工作岗位的毕业生安排到基层工作,做一些不起眼的小事。有的毕业生因为没有做好思想准备,会认为大材小用,不热爱这份来之不易的工作。

（3）勇敢地走上工作岗位

首先要自信。自信是事业成功不可缺少的根基,也是毕业生重要的心理素质。用人单位非常注意这一点,同时,把心理素质的高低作为衡量毕业生综合素质的一个重要标准。每位毕业生,只有树立自信心,才能勇敢地走上工作岗位,才会全身心投入到工作中去,干好工作。

2. 培养职业兴趣

要做好自己的工作,首先要对这份工作感兴趣,其次要热爱这份工作,因此,培养对职业的兴趣非常重要。毕业生在选择工作时,应对即将选择的工作性质和内容有所了解,明确该工作在社会中的地位,明确从事这种工作的责任。

（七）角色转换的障碍

大学生在进行角色转换时,往往会面对一些障碍,其中影响较大的有以下几个。

1. 思想认识障碍

大学生在社会上被视为"天之骄子",这个"光环"使他们产生了强烈的优越感,这种优越感被带入工作之中,就会令其表现出目中无人、自以为是、高高在上的优越感,常因文凭、学位或毕业的学校而自视甚高,很难给自己的工作做出一个恰当的定位。表现为在工作中挑三拣四,挑肥拣瘦,只想做高层次工作,看不起基层工作和基层工作人员,甚至认为一个堂堂的大学毕业生干一些不起眼的事是大材小用,有失身份;对领导的工作安排不是不满意,就是不服从;在处理与同事的关系上,则目空一切、自命不凡,不能虚心地向有经验的同事学习,这种情况的出现,往往会导致光说不做,大事做不了、小事不愿做,产生与实际工作不相符的思想认识障碍。

2. 心理障碍

一是社会心理障碍:毕业生初涉社会,对如何在社会中立足等问题缺乏必要的心理准备,对某些社会现象不能正确看待,对社会现实感到迷惘、困惑,这种对社会的不满情绪或恐惧心理,如果不加以及时调适,就会导致社会心理障碍。二是职业心理障碍:由于职业目标定位太高或不切实际,一旦目标难以实现,便会产生失败感或挫折心理,从一开始的踌躇满志、准备大干一番事业、争取有所作为,到认为领导对自己不是很器重、工作不是很满意、对前途忧心忡忡、觉得鸿鹄之志难以实现,进而有的人产生了不安、焦虑心理,有的人甚至自暴自弃,以致不能正视本职工作,形成职业心理障碍。

3. 社交障碍

校园里,大家是师生关系、同学关系,很单纯也很直接,彼此之间不存在太多的经济利益冲突,因而交往起来就比较简单。初到工作岗位,所有的一切都是全新的,不仅工作内容需要去熟悉、去掌握,而且如何处理好与领导、同事之间的关系,如何与各种各样的人进行交往,也是一个非常棘手的问题。因为,个人在单位的工作经历、专业技术知识、工作水平绩效和工作中的人际关系都将对自己的未来产生重大的影响。刚刚踏上工作岗位的毕业生往往没有充分的心理准备和人际交往的成功经验。当感觉到人际关系复杂、交往困难的时候,不能冷静、积极地面对,往往会因畏惧人际交往而走入自我封闭的误区。而这种自我封闭的心理又反过来进一步影响人际关系的协调,以至于影响对工作岗位的适应,使自己陷入困境。

4. 心态浮躁

心态浮躁就是静不下心来,今天想干这项工作,明天又想干另一项工作,频繁更换工作,心乱如麻,情绪浮躁,不能静下心去钻研业务、提高技能,而是胡思乱想,三心二意,患得患失。主要表现为工作中不切合实际的空想、不踏实、不稳定的急躁情绪。如不是踏踏实实地提高工作技能、积累经验、丰富阅历,而是梦想一举成名,一夜暴富;搞研发,不是静下心来钻研技术、夯实基础,而是想马上就搞出专利发明。只有坐得住板凳、平心静气、全神贯注,才能真正地提高自我的能力与素质,也才能得到领导的赏识与同事的信任。

5. 依恋学生角色

一些毕业生参加工作以后,易出现怀旧心态,常常会自觉或不自觉地将自己置于学生角色来要求自己和对待工作,以学生角色的习惯方式观察事物、分析事物。面对复杂人际关系和职业责任压力,不禁会留恋相对单纯的学生时代。

6. 眼高手低

任何事物发展皆有循序渐进的过程,不愿从小事做起,这种现象在优秀毕业生群体中普遍存在。要知道,步入社会之后,一切都是打乱重来的,就像重新洗牌,在新的规则下重新进行竞争。一下子就想成为栋梁和骨干的想法是不现实、不可取的。每个毕业生都需要在实践中接受磨炼,把眼睛放低,一点一滴地积累,逐步地提升自我价值。刚刚进入岗位,具体做什么其实并不十分重要,能否获取日后成就事业所必需的能力、经验与素质才是至关重要的,而且,开始做一些小事情,心理会十分放松,也更有利于发挥实际的水平。麻雀虽小,五脏俱全。从某种意义上说,做小事蕴涵着做大事的规则和哲理,同样能够培养分析问题解决问题的能力,养成良好的工作作风,提高人的综合素质,甚至能锤炼人的意志品格。只有小事做得好,才能赢得做大事的机会。

7. 工作消极被动,缺乏自觉性与独立性

一些大学毕业生在工作中,全靠领导安排,安排多少干多少,对自己的工作性质、范围、相互关系还没有足够的认识。在履行角色义务、掌握支配角色权利的尺度、遵守角色规范方面存在着一定的差距,不能独立承担职业义务。

8. 希望竞争又害怕竞争,产生畏惧心理

市场经济的本身就是竞争的经济。在具体工作岗位,残酷的竞争既来源于组织外部,又来源于组织内部。毕业生不希望论资排辈,而是希望到一个充满竞争的环境中去,因为竞争才会体现公平,才会带来脱颖而出的机会。但是真正面对竞争的时候,又往往心存畏惧,害怕表现不好遭到别人的嘲笑,害怕尝试,害怕失败,害怕留给领导及同事不良的第一印象等,这种心理的存在,往往会使人在工作的时候放不开手脚,患得患失,缺少"初生牛犊不怕虎"的朝气与锐气,反而影响了自己的表现和能力的显示与发挥。

9. 计划不如变化快,无法支配时间

毕业生开始做第一份工作时,都非常兴奋,刚到单位的头几天里,面对新的环境和新的任务角色,需要新的知识范围和新的洞察力。当连续不断地会见领导和自我介绍的紧张、兴奋之后就陷入了困境,首先是从来就没有想到工作开始就这么累。因为既需要集中精力工作,又要学习各种知识,结识新人,早出晚归,努力表现,想给雇主留下一个良好印象。但是由于知识、经验、效率、方法、技巧等条件的限制,许多计划常常落空,变化比计划快。这种情况的改变需要至少三个月到半年的时间。

二、职业适应

大学毕业生走上社会,首先要面对如何适应职业生活,按照"人岗适配"的原则,在竞争中求生存、求发展,最大限度实现个人价值,并为社会做出贡献。因此,认识职业适应,掌握职业适应的基本要求,主动地、尽快地适应职业生活,对毕业生的成才和发展具有十分重要的意义。

(一)职业适应的含义

职业适应是指个体在职业认知和职业实践的基础上,不断调整和改善自己的观念、态度习惯、行为和智能结构等,以适应职业实践的发展和变化。适应的实质,就是个体由自然向社会人的转化。大学毕业生告别学生时代,从走进职业生涯到适应职业生活,要经过职业实践、职业规范、职业环境、职业文化等的观察、认知、领悟、模仿、认同、内化等一系列的学习和实践过程,才能达到对职业的能动的适应。

初入职业行列的毕业生,由于对职业角色的认知和理解不深,很容易发生角色偏差或角色错位。因此,学习职业角色的权利和义务,掌握职业角色规范,遵守职业角色的行为模式,增强对职业角色的认同感和归属感是非常必要的。

(二)职业适应的内容

大学生的职业适应,具体来说包括以下几方面的内容。

1.角色适应

角色适应就是对工作岗位的主动适应,即对职业的地位、性质、职责的适应,最大限度地创造"人岗适配"的经济效益和社会效益。由于大学生毕业后随即走上工作岗位,学生角色向社会角色的改变也顺应而变,由此不少大学毕业生在就业初期,便碰到"角色"适应这个问题。有的人不能及时地转变思想观念和行为习惯,不能及时地调整自己的奋斗目标和人生期望值,不能用职业的行为规范要求自己,不会运用所掌握的知识和才能来完成岗位效益,因而就不能很好地履行岗位职责,难以适应职业的规范要求。

2.心理适应

心理适应是指毕业生的大脑对职业的各种信息引起的各种心理过程,如感觉、知觉、情绪、情感、意志、性格等都有一个适应过程。其中,情感上的适应更为重要。情感是人对外界事物的心理反应。生活环境和生存环境的变化,也促使毕业生必须调节自己的情感与之相适应,要对从事的岗位保持一种稳定的工作热情和适度的期望值。部分毕业生在就业初期,都不同程度地存在依赖、从众、恋旧、畏惧、攀比、浮躁、空虚、迷惘、苦闷、自卑等不良心理。此时,如果不及时调整和矫正这些不良心理,必然影响工作以及个人的成才和发展。

3.生理适应

生理适应是指毕业生对工作时间和节奏、劳动强度和紧张程度的适应,其中包括身体各种感觉器官与运动器官的适应过程。环境的变化,主要表现为"时空"概念和生活方式、工作方式的变化。不同职业的工作节奏、劳动强度和工作压力是不一样的,比如说外科主治医师长时间在手术台边工作,对身体素质要求非常高;中小学教师工作节奏快,作息时间严格,劳动强度大,生活紧张等。在从业初期,毕业生打破原有的长期的生活习惯,养成一种紧张、有序、时效的工作和生活习惯,难免出现身体疲倦、头昏脑胀、心力交瘁的感觉,这种不适应是常有的。但是,随着时间的推移,并且注意科学运筹时间,注意劳逸结合,适当加强身体锻炼,讲究工作、生活规律,生理上的"不适应"会很快消失。

4.群体适应

群体适应是指毕业生在新的协作集体中的适应过程。社会群体是人们通过一定的社会关系结合起来进行共同活动的集体。大学生本身也构成一定形式的"社会群体",它是以同学关系建立起来的。这个群体呈现出相对的单一性和不稳定性。毕业生到职业岗位后,加入新的"社会群体",人员对象和人际关系发生了新的变化。以往身为学生,交往对象主要是同学与老师。工作后,交往对象扩展到有各种经历、各种年龄、各种层次的人,同领导和同事的交往与在大学阶段的交往不同,这就需要毕业生注意协调好各种人际关系,以适应新群体的要求。

5. 智能适应

智能适应是指毕业生根据职业岗位所要求的知识和能力结构,来调整改善自身的知识和能力结构,使之适应职业岗位要求的过程。智能一般分为以下 9 种类型:事实的智能;解析的智能;语文的智能;空间的智能;艺术的智能;应用的智能;身体的智能;预感的智能;交际的智能。大学生在大学期间所构建的知识结构和能力结构,能否与职业岗位相适应,必须经过实践的检验。同时,毕业生要把自己的知识和能力转化为生产力,还需要经过主观的努力。更重要的是,在知识经济时代,知识更新的速度越来越快,职业实践的发展和变化更加迫切地要求毕业生不断地调整、改善自己的知识结构和能力结构,以不断适应科技发展和职业实践发展的需要。

(三)职业适应的阶段

大学生的职业适应,从时间上来说会经历以下几个阶段。

(1)陌生阶段,或不适应阶段。

(2)思考调整阶段,即边工作边思考一些问题,边调整自己的思想、心态、知识与能力结构,摸索适应职业生活的方法。

(3)协调与适应阶段,即对职业岗位基本适应的阶段。

需要注意的是,大学生在进入工作岗位后,要尽量缩短前两个阶段的时间,以便尽快进入第三个阶段。同时要明确职业适应不是绝对的,而是相对的。这是由于科学技术和职业实践是不断发展的,当旧的问题解决后,新的问题就会出现,因而人们对职业生活的适应是一个连续不断的过程。

第二节　影响职业适应的因素及对策

大学生的职业适应会受到多方面因素的影响,因而要顺利实现职业适应并非十分容易。但是,职业适应并非不能实现,只要借助于有效的策略便能在较短的时间内顺利实现职业适应。

一、职业适应的影响因素

大学生的职业适应会受到很多因素的影响,其中较为重要的有以下几个。

（一）理想与现实之间的距离

理想工作与现实工作之间的距离可能会引发情绪低落与不适应。每个人在进入职场之初，都不免有所构想，特别是受过高等教育的人，都希望能够获得一份物质待遇好、社会评价较高、体面光耀的职业。但是，由于社会经济发展需要、劳动力供应状况等原因的制约，人们往往无法立即找到完全符合自己理想的工作，可能一时只能找到一份并不理想的工作。这很容易引起就职者"闹情绪"，觉得自己屈尊就下、大材小用，从而对工作产生抵触情绪，消极怠工；或盲目自大、自高自傲，深感怀才不遇、怨天尤人。这些心态无疑都不利于个体对当前职业的认知、了解、深入和接受，便也难以适应工作岗位。

此外，职业的现实也不一定符合我们的期望。按照某种预期设想进入某种职业的人们，会突然发现实际工作中的复杂性，情况不是完全按照他们的期望进行和发展的，这包括工作的内容、性质，包括管理者的风格、措施，包括工作环境条件和人际氛围等。面对实际，理想动摇了，便容易产生不适应感，其程度如何，要视期望和现实的差距、视个人对待客观冲击的主观态度、视其原有期望的固执程度、视人们自我调适的能力大小等而定。

（二）角色转换的效果

对于不同的角色，人们都按社会规范，对其有一定的角色要求和期待，"在其位谋其事""干什么活就要像什么样"，这些都表明了人们的一种角色定位要求。所以，选择或变动职业，都涉及一个角色转换的问题。不同的身份、地位，就要扮演不同的角色，就要遵循不同的角色要求，就要处理不同的角色关系。然而，一个人原有的行为方式和思想观念都会形成一种心理定式，在新的环境条件下发挥一种"惯性作用"。在转换新角色时，由于新旧角色间的差距，往往易发生角色冲突，产生各种矛盾，搅乱平静的心境，引起思想情绪的波动，从而产生不适应感。对于刚毕业的大学生来讲，必须清醒认识到学生角色与职业角色在活动方式、社会责任、自我管理要求等方面的差异并尽快转换角色，为职业适应奠定基础。

（三）观念与素质能否与时俱进

现代社会的科技发展和信息交换，使得职业领域的要求和结构处于一种变迁和转换的动态过程之中。为了顺应现代经济社会的发展要求，关于人才素质的观念也在相应地发生转变。其趋势大致有三种：一是从"经验型"到"才能型"；二是从"稳重型"到"开拓型"；三是从"辛苦型"到"效益型"。这些转型，不仅涉及人才素质结构的重建，而且也涉及人们相应价值观念的更新。一些曾一度被奉为"传统美德"的东西在时代浪潮的冲击下，成了相对僵化、保守，不利于发展进步的阻抑因素，而原来秉承信仰这些品质并为之努力奋斗的人们，便会经受转型期蜕变的困惑和痛苦，产生职业上的不适应感。

（四）工作满意感与职业适应

职业适应性良好，人们才能对工作产生积极的感情反应，即产生工作满意感。工作满意感也表明个体对职业的适应状况。通常来说,只有对工作产生较高的满意感,才能对工作产生积极的感情反应,进而尽快适应自己的职业。

二、职业适应的对策

对于大学生来说,要想在短时间内顺利实现角色适应,可以借助于以下几个有效的策略。

(一)客观正视现实,摆正自身位置

大学毕业生走上社会,成为一个社会的真正从业者,开始职业生涯的探索。随之而来的是要面对全新的生活理念,陌生的工作环境,更高的规范要求,如不能在尽可能短的时间内正视现实并正确认识自我,将这些客观因素转化成自身文化素养,及时完成人的社会化过程,就很难被新环境、新群体所认同、所吸纳。当然,需要注意的是既不要陷于畏缩和自卑的误区,也不要陷于自负或自傲的误区。大学生在校期间积累了一定的理论知识,但大部分来自于书本,普遍缺乏实践锻炼,刚开始工作不能熟练技术和业务是正常现象,没有必要对自己的弱点进行掩饰,相反应当打破大学生是"天之骄子"造成的心理压力,放下思想包袱,面对现实,重新定位,敢于实践,善于请教,才能把理论知识和实际工作有机地结合起来,最终赢得领导和同事的认可。

(二)慎重择业以达到人职匹配

在就业之前,对自己的心理品质、个性特点要有所明确,对社会提供的职业特性、职业信息有所掌握,经过必要的咨询指导,并且有合适而恰当的机遇,个体所找的工作便称得上是最自然、最称心的了。这就容易使个体抱有积极的态度和良好的心态走上工作岗位,更容易适应从事的工作。

(三)保持积极的工作心态,不断提高工作能力

对乏味单调的工作能安心适应,获得满足,秘诀之一是保持积极的心态,即把那些烦琐的例行事务,看作是通往目标进程中的一些"踏脚石"。国外许多专家信奉良好、积极的心态,认为在同样的环境中,与消极心态相比,积极心态能产生更好的效果。他们认为,常常真心真意地对自己说"我觉得健康,我觉得快乐,我觉得好得不得了!"此类的激发词,也会增进人的适应性和满意度,这就是信念的魔力。

在保持积极的工作心态的同时,还要充分了解和熟悉工作环境、工作对象的特点和规律,并主动地收集本专业的传统和现状、本单位的历史沿革和发展前景等相关信息,从而对所从事的工作有较全面的认识和把握。此外,还需要勤奋学习,虚心求教,不断提高自己的工作能力。大学毕业生已经具备了获得职业技能的基础条件,即比较扎实的基础知识和专业知识。但是社会角色的适应过程是一个自我不断学习、不断完善的循序渐进的过程。初到工作岗位,自身的知识量不一定足够大,知识结构不一定合理。因此,大学生要根据职业的特点、性质、工作程序及其相互关系,不断学习新知识,增强自身素质和能力,提高工作技能和业务水平。同时,随着科学的发展和技术的进步,新的知识和技能不断出现,很多知识和能力需要在工作实践中去学习、锻炼和提高。虚心向有经验的技术人员、领导、师傅和同事学习,学习他们观察问题、分析问题和解决问题的方法,不断丰富自己的专业知识,提高自己的专业技能,在工作中才会有自己独特的见解,才能逐步具备独立开展工作的能力;反之,放不下架子、自以为是的人,是很难学到真本领的。

（四）加强心理调适,适应角色转换

走上工作岗位的毕业生,从大学生群体迈向了从业者群体,由受教育者转变成教育者、管理者,由依赖型消费者转变为自给型的生产者,必然导致工作方式和生活方式的自立化、自主化。作为社会的一员,毕业生既享有成人的权利,又要尽成人的义务。要尽快从昔日校园天真、无忧的生活中走出来,以求实的生活态度、实惠的消费行为、合理的时间支配、高效的工作作风、积极的精神面貌,勇敢地投身新的生活。要加强心理调适,做到"既来之,则安之",增强对单位的热情和信心,建立起良好的职业心理、劳动心理和道德心理,使之与自己的社会角色相互适应和协调发展,以尽快地缩短角色转换和心理调适期。

（五）增进职业选择弹性,理性对待再次择业

培养广泛的兴趣,能使人摆脱狭隘的职业观念,拓宽职业视野,在人们面临职业或专业转向时,有更多的选择余地,并作为必要的心理动力,从情感上给予肯定和支持,有利于人的职业适应。而一定的文化知识、职业知识或专业知识,是一切职业活动的必要基础,是人们能按照客观规律从事职业活动的必要保证。具有广博的知识,可以使人们在不同职业中有更多的迁移可能,具有更大的变通性。这也可增强人们的职业适应能力。真正掌握广泛深厚的职业技术固然很好,但人们只要具有一定广度和深度的基础知识,并在此基础上结合需要,能够较为迅速、及时地掌握从事某种工作所必需的知识,人们就能够做好工作,达成职业目标,取得一定的成就,获得工作满意感。

对社会职业的选择,大学生要根据自己的专业、特长、兴趣等,寻找适合自己的工作,以免走不必要的弯路。但是,因为自身能力、机遇,或者工作单位等方面的变化,一些毕业生就业后需要重新选择职业。这要求毕业生准确把握自己,具体情况具体分析。一方面,要珍惜第一次职业的选择,认真地、实事求是地分析自己对职业不满意的原因。如果因为自己的眼光太高,那么就应当自觉地调整自己,热爱自己的职业,从点滴做起,踏踏实实地工作;如果因为自己能力不够,那么就虚心学习,不断提高自己的素质,单单抱怨单位是没有道理的;另一方面,如果确实因为客观的原因,经过自己的努力和调整仍难以适应现有的社会职业,可以谨慎地调整自己,重新选择职业。另外,随着人力资源市场的丰富和人才市场的快速发展,人才的流动是个人发展的要求,也是社会发展的需要。职业流动不仅得到大学生们的认同和支持,而且现代社会的发展,正在加快社会的发展,正在加快社会职业的流动。这些变化,打破了"从一而终"的就业观念,代之以职业流动和"适时跳槽"等观念的确立。因此,大学生既要干一行爱一行,也要准确地把握机遇,谨慎地调整自己的岗位,以更好地发挥自己的聪明才智。

（六）用工作成就强化职业适应

工作成就与职业适应间是互为条件、相辅相成的关系。首先，人在工作中都有做好本职工作、有所成就的需要，这种需要的满足会激励人们去积极地参加职业活动，会激励人们勇于克服困难并排除干扰，从而提高适应能力。其次，人的工作成就是职业适应性的外部标志。人在职业中，良好的适应会排除掉许多不必要的内损外耗，更易取得工作中的高绩效。另外，在取得了一定的工作成就后，人们会认识到自身的进步，会从来自社会和外部群体的反馈信息中得到赞许。享受成功的快乐，也为职业适应性的提高和增强提供了动力。

（七）建立良好人际关系，积极适应社会需要

在一个集体中，要想有效地工作，就必须在相互之间保持心理和行为上最大的一致性和融洽性，建立起和谐的人际关系。刚刚走上工作岗位的大学毕业生，由相对单纯宁静的校园突然踏入纷繁复杂的社会，难免会产生种种的惶惑和不适应之感。社会不是真空，人不能孤立存在。工作上，需要他人支持；生活上，需要他人帮助；行为上，需要他人理解。在这段时期，毕业生尤其需要建立和谐的人际关系，积极主动地去适应社会。要做到平等待人、互相团结、尊重他人、礼貌生活、宽以待人、严于律己、诚实守信、表里如一，努力学习和掌握与人相处的艺术。如对上级服从而不盲从，为人规矩而不拘谨，上班早到下班迟退，人与人相处态度和谐、面带微笑，学会忍让与坚持原则的统一等。具体来说，要想与他人建立良好的社会关系，必须特别注意以下几个方面。

1. 尊重他人，体谅他人

现代社会使平等的思想深入人心，在人际交往中由平等的基础发展出尊重的原则、尊重的原则要求人们在交往中尊重对方的平等权利和独立人格，不能贬损或伤害对方的自尊心。

在现实生活中，要真正尊重他人，就要注意敬、诚、信、厚、爱等交往方式。其中，敬就是要敬重交往的对方，包括尊重对方的人格、对方所从事的活动、对方的感情、习惯、兴趣爱好和劳动成果。诚就是诚实和诚恳，在交往中对人应真诚，不能口是心非、虚与委蛇、敷衍塞责，不掩饰朋友的缺点错误，不说违心的奉承话，对别人的缺点错误不讥笑、讽刺，不幸灾乐祸，以善意和友好的态度对待他人，批评也要与人为善。信是信任和信誉。信任对方是尊重对方的又一表现，信任还包括理解和肯定对方，以使对方心理得到较大满足。信誉既是个人立身的基础，又是重视对方的表现。厚就是宽容厚道，对交往者的志趣、爱好、个性特点要宽厚，不要自以为是，强求一致，对交往者的要求也不能过分和苛刻，不能强人所难，对交往者的缺点错误要宽厚，要学会体让和原谅别人，俗话说："忍一时，风平浪静；退一步，海阔天空。"清朝的张英（宰相）曾为化解张、吴两家因一道隔墙而产生矛盾时给家人写过一首诗——"闻说相争只为墙，相让三尺又何妨？万里长城今犹在，不见当年秦始皇。"爱就是关心人、爱护人、同情人、体贴人。这是尊重交往者的最典型的表现，交往的目的之一就是寻求友谊和支持，爱的给予可以使交往者得到极大的满足，使交往向更健康的方向发展。爱的具体方式是，在别人困难时给予支持和鼓励，痛苦时给予同情和关心，犯错误时给人帮助和爱护，做出成绩时给予赞扬和感谢。

2. 发现自我，秉持本色

在交往中，应保持自己独立的人格，保持自己个性的稳定性和坚持性，不随声附和、阿谀奉承。在现实生活中，要切实做到这一点，就要注意自尊、自察、自爱、自重、自强等交往方式。其中，自尊就是自己接受自己、自己肯定自己。当一个人不能充分接受和肯定自己时，就可能过分敏感、过分依赖、过于脆弱，也就难于接受他人。因此，一个人要想与别人和谐相处、要想获得别人的尊重，必须首先尊重自己。自察就是了解自己、认识自己、理解自己。只有做到了解自己、认识自己、理解自己，才能更现实、理智、清醒地对待他人和社会，更好地与人交往。自爱就是保持和维护自我形象，并且不断丰富和完善自我。在人际交往中，人们总是以一定的自我形象出现在他人面前，他人往往根据这一形象来判断、评价和反应，因此，自我形象既是交往中个体的代表，又是交往中个体的资本。因此，必须珍惜自我形象，认真建树自我形象，小心保护自我形象，并不断丰富和提高自我、完善自我。自重就是自我行为要谨慎、负责，不做有失自己身份的事。在现实生活中有各种各样的诱惑，人们内心也有许许多多的冲动，而其中不少是有悖于社会文明和道德的，如果去做就将被他人所不齿，或者导致交往中的矛盾和冲突。因此，必须在众多的选择中，在外界的压力、诱惑和自己内心的冲动中，选择负责任的行为。这种自我控制虽然要耗费时间和精力，有时甚至是痛苦的，但它是积极的，是有助于加强和改善人们在交往中的地位的。自强就是自我调适和自我修养。没有一个人的自我是恒定不变的，随着年龄和阅历的增长，自我处在不断的发展过程之中；同时，必须根据社会的发展和需要调适自我目标，调适自己实现目标的策略和手段，调整自己的认识、情感和需要，使认识与现实更加一致，使情感不致干扰正常的目标追求，使需要和愿望更加现实可行；自我修养就是通过实践、内省、借鉴和学习培养自己的良好品质和素质，提高自己的适应能力。

3. 互利互惠，团结互助

利益是人际交往的目的和动力之一，人们投入交往是希望通过协作、配合、沟通，或交换或获得或增进某种利益。由于交往双方都有一定的利益，并都带着扩大或增进自己利益的愿望和目的投入交往，因此交往的维系、巩固和扩大就必须是互利的，这样在利益的基础上就发展出互利的原则。互利的原则要求人们在交往中必须兼顾交往双方的利益，按照社会公平的标准进行对等的利益交换或互酬，不能只顾及自己利益的获取而忽略他人的利益，更不能损人利己、巧取豪夺。

4. 培养良好的职业素质，塑造良好的人格魅力

大学毕业生走上社会后，在职业活动中要在大学期间接受良好的"师德"熏陶和系统的思想品德教育的基础上，认真结合岗位的职业道德原则和规范，进行自我锻炼和自我改造，以达到良好的道德品质和境界。其目的在于使大学毕业生结合自己的职业特点，把职业道德的基本原则与规范，自觉地转化为个人内心的要求和坚定的信念，逐步养成良好的职业行为习惯，提高自身的职业素养，成为具有高尚职业道德的受社会欢迎的职业工作者。由此可见，具有良好的职业素养和良好的人格魅力是建立和谐人际关系的催化剂。大学毕业生需要从以下几个方面注意提高自身的职业素养和人格魅力。

（1）诚实守信

诚实守信是做人的基本准则，"人而无信，不知其可"，要做到言行一致，说到做到，不欺诈、不虚假，说话办事实事求是，遵守诺言，讲求信用。对领导和同事要讲求忠诚；对客户信守契约，反对欺诈。这样即使在交往中发生一些误会和矛盾，也会相互谅解。

（2）谦虚谨慎、尊重他人

初到一个新环境，从零开始，其中所有的人都应当是你的老师，不管其职务尊卑、收入多少、年龄大小和文化高低，要尊重他们的人格和情感，尊重他们的劳动，虚心请教，才能赢得他人的尊重。这样也容易建立和谐的人际关系。

（3）平等待人、不卑不亢

不要以貌取人、以己待人，把同事分成三六九等；不要领导至上、群众至下；不要有用近交、无用远交。这些是极其有害的。

（4）乐于助人而不损人利己

一个人每前进一步，都离不开别人的帮助和支持。在同事有困难时应当热情相助，而不能袖手旁观，更不能幸灾乐祸、损人利己。患难见真情，只有热情帮助他人的人才会得到别人的帮助，才会赢得别人的认可和赞扬。

（5）宽以待人、严于律己

对人宽容大度，多一些理解和谅解，而不斤斤计较。比如，在工作中出现失误或者过错时，要勇于剖析自己，主动承担责任；当同事做错了事或者造成损失时，要善意地指出，热情地帮助。只要坚持以严格的规范要求自己，以宽厚的态度对待别人，就能营造一种和谐的人际关系氛围。

5. 积极主动建立新的社交圈子

一些大学毕业生从校园跨入工作单位后，往往有一个阶段的孤独感时期，昔日好友各奔东西，原有人际圈被打破，面对陌生环境，出现第二次心理断乳期，他们在寻找一种新的归宿感。环境对一个新来者或多或少地存在排斥感，尤其单位里的老同事。如果新来者不积极主动接触老同事，一段时期内很难融入新环境。性格开朗者会很快再调整适应新环境，而性格内向者就需要大胆突破性格束缚，先攻为上，主动向他们伸出友谊之手，主动向他们表示你的友好态度。记住，人际关系专家提出忠告："采取'别人都是喜欢我的'这一基本态度，其效果将会发现事实真是这样。采取'别人都想和我做朋友'这一基本态度，经验也会验证这个想法是对的"。人们之间的喜欢经常表现出相互的特性，即人们喜欢的往往是那些喜欢自己的人。因此，要想让别人喜欢你，首先你要喜欢别人。

6. 尊重上级，服从安排

据有关专家分析，一位下级是否有良好的工作环境，是否有不断提升的机会，是否有健康的心理，乃至是否成才，都同与上级相处得如何有密切关系。人们常说"世有伯乐，然后有千里马。"千里马尚须经伯乐发现，在现实生活中一位下属要在工作中取得成绩，不断进步，除了自身的不断努力外，就必须得到上级的关心和支持。因而处理好与上级的关系，是非常重要的。首先你要了解你的领导，了解他的工作作风、习惯、爱好等，如果你的工作作风与领导不一致时，必须修正自己，以适应上级的工作作风与习惯，你不可能让上级适应你的工作作风与习惯；其次要尊重你的上级,对领导的尊重以及在此基础上的服从,是一个下级应遵守的行为准则,也是建立良好的上下级关系的前提条件,没有哪一位上级喜欢一个目无尊长、不服从命令的下级。

作为下级的大学毕业生,要与领导建立一种和谐的关系,就要尊重领导,自觉服从工作的安排,力争圆满完成领导交办的任务。对于确实难以完成的任务,或者领导的不足,要维护领导的威信,不要当众拒绝领导的安排,而要事后向领导单独解释。这样就会得到领导的肯定,处理好与领导的关系。

不过,与你的上级相处,这本是双向的,不是单向的,不是凭你一个人的主观愿望就能解决得了的问题。你的努力是一方面,上级接不接纳又是另一方面。在与上级关系中,应该说你是处于被动地位的,也许经过许多努力你仍然无法与上级建立一种和谐的人际关系,不必沮丧,记住这个建议"假如上级对你不满,而且无法得到谅解,最好申请调离,没有必要再在对自己有百害而无一利的是非之地中"。

(八)做好职业规划,脚踏实地奋斗

大学生走上工作岗位,开始了人生旅途中的一段新征程。祖国辉煌的未来和人生事业的前景已经展现在面前。然而,通往成功之路并不平坦,只有确立合适的目标、经过长期的艰苦奋斗,才能取得事业的成功。

大学生职业规划的目标,既要有一定高度,又要有可行性。目标短小,往往会被眼前的利益所左右,迈不开前进的步子;目标过于远大,容易心情浮躁,常常会被轻微的挫折所打击,甚至打败。

大学生在确定了职业规划的目标后,就需要脚踏实地来实现这一目标。在这一过程中,形成踏实的工作作风尤为重要。因此,大学生应仔细认真地做好每一个工作,为此要特别注意以下几个方面。

第一,要循序渐进,坚持不懈。

第二,要勤奋努力,坚定不移。

第三,要大处着眼,小事着手。

第四,要认真细致,精益求精。

第五,要不断总结经验,不断提高。

(九)处理好个人价值观与单位文化的冲突

1.分析差距,认同单位文化

每个单位都有自己在发展中形成的文化,大学生新进一个单位,必然会带来自己长期形成的价值观,而这些价值观不一定与新单位的价值观完全相容,出现自身价值观与单位价值观的冲突在所难免。这时最应该做的就是理智分析价值观的差距形成的原因,并尽力缩短这一差距,自觉认同单位文化,融入组织之中,这样不仅能创造和谐的工作环境,还有利于自身的身心健康。

2. 关注单位发展，增强团队意识和参与意识

任何个人都不可能游离于组织之外，都只有依赖组织谋发展。所以，大学生从走上工作岗位，就必须随时关注单位的发展进步，牢固树立"众人拾柴火焰高"的团队意识，积极参与单位的发展建设和活动，既不要恃才傲物、自视清高，也不必缩手缩脚、羞于见人，切忌搞小圈子、拉帮结派。

3. 加强自我激励，对单位充满信心

无论是单位还是个人，在成长发展过程中都会遇到困难和问题，这时就必须加强自我激励，增强克服困难的勇气，只有对单位充满信心，才能看到希望，才能激发奋斗的动力。

（十）积极塑造良好的自我形象

良好的职业形象不仅能够提升个人的品牌价值，而且能提高自己的职业自信心。大学毕业生刚到一个新的工作环境，同事们总会以一种好奇甚至挑剔的眼光打量你，他们会通过你的一言一行对你品头论足，而先入为主的第一印象通常会给人留下最鲜明、最深刻、最持久的定式。因此，大学生必须注意自我形象的塑造。具体来说，大学生可从以下几个方面着手对自己的良好形象进行塑造。

1. 外表仪态

衣着服饰是一个人文化素养的外在表现，人们通常会根据一个人的衣着外表来判断他的品位，如果一个人对自己的着装和修饰随随便便，他很可能被看作是不修边幅甚至是放荡不羁的人：一个职业者穿着打扮应该与所在单位的文化环境、周围同事保持一致。不同单位的着装要求虽然各异，但对刚走上工作岗位的大学毕业生来说，首先必须合乎单位大多数人的习惯，其次再考虑自己的身材特征、个性爱好及身份。如果对单位还不太了解，第一天上班的衣着应尽量普通大方、整洁得体，头发长度适中，双手洁净。女生使用化妆品要谨慎。

2. 言谈举止

言谈举止在人们日常待人接物时显得尤为重要，而亲切、热情、诚恳、讲道德、重信用、守纪律的行为举止，总能给人留下美好而难忘的印象。所以，在与他人交往中，应热情坦诚、文明礼貌，应努力发现别人感兴趣的话题，不应过多谈论自己。同时，还要善于倾听别人的言论，不应随便打断别人的谈话。如果发现看不惯的现象或对某些问题有不同意见时，不要随意议论，轻易否定。为人处世要讲道德、重信用，如果确实有难处一定要通过适当的方式争取对方的谅解。

3. 工作作风

良好的工作作风应该表现为能服从工作安排，接受领导指示；准时上下班，完成一件工作后及时返回工作岗位；拥有积极的工作态度；按照规定的操作程序工作；能接受临时指派的工作；当同事需要帮助时能主动协助工作。切忌懒散、浮躁、漫不经心、丢三落四、虎头蛇尾。还要注意，不应长时间接打私人电话，不应长时间在办公室接待同学亲友，不应随便串岗，更不能随意翻看他人的办公桌、公文、信件。

4.严守秘密

有些保密性较强的单位,对工作人员的纪律要求较严,比如军队、安全部门、公安部门等,到这些单位工作的大学生,应当严守机密,不要随便向外人透露内部情况(相关部门要做培训)。在日常生活中,不得随意传播同事的个人秘密或小道消息。

5.尽快熟悉工作,明确岗位职责

刚到公司,所有的工作对你来说都是陌生的,诸多事情都不知如何办理,因此多向同事求教是进步快的方式。要有一种从零做起的心态,放下架子,尊重同事,不论对方年龄大小,只要比你先来公司,都是你的老师,你只有虚心请教,不断学习加上埋头苦干,才能尽快熟悉工作。

6.积极利用非正式场合熟悉周围的同事

充分利用闲暇时间或集体活动的机会,与同事一起沟通交流,增进相互了解,这不仅能让你获得更多的快乐和放松、释放内心的压力,更有助于培养和谐的人际关系。

(十一)积极对工作进行适应

大学生在进入工作单位后,更直接、更具体的就是上岗工作。只有熟悉并适应工作,才能够将工作做好,从而尽快完成职业适应。为此,大学毕业生需要做到以下几个方面。

1.积极适应工作岗位

对于大学生来说,对工作岗位的适应可以从以下几个方面着手。

(1)积极树立岗位意识

大学生作为职业岗位的新手,要想对新岗位有较为全面的认识和把握,就必须首先树立岗位意识。岗位意识具体来说包括以下几个方面。

第一,独立意识。刚刚走上岗位的大学生,由于缺乏工作经验和对社会的深刻了解,还存在着一定的依赖性。但是,大学生在工作后要承担一定的社会责任,在工作中独当一面,而且人们也已经将其看成是一个独立的社会人。因此,大学生需要在工作中有意识地对自己的独立意识进行培养,学会自己分析和解决问题,并学会承担一定的社会责任。

第二,责任意识。大学生在步入工作岗位后,大多数都要参与到生产、管理、决策等实践活动中,并对所在的部门与单位承担相应的社会责任和义务。因此,大学生只有具有强烈的责任感,才能够得到用人单位的认同和信任。责任意识主要有两个方面的表现:一是在工作上对所选择的工作有着强烈的责任心,自觉地遵守工作纪律以及工作中的各项规章制度,对待工作任劳任怨,善始善终,不浮躁、不懒散;二是对自己的行为和决策负责,在工作前要认真考虑,工作中若出现问题勇于承担责任。

第三,团队意识。社会的发展和进步与人们的密切配合和协作息息相关。在当今社会,任何一个生产过程的组织和管理,仅仅依靠一个人的力量是绝对不可能的,需要团体共同劳动、相互配合、互相协作才能够完成。因此,刚刚步入工作岗位的大学生也需要树立团队意识。

(2)积极对岗位的工作内容进行熟悉

大学生对自己所在岗位的工作内容进行熟悉,主要的是了解岗位工作的背景、责任、业务内容、友邻关系,并对本职工作的定位进行明确。具体来说包括明确自己所在岗位的工作所需要的基本技能;弄清自己所在岗位的工作的责任与任务;明确自己所在岗位的工作的执行程序,并依据程序办事;明确自己所在岗位的工作处理事务的工作权限;以饱满的热情、认真的态度和最大的努力完成自己所在岗位规定的任务以及领导交办的其他事情;及时将事务的办理和进展情况或是结果汇报至有关部门或人员,以便对情况及时进行了解和掌握;在执行任务中若遇到无法解决的问题,要及时向有关部门报告;在特殊的情况下,即便是非顶头上司指令传到自己所在的岗位,也要立即执行,并尽量反馈给自己的上司,以便领导了解自己目前正从事的工作内容;要对单位的生存与发展问题以及有助于改进本部门工作效率的问题提出合理化的建议等。

（3）积极对岗位的工作要求进行适应

大学生要达到自我职业适应的目的,对岗位的工作要求进行适应是最重要的途径。为此,大学生需要做到以下几个方面。

第一,要树立起主人翁意识。大学生要以所在部门和单位的兴衰为荣辱,要以国家的兴旺发达以及民族强盛为己任,树立起主人翁意识,并以主人翁的姿态投入新的工作岗位中。

第二,要严格遵守所在岗位的规章制度。大学生作为一个岗位新手,必须严格遵守并适应新的作息制度,不迟到,不早退,还要注意改变自己过去不良的生活习惯,自觉用工作单位的规章制度来规范和约束自己的日常行动。

第三,要相信自己的能力,并树立起工作上的自信。一个人如果认为自己是优秀的,就会自然地将这种感觉从自己的表现中流露出来,并传达给周围的人,进而使周围的人能够感觉到自己价值的存在,还能使自己在工作中发挥得更好。因此,大学毕业生建立工作上的自信心是非常重要的。

2. 树立终身学习理念以保持自己所在岗位的优势

学习是伴随整个职业生涯的重要任务,大学生要想在科技进步对职业演变的影响越来越大的当今社会不被职业淘汰,就必须要树立终身学习的理念,不断地在工作中接受教育,进行学习,以吸收新知识、掌握新技术,进而保持自身在所在岗位的优势。

3. 学会科学有效地进行工作

每一份工作的内容都是十分复杂的,大学生要想使自己的工作进行得有条不紊,就需要学会科学有效地进行工作。为此,大学生要在工作中做到以下几个方面。

第一,有计划性。要按照轻重缓急做周密的安排,制定自己分步发展的工作计划。

第二,有组织性。要合理安排好工作时间,使其紧张有序,张弛有度。

第三,有效率性。规划好工作进度,提高工作效率,创造优异的工作业绩。整天忙忙碌碌但不出成果,并不是一个有效工作者。纠正"只有加班工作,才会得到赏识"的错误观念。

第四,有技巧性。要通过不断的探索和总结,深入了解工作的特点和规律,并在把握规律的基础上采用一定的方法和技巧,达到事半功倍的效果,切忌蛮干。

第五,养成良好的职业习惯。习惯是影响成功的要素之一,应利用习惯来增加工作效率。良好的工作习惯包括准时——不浪费光阴;恒心——工作始终如一;果断——不错失良机;主动——不怠慢懒惰;迅捷——决捷而有力;勤奋——不断加强学习。

4. 要保持高度的工作热情，并在工作顺境中避免不良情绪

对于大学生来说，全身心地投入工作中并保持高度的工作热情是其事业取得成功的基础。而要做到这一点，需要有信念的支持、情感的投入，还要有一定的艺术技巧，做到勤于思考和学习，不断挖掘工作的潜能，对工作创新保持高度的热情；不断对工作心境与心态进行调整，学会将工作压力转化成工作动力；学会在在工作中扬长避短，不因工作中出现的困难而停止不前。另外，大学生在工作进展顺利时，不可以自以为是、妄自菲薄、沾沾自喜、不思进取等，要对自己仍存有的不足进行认真审视，并以积极的态度去进行改造、提高。

5. 学会逆境中崛起

顺境和逆境是辩证的关系，是一个互逆的动态过程。人的一生不可能是一帆风顺的，逆境往往对人的锻炼更大。大学毕业生应当学会在逆境时振作自己，奋力拼搏，并积极寻找新的突破口。在这一过程中，应注意以下几个方面。

第一，要保持一颗平常心。这样才能正确地分析问题、处理问题。切不可造成一种偏激或灰心丧气的心态，这对走出困境是十分不利的。

第二，要重新审视自我。造成不利处境，必有各方面原因，最主要来自于自身，不要一味迁就别人。重新审视自我，科学分析，找出问题的原因和解决方案。不要在一个问题上犯两次错误。

第三，要客观地看待"跳槽"。当你发觉目前的工作与你个人规划不符，又发现有更好的机会和途径能尽快实现你的事业目标时；或者凭个人主观努力根本无法摆脱现有的困境时，跳槽是明智的选择。"跳槽"时要避免的问题：单纯追逐利益；一时尴尬的人际关系；盲目随大流。

6. 审时度势，敢于自主创业

自主创业就是大学毕业生不再向社会寻求工作，而是自己创立公司、开办企业等个人色彩较浓、个体性行为较强的创业活动。自主创业不仅解决了自己的职业发展问题，也为社会创造了更多的职业岗位。

自主创业不仅要求毕业生能结合专业特长，根据市场前景和社会需要搞出自己的创新成果，而且要直接面向市场，面向社会，把研究成果转化为产业，创造出客观的经济效益。它也包括那些发现新市场商机，抓住机遇创办自己的经济实体，以商业经营创造出社会价值行为。自主创业是大学毕业生由知识的拥有者变成直接为社会创造价值、做出贡献的创业者。

大学毕业生在经过一段职业锻炼后，选择自主创业，实现职业新的发展，必须注意以下问题：在自主创业目标确定上首先要考虑自己所学的专业和自己的知识结构；深入调研市场，选择社会需要且具备发展潜力的行业；量力而行；创业目标要切合实际，主要是指要切合社会需要实际，切合已经具备的和能够争取到的创业条件的实际，切合创业者自身能力和兴趣的实际。这三个方面如果有某一个方面产生了脱离实际的问题，都有可能导致创业行为的受挫或创业目标的落空。这是因为任何创业目标的实现，都是需要有其必要的先决条件，那种不考虑创业所必需的先决条件，仅凭着主观想象而确定的创业目标，不仅难以指导创业实践，难以带来创业的成功，而且还会将创业引入歧途。

第三节　正确对待职业流动

职业流动对个人来说,是改变现状、谋求职业发展的重要策略;对社会来说,是劳动力市场自动实现人力资源配置的重要功能之一。从某种意义上说,没有职业流动,就没有人才流动,劳动力市场的功能就会"失常",进而影响到社会经济的健康发展。

一、职业流动的含义

职业流动也就是"跳槽",就是个人在自己的职业生涯中,从一个职业或者职位转到另一个职业或者职位的变更。人们在进行职业流动后,有可能找到了比之前更好的工作,但也有可能找到的工作比之前更差。当发现新的工作比原有的工作更差时,新一轮的职业流动将会再次酝酿。

职业流动是一门学问,也是一种策略。人往高处走,这固然没有错。但是,说来轻巧,做起来很难,因为它包含了为什么"离开"、怎样"离开"、什么时候"离开",以及"离开"了以后怎么办、什么是"高和低"等一系列问题。

二、职业流动的原因

职业流动总是需要理由的,尤其是在我国目前劳动力总体供大于求、求职非常不易的情况下,职业流动是一种十分"危险"的行为。具体来说,大学生产生职业流动的原因主要有以下几个。

(一)社会方面的原因

社会方面的原因是造成大学生职业流动的重要原因,最重要的表现就是日益严峻的就业形势。由于当前的就业形势越来越严峻,很多的大学生在毕业后选择了先就业再择业,以解决暂时的问题,而且这也是国家所提倡的。于是,在很多大学生的潜意识中就形成了第一次就业只是暂时的印象,以后还要待机选择更好的职业,从而导致了频繁的职业流动。

(二)自身方面的原因

1.对自身的估价过高

大学生因自身接受过高等教育,故而总是对自己估价过高,心中对工作的期望值也较高,也总想着一开始就要达到自己所设定的工作岗位。可是,当他们真正进入工作岗位时,往往发现自己需要从小事、底层、基层做起,因而总觉得自己"屈才"。于是,个人理想和现实的巨大差距造成了他们的心理不平衡,导致他们出现职业流动,去寻找更能发挥自己的才能、更加符合自己设定的工作岗位的职业。

2.盲目地迎合企业要求

大学生在毕业后,都想直接进入大公司工作,但当他们到大公司应聘时,往往由于缺乏经验被拒之门外。于是,为迎合大企业对经验的要求,他们不得不先到小公司进行锻炼,当有了经验后,就会拿着有"经验"的履历到大公司应聘,进而出现了职业流动。

3.过分追求短期利益

大学生在刚开始工作时,报酬通常是其看得很重的东西,故而谁给的钱多就愿意为谁"打工"。这种不正确的态度导致他们不能认真地衡量眼前利益和个人长远发展之间的关系,总是会很轻易地就离开熟悉、稳定的职位或是有难得的培训锻炼机会的用人单位,去谋求暂时的高薪职位、高职职位,进而导致了职业流动。

4.盲目地进行攀比

大学生在刚刚涉足职场时,通常乐于和自己同学的工作进行比较。而且,他们由于思想不够成熟,再加上好面子和虚荣心强,通常会故意夸大自己所在地方的工资及福利待遇,进而使一部分大学生放弃原有的工作,到那里来谋求更好的职业,从而出现了职业流动。

(三)用人单位方面的原因

1.用人单位不能合理确定薪酬

不少用人单位管理者和领导缺乏"人力资源市场"概念,在确定薪酬时只注重单位内部的比较与"平衡",没有进行跨企业、跨行业的横向分析比较。在这种情况下,如果所定的薪酬偏低于人力资源市场的"通行"价格,就会导致人员的流失,特别是那些已在用人单位中得到一定的实践锻炼与提升,"身价"已经提高的员工就更容易流失。

2.用人单位未形成"留人"的人文环境

不少用人单位没能营造出一种"留人"的人文环境,福利、生活、工作条件差等。因为少数员工的品德问题而全盘否定了整个队伍,对员工持不信任的态度。因为这一原因而导致员工产生逆反心理而进行职业流动的不少。

3.用人单位不能确保员工的利益

不少用人单位缺乏有效的激励机制,员工的业绩得不到公正评价,付出与获得不相符。而且,有些用人单位员工的底薪偏低,甚至没有底薪,员工缺乏安全感与归属感。把员工当作彻底的打工仔去追求单位的最大效益,那么员工必然会以自身收益最大化作为行动准则,出现职业流动也就不足为奇了。

4.用人单位缺乏有效的人才晋升渠道

当前,很多用人单位都缺乏有效的培训和人才储备机制,无法满足大学生的上进心和求知欲。而且,很多用人单位缺乏有效的人才晋升渠道,导致很多大学生看不到自身在企业的发展前景,于是出现职业流动,去寻找能使自己不断得到晋升的企业和职业。

三、职业流动的利弊

(一)职业流动的利

1. 职业流动在某种程度上是一种双向选择的人才流动机制

古人曰:穷则变,变则通。职业流动是一种双向选择的人才流动机制,它的标准是社会价值与个人价值的有效统一。我们要清楚地认识职业流动不等于盲目职业流动,也不是人才的盲目流动,职业流动是人才的有效流动,是随着市场经济的发展应运而生的。市场经济的自动调节作用引入了人才竞争机制,这样企业的竞争就转化为人才的竞争。因此人才的职业流动必然引起企业和社会的关注,无形中形成了"尊重知识,尊重人才"的氛围,使英雄有了用武之地。如果把计划经济下的人才比喻成笼中鸟、池中鱼的话,那现在在市场经济中的职业流动这一人才竞争机制下,则可以使人才"海阔凭鱼跃,天高任鸟飞"。

2. 职业流动在某种程度上能够促进用人单位环境的改善

在用人单位内,当很多大学生都出现职业流动时,用人单位就需要对自己企业的环境进行反思,改善之前不合理的环境,进而建立更有利于大学生发展的工作环境。为此,用人单位需要树立人力资源市场的观念,并向大学毕业生提供有吸引力的薪酬;要注重企业的战略规划,能够让大学毕业生看到企业的远大目标和美好前景;要建立有效的人才晋升渠道,能够让大学毕业生不断得到晋升;要制定奖励和奖励机制,以调动大学毕业生的工作积极性,并使他们能得到归属感和安全感;要加强对大学毕业生的培训工作,以满足其上进心和求知欲;要帮助大学毕业生准确对自己进行定位等。

(二)职业流动的弊

1. 职业流动不利于自身的成长

一个人要想成才,就必须立足本职岗位,勤奋学习,勇于实践。而且,人的成才和用人单位的培养与造就是分不开的。因此,大学生如果自以为在原来的工作单位被错用或是被屈才,因而忿忿不平,继而就凭着一种冲动的本性更换单位,只会使自己失去一些本该拥有的东西。另外,大学生要想完全适应一个陌生的环境,往往是需要花费很多的精力和时间的。因此,大学生与其处心积虑地想一些没有十足把握的事情,不如静下心来处理好眼前的一切,况且只要是人才,不论在哪里工作,早晚都会发光的。此外,大学生如果频繁地进行职业流动,对培养自身的工作能力来说也是非常不利的,很容易使自己成为什么都会一点,但却什么都不精通也不专业的人。

2. 职业流动不利于自己事业的发展

职业流动在本质上是无序的,是一种不规范的人才流动方式。职业流动者自动离职,不辞而别地更换单位,有的甚至脚踏两只船。不难想象在崇尚敬业、诚信的今天,职业流动这种不规范的行为,对于树立你个人良好形象是不利的。可以肯定地说,没有一个企业单位会信任这种不规范的行为的。如果失去企业单位的信任,那将"英雄无用武之地",更别说会得到培训提拔,长此以往,成才之路也就渺茫了。一粒种子之所以能长成一棵参天大树,它必然有发达的根系支撑着,这就是说一个人才的成长,必须立足本职岗位,适应自己的环境,只有这样才能建功立业,成为一个有用之才。

3. 职业流动可能引发法律纠纷和官司

对于大学生来说,无论是主动还是被动职业流动,都要与原单位了结各种关系,如果稍有疏忽,就可能陷入官司的泥潭。因为我们在工作的过程当中或多或少会涉及用人单位的客户或者商业秘密等,职业流动到另外的单位这些重要的资源往往仍是我们赖以生存、发展的基础。在现代商业社会,客户名字就是一个销售网络,就是一个体系。那么什么是商业秘密呢?商业秘密大体上就分为两大类,一个是技术秘密,一个是经营方法的秘密。不为公众所熟知,并且能为它的控制人带来经济利益,具有实用性,并且由控制人予以保密的这种技术和经营咨询称为商业秘密。按照我们国家工商局的一个解释,商业秘密包括设计、程序、产品的配方、数据、管理的诀窍、在经营当中的客户名单、货源情报、产销策略等,另外招投标方面的一些资料、底标等也属于此列。

四、职业流动的类型

大学生的职业流动,主要包括以下几种类型。

(一)发展性职业流动

这类职业流动者在企业已经有了很好的职业适应,有的甚至已经成为企业生产骨干,但在这个过程中,也对自己有了新的认识,发现了自己的职业潜力,于是为了更快更好的自我发展,便主动对现有的职业及环境做出调整。

(二)适应性职业流动

这类职业流动者在职业适应过程中遇到了难以克服的困难,比如难以适应岗位要求、人际关系紧张等。在做了多种努力仍然得不到改善后,便不得不选择主动离开。这类职业流动带有被迫的味道,职业流动者试图通过职业流动来改善环境,从而改善自己的职业前途。

(三)盲目性职业流动

这类职业流动者往往没有明确的理由或者决策非常草率。比如周围有人进行了职业流动,自己便盲目跟风;有时仅仅是一时心血来潮,有了一个机会便做出决定,而有的人片面理解"树挪死、人挪活",认为只有不断地进行职业流动才能捕捉到更好的机会,得到更好的发展,甚至仅仅是为了从中得到一种刺激。

五、职业流动的策略

职业流动是社会主义市场经济下的必然产物,而且合理的职业流动也是双向选择的一种人才流动机制,不可避免。而大学生要想合理进行职业流动,需要借助于一定的策略,具体有以下几个。

(一)要慎重决定是否进行职业流动

不管出于何种原因,做出职业流动的决定都应该慎重。在现实生活中,存在着许多越进行职业流动越糟糕的例子。要知道,无论是为了更好地发展还是为了尽快地适应职业,职业流动都不是唯一的选择。而且,职业流动也不是一件简单的事情,职业流动后等待的也未必是一个充满玫瑰色彩的世界。

工作中,会遇到很多选择机会,是否要职业流动这个问题的定夺不仅要考虑当下利益,更要考虑长远发展。这个长远发展,就是职业生涯规划。而且在一个单位工作几年后,已积攒起一定的工作经验和宝贵的人事关系,这些经历在新工作中是否还用得上? 总之,在做出职业流动决定之前,必须认真反复地审视现在所从事的工作和所在的企业以及自己的职业生涯规划。

当然,在经过认真审视之后,如果依然认为职业流动是最好选择的话,那就可以做出决定并不再犹豫。总之,不要贸然因为"现在的工作辛苦"或"讨厌现在的公司"之类轻率的理由而职业流动,我们不能够只埋怨公司对我们不公,动不动就"不想干了",这山看着那山高。而要问问我们自己是否充分发挥了自己的才能为公司创造了价值。我们应该知道,不脚踏实地干活的人,从这个单位跳到那个单位,都是不可能受到欢迎的。

(二)要切实明确好单位的衡量标准

人们进行职业流动,都希望找到一个好的单位。那么,什么样的单位是好单位呢? 一般来说,衡量一个单位是否好单位,应主要从以下几个方面进行考虑。

1.公司的形象是否良好,或者是否是业界的模范

品牌公司、业内龙头自然声名远扬。只要成为其中一分子(如果挤得进去的话),都会觉得无比光荣;好比哈佛、牛津的毕业生,不管你的成绩是 A 还是 C,别人无不对你肃然起敬。但也存在一个问题,就是船大调头难,很多国有大型公司下划了若干子公司,母公司尚且金玉其外、败絮其中,子公司的效益就更不如人意了。

就职于大型公司企业(包括机关事业单位)有利的一面是它的稳定,旱涝保收。即使航运公司在外面沉了一条船,公司里工资奖金也照发。虽说福利房取消了,但单位内部的种种照顾政策还是会在一定时期起到庇佑本单位员工的保护伞作用。但问题也同样存在,那就是大型公司企业很难注意到你个人的能力或才华。习惯了"批处理"的办事方式,培训、晋升、提职都得按期、分批。稳定固然使人衣食无忧,但同时也消磨一个人斗志,让你很快没入平常。

随着政治、经济、国内、国外方方面面因素的影响,传统的"铁帽子"行业也开始出现大量

挑战性因素。相比之下小而精悍的公司企业也会有非凡的声誉。经济学家和管理学家目前对"小公司"的定义尚不能达成共识：有人认为凡未列入五百强的企业就是中小企业；也有人认为员工总数少于 100 人就是小企业；还有人认为营业额低于 100 万元以下的就是小公司。在规模小但业绩良好、充满生命力的单位里，一个最好的方面就是每个人的价值可以得到发挥，能力可以得到很大提高。假如你希望在某一个行业增长个人的从业经验和资历，为今后的长足发展创造条件，到该行业的中小型公司工作往往比较适合。而且小公司对人的约束力往往也较小，通常以劳动合同方式界定双方的权利义务；违约者按约赔偿违约金，不存在"大衙门"的是是非非、行政制裁。

2. 公司的文化和精神主导是否贴合自己的个性

并不是只有大型公司企业才强调企业文化，事实上每家公司自其发起成立之日起就开始积累和形成一种"非制度化"的氛围，这些氛围不写在纸上，但却实实在在地融入每个员工平时的工作中。有的人能够很快融入这种氛围，能够很快赢得上司的赏识，很大程度上归因于其人格素质与企业文化相容，或者他能够把握企业文化，适时调整自我。反之，很多人却始终只能游离于企业文化氛围之外，不仅自己感到不适，周围的同事也很难与之融洽相处。

3. 公司是否有相当的薪金待遇、开明的管理

待遇不仅包括工资收入，还包括一切工资外收入和福利（比如有无住房公基金、医疗保险、失业保险、单身住房补贴、外勤车旅费用、年终奖金津贴、分房方式等）。有调查显示，我国城市高收入居民的工资外收入已经占到其经济来源的 48% 以上，各种奖金、福利零零总总加起来所形成的工资外收入已经成为我国拉大居民收入差距的重要因素。开明的公司管理都有一套规范的人员激励机制，虽然平均收益在业界并不是头筹，但多数员工都能感到一种公平感。比起单一部门大权独揽，唯领导意志的"家族式"管理当然要开明许多。

4. 公司是否给员工提供了培训的机会

美国训练发展协会执行副总裁普拉特曾经说过，对公司来讲，员工培训的制度化比公司的有形资产更为可贵。一家公司、单位是否生机蓬勃，重要的一方面就是它的员工培养计划安排得怎么样。与很多生机盎然的单位相比，观念陈旧的用人单位生怕员工谈培训二字，往往采用几年内不得考研、几年内不得出国压服新人。教育可以被换算成金钱，也可以被换算成能力。一批不断充电、年富力强的员工无疑会回报公司丰厚的利润，即便这些人呆不多久便跳槽了，对公司也是一笔财富。

5. 公司是否有优秀的员工以及和谐的人际关系

一家用人单位各方面条件好，内部员工自然也人才济济，你也就有更多的学习机会，提高就越大。这就如同各国参加奥运会的队友、知名乐团的成员，其间每个人都是精英。和他们在一起工作，个人所能爆发的创造力是相当可观的。相反，如果大家都终日无所事事，每天钩心斗角，为权利和利益而争，你就不可避免地堕入一种恶性循环之中。不管如何，和"高手过招"，就算你起点水平很低，也会获取难得的经验——而这正是你今后发展所必需的。看一看你从业的部门人员构成是青年中居多，还是老同志居多；男士居多还是女士居多；真正工作的人居多还是聊天的人居多；精神面貌高涨、谈吐自信的人居多还是情绪萎靡的人居多等。

（三）要客观评估自己的市场价值

职业流动后能否为新的企业接受，这就有一个自己的市场价值问题。任何企业的老板，都把自己的员工分为三类：第一类是能够为企业创造巨大财富的人——"人财"；第二类是企业达成主营目标必须使用的人——人才；第三类是可有可无、可用可不用的人——"人裁"（一有机会就要首先裁去的人）。

有许多人在一个单位工作的时候，总是对这不满对那不满，总是认为自己是"大材小用"了，付出的太多，得到的太少。他们整日怨天尤人，消极被动地对待工作，能拖就拖，得过且过。他们从来都只埋怨单位给他的太少以及各方面对自己的不公，不主动争取工作上的进步，对公司命运也不关心不过问。他们从来都不考虑："我又为公司做了什么，我对得起这份薪酬吗？"这些人对单位没有什么责任感，往往采取一种"骑驴找马"的工作态度。只要遇到别的什么单位给他提供更高的薪酬，他们就会毫不犹豫地进行职业流动。

实际上，对于许多年轻人来说，经验也许是更重要的。在职业生涯的前几年里面，眼睛只盯着金钱，过分看重薪酬，是一种浮躁的表现，在许多企业里面并不能够得到欢迎。经验是一个积累的过程，无论你具有多么高的学历，一个人的成功，从教育中得到的知识的贡献率都只有5%，而其他的都需要从社会中学习而来。因此，在任何企业里面，一个杰出的员工是能够脚踏实的、勤劳苦干的员工而不是狂妄自大、好高骛远和斤斤计较的员工。

准确评估自己的市场价值决定着职业流动是否能成功，所以，职业流动时必须客观地评估自己在劳动力市场上再次被聘用的价值。这种价值如果低于初次求职，职业流动就失去了最积极的意义。

（四）要科学确定职业流动的方向

考虑职业流动时，有必要在把握自己现状的基础上，决定职业流动的方向性。一般情况下，职业流动的方向有以下几种。

第一，流动到运用相同知识与技能的相同行业，也就是将现在已经掌握的技术技能运用到同一行业的不同企业当中。比如，某商场的营业员职业流动到另一家商场做营业员。

第二，流动到运用相同知识与技能的其他行业。比如，某家具城文秘职业流动到某广告公司做文秘。

第三，在现有行业中通过学习掌握不同的知识与技能从事另外一种工作。比如，某机床厂装配钳工职业流动到另一机床厂做销售代表

第四，流动到其他行业从事完全不同的工作，这需要学习和掌握全新的知识与技能。比如，一个医院的护士到保险公司做业务员。

四种职业流动方向各有利弊。只有决定了职业流动所要进入的行业及工作领域，才能明确自己的职业前景，也才能进行相关的信息搜集与分析，进而通过自己的努力，实现职业流动的职业目的。

（五）不可对职业流动抱有太高的期望值

职业流动并不意味着一定能够取得职业的成功，而且不要指望一下子就能够跳到多少好的公司，绝大多数公司都差不多。也就是说，在进行职业流动时不要抱有太高的期望值，具体包括以下几方面的内容。

第一，不要一味地指望进大公司。大公司基本上都形成了自己的规模和体制，虽然进入后待遇和福利也许不错，但是不要指望能够很快地发展和升职。一旦你进入了，你会发现大多都是在做一些基层的工作，即使有些人根本没有多少能力，但是很不幸，他们是老员工，有资历。

第二，不要一味地指望职业流动就能够从一个普通员工一下升迁为主管、经理等，即使有这个机会，也要衡量衡量这个公司是否真的值得信任。绝大多数公司的中层都是从公司内部诞生出来的。正规而又有发展趋势的公司，一般不会从外面招聘比较重要的职务。

第三，不要一味地用薪水和奖金来衡量职业流动的好坏。真正衡量的标准只有三个：一是这个公司是不是正在处于发展时期，而且有很大的发展空间；二是这份工作是不是对你是一个挑战，是一个新的尝试，而且是自己所希望做的工作；三是在接受这份工作的时候，会不会对你未来 5 年的发展产生一定的影响。

第四，不要一味地指望外企。不可否认外企的待遇很好，但要考虑外企成熟的管理制度、高强度的工作压力、完善的考核体系指标等自己能否胜任。

（六）要把握好职业流动的时机

一旦决定进行职业流动，就需要在实施的过程中选择恰当的职业流动时机，比较妥当的做法如下所述。

第一，守口如瓶，职业流动是很私人的决定，你一定要尽力避免走露风声，即使对自己最要好的同事也要守口如瓶，你的原则就是避免在你炒老板的鱿鱼之前被老板先炒掉。

第二，知己知彼，即查阅与日前公司签订的劳动合同，明确自己是否受到违约金等条款影响、离职手续办理难易程度等，做到心中有数。

第三，尽可能收集新公司的信息以及可能要求自己提供的项目，做到有备无患。

第四，设计简历，即准备一份职业化的简历，你可以寻求职业顾问的帮助。

第五，借助于猎头公司应聘进行职业流动。

第六，递交辞呈，即向原公司递交辞职信，做好离职过渡期的安排。记住千万在拿到新单位录用通知后再递交辞职信。

第七，与人为善，即虽然自己应聘成功了，虽然自己可能"痛恨"原来的公司，但是也不要在背后恶言冷语，因为自己说不定哪天还会"用"到原来的公司。

下　篇　新时期大学生创业专题研究

第八章　大学生创业概述

大学生创业是时代的必然要求。目前,随着高校的扩招,大学生的就业形势日益严峻,很多大学生为了能够打造出自己的一方天地,开始投身到自主创业的潮流中去,在奉献社会的同时也实现了自己的人生价值。创业不仅能获得某种利益、实现某种目标,还能在为自己创造财富的同时为他人创造工作机会。因此,自主创业成为大学生实现积极就业的一种重要方式。本章主要对大学生创业的相关知识进行简要阐述。

第一节　创业概述

一、创业的概念

创业有广义和狭义之分。从广义上来说,创业泛指人类所从事的一切带有开拓意义的社会变革活动,它所涉及的范围非常广,无论是政治、经济,还是文化和艺术等,只要人们所从事的是以前人们没有从事过的事业,都可以称之为创业。从狭义上来说,创业指的是社会上的个人或者团体为了创造财富所开展的社会活动。这种社会活动可能是其他个人或团体从事过的,但是对于创业者本身来说,这种社会活动则是其以往没有经历过的,是其从头开始的事业。我们在本书中所研究的创作就是这种狭义的创业。

对于创业,我们认为,创业是指社会上的个人或者团体,为了改变现状,依靠自己的力量去创造财富的艰苦奋斗的过程,这种过程是能够造福人类的。

二、创业的特点

想要创业成功,首先要对创业的特点有一个全面、深入的认识。具体来说,创业活动的特点主要包括以下几方面。

（一）利益性

创业者的创业也许出自多种目的,但根本的动力是获利,这也是创业者的共同心愿。没有利益驱动,人们就不会冒着风险去创业。创业者在创业的过程中获利的多少也是创业成功与否的重要标志之一。

（二）风险性

对于创业者来说,他们所从事的创业活动是自己以前从来都没有从事过的,所以,其在创业的过程中需要进行不断的探索和实践。因此,创业具有一定的风险性,这种风险是不以人的意志为转移的。但是创业者可以通过提高自身多方面的知识来应对在创业过程中存在的一些风险。

（三）现实性

创业者如果仅仅拥有创业的热情是远远不够的,创业者必须明白,创业必须以现实为基础,必须要考虑到现实中存在的一些问题,没有现实作为基础,创业只能是空中楼阁。所以,创业者要想创造出属于自己的事业,必须要冷静、客观地去分析现实中所存在的问题,脚踏实地,一步一个脚印地去进行创业。

（四）艰难性

选择了创业,就意味着选择了挑战。对于每一个创业者来说,创业这条路都不是一条平坦的、笔直的大道,任何一个人在创业过程中,都会体验到创业的艰难,尤其是白手起家的创业者,往往需要经过很多年的艰苦奋斗,甚至倾注大量的心血,创业才能成功。所以创业者要有吃苦的思想准备。

（五）多样性

俗话说"三百六十行,行行出状元"。创业者在创业的过程中一定要注意创业的多样性特点,要不拘泥于传统观念,不守旧,善于根据事业变化的具体情况,及时提出符合客观实际变化的正确思想、办法等,从而找到适合自己发展的正确道路。

（六）自主性

创业从来都是一种独立自主的行为。创业者是自己命运的主人,他们独立自主,自力更生,靠着自己的力量开创出一个完全属于自己的事业,从而实现了当家做主的理想。

（七）艰难性

选择了创业,就意味着选择了挑战。对于每一个创业者来说,创业这条路都不是一条笔直的、平坦的大道,任何一个人在创业过程中,都会体验到创业的艰难,尤其是白手起家的创业者,往往需要经过很多年的艰苦奋斗,倾注大量的心血,才能创业成功。所以创业者要有吃苦的思想准备。

三、创业的分类

根据不同的分类标准,创业可以分为以下几种类型。

（一）根据创业的发展阶段进行分类

根据创业的发展阶段,可以将创业分为初次创业、持续创业和再创业。

1. 初次创业

初次创业是指在事业开创时期所从事的活动。

2. 持续创业

持续创业是指在创业成功后,为巩固和扩大创业成果而不间断进行的创业活动。

3. 再创业

再创业是指在初次创业结束后,为达到原定目标而继续的创业活动。

（二）根据创业项目的性质进行分类

根据创业项目的性质,可以将创业分为传统技能型创业、知识服务型创业和高新技术型创业。

1. 传统技能型创业

传统技能型创业是指在酿酒、制作工艺品等使用传统技能的创业活动。

2. 知识服务型创业

知识服务型创业是指能够为人们提供知识、信息的创业,该种类型的创业投资少、见效快。

3. 高新技术型创业

高新技术型创业是指以高密集度知识为依据的创业活动,带有前沿性、研究开发性质的新技术和新产品的创业。

（三）根据创新内容进行分类

根据创新内容,可以将创业分为基于产品创新的创业、基于营销模式创新的创业和基于组织管理体系创新的创业。

1. 基于产品创新的创业

基于产品创新的创业是指创业者发现了技术或产品创新的成果带来的消费群体而做出的创业行为。

2.基于营销模式创新的创业

基于营销模式创新的创业是指创业者采用与众不同的能给消费群体带来满足感的营销模式的创业行为。

3.基于组织管理体系创新的创业

基于组织管理体系创新的创业是指创业者采用与众不同的能使产品实现商业化和产业化的组织管理体系的创业行为。

（四）根据初始创业动机进行分类

根据初始创业动机，可将创业分为生存型创业和机会型创业。

1.生存型创业

生存型创业是指为了谋生而自觉或被迫地创业，大多属于尾随和模仿。

2.机会型创业

机会型创业是指为了抓住市场机遇、创造市场机会和新的需要或者满足潜在需求为目标的创业，这种能够带动相关产业的发展。

（五）根据创业者的数量进行分类

根据创业者的数量，可以将创业分为独立创业和合伙创业。

1.独立创业

独立创业是指一名创业者独资创造的企业，企业的产权归创业者个人所有，具有自由掌控、决策迅速等特点。这种企业的缺陷在于风险较高，并且还受到创业者个人才能的限制。

2.合伙创业

合伙创业是指多名创业者共同创办企业，这种企业的产权归共同创业者所有。这种创业的风险较小，发展空间也相对较大。

（六）根据创业的起点进行分类

根据创业的起点，可以将创业分为外部创业和内部创业。

1.外部创业

外部创业是指创业者从无到有创建的全新的企业组织，这个过程充满了风险性，可能会遭遇经验不足、资源不足、支持不足的情况。

2.内部创业

内部创业是指公司因组织管理体系、产品、营销等问题进行内部重新创建的过程。

（七）根据创业方向或风险进行分类

根据创业方向或风险，可以将创业分为独创型创业、依附型创业、尾随型创业和对抗型创业。

1. 独创型创业

独创型创业是指为了能够使提供的产品填补市场空白而进行的创业，如新推出的环保洗衣粉等。

2. 依附型创业

依附型创业可以分为以下两种情况：一种是依附于大型企业或者产业链，专门为其提供相关的配套服务。一种是使用特许经营权，如利用肯德基或麦当劳等的品牌效应和成熟的经营管理模式进行创业。

3. 尾随型创业

尾随型创业是指模仿他人进行创业，在市场上拾遗补缺，短时期内只求能够生存下去的创业。

4. 对抗型创业

对抗型创业是指创业者为了能够进入其他企业垄断的市场，从而与之抗敌的创业，这种创业的风险性非常高，要求创业者在创业前必须做好准备工作。

四、创业的核心要素

创业是各种要素集合在一起进行有机运行的结果。从整体上来看，创业的核心要素包括以下几方面。

（一）创业者

在创业活动中，创业者的素质和能力是创业取得成功的第一要素。对于创业者来说，不仅要有良好的决策能力，还需要有实干精神，创业者不仅要掌握一定的创业理论和实践知识，更需要有创业所必备的素质和能力。

（二）技术

技术是将知识运用到实践中的手段、途径、工具或方法，是产品或服务的重要基础。产品或服务中的技术含量是企业满足市场需要的重要支持和保障，是企业发展的核心。为此，创业者应寻找能够满足社会需要的技术，并将技术付诸应用，去不断地满足社会的需要。

（三）资金

资金对于处在不同发展阶段的企业来说都是非常重要的，甚至是关键的要素，没有资金支持是无法开展创业活动的。正所谓"不是有钱就有了一切,但是,没有钱什么事也做不成"。

（四）市场

市场是创业成功的平台,机遇与风险同在。在进行创业前,创业者必须要对市场细分、市场发展趋势、市场机遇、市场经营环境、市场宣传、市场营销手段等进行认真研究和把握,只有这样,才能够让自己的创业项目紧跟市场,从而获得市场的认可,取得创业的胜利。

（五）人力资本

人在社会中不是孤立的个体,而是生活在各种社会关系当中,需要他人的帮助和支持,创业也不例外,更需要不同的人来帮助和支持,因此,人力资本是创业必不可少的。许多创业者是靠亲戚朋友的借款,靠熟人介绍做成了第一笔生意,赚了自己的"第一桶金"。因此有人说,要想创业成功,人脉关系往往比技术更重要。有人并列出了这样的关系式："创业成功＝30%技术＋70%人脉"。

另外,创业成功也在于创业者的识人、留人、用人,在于有推动企业成长的优秀技术人员、管理人员加入,形成创业的团队,制定有利的政策制度和有效的组织结构,建立良好的企业文化。

五、创业的注意事项

创业是创业者自我实现的重要途径,在创业过程中会遇到各种各样的风险,要想尽量规避这些风险,创业者在创业过程中一定要注意以下几方面的问题。

（一）创业者要注意把握创业机遇

机遇是可遇也可求的。既有"不期而至"的机遇,又有锲而不舍地追求而赢得的机遇。要想把握住创业机遇,创业者一般可从以下几方面入手。

1. 自创机遇

居里夫人曾说："弱者坐失良机,强者创造时机。"所以,创业者要想取得创业的成功,就要学好创业应具有的知识,拥有一技之长,从而为自己的成功创造条件。

2. 掌握适当的时机，迅速采取行动

创业最重要的是时机,而时机是稍纵即逝的,所以创业者一定要牢牢把握住时机,迅速做出正确的决定和行动,否则,与机遇失之交臂,创业就很难成功。如果能够抓住机遇、迅速行动,就很有可能为企业创造巨大的利益。

3. 敢于竞争和冒险

创业中存在着一定的困难和挫折,创业者必须努力战胜这些困难和挫折才能取得创业的成功。在创业过程中,创业者所遇到的是伴随着风险的机遇,收益越高的创业机遇风险也就越大。因此,创业者一定要敢于竞争和冒险,在经过一番调查之后要大胆拼闯。

（二）创业者要考虑自己是否做好了自主创业的准备

概括来说，创业者可以从以下几方面来考虑。

第一，要考虑自己愿不愿意创业，此愿望强烈与否。

第二，要考虑自己适不适合创业，有没有创业的资源和能力，创业的胜算有多大。

第三，决定创业后，就要逐步学习市场经济知识，了解摸索市场，提高适应社会和应对市场竞争的能力。

（三）创业者要重视市场调查

许多创业者在创业之初都缺乏经验，他们往往都是在对产品或项目进行理想化的推断的情况下开始创业的，根本没有通过市场调查得出可靠的数据。过于理想化的推断往往站不住脚，而且常常起到误导作用。所以，创业者在创业初期一定要重视市场调查，只有在了解市场的前提下进行创业活动，企业才有可能健康、持续的发展。

（四）创业者要善于发挥自己的长处

许多人取得创业的成功是因为其知道要充分发挥自己的长处。具体来说，创业者要想充分发挥自己的长处，应该做到以下两方面。

1. 认识、发现自己的最佳智能

在社会实践中，人的知识和能力都是不断增长的。因此，创业者应该在实践的过程中去正确认识和发现自己的最佳智能。另外，通过他人对自己的评价也是认识自己的重要途径。心理学家将通过他人对本人的反映而产生的自我称为"镜我"。从社会这面镜子里可以照出许多自己难以看到的东西。当然，认识自己往往不是一次可以完成的，有时会对所选最佳智能产生怀疑、否定并重新调整。这一点对创业成功至关重要。

2. 锻炼、强化自己的最佳才能并在创业实践中充分发挥

创业者要想取得成功，光靠拥有美好的愿望是不可能实现的，还必须磨炼自己的意志、强化自己的才能，在具体的实践中加强自己的优势。可以说，创业能否取得成功，关键要看创业者是否能认识到自己的最佳才能，是否能选准创业目标，是否能在创业实践中充分发挥自己的才能。

（五）创业者要善于获得他人的帮助

对于打算创业的创业者来说，不要一个人奋斗，要知道创业需要一个团队，每一个人都有所长，也有所短，将合适的人团结在一起才更有战斗力，创业者一定要善于获得他人的帮助。创业者可以通过以下两方面的技巧来获得他人的帮助。

1. 让对方认为帮助自己是有意义的

对于提供帮助的人来说，他们往往会存在一种心理，即自己所帮助的人值不值得帮助。通

常来说,人们都比较喜欢帮助那些具有发展前景的、让人信得过的人,所以,创业者要想获得他人的帮助,必须要给人留下良好的印象,让帮助自己的人认为自己是值得帮助的。

2. 请求他人帮助时要真心诚意,态度谦虚

在请求他人帮助时,越是真心诚意、态度谦虚,就越能感动对方,刘备"三顾茅庐"才请来了军师诸葛亮。创业者在请求别人帮助时一定要认识到这一点。

(六)创业者不要过度追求个人利益

创业的根本是谋求对社会的意义。凡是成功的创业者,当企业经营到一定的规模时,创业者所考虑的只是企业的发展战略问题,企业发展的重要性大于个人利益的重要性。同时,我们也应当认识到,只有企业发展了,才会有个人的利益所得。

(七)创业者不要眼高手低

创业者创业时往往幻想一夜暴富,比如专注于高科技行业,以致不少创业者不屑于服务行业或者技术含量较低的行业。其实,高科技行业往往需要的资金较多,创业风险和难度都比较大,创业者如果对自身认识不足、缺乏经验,往往很容易失败。因此,创业者在创业时一定要对自身和市场有一个充分的认识,避免眼高手低导致创业失败。

第二节 大学生创业应具备的素质与能力

一、大学生创业应具备的素质

创业者要想取得创业的成功,必须要具有一定的素质,概括来说,这些素质主要包括以下几方面。

(一)心理素质

创业心理素质是指在创业过程中对人的心理和行为产生一定调节作用的个性特征。因为创业的复杂性和不确定性,心理素质在创业过程中占有重要地位。创业者在任何心理状态下,在内心深处都要保持清醒和理智,用平和的心理看待成败得失,良好的创业心理素质有助于一个人充分发挥其创业能力,从而取得创业的成功。具体而言,创业心理素质应该包括以下几个方面。

1. 强烈的创新意识

创新意识是创业的核心,是个体从事创新活动的主观愿望和态度,只有具有强烈创新意识的人,才能产生强烈的创业欲望,并把它转变为创业行为。创业者只有保持不断创新才能使企业在市场竞争中占有一席之地。具有创新意识的人能够做到灵活多变,因地制宜,因人制宜,因事制宜。一个成功的创业者必须具备这种可贵的创新品质并永葆不褪色,让创新意识贯穿在创业活动的始终。

2. 强烈的创业欲望

欲望是人性的组成部分,是人类与生俱来的。心理学和社会学通过调查发现,欲望是"人的能动性的源泉和动力",当人们产生了一种欲望时,心理上就会表现出一定的紧张和不安,从而产生一定的驱动力,以使自己的欲望得到满足。因此,当创业者具有了创业欲望之后,才能有强烈的创业动力,保证创业行为的实施。

3. 强烈的商业意识

商业意识是人们在经营活动中,通过获取信息来把握市场趋向的一种思维活动方式。商业意识要求创业者在经营活动中按照市场经济的运行规律来认识市场,要随时寻找、发现和创造新的商机。只有把握市场的运行规律和方式,观察市场的发展和变化,随时了解市场动态,收集商业信息,分析其中包含的商业机会,才能逐步提高商业意识。

4. 很强的自信心

创业离不开自信心,从成功的创业者身上,我们可以发现他们都有着很强的自信心,正是这份自信让他们可以相信自己可以战胜遇到的困难。自信源于实力,来自平时的点滴积累和努力。对于大学生来说,为了培养自己的自信心,可以多参加学校举办的一些讲座,和成功人士多点交流,听取他们成功的经验,更多地要吸收他们在失败时对于成功的自信。当自己遇到困难和挫折时,要勇于尝试、敢于拼搏。

5. 坚强的意志

意志是人类从事任何一种活动都不可或缺的重要心理素质和推动力量。一个人具有坚强的意志,就能够不断调节自己的心理状态和行为,克服困难,战胜挫折,从而取得事业的成功。

(二)学习素质

在知识经济时代,专业知识增长迅猛,不学习早晚会被淘汰。只有具备了比别人学得更多更快更好的能力,才能保持不变的竞争优势。就一个人一生所学的知识来说,其在学校所学习的知识量只不过是他一生所需知识的 10%,而另外的 90% 的知识则必须要在以后的自学中获得。这就迫使我们尤其是创业者必须树立知识更新意识,从而支持他们应对创业中出现的新情况和新问题。因此,创业者必须树立终身学习的意识,不断学习,以获得创业的成功。

(三)反思素质

创业过程本身是一个反思的过程,创业者只有在创业的过程中不断进行反思,对前期所做的事情进行总结,才能得到有用的经验和教训,从而在以后的创业过程中得到不断提高。

二、大学生创业应具备的能力

概括来说,创业者需要具备的能力主要包括以下几方面。

（一）专业技术能力

专业技术能力是创业者掌握和运用专业知识进行专业生产的能力。实质上,这个定义包含了两个层面的含义:专业知识和专业技能。运用专业知识就是在创业实践活动中用专业知识指导具体操作,形成技能技巧。专业知识掌握得越牢固、越全面,并且能够运用自如、得心应手,就说明专业技能就越强,创业成功的把握就越大。可见,专业技术能力是以专业知识和专业操作技巧为基础的特殊能力,也是创业必须具备的基本条件。创业者只有具备了专业能力,才能找到知识与产品、技术创新与市场需求的结合点,激发内在的创业愿望和激情,使科技转换为生产力。

（二）领导能力

领导能力是指领导做工作的本领,包括计划、控制、跟踪、检查、沟通、协调、鼓动、惩戒、演讲、写作、预测、思维、谈判、应急、决策、指挥等。专业才能是一个人取得事业成功的基本保证,领导能力则是一个人能否取得较高成就的决定性因素。创业者只有具备领导能力,才能够带领自己的团队稳步前进,才能取得创业的成功。大学生可以通过有意识地积极参加各类工作、活动来锻炼自己的领导能力。

（三）决策能力

决策能力是指创业者根据主客观条件,正确地制定符合自己企业的发展方向及具体实施方案的能力。决策是一个人综合能力的表现,一个合格的创业者,必须首先是一个决策者,因为创业者如果不能正确决策,那么他的创业不可能取得成功。创业者的决策能力主要包括分析能力和判断能力两个部分。

1. 分析能力

创业者要创业.必须首先对众多的创业项目和方向进行比较和分析,然后选择一种适合自己的创业项目。在开始创业的过程中,创业者同样需要具有分析能力,以从错综复杂的现象中分析事物的本质,分析在创业过程中遇到困难的原因,从而正确处理各种问题。由此可知,分析能力是创业者不可缺少的重要能力。

2. 判断能力

判断能力是指创业者能够从客观事物的发展过程中找出因果关系,从而对事物的发展方向做出正确判断的能力。

分析是进行判断的前提,判断是分析的目的。良好的创业决策能力是创业者的分析能力和判断能力的结合。

（四）语言表达能力

语言表达能力是一个人的一项重要能力,也是一种基本功。语言能力反映人的思维能力、社交能力以及性格、风度等。一个人在工作中主持会议,制定政策、文件,上传下达工作指令,接待来访,参加社交活动,发表演讲和个别交谈等都需要语言表达能力。语言表达能力可以分为口头语言表达能力和书面语言表达能力两种。

1. 口头语言表达能力

口头语言表达能力是指将自己的意见、想法等通过生动、有效的表达方式传递给听者,从而对听者产生最理想的效果的一种表达能力。

2. 书面语言表达能力

书面语言表达能力是指将自己的决策思想、实践能力等通过文字表达方式传递给读者,从而使自己的决策思想、实践能力等科学化、条理化、系统化,对读者能够产生一定影响的能力。

(五)市场分析能力

市场分析能力是指分析某个组织所面临的细分市场,确定组织在该市场中的战略地位及其所拥有的战略资源和独特能力是否可以满足该细分市场的客户需求。需要注意的是,创业者应该在调查研究的基础上对市场进行分析。

(六)经营管理能力

经营管理能力是指对企业的人员、资金等进行有效管理的能力。在创业过程中,创业者的经营管理能力对于企业的生存和发展具有至关重要的作用,很多新企业都是由于管理不善而倒闭的。对于大学生来说,提高自己的经营管理能力,应从学会经营、学会管理、学会用人、学会理财几个方面去努力。

(七)网罗人才的能力

企业的竞争实际上就是人才的竞争。企业经营得好坏,与用人的好坏有着非常直接的关系。一个成功的创业者,必须要广泛吸纳人才,充分利用每一个人的长处,使其在企业中发挥最大作用。因此,创业者需要具有恰到好处的用人能力,只有能做到人尽其才,才能让企业获得更大的发展。

(八)把握商机能力

能够满足一种需要或是能够增加满足的需要都可能是商机,它只会在某一个特定的阶段出现,稍纵即逝。在信息化时代进行创业,必须重视商机的把握。合适的机遇能够赢得发展的机会,贻误时机则有可能使企业蒙受巨大的损失,因此把握商机能力十分重要,该能力也是创业者所必备的能力之一。

(九)抗挫折能力

创业者在创业过程中,由于主客观原因遇到挫折是不可避免的。不同的人在遇到相同的挫折时,会出现不同的反应,在能否经受得住挫折上也表现出明显的不同。这不仅是因为个体经受挫折时的心理状态不同,还是因为个体对挫折的态度和应对的方法存在差异。能够以积极的心态和正确的方法对待挫折的人,其抗挫折的能力就强,反之则弱。对于创业者而言,创业过程中不可避免地会面临各种挫折,如果不能以积极的心态对待,那么就很有可能导致创业失败。

（十）利用信息的能力

信息是创业决策和管理的重要依据。利用信息能力的大小直接影响到创业过程中的决策和管理是否科学和有效。利用信息的前提是捕捉信息。能否收集和掌握经济信息,是决定胜负的重要因素。

（十一）交往协调能力

交往协调能力是指妥善处理组织内外部关系的能力。创业者必须要具备这种能力,既要妥善地处理与外界的关系,尤其要争取政府部门和税务部门的理解与支持,同时还要团结一切可以团结的人,妥善处理内部员工之间的关系,使其能够尽最大的努力为企业创造效益。总之,创业者只有妥善处理好内外部的关系,才能建立一个有利于企业发展的和谐环境,从而为企业的发展创造条件。

（十二）综合性能力

在创业能力中,综合性能力是一种高层次的能力,具有很强的综合性特征。无数的事实证明,只有具有综合能力的人,才可以成为成功的创业者,成为从业人员群体的雇主和上司。当客观条件具备时,他们中一些人常常会脱颖而出,成为领导时代新潮流的成功者。

三、大学生创业能力的培养

（一）通过自我训练培养大学生的创业能力

大学生进行自我创业能力训练可从以下几方面入手。

1. 不断提高自己的领导能力

具体而言,大学生提高自己的领导能力可从以下几方面入手。

（1）提高自己的先知先觉能力

第一,在创业的过程中,大学生虽然可以借鉴前辈的意见,但这种借鉴并不是万能的,而要想在创业的道路上走得长远,就必须具备先知先觉的能力,只有这样,才能在市场上领先一步。

第二,不断学习。有虚心学习,才能成为一个开放的领导者,才能不断丰富与发展自己。

第三,敢于超越经验与惯性。如果走不出以往的经验与惯性,那么就会一直在原地踏步,甚至会倒退,自然也就难以先知先觉。

第四,先知先觉能力的获得还需要创业者有担负责任的意识,必须敢于面对各种不确定的因素与可能的失败。

（2）提高自己的沟通能力

第一，努力做到设身处地，将心比心，有福同享，有难同当，以不断提高沟通的有效性。

第二，尽量学习一些沟通技巧，以提高沟通的效率。

第三，学会主动和他人沟通。

第四，沟通过程中，要给他人留足说话和思考的时间。

第五，学会制定沟通的计划，设想沟通过程中会出现哪些问题，以便在沟通前做好预先准备。

第六，在沟通过程中，不要把自己的观点和看法强加给别人。

第七，保持理性、公平、和谐的沟通氛围，沟通切忌情绪化。

（3）提高自己的组织能力

①提高自己为人处事的能力

第一，遇事有主见，不人云亦云。

第二，保持自己的个性，独立自主但不固执己见。

第三，尊重他人，让别人时刻感觉到自己是重要的。

第四，客服高傲的心理，承认别人的优秀之处。

第五，诚恳待人，以理服人，不弄虚作假，言行一致，表里如一。

②提高自己统筹全局的能力

第一，做好全局的规划，统一思想，凝聚人心。

第二，多参加一些组织活动，慢慢学习如何统筹全局。

第三，在做事前做好规划，并按规划行事。行事过程中，若出现紧急情况，则需要随机应变，根据事情的情况，合理调整规划。

第四，在大学学习和生活中，根据自身的情况适当给自己压担子，以提高自己的组织与统筹能力。

（4）提高自己的人格魅力

第一，要有迷人的个性。

第二，要注重意志品质的磨炼，培养坚强的意志。

第三，要注重将激情化为勇气，推动自身的事业发展。

第四，要能够不唯利是图，有高度的社会责任感，有正义感。

第五，能见微知著。

第六，富有协作精神。

第七，要勇于承担，并能与员工同甘共苦。

第八，要有完善的计划，并按计划工作。

第九，要能理解员工和体谅员工的难处。

第十，愿意承担下属的缺点所导致的失误。

第十一，有创新的意识，并激发员工挖掘新的方案。

第十二，具有坚定的信心，在任何情况下，都果断地做出决定。

2. 不断提高自我的社交能力

具体而言，大学生提高自己的社交能力可从以下两方面入手。

（1）提高对自我的认识

第一,大学生应客观地认识自己,评价自己。

第二,大学生应客观地评价他人。

第三,大学生应改变被动交往的心态,主动敞开心扉,向交往对方发出友善的信息。

第四,大学生应以积极的观念看待社交。

第五,大学生应不断适应不同的交往环境,不要单凭喜好与人交往,而应以接纳的态度对待他人。

（2）掌握一定的社交技巧

第一,在与人见面之初,要给对方留下良好的第一印象。

第二,在与人交谈过程中,要灵活地运用语言艺术。

第三,说话要注意气氛和场合,要讲究分寸,要给对方发表意见的机会,要以友好、热情、礼貌和谦虚的态度表现出对交往对象的尊重和耐心。

第四,在交谈过程中,不要随意打断对方的谈话,不要翻来覆去地讲一件事,不要有粗言秽语。

第五,在倾听对方谈话时,要耐心、虚心和真诚。同时还应给对方一定的反映,以示自己认真的态度。

第六,在交谈过程中要注意把握自己的角色和位置。

第七,可创造条件让双方在时空上更为接近,多找机会接触对方。

第八,可寻找彼此相似的因素,多谈论对方感兴趣的事情。

第九,注意仪表,学会微笑,表情丰富,掌握日常交往的礼仪,举止得体。

第十,养成良好的行为规范,掌握必要的体态语言。

第十一,要学会控制自己的情绪,不过分激动、任性或鲁莽,以免使人尴尬。

第十二,在交往过程中既不过于懒散,也不过于拘谨或做作。

第十三,要注意保持适当的交往距离。

第十四,要把握对象的特殊性,有的放矢,灵活应付。

第十五,在交往过程中要真诚。

第十六,交往中要克服羞怯等不良心理。

第十七,交往中要表现出对对方的信任。

第十八,交往中要幽默。

第十九,在产生矛盾与冲突时,要注意克制自己。

3. 不断提高自己的分析能力

对于大学生而言,提高自己的分析能力可从以下几方面入手。

（1）预见分析创业过程中的各种问题

诸葛亮之所以能以火烧赤壁来获取赤壁之战的胜利,是因为他对未来做了准确的预见。而这一点预见则成为其重挫曹操80万大军的关键性因素,可见其重要性之强。经商创业与战场作战一样,也需要创业者对市场有一定的预见性,这样才能在市场大潮中先人一步。也因为如此,在创业初期,创业者不能只顾眼前利益,而应有长远的发展眼光,放眼未来,从长期发展的角度规划企业的发展。

（2）学会分析问题

对于大学生而言，只有学会了分析问题，才能将事物分析到位、分析彻底、分析明白。具体而言，大学生在分析问题时，需要注意以下几方面。

第一，分析时不要过于倾向一针见血、过于追求一语道破。

第二，分析时要克服功利倾向。

第三，分析时要驱除成见和偏见，而要客观面对所有情况和因素。

第四，分析时要摆脱浮躁情绪。

第五，分析时要注重过程和细节。

第六，分析时要避免先入为主，而要根据数据来得出分析结果。

（3）在分析之后还要善于制定决策

在对事情进行了详细、客观的分析之后，切不可拖延，以免丧失机会，而应尽快果断地制定决策。在决策制定完成后，就应尽快投入运行。而在制定决策的过程中，创业者不仅需要根据分析结果与市场资讯和环境的情况，制定出合乎市场的决策，而且也需要保持清醒的头脑，制定正确的决策。

4. 不断增强自己的做事能力

具体而言，大学生要增强自己的做事能力可从以下几方面入手。

（1）提高自己分析并解决问题的能力

第一，收集资料并分析，在确定问题存在的客观现实后，将问题具体化，使相关人员明了。

第二，运用管理学的技巧，与部下进行讨论，将问题产生的原因予以归类，并列出解决这些问题的措施。

第三，邀请同仁共同参与，将所制定的解决问题的措施系统性地整理出来，然后依据其是否能真正解决问题，是否能获得管理层的支持与认可，是否具有较强的时效性等将措施予以先后排序。

第四，根据排序后的措施，选择影响力最大、推动起来最容易的措施，制定行动计划。

第五，实施计划，并在实施过程中与实施后追踪实施的效果，树立各阶段里程碑，确保行动达到目标。

（2）提高自己的经营能力

要想创业成功，"一技之长"和"商业能力"缺一不可。而从现实情况来看，许多的年轻创业者，通常都认为只要自己的技术过硬，就能够在市场上占据竞争优势，从而忽视了对自我经营能力上的培养。这也导致他们最终因为不熟悉"游戏规则"而四处碰壁。因此，对于大学生创业者而言，要想创业成功，就必须技术、经营两手抓。例如，很多年轻人都热衷于开餐厅和酒吧，然而其中的一大批人在经营了一段时间后，就以失败告终。其中大部分的都是因为缺乏经营能力。因此，大学生要想成功创业就必须提高自己的经营能力。

（3）提高自己的市场调研能力

第一，在开始创业前，必须对市场竞争状况进行分析。具体分析内容包括：自己所占的市场份额状况、市场需求状况、市场环境状况、产品自身情况、市场竞争情况、市场营销状况等。通过对这些状况的调研与分析，可以使大学生创业者明确企业的目标市场和发展方向。

第二，要了解消费者的状况。俗话说："顾客是上帝。"因此，大学生创业者必须重视消费者在市场经营中的作用。了解消费者的状况可从分析顾客购买行为状况、消费者的年龄分层、消费者的消费水平、消费者对产品的评价等方面入手,通过对消费者的分析,大学生创业者不仅能够帮助创业者及时发现具有广大发展潜力的创业项目,而且能够在创业成功后针对消费者的状况制定一系列的营销手段,促进销售。

（4）提高自己的应变能力

在商场中,应变能力是非常重要的,面对瞬息万变的商场环境,假如创业者不具有足够的应变能力,是很容易吃亏的。这实际上也属于达尔文的"适者生存"学说的范围。

应变能力的重要性不仅关乎创业者会不会在商业活动中吃亏,也与企业的适应力与竞争力的强弱休戚相关。一般情况下,一个企业如果缺乏洞察判断市场发展趋向的能力,缺乏决断应变的能力,那么很容易被卷入各种风险之中,也断送了企业持续发展的动力,自然是难适、难大、难优、难强的。

（5）提高自己的理财能力

第一,在创业之前应对自己的收入与支出状况进行事先预估。

第二,创业后,应注意从公司经济、市场经济、产业经济的角度出发,对财务问题进行多方面的考察。

第三,创业前要能评价和计量经营风险和财务风险,避免公司承担超过收益限度的风险。

第四,要通晓资本市场的交易规则、各类金融工具的权责关系、举债经营的法律责任以及股份公司的权利和义务等法律问题,还要精通税法。

第五,要注意探讨不同筹资方式下资金成本的计量方法,以及怎样以最低的代价筹集企业生产经营所必需的资金。

第六,要能够准确评价企业的财务状况,预防出现财务危机。

第七,在理财活动中,应广泛应用高等数学、效用分析、线性规划、概率分析、模拟技术等定量方法。

（二）通过创业教育培养大学生的创业能力

创业教育是当今世界高等教育领域日益重视的一项工作。然而要想通过创业教育切实达到培养大学生的主体意识、市场判断力、合作精神和团队意识、创新意识等目标,还需要做好以下几方面的工作。

1. 树立正确的创业教育观念

在西方发达国家,创业教育的成功之处在于其能将培养大学生的创新精神、创造能力和综合素质放在首位,而要做到这一点,就必须树立正确的创业教育观念。也就是说,树立正确的创业教育观念是达成创业教育目标的基础条件之一。正确的创业教育应将创业知识、创业技能、创业精神、创造力都看作是教育的重点,并在教育过程中,将这些"软实力"植入大学生的头脑中,使其消化、吸收,并内化成自己的创业素质,这样才能真正使创业教育生根、发芽、开花、结果。

而从我国的现实情况来看,在创业教育的观念领域,当然仍存在明显的"教育短视"现象,这主要表现在以下几方面。

第一,创业教育只重视眼前,忽视长远发展。

第二,创业教育只重视显性的功利,忽视隐性的素质。

第三,创业教育只重视理论,忽视实践。

这种教育观念导致我国高校创业教育虽然树立了目标,但却难以达成目标,因此必须树立正确的创业教育观念。具体来说,树立正确的创业教育观念可从以下几方面入手。

第一,高校创业教育应树立全局意识和大局意识,立足现在,着眼未来。

第二,高校创业教育应不断完善创业教育的培养模式,牢固树立以培养创业基本素质为核心的教育观。

第三,高校创业教育应不断加强对创业实训的重视,通过各类比赛、实训等不断增强大学生的创业实践能力。

2. 优化创业教育的外部环境

创业教育的顺利进行离不开良好的外部环境的支持与配合。而从我国当前的社会现实来看,尽管高等院校是开展创业教育的主动轮,但创业教育的外部环境支撑力度则明显欠缺。具体表现在以下几方面。

第一,大学生创业前的模拟训练与演练不多,实训基地不多。

第二,政府对大学生创业教育的重视程度仍有待提升。

第三,企业对接纳大学生实习,使其参与到自己的生产、经营过程中的兴趣不高。

这些问题都在很大程度上阻碍了高校创业教育的顺利进行,为了解决这一问题,必须不断优化外部环境,为高校创业教育的开展提供支持。而优化外部环境可从以下几方面入手。

第一,纠正"创业教育是高等学校和教育部门的事情"的错误观念,将创业教育与高等教育发展、社会发展、企业发展、员工素质发展相结合。

第二,加强政府和社会对高校创业教育在资金、设施、知识产权保护等方面的支持。

第三,不断加强创业教育与企业、政府、教育部门、工商行政管理部门的联系,争取这些部门的支持。

3. 完善创业教育的课程体系

西方发达国家开设创业教育课程的十分普遍,对创业教育课程体系的设置也较为合理。而我国由于创业教育起步较晚,学科基础比较薄弱,一方面在创业教育课程的内容上明显落后许多,仅囿于创业计划书设计的小圈子里,系统的创业教育课程尚未成型;另一方面在创业教育课程体系的设置上也不甚合理,理论性明显超过实践性,再加上教师根据个人喜好对授课内容加以随意取舍和改变,从而在很大程度上打乱了创业教育课程的整体性,自然难以实现创业教育的目标。

在这种情况下,就必须完善创业教育的课程体系。完善创业教育的课程体系可从以下几方面入手。

第一,搞好课群建设,增加创业教育选修课的数目。

第二,完善教学管理体制,强化以培养学生综合素质为目标的教学手段,提高大学生的实践能力。

第三,完善高校创业教育的师资建设。

4. 加强创业教育的学术研究

没有实践的理论是空洞的理论,没有理论指导的实践是盲目的实践。可见,要想推动创业教育的发展一方面要不断提高其实践训练,另一方面就要不断进行学术理论的研究。

从我国当前的社会现实来看,近年来,随着创业成功案例的不断涌现,创业已经成为市场经济形势下的一个重要环节,引起了越来越多的关注。对创业的关注也导致了对其研究的热潮,大批专家、学者撰写了大量的论文和著作,对创业教育的课程、创业教育的实践、创业教育的方法、创业教育的理论、创业教育的教材等进行了探讨与研究,并取得了可喜的成就。专家、学者们对创业教育领域内各种现象的研究与探讨为进一步进行创业教育的学术研究奠定了良好的基础。

此外,创业活动的进一步开展,一些新的问题也逐渐暴露了出来,对于这些新的问题,也应加强研究,以便为创业活动的发展奠定理论基础。可见,加强创业教育的学术研究也是创业教育活动必须关注的要点。

具体而言,加强创业教育的学术研究可从以下几方面入手。

第一,不断总结创业教育的经验教训,丰富创业教育的理论。

第二,运用最新的科学理论指导创业教育实践,在创业教育实践中提炼出新的理论。

第三,不断推动创业教育在实践中的发展,构建牢固的创业教育产学研体系。

第四,加强对创业教育活动的内容与过程的理论研究。

第五,加强对工商企业领域创业活动的研究。

第六,借鉴国外创业教育的理论,丰富国内创业教育的理论体系。

5.加强创业教育的实践教育

实践是创业教育不可或缺的环节,它不仅是创业教育理论知识传授的必然延伸,同时又对创业理论知识的传授效果有着很强的促进与检验作用。因此,加强创业教育,不仅要重视对创业理论的传授,更要注重对创业实践的训练。

加强大学生创业教育的实践教育,可从以下几方面入手。

第一,高校应成立专门的创业教育管理机构,对创业教育的实践工作进行指导与协调,帮助大学生从创业教育的实践训练中体会自主创业的感觉、形成自主创业体验。

第二,采取"引进来、走出去"的方式,将企业的高级技术人才和管理人才请到高校对大学生进行技术指导和管理培训。

第三,鼓励、支持高校教师利用实训期、寒暑假等机会到企业进行学习、交流和理论知识讲授。

第四,充分发挥高校的办学优势,将企业发展与高校创业教育相联系,走校企合作甚至联合办学的道路。

第五,加强与企业的联系,在一些企业建立本校相关专业的实习实训基地和创业基地。

第六,在条件成熟的情况下,高校可以自办企业,为本校大学生提供实习实训和创业机会。

第七,组织创业大赛,将比赛中脱颖而出的大学生推荐到相关企业进行实习。

第八,鼓励大学生利用课余时间、周末、寒暑假创立一些小型的实体。

第九,在校园内成立创业园,为大学生创业提供一个广阔的平台。

第三节　大学生创业的意义与价值观

一、大学生创业的意义

（一）对自身发展的意义

1. 有利于发挥大学生的潜能

一个人的能力究竟有多大，谁也无法估计，大多数人都是在不清楚的状态下度过了自己的一生，可是创业却能不断激发人的想象力、创新力、思维力，可以充分挖掘一个人的潜能。对于大学生来说，创业可以培养其策划力、执行力，增强了其团结力、领导力。也正是拥有了这些能力才能成就事业。

2. 有利于实现大学生的自我价值

实现自我价值可以说是大学生创业主要的原动力。大学生通过自主创业，可以把兴趣与职业紧密结合，最大限度地发挥自己的才能。大学生创业与在社会供职不同，他可以做自己最感兴趣、最愿意做和自己认为最值得做的事情。这样有助于最大限度地发挥才能，实现自己的人生价值。

3. 有利于实现大学生的致富梦想

目前，一个鼓励创业、保护创业、崇拜创业的社会大环境正在逐步形成，原先由政府包揽的就业和创业活动逐渐被市场取代，产业结构调整带来巨大创业机会，以及政府出台"创业带动就业"的政策，都促使大学生创业潜流涌动。相比于为别人工作，大学生创业更加有可能使大学生实现自身的致富梦想。

4. 有利于培养大学生艰苦奋斗的作风

大学生在创业的过程中，不可避免地会遇到困难和挫折，甚至失败，这就要求自主创业的大学生具备顽强的意志和良好的品格，勇于承担风险，自立自强，艰苦拼搏。通过创业培养自立自强意识、拼搏精神和艰苦奋斗的作风。

（二）对社会发展的意义

1. 有利于社会就业岗位的增加

目前，就业问题是我国一个亟待解决的社会问题，尤其是大学生的就业问题日益突出，已经引起全社会的关注。针对这一问题，仅靠政府的行政力量来解决是完全不够的，通过加强创业教育，培养大学生的创业精神、创业能力，鼓励大学生积极创业，无疑是解决大学生就业问题乃至社会就业问题的一种非常有效的途径。大学生创业不仅可以解决自身的就业问题，而且可以增加就业岗位，为其他大学生提供就业机会，缓解社会就业压力。

2. 有利于社会稳定和谐发展

创业是时代发展的必然要求,对社会进步发挥着巨大的推动作用。大学生自主创业不仅解决了自身的就业问题,而且还为社会创造了许多就业岗位,有利于缓解社会就业压力,从而有利于社会稳定和谐发展。

3. 有利于为国家造就一批年轻的企业管理人才

大学生创业不仅磨炼了其意志,还培养了其市场观念,训练了他们的决策管理能力,锻炼和提高了他们的素质,有助于为国家培养一批年轻的企业管理人才。

4. 有利于"创新型"国家战略的实施

中共中央十七大报告中明确提出了"提高自主创新能力",到 2020 年,把我国建设成为"创新型国家"的战略目标。毋庸置疑,改革开放以来,我国经济发展取得了举世瞩目的成就,然而我国经济增长过度依赖资源消耗式增长,科技创新增长的比重有待提高。如果不走科技创新之路,我国经济增长就有可能落入"低起点,高消耗"粗放型经济增长方式。而大学生作为建设"创新型国家"的高素质的主力军和后备力量,支持鼓励大学生自主创业,能够造就一批高素质的企业家和打造一批具有国际影响力、竞争力的知识创新型企业。可以改善经济结构和经济增长方式,推进"创新型"国家战略目标的实施。

5. 有利于高等教育的改革和发展

近几年,我国高等教育发展迅速,但我国现行的教育教学体系仍然存在一定的局限性,高校教育和人才培养模式存在"脱离社会、脱离能力、脱离实际"的情况。创业教育滞后,人才创新能力不强,与社会脱节制约了高校人才的发展。高等教育必须适应社会经济的发展,"面向世界、面向未来、面向现代化"。培养和提高大学生的创业能力,是高校改革教育教学工作,创新人才培养模式以及为社会培养大批有知识、有能力、有创新的人才的重要途径。

6. 有利于知识成果向生产力转换

创业是新知识、新理论、新技术、新制度形成现实生产力的转化器。大学生群体对高新科技具有敏锐的触觉以及强烈的开拓进取意识,而这些正是加速科技成果市场化进程中不可或缺的开拓进取意识和重要动力。

7. 有利于形成创造型文化

目前,随着人们生活观念的转变,国家大力支持大学生进行自主就业,为大学生自主创业提供了良好的政策环境,形成了良好的创造型文化氛围。

大学生创业的文化精髓就是创造,其中分为两个层次:一是自己创造新事业、自己创造新生活,变原来由家长、学校主宰大学生的命运为大学生自己主宰自己的命运。二是通过创业拯救社会、振兴社会。随着大学生创业浪潮的涌起,这种创造型文化必将推动整个社会创造型文化的发展。

8. 有利于传统就业观念的改变

我国在相当长的一段时间内,采取了对大学生"统包统分"的计划就业政策,这一就业体制运行了 40 余年,"分配就业"已经植根于几代人的脑海之中。"国家包就业""学校管分配"

至今还影响着许多大学生及家长。受这一传统观念影响,一些大学生及家长还无法接受"自主创业"这一新兴就业方式。随着大学生创业形成一股潮流,自主创业的理念将影响到社会各个层面,逐渐改变陈旧、传统的就业观念,形成积极、宽松的创业环境。

9. 有利于促进中小企业的快速发展

从国际经验来看,等量资金投资于小企业所创造的就业机会是大企业的四倍。美国对中小企业的发展一直比较重视,称其为"美国经济的脊梁",美国企业创新产品中82%都来自中小企业。而我国小企业相对较少,在这种情况下,大学生自主创业有利于中小企业的快速发展。

总之,大学生创业,不仅可以实现个人价值和个人理想,而且也可以为国分忧,为社会献力。特别是当前,国家的改革环境、经济环境都非常需要创业,也非常有利于创业。

二、大学生创业的价值观

在新的经济浪潮中,大学生们利用智慧的大脑,借助资本市场的能量,打造属于自己的事业方舟。在这个过程中,创业的价值观念是最重要的,对于大学生来说,其创业价值观主要包括以下几方面。

(一)事业观念

事业观念是指一个人对自己从事工作和事业所具有的坚毅、百折不挠的性格特征。事业与职业是不同的,职业是人们生存的一种方式,而事业则是一个人一生执着追求的目标。工作是谋生的手段,而事业则是一生的追求。如果仅仅把工作当作一件差事,那么即使从事自己最喜欢的工作,也无法长久地保持对工作的激情。但如果把工作看作一项事业,那么就会觉得自己从事的是一份有价值、有意义的工作,并从中获得使命感和成就感。

创业是一项艰苦的综合性社会实践。从心理上分析,它源于人的一种强烈的内在需要,并把该需要指向于一定的对象,产生创业动机,并与兴趣、情感、意志和性格相互影响、相互作用,共同对创业活动起到定向、动力和调节作用。马斯洛的需要层次说指出,人有生理需要、安全需要、归宿与爱的需要、尊重的需要和自我实现的需要这五种需要。较低层次满足后就会产生较高层次的需要。一般来说,创业活动可以来自低层次的需要,也可以来自高层次的需要,但其更多的是来自尊重的需要、自我实现的需要等较高层次的需要,基于这些需要的创业者更能把事业做大、做强。

创业是人的一种自觉行动,创业者对开展创业行动的目的要有一个明确和深刻的认识,并且能够具有自觉性、自制性,能够按照目的的要求进行自我调整和控制。创业者要做到志存高远,依靠自己的劳动和智慧,实现个人的成功。

大学生想要创立伟大的事业,想要实现人生价值,首先应该对事业树立远大的创业目标。一个远大的创业目标可以激励你终生为之奋斗,可以使你锤炼伟大的人格精神,可以使你超脱个人的得失、荣辱等。具体来说,大学生的创业目标包括以下几方面。

第一,追求财富。对财富的追求是推动人们创业的一个最基本的原动力。追求财富不仅可以促使创业者成功,也可以使创业者有更多的能力来做一些慈善事业,以帮助许多贫穷的人渡过难关。

第二，追求成就感。在追求事业的过程中，每每取得一点成绩都会给创业者带来意想不到的快乐，而他人的肯定也会给创业者以心灵的安慰和满足，从而造就一种成就感。这种成就感可以使创业者体验到个人价值的实现同时又衍生出对自己事业和能力的满意和自豪感，因而成就感也就成为进一步开创事业的内在动力。

第三，追求兴趣发展。兴趣可以激发起一个人对一项事业的热爱，因此也成了创业的原动力。例如，李阳的"疯狂英语"教学法红遍大江南北，而李阳之所以具有如此之大的热情去做这项事业，原因就是他喜欢英语教学，喜欢语言教学，他的兴趣在这里，兴趣推动着他的创业热情，从而也推动着他的事业蓬勃发展。

第四，追求责任感。创业者通常都具有强烈的使命感和责任感。一旦把握到时代的脉搏，看到前进的道路和未来，他们就会义无反顾地投身其中，去实现自己的理想。中华民族自古就有优秀的文化道德传统，讲究"达则兼济天下，穷则独善其身"，形成了"修身齐家治国平天下"的个人理想，使得像"先天下之忧而忧，后天下之乐而乐"这样一些责任感观念已经渗透到人们的灵魂深处。在当代社会，这种责任感被赋予了新的时代内涵，一旦得到社会的有效反馈就必然地成了创业的重要原动力。

要培养强烈的事业观念就要做到以下几点。

第一，要树立正确的人生观。人生观是指人们对人生问题的根本看法和态度，具体包括公私观、义利观、荣辱观、苦乐观、生死观等。错误的人生观会使人背离人生正道，走到邪路上去；而正确的人生观则可以指引人走向正道，成为一个有益于社会的人。

第二，要有爱岗敬业的精神。爱岗敬业意味着对自己从事的工作充满着"热爱"的情感，如果一个人不能从自己从事的工作中获得乐趣，那也就意味着他不适应这个岗位了，也就不适应发展的需要。

第三，要有勤奋刻苦的工作精神。勤奋刻苦是一种积极向上的人生态度，同时也是工作态度的一种表现。人们要想干出一番成就，就必须具备勤奋的工作态度，埋头苦干，努力拼搏，干一行，爱一行，脚踏实地，一丝不苟地做好本职工作。

（二）使命观念

使命观念是人们对组织必须承担的社会责任的一种认定，也是人们对组织应有价值的一种判断和要求。创业家的使命感是企业的灵魂。创业不仅是一个企业创建成长的过程，也是创业者实现自己理想和抱负的过程。创业者的使命应主要包括以下两方面。

1. 历史使命

创业是解决就业问题的根本，是民生之本，是安国之策。创业不仅是一种理想、一种责任，也是当代大学生的历史使命。

目前，越来越多的创业者收获了财富，同时带动了更多的人涌向创业，这股浪潮也席卷到了学校，大学生纷纷组成创业大军。大学生在创造财富的同时，更要有肩负历史使命的观念。创业大学生的使命观念主要是对自我人生目标、人生价值的描述，从根本上说就是要回答"我的人生是什么"这一关键问题，是自我在社会经济生活中所扮演的角色和担当的社会责任。

使命观念是现代社会职业人都必须具有的基本素质要求，并且不同职业的人具有的使命感是不一样的。例如，企业家的使命感是把自己的工厂、企业做大做强，在给自己带来财富的同时,也给其他人带来丰富的物质享受;政治家的使命感则是使自己的国家和民族建设得更好、更快、更强;科学家的使命感则是为人类创造前无古人的科学财富;等等。从这个角度来看,创业大学生的使命感是要为家庭、社会、他人创造物质财富和精神财富,减轻社会就业压力,并且帮助更多的人。

2.人生使命

创业不仅可以创造财富,还可以创造精神。成功的创业者在创造了丰富的物质财富之后,就开始思考人生的意义与价值,在先富之后看到千千万万的没有富起来的人,他们勇于担当社会重任,承担起服务于社会的历史使命。

创业大学生在创业者中属于受过高等教育的人群,有着崇高的理想,他们的人生目标不仅是创造物质财富,而是在创业之初就立下了人生的目标,通过创业来不断实现自己的人生价值。

(三)创富观念

关于创富观念,首先要了解何谓财富。财富是指一切有价值的东西,既可以是有形的物质财富,也可以是无形的精神财富。财富不是用来满足个人私欲的,而是去造福更多人的责任和使命。

1.财富观念

(1)财富是人格尊严的基本保证

蔡元培先生曾说道:"小之一身独立之幸福,大之国家富强之基础,无不有借于财产。"他甚至认为:"盖财产者,人所辛苦经营所得之,于此无权,则一生勤力,皆为虚掷,而于己毫不相关,生亦何为?……故财产之重,次于生命,而盗窃之罪,次于杀伤,亦古今中外之所同也。"蔡元培先生对于财富在人生中之地位与作用的深刻揭示,到今天仍不失其警世意义。日本教育学家小原国芳在呼吁加强日本的"富的教育"时也十分强调:"不是为富之富,而是为了支持尊贵的四个绝对价值(真、善、美、圣)并使之发挥和弘扬之富。"因此,对创业大学生强调这样的观点,即"我们对作为财富主要标志金钱的追求,不能超过对人格尊严、对名誉的珍视",是具有深远意义的。

(2)以金钱为人生第一要义的社会绝不是正常的社会

叔本华指出:"如果人一味追求财富,心灵上会是一片空白。结果是对任何其他事物的影响便麻木不仁。他们对理智的高度幸福既无能为力,就只有沉迷在声色犬马之中,任意挥霍,求得片刻的感官享受。"拜金主义对人类的根本危害就在于对人的异化。因此,大学生创业追求财富理所当然,但不能盲目崇拜金钱。

2.创富意识

(1)获取财富

除了传统的"艰苦创业""勤劳致富"思想外,在新的经济环境中,大学生获取财富能力的关键在于以下几个方面。

第一,创新就是财富。创新意味着打破常规思维,摆脱旧有的思维定式。事实证明,竞争的优势永远会被最有创意的人所掌握,所以,创新就是财富。

第二,知识就是财富。当前,知识经济在全球范围内的蓬勃兴起,这预示着知识在国际经济竞争中的重要价值。知识已经成了经济增长的重要资本,是占主导地位的资源和生产要素。

第三,时间就是财富。在商场上,时间就是财富意味着"商机即为占尽先机"。对大学生而言,时间观念还会深刻影响他们的人生。从某种意义上说,今天的虚度光阴,就是远离未来的财富。

第四,投资就是财富。对于很多百万富翁而言,他们不仅是拥有大量物质财富的人,更确切地说,他们是拥有许多可观的保值或可生财的股票、债券等的投资者。从某种程度上而言,利用现有资产去获取新的财富是最明智的生财之道。创业大学生应当主动去了解初步的投资途径,如股票、债券等,学会通过报纸、媒体等财经板块去学习投资知识。

（2）支配财富

人应当支配财富而不是被财富左右,下面提出几条合理支配财富的原则。

第一,勤俭节约。大学生必须学会勤俭节约,这种支配财富的意识与能力来自个体对自身欲望的控制。勤俭节约不仅能使我们更好地应付人生的意外之需,也是提升人生境界的根本前提。

第二,远离鄙吝。鄙吝是指一味敛财、守财,当用不用,当与不与。从现代意义上说,"鄙吝"是有害于社会的,被财富的枷锁紧紧束缚的人往往也难以走得长远。

第三,乐善好施。创业者在获取了大量财富,在满足自身合理需求的基础上,如何支配剩余的财富是许多创业者面临的问题。对此,捐爱心、做慈善是一个明智的选择,日本教育学家小原国芳曾呼吁:"我们每一个人都是银行经理。如何使用财富固然是个人的自由,但我希望大家做这样的总经理:遵照自己良知的最高命令,把财富献给社会,为了充实学校的力量,为了学术研究,为了条件恶劣的医院,为了建设真正的学校……"可以说,创业者乐善好施不仅有助于实现个人的价值,而且可以造福人民、造福社会。

（3）尊重他人财富和保护自身财富不受侵犯

尊重他人的财富与尊重他人的生命、名誉同等重要。同时,大学生还要学会保护自己的财富不受侵犯。对此,大学生们需要学会了解商品质量,掌握货比三家的道理;学会讨价还价;购买自己需要且物值相当的商品。

3. 创富观念的培养

（1）传授知识

家庭是大学生获取财富知识的首要场所。父母在储蓄、投资、贷款、捐款及从事其他财富实践时,适时地向孩子传递相关知识对其会有很大助益。

学校在引导大学生的财富意识方面也有很大影响。学校可以组织开设一些有关财富主题的课程,通过举办各类活动来促进大学生之间的互相交流;也可以请一些财经专家、企业界和投资界人士来校开办有关财富问题的讲座;组织大学生收集国内外著名企业家、成功人士的故事;等等。

（2）模拟操作

根据主题的差异,可以把模拟操作分作两大类。

第一,以家庭为中心。让大学生设计家庭投资方案、储蓄方案、最优家庭日常开销方案、旅游方案等。

第二,让大学生扮演各种角色。可以让大学生扮演一些类似初学经商者、白手起家者等各种角色;鼓励大学生写出自己白手起家致富的梦想。另外,高校也可以开设模拟市场、模拟企业等,为大学生提供锻炼的平台。

（3）亲身实践

对于大学生来说,独立管理零花钱是实践财富教育非常重要的一项。父母要定时审核大学生的理财状况;学校可以组织大学生将自己的消费经历记录下来,同学之间进行交流,以提高他们合理消费、积极理财的意识。

（四）贡献观念

创业者通过创业拥有了大量的物质财富,如何运用这些财富,是创业者需要面对的问题。有的人将获得的物质财富用于个人享受,购高档房产、高档汽车,出入高级酒店,消费奢侈品等。创业发了财,进行个人享受无可非议,但任何事情都应有度,超过这个度可能会适得其反。创业者获取了丰富的物质财富之后,回报社会是最为正确的做法,回报的方式有很多,比如继续扩大企业生产、捐献爱心等。总之,创业要树立一种服务观念——为社会服务,为人民服务。创业不仅仅是为了盈利,更重要的是通过企业的产品、服务造福于人民、造福于社会。

大学生通过艰难的创业过程完善自己的人生,实现自己的价值,创造了许多财富,当然其中更重要的是体现了他们对社会做出的贡献。大学生创业不仅要考虑自身,还要时刻考虑他人、考虑社会,这就是贡献观念的体现。

第九章　大学生创业计划书的撰写

俗语说:"凡事预则立,不预则废。"在做任何事情之前,只有预先有了计划,才有可能成功。在创业过程中,如果不知道自己为什么创业,不知道方向在哪里,对创业活动也没有进行周密论证和规划,那么,就总会因受到一些无关紧要的因素干扰而迷失了目标,偏离最初的创业梦想。而设计、撰写一份优质的创业计划,可以锁定创业目标,为创业活动指明方向,将指引创业者走向成功。

第一节　创业计划书概述

一、创业计划书的特点

（一）客观性

在创业计划书中,不论是创业设想的提出,还是创业的商业模式选择,都需要以对市场进行的大量且充分的调研与客观分析为前提。这就使得创业计划书具有了实战性和可操作性,而这也是创业计划书的客观性最为突出的表现。

（二）开拓性

在创业计划书中,通常来说不仅要求创业者提出的企业构思是新项目、新技术、新材料、新的营销模式,更重要的是要把这种新东西通过一种开拓性的商业模式变成现实。这种新项目、新内容、新的营销思路和运作思路的整合,才是创业计划书开拓性的本质特征。

（三）完整性

创业计划书要想吸引投资者的关注,必须有完整的内容框架、合理的前后假设和逻辑、真实的内容以及有事实依据的预测等。一旦某一部分内容缺失,便会大大降低创业计划书的可信度。

（四）创新性

一份好的创业计划书，应具有一定的新颖性，也就是说，创业项目应该凸显开拓性或创新性。这种创新性，可以体现在产品、技术或服务方面，或者可以填补市场空白；这种创新性，也可以体现在商业模式方面，能够实现新的盈利增长点；这种创新性，还可以体现在经营管理方面，如突破传统的营销模式、团队管理、内部运作等。

（五）易懂性

创业计划书不是学术研究，是给创业者自己看的，也是给投资者看的，因此不应该写得晦涩难懂，而应写得言简意赅，要具有明确的针对性。另外，创业计划书通常不需要丰富的技术细节，只需要简单的说明、草图等即可。如果投资者要求要看产品的具体技术参数、生产流程等，可将其放到附录当中。

（六）增值性

创业计划书必须具有一定的商业增值性，主要体现在以下几点。

第一，创业项目一定要有合理的商业利润空间，否则创业计划书也就没有存在的必要了。

第二，创业计划书一定要有对投资、创收、盈利的分析等，体现创业项目的商业价值，使投资人对投资后的回报有一个清晰的了解，使其产生投资的内驱力。

第三，要有充分的证据证明创业项目是有价值的，即所有的论据、论点不是凭空捏造的，也不是靠逻辑推理出来的，而都是通过客观的、大量的、有说服力的数据测算出来的。

（七）可操作性

创业计划书的可操作性特征，主要是针对创业计划书中提出的商业模式而言的。具体来说，只有创业模式具有可操作性，创业计划书中预测的价值才有可能实现，也才可能将预测的价值转变为现实的价值。

二、创业计划书的内容

一份完整的创业计划书，通常来说应包括以下几方面的内容。

（一）封面

对于一份创业计划书来说，封面是客户、投资者等最先接触到的，因而在设计时要做到美观，以使其对客户、投资者等造成最佳的视觉冲击。与此同时，封面中也要兼顾内容，将创业企业的名称、性质、地点、创办者的姓名、联系电话、电子邮箱等明确列出，不可有文字上的错误。

（二）计划摘要

1. 计划摘要的重要性

在创业计划书中,计划摘要是最为精干的一个部分,也是创业项目实施过程中最为重要的部分。同时,计划摘要将创业计划书的精华都浓缩在一起,也将创业计划书的要点都涵盖了出来,因而能够使投资者一目了然,进而花费较少的时间便能够对其进行评审,进而决定是否有进行投资的价值。

2. 计划摘要的具体内容

在一个完整的计划摘要中,应具体包括以下几方面的内容。

第一,企业的宗旨、理念、精神和作风。

第二,企业的基本情况。

第三,企业各方面的能力。

第四,企业的市场状况与竞争状况。

第五,企业的营销战略。

第六,企业的财务战略。

第七,企业的管理团队。

第八,企业在实施创业项目后能够获得的大概投资回报。

第九,企业的发展前景。

3. 创业者在计划摘要中必须回答的问题

创业者在计划摘要中必须回答的问题,具体来说有以下几个。

第一,企业处于什么行业之中?

第二,企业的经营性质和经营范围是怎样的?

第三,企业主要产品或服务的内容是什么?

第四,企业的市场定位是什么?

第五,企业的目标顾客有哪些,其有哪些有效的需求?

第六,企业的合作人和投资人有哪些?

第七,企业的竞争对手有哪些? 这些竞争对手会给企业的发展带来怎样的影响?

（三）企业概况

在创业计划书中,企业概况就是对企业过去的发展历史、现在的基本情况以及未来的发展规划进行介绍。具体来说,企业概况应该包括以下几方面的内容。

1. 企业的简介

在企业的简介中,又要具体包括以下几方面的基本情况。

第一,企业的名称。

第二,企业的注册地点。

第三,企业的经营场所。

第四,企业的法律形式。

第五,企业的法人代表。

第六,企业的注册资本。

2. 企业的战略

企业要想获得竞争优势,必须要有一套优秀的战略。所谓战略,就是在资源的基础上对未来方向的总体构想进行描述。它对企业的资源配置以及企业的未来成长轨道起着重要的决定作用。

在这里,需要对企业战略与企业定位进行一下区分。所谓企业定位,就是企业的市场、产品或服务的定位。它包含在企业战略之中,是企业战略的一个重要组成部分。

3. 企业的发展阶段

对于很多投资者来说,企业经历了哪些主要的发展阶段,已经取得了哪些进展或成绩以及目前的发展程度是其非常关心的。因此,在创业计划书中,要对与企业的发展阶段相关的内容进行详细介绍。而通常来说,企业的发展阶段应具体包括以下几方面的基本情况。

第一,企业的创立时间以及企业创立时的情况。

第二,企业早期的发展情况。

第三,企业在稳定发展期的情况。

第四,企业在快速扩张期的情况。

4. 企业的目标

在对企业的目标进行描述时,要包括以下几方面的具体情况。

第一,企业产品或服务的属性与特性。

第二,企业产品的质量与价格定位。

第三,企业服务的内容与价格定位。

第四,企业与顾客之间的关系。

第五,企业的管理风格。

第六,企业与整个产业的关系。

第七,企业领导与员工之间的关系,以及企业的人员管理目标。

第八,企业的盈利目标。

(四)企业的产品或服务

1. 企业的产品或服务的重要性

在创业计划书中,企业的产品或服务是最为核心的一项内容。创业者只有对产品或服务进行准确、详细且通俗易懂的介绍,才能使客户、投资者等真正明白企业到底是做什么的以及企业的产品或服务具有什么样的价值。

2. 企业的产品或服务的内容

在对企业的产品或服务进行介绍时,要具体包括以下几方面的内容。

第一,企业的产品或服务能带给顾客哪些好处,能帮助顾客解决哪些问题。

第二,企业的产品或服务被顾客选择的原因是什么。

第三,企业对新产品或服务的发展有哪些计划,会采用何种方式对产品或服务的质量和性能进行改进。

第四,企业的产品或服务与竞争对手的产品或服务相比,独创性以及优缺点是什么。

第五,企业通过哪些措施对自己的产品或服务进行保护。

第六,企业会运用何种方式对产品或服务进行宣传,以吸引更好的顾客。

第七,企业的产品或服务的定价可以使企业产生足够利润的原因是什么。

第八,企业所选择的产品或服务在目前的市场中处于怎样的阶段。

第九,企业拥有的专利和许可证有哪些,以及企业与已申请专利的厂家达成了怎样的协议。

(五)企业的管理人员与组织结构

对于创业者来说,其创业计划要想吸引投资者的注意,仅有产品或服务是不够的,还需要有一支强有力的管理队伍,有一个合理的企业组织结构。因此,在创业计划书中对企业的管理人员与组织结构进行明确是非常重要的。

1. 企业的管理人员

企业管理的好坏,与企业经营风险的大小有着直接的关系,因而对于创业者来说,管理好企业是非常重要的。而企业能否管理好,在很大程度上取决于企业是否有高素质的管理人员。一般来说,企业的管理人员应该具有良好的团队精神,而且能够互补。

在创业计划书中,必须详细阐明企业的主要管理人员,并对他们的背景、经历、能力、在企业中的职务与责任进行具体介绍。

2. 企业的组织结构

企业管理的好坏,与企业的组织结构也有着十分密切的关系。因此,在创业计划书中简要介绍企业的组织结构也是非常必要的。具体来说,应包括以下几方面的基本情况。

第一,企业管理机构的主要情况,包括股东情况、董事情况、各部门的构成情况等。这一部分的内容,最好通过一览表的形式清晰地展现出来。

第二,企业管理团队的主要情况,包括企业的股东及所占股权、企业的董事、企业的高级职员、企业的关键职员、企业管理人员的薪酬与权利分配情况等。在某些必要的情况下,可以对这些人员的背景及经历进行详细的介绍。

第三,企业管理团队的战斗力和独特性,主要是企业管理人员所具有的素质、能力与职业道德等。

（六）企业的市场分析

在创业计划书中，企业的市场分析应具体包括以下两方面的内容。

1. 进行市场预测

进行市场预测，也就是总体预测企业的产品或服务的市场概况。当企业要对新产品进行开发或是向新的市场进行拓展时，首先要做的就是进行市场预测。在此基础上，企业才能决定是否要开发新产品或拓展新市场，投资者才能决定是否要进行投资。因此，在创业计划书中，写明市场预测是十分必要的。

在进行具体的市场预测时，要从预测市场的需求和预测市场的竞争状况（在创业计划书中，其可以放到"企业的竞争分析"这一部分内容中）两方面着手。其中，预测市场的需求包括市场对这种产品或服务是否存在需求、需求的程度是否能够使企业获得期望的利益、需求的影响因素以及需求未来的发展趋势等。

2. 明确目标市场

企业打算进入的市场，便是目标市场。企业在对整体市场进行细分之后，要对各细分市场进行评估，然后根据细分市场的市场潜力、竞争状况、本企业资源条件等多种因素决定把哪一个或哪几个细分市场作为目标市场。

（七）企业的营销策略

1. 企业的营销策略的重要性

对于创业企业来说，要想在企业以及产品或服务的知名度都较低的情况下进入其他企业已经稳定的销售渠道中去，必须要有一定的营销策略。而且，投资者通过企业的营销策略，可以看出企业是否有较大的发展潜力，进而决定是否对企业进行投资。因此，在创业计划书中，企业的营销策略这一部分内容是不能被忽略的。

2. 企业的营销策略的具体内容

在创业计划书中，企业的营销策略这一部分应具体包括以下几方面的内容。

第一，企业选择的市场机构与营销渠道。

第二，企业的营销队伍与营销队伍管理。

第三，企业的价格决策。

第四，企业的广告策略与促销计划。

3. 企业的营销策略的影响因素

企业在制定自己的营销策略时，往往会受到以下几方面因素的影响。

第一，企业的自身状况。

第二，企业的产品或服务的特性。

第三，企业的目标消费者的特点。

第四,企业所面临的市场环境。

第五,企业的营销成本与营销效益。

（八）企业的竞争分析

所谓竞争分析,就是创业者要对市场的竞争情况以及未来竞争的趋势有较为清晰的了解。

1. 企业竞争分析的重要性

在创业计划书中,创业者通过"企业的竞争分析"这一部分内容,可以向投资者展示自己的企业与其他竞争企业相比所具有的竞争优势,进而使投资者意识到自己的企业虽然刚刚起步,但经过一段时间的发展肯定能够成为本行业在目标市场的有力竞争者,甚至是领导者。这样,创业企业获得投资者投资的几率便会大大增加。

2. 企业的竞争分析的内容

在创业计划书中,企业的竞争分析这一部分应具体包括以下几方面的内容。

第一,企业在目标市场中有哪些竞争者。

第二,企业的产品或服务是否在目标市场中存在有力的空当。

第三,企业预计的产品或服务的市场占有率是多少。

第四,企业进入市场会使竞争者产生怎样的反应以及竞争者的反应会给企业带来怎样的影响。

第五,企业以及企业的产品或服务的竞争优劣势是什么,以及企业会如何更加充分地对优势进行发挥并保持、对劣势进行弥补。

（九）企业的财务计划

在创业计划书中,要尽可能细致、准确、不漏项、不低算、不高估地对企业的财务计划进行描述,并要具体包括以下几方面的内容。

第一,企业总共需要多少资金以及何时需要这些资金。

第二,企业需要的流动资金。对于企业来说,流动资金就是生命,因而在初创或扩张时必须合理地计划、严格地控制流动资金。

第三,企业的财务预算,设计建设厂房的总造价、生产设备的总投资、创业产品的原材料价格、为创办企业应缴的各种费用、生产工人和管理人员的工资、生产流动资金等。

第四,企业的资产负债表,有利于投资者用资产负债表中的数据得到的比率指标对企业的经营状况以及可能的投资回报率进行衡量。

第五,企业的损益表,主要用来对企业在一段时间的运作后的盈利状况进行明确。

（十）企业的风险分析

1. 企业的风险分析的重要性

对于创业企业来说,其面临的风险通常有技术风险、市场风险、管理风险、财务风险以及其他不可预见的风险。虽然风险投资有着很高的风险,但风险投资家仍希望通过具体的企业风险分析来明确大致的投资风险,进而决定是否进行投资。因此,在创业计划书中,创业者需要专设"企业的风险分析"这一部分,以对企业所面临的风险进行真实的描述。

2. 企业的风险分析的内容

在创业计划书中,企业的风险分析这一部分应具体包括以下两方面的内容。

第一,企业可能面临的风险以及风险的大小。

第二,企业会采用何种措施、手段来预防或降低可能面临的风险。

(十一)风险投资的退出计划

风险投资的退出计划就是如何把投资者的投资以金钱的形式归还给他们。对于投资者来说,这是他们最为关心的一项内容。因此,在创业计划书中,必须明确描述风险投资的退出计划。对于创业者来说,可以根据自身的实际情况制定各种各样的风险投资的退出计划。但通常来说,投资者只对下面几种风险投资的退出计划感兴趣。

1. 股权转让

股权转让是指投资者将手中的股份在适当的时候转让给其他的投资者。

2. 股票上市

创业企业在未来公开上市、进入股票交易市场后,投资者便可以将自己所持的股票在股市进行出售,进而获得实际利润。这样,投资者就可以再对其他企业进行投资,从而继续成为原始股股东。如此重复,投资者便能够实现快速积累资金的目的。

3. 企业被收购

所谓企业被收购,就是创业企业在无法上市的情况下,被其他企业收购,从而使投资者在出售企业的同时出售股票。对于投资者来说,这种获利方式与股票上市的获利方式是相似的。

4. 企业收回股权

所谓企业收回股权,就是被投资的企业在经过一段时间的发展而具备了一定的经济实力后,将投资者的股权回收过来。这也是投资者的风险投资得以退出的一种重要方式。

5. 与其他企业合并

对于投资者来说,这种获利方式与企业被收购的获利方式是相似的,投资者可以在交易过程中将手中的股票出售给新的企业。

(十二)附录

在创业计划书中,附录主要是用来证实上述信息的资料,具体包括管理层简历、技术资料、销售手册、产品图纸、媒体对本公司的报道以及其他需要说明的地方。另外,在创业计划书中提供的附录一定要保证其真实性。

三、创业计划书的检查

创业计划书撰写完成后,还要对其进行检查,使其更加科学、合理,增加投资可信度。一般而言,可从以下几个方面加以检查、修改。

第一,创业计划书文法是否正确?

第二,创业计划书是否显示出创业者已进行过完整的市场分析?

第三,创业计划书是否显示了创业者偿还借款的能力? 要保证给预期的投资者提供一份完整的比率分析。

第四,创业计划书是否显示出创业者具有管理企业的经验? 如果创业者确实缺乏管理企业的能力,那么就应该在创业计划书中明确地说明自己已经雇了一位优秀管理者。

第五,创业计划书是否容易被投资者所领会? 对此,创业计划书中的索引和目录应该清晰明了,保证目录中的信息流符合逻辑和现实。

第六,创业计划书中是否有计划摘要,并放在了创业计划书的最前面,是否写得引人入胜?

第二节　创业计划书的撰写

一、创业计划书的撰写目的

撰写创业计划书的目的就是赢得投资者的青睐,获得风险资金支持;描绘创业的美好蓝图,指导个人创业活动;聚拢创业人才,整合利用创业资源。

（一）有效聚拢创业人才,整合利用创业资源

一份优秀的创业计划书,可以有效地吸引创业人才,吸引志同道合者加入该创业团队,吸引更多的投资者,吸引对创业项目感兴趣的各个领域的人士,从而得到更多的支持。

创业者在撰写创业计划的过程中,可以对自己的创业思路进行梳理,整合那些零散的创业要素在一起,找到它们之间关联的衔接点,最终使之围绕创业目标而聚拢形成最佳组合,利用各种方法、手段为我所用,以创造更大的商业利润。

（二）赢得投资者的青睐,获得风险资金支持

每一个创业者在创业之初都需要资金的支持,而创业计划书的好坏将对筹资的成败产生直接的影响。创业者必须千方百计地通过创业计划,把创业项目的创意体现出来,描绘创业企业的美好蓝图。投资者尤其是风险投资商,他们是否给予资金支持、投资额度,在很大程度上取决于通过创业计划书对创业项目做出的评判。从这个角度来看,创业计划书是获得资金支持、风险投资不可替代的书面文件。

（三）描绘创业的美好蓝图，指导个人创业活动

创业计划书对于创业者尤其是首次创业者而言，是非常重要的。一个创业项目在酝酿期总是模糊的，创业者所掌握的资源、信息和资料也是零碎的。而如果能够制定一份好的创业计划书，可以将很多现实问题明确下来，如以下几个问题。

第一，做这个项目的目的是什么？

第二，做这个项目需要筹集多少资金（具体用在哪些地方）？

第三，这个项目有没有市场（市场前景如何）？

第四，适合采取哪些盈利模式？

第五，创业项目的投资回报率是怎样的？

第六，其投资回报期有多长？

第七，创业过程中最有可能遇到哪些风险以及应该采取怎样的控制措施？

如果以上几个问题能经得起论证、推敲，那么，创业者对自己的创业项目基本上就有一个更清晰的认识了，以此为依据，确定创业项目是否值得去做，以及如何去做，确立创业总目标、阶段性目标、行动措施、发展路线等，从而有效地指导个人的创业活动。

二、创业计划书的撰写原则

（一）以市场为导向原则

在撰写创业计划书时，要切实以市场为导向，充分认识到市场的需求是企业利润的重要来源，还要对企业的目标市场进行明确。一份没有依据明确的市场需求分析而撰写的创业计划书，是空泛的，不具有说服力的。

（二）客观实际原则

通常情况下，创业者容易对市场的潜力或报酬进行高估、对企业的经营成本进行低估。这些不准确甚至不正确的数据如果出现在创业计划书中，定将会给创业者的创业实践带来严重的不良后果。因此，在撰写创业计划书时，必须保证所有的数据是符合客观实际的，而不是主观估计出来的。

（三）体现竞争优势与投资利益原则

在撰写创业计划书时，要注意将自己的竞争优势具体地呈现出来，并对投资的利益所在进行明确。同时，在撰写创业计划书时，要注意重点陈述并分析投资者的关注要点，以便自己的创业计划书能够在众多创业者提交的创业计划书中脱颖而出，获得投资者的青睐。

（四）呈现经营能力原则

在撰写创业计划书时，要尽量将企业的经营管理能力呈现出来，以表明企业已对市场、产品、技术以及未来的经营运作策略有了良好的准备。

（五）明确机会与威胁原则

在撰写创业计划书时，要将企业所面对的市场机会以及所面临的竞争威胁明确指出，并尽量用具体的材料进行证明。同时，要对可能的解决方法进行分析，以并配以相应的事实，以便为解决创业中可能出现的问题提供相应的思路。

三、创业计划书的撰写准备

（一）调研创业市场

创业者萌发出一个创意或创业项目，是要有依据的，不是无中生有的，而且要付诸实施。当创业者看到机会（项目、产品）出现在自己面前时，对于是否值得做这个问题，解决的办法就是要做好一个前期的市场调研。市场调研的目的就是弄清楚自己看中的或掌握的创业项目的产品或服务是否有市场，了解受众、竞争对手的情况。所有的创业者在做出创业决策前，都必须做市场调研。市场调研一般包括市场需求调研、顾客情况调研、竞争对手调研、市场销售策略调研。

1. 市场需求调研

通过市场调研，对产品进行市场定位，了解相同或相类似自己产品的店铺分布状况，以及市场占有率。同时，还应做市场需求趋势调研，了解市场对某种产品或服务项目的长期需求态势，也就是产品的前景是广阔的还是萎缩的。

2. 市场销售策略调研

市场销售策略调研，指的是重点调查了解目前市场上经营某种产品或开展某种服务项目的促销手段、营销策略和销售方式。了解其他竞争对手的销售渠道、销售环节、广告宣传方式，价格策略、促销手段、最短进货距离和最少批发环节等。调查竞争对手的经营策略是否有效，有哪些不足，从而决定自己采取什么样的经营策略、经营手段。调研对象一般为消费者、零售商、批发商。在以消费者为调研对象时，要注意有时某一产品的购买者并不一定是使用者。还应注意一些产品的消费对象是比较特定的、比较狭窄的，这时调研对象应注意选择产品的主要消费群体。

3. 顾客情况调研

顾客调研包括顾客需求、顾客分类。

顾客需求，如购买某种产品、服务的顾客是哪些群体，他们都具有什么样的共同特征，他们消费是为了满足哪方面的需求,或者是效用,或者是心理满足,或者是技术,或者是价格,或者是安全感等,现时的产品、服务项目为什么能够较好地满足他们,优势在哪里等。

顾客分类,即重点了解顾客的数量、特点及分布,明确自己的目标顾客,掌握他们的详细资料。顾客或者是个人,或者是某类企业和单位。对于个人,应该了解他们的年龄范围、性别、消费特点、购买动机等。对于企业和单位,应该了解其基本状况,如进货渠道、采购管理模式、联系方式,以及相关业务负责人的具体情况等。掌握这些信息,可以使自己的业务开展更具有针对性。

4.竞争对手调研

在开放的市场经济条件下,做独家买卖几乎是不可能的,总会存在现实的竞争对手。也许自己开展的业务是全新的,是填补市场空白的,在刚开始经营时还没有什么竞争对手,而业务一旦火起来了,就会吸引一大堆的跟风者,竞相加入,他们都是潜在的竞争对手。了解竞争对手的情况:数量与规模、分布与构成、优缺点及营销策略,可以做到心中有数,才能在激烈的市场竞争中占据有利位置,采取针对性强的竞争策略。

(二)理清创业目标

大多数创业者所确立的创业目标都是关于财富方面的,没有将之与人生规划、事业目标、家庭和谐以及社会责任等结合起来,这显然对创业有一定的阻碍作用。对于大学毕业生来说,他们属于初次创业者,在制定创业目标时应思考以下几个问题。

(1)对目标有没有进行系统的、全面的思考,创业目标有没有和人生规划结合在一起。创业目标是综合的,包括事业、家庭、人际关系、财富、健康素质、精神、责任等多个方面。

(2)创业是否是自己喜欢做的事情。如果创业者选择的项目是自己真正喜欢的,就会有一种知难而进、不怕困难的进取精神,就能很快入手并进入主题。做自己喜欢做的事情并获得快乐固然好,若创业者能喜欢自己正在做的事情并依然获得快乐,这说明其头脑清醒,思维灵活,拥有良好的心态。

(3)确定创业目标时有没有把握好自己的原则。第一,目标实现的时间要具体,不要用"将来"等模糊的时间概念,可以描述为某某年之前,多少年之内。第二,目标尽量用具体的数字来描述,描述企业发展规模时避免用"最大""最好"这些模糊的字眼,应具体描述为"企业要实现每年多少元的生产量和销售额度,销售范围扩大到几个省"等。第三,制定目标一定要慎重认真,首先自己相信它,从内心中激发自己的渴望。第四,阶段性修整目标。创业者设定的目标不是固定不变的,可以每半年或者一年根据实际情况进行修整。

(4)是否能正确面对创业过程中的挫折与烦恼。创业过程总会遇到各种各样的困难与挫折,其实这也是创业的常态。在创业过程中还会遇到各种所谓的"烦恼",如生活作息的无序,担忧员工的工资,无法在假日与亲朋好友团聚等。事实上,这对有成熟心态的创业者而言,都能够处理好的。可以这样认为,创业者走上创业道路后,真正面临的困难其实是如何突破自我的问题。从一个人决定创业开始,他首先面临的就是自我的改变,要学会做很多事情,而且可能是自己个性、习惯难以接受的。创业还随时遭遇失败,关键是以什么样的眼光和心态去面对。

(5)格局是否够大,所制定的目标是否让自己觉得很激动。一个创业者的高度首先应取决于思想格局上的高度,只有高尚和远大的思想格局才能在创业发展中起到更持久的作用,在创业过程中巩固、优化战略的方向。

创业者制定的创业目标是否让自己激动、使自己充满了动力感,这是创业目标制定的第一原则。毫无疑问,每个创业者的心里都有渴求成功的愿望,都有奋斗的目标,为实现目标便自然而然产生无限动力。如果制定的创业目标不令人激动,也就难以产生创业的动力。

(6)认真思考什么是正确的创业目标,正确的目标才能让企业持久生存。很多创业者认为自己努力只是为了家人能过上更好的生活,并因此忽略维护与家庭成员之间的感情。创业者应该学会处理好家庭与创业之间的关系,应该要懂得将事业和家庭生活相结合,而不应该为了赚钱而牺牲家庭。还有的创业者认为创业是为了享受,为了做官,或者做有违社会道德的事情……这些都不是正确的创业目标。正确的创业目标离不开正确的人生观、世界观、价值观,应紧密结合社会道德、家庭幸福,把个人的前途命运同国家的前途命运结合起来,成就小我,也成就大我。一个创业者的目标层次定得越高,他的成就会越大,企业会越持久。

(三)整合创业资源

大学生创业者能否成功地开发出机会进而推动创业活动向前发展,通常取决于其掌握和能整合到的资源以及对资源的利用能力。

1.创业资源的具体类型

创业资源的具体类型包括以下几方面。

(1)人脉资源

在个人创业过程中,人脉资源是第一资源,拥有各种良好的人脉关系,也就意味着更加方便地找到投资、技术与产品、渠道等各种创业机会。人脉资源整合要注意进行长期的投资,注意维护和拓展,利用好人脉资源的辐射效应。

(2)人才资源

创业最好的资源是人才,创业者最为迫切的任务是努力创造吸引人才的条件,整合人才资源以获得长期持续发展的内在动力。大学毕业生创业之初,就应着手建立起一套人才资源规划体系,包括如何激励成员;建立培训机制,培养人才;量才而用,分工明确;善待成员;充分利用"外脑",如科研院所、大专院校等。

(3)信息资源

与人力、物力、财力以及自然资源一样,信息资源也是创业企业的重要资源,善于把握、整合信息资源,往往能提高创业者成功的几率,因此,应该像管理整合其他资源那样管理整合信息资源。

(4)技术资源

在创业初期,企业规模较小,不像成长期那样对管理、人才需求度那样高,而创业技术则是最关键的资源,因为它决定了企业所需创业资本的大小、创业产品的市场竞争力和获利能力。

(5)资产资源

创业离不开资本的支持,在整合资产资源中解决"钱"的问题的同时,要考虑资本能为企业带来的其他资源,比如政府和行业背景、市场影响力、营销支撑等。但最为关键的是,选择的战略投资者要与企业当前阶段的发展目标相吻合,了解投资者的基本情况,如资质、业绩,以及提供的增值服务情况等。

（6）行业资源

创业的一个重要成功类型就是对自己所在行业及其企业的运营、竞争对手很熟悉。因此,创业者应该充分了解自己所在的行业,掌握该行业的关系网和"外脑"（科研机构）等方面的资源,发掘其价值为企业成长服务。

（7）政府资源

掌握并充分整合创业的政府资源,如各种政府扶持政策,包括财政政策、税收政策、科技政策、产业政策等,可使创业之路走得更顺畅,从而达到事半功倍的效果。

2.创业资源的整合方法

（1）善用资源整合技巧

资源整合的一些技巧,如拼凑、整合已有的资源,步步为营。

拼凑,就是在已有元素的基础上加入一些新元素,进行重新组合,从而可以创新地利用资源。创业者应该经常以创业的眼光、敏感,以及独有经验和技巧,发现并充分利用身边的一切资源。

整合已有的资源,创业者应该善于把身边各种现有资源创造性地整合起来。有时候这种整合并不是事先计划好的,也没有充分的准备,通常是见机行事,"摸着石头过河"。而这也正体现了创业的不确定性,是对创业者资源整合能力的考验。

步步为营,即创业者分多个阶段投入资源,并且这个资源是有限的。这种方法首先体现为节约,它可以降低资源的使用量,降低管理成本。但是,步步为营不应影响产品和服务的质量,否则将会制约企业的发展。因此,需要"有原则地保持节俭"。

（2）发挥资源杠杆效应

资源是有限的,但创业者不应被当前控制或支配的资源限制,而应该善于利用关键资源的杠杆效应,善于利用他人或者别的企业的资源。例如,用一种资源补足另一种资源,可能会产生更高的复合价值;或者利用一种资源撬动和获得其他资源。实际上,一个成功的创业者,他们更擅长的是互换资源,更新和调整资源结构,获取战争性资源。

对创业者来说,容易产生杠杆效应的资源主要包括人力资本和社会资本等非物质资源。其中,人力资本由一般人力资本与特殊人力资本构成。一般人力资本主要带来的是知识、技能等资源,也提供同窗、校友、老师以及其他连带的社会资本;而特殊人力资本通常直接作用于资源获取,如带来特定产业相关的知识、技能和经验,还有先前的创业经验等。

（3）设置合理利益机制

资源通常与利益相关,因此创业者在整合资源时就一定要设计好有助于资源整合的利益机制,要尽可能多地找到利益相关者,从而把潜在的和非直接的资源提供者整合起来,借力发展。利益关系者之间的利益关系越强、越直接,整合到资源的可能性就越大。有时候,还可以将相对弱的利益关系变强,或者创造利益关系,以实现资源整合。

四、创业计划书撰写的要点

在撰写创业计划书时,涉及的内容有很多,但有几个要点是必须要有的,具体如下。

(一)创业名称

在撰写创业计划书时,创业名称是必不可少的。通常来说,创业名称既可以是创业项目的名字,也可以是创办的企业的名字。而且,创业名称既要有丰富的内涵,能够体现创业的属性和内容,又要形象直观,简洁好记易懂,能够吸引人。

(二)创业可行性论证

创业只有具有可行性,才可能富有前景。因此,在撰写创业计划书时,要注意对市场、投资收益、政策环境以及风险等进行客观、合理、科学的可行性分析。

(三)创业投资报酬分析

对于创业者来说,创业的一个重要目的就是获得较高的回报。若是创业没有回报,就相当于白冒风险,白白浪费了时间、精力、资源和金钱。因此,在撰写创业计划书时,必须要对创业投资的报酬进行详细分析。

(四)创业运作方案

在撰写创业计划书时,必须要有具体的行动计划,以便将其切实付诸实践。也就是说,创业计划书中必须明确列出创业运作方案,包括企业组织生产的方式、企业将产品推向市场的方式、企业经营管理的方式以及企业对进一步发展的设想。

五、创业计划书撰写的步骤

创业计划书的撰写并不是盲目的,而是要以一定的步骤为依据。具体来说,创业计划书的撰写要经过以下几个阶段。

(一)准备阶段

在撰写创业计划书时,通常会涉及非常多的内容,这就需要在撰写之前做好准备工作,进行周密的安排。具体来说,创业计划书在撰写的准备阶段需要做好以下几方面的工作。
第一,对创业计划的总体框架进行确定。
第二,对创业计划的目的与宗旨进行确定。
第三,对创业计划撰写的日程安排与人员分工进行确定。

（二）资料收集阶段

在撰写创业计划书时,资料收集阶段主要是以创业计划的总体框架以及创业的目的、宗旨为依据,对各种内外部资料进行搜寻。

1. 资料收集的内容

通常来说,撰写创业计划书需要收集的资料主要包括以下几个方面的内容。

第一,创业企业所在行业的发展趋势。

第二,创业企业选择的产品或服务的市场信息。

第三,创业企业的产品或服务的测试和实验资料(生产类企业)。

第四,创业企业的竞争对手的相关信息。

第五,与创业企业同类的企业的组织机构状况。

第六,创业企业所在行业的利润状况。

2. 资料收集的方法

在收集撰写创业计划书需要的资料时,可具体通过以下两种方法。

（1）实地调查的方法

创业企业通过这种方法,可以得到大量真实可靠的一手资料。不过,运用这种方法通常也会耗费大量的时间和金钱。

（2）收集二手资料的方法

收集二手资料是一种非常简便和容易的方法,但是可靠性相对较差。

对于创业者来说,可以根据自身的条件灵活地选择采用哪种资料收集方法。

（三）初步撰写阶段

在这一阶段中,必须要注意完成以下两方面的工作。

1. 创业执行纲要的拟订

所谓创业执行纲要,就是简要而概括地对创业的各个项目进行介绍。拟定创业执行纲要,对于进行具体的创业计划书撰写具有重要的指导作用。

2. 初步创业计划书的草拟

在草拟初步创业计划书时,应当紧密结合创业执行纲要,对创业企业的市场竞争及销售、组织与管理、技术与工艺、财务计划、融资方案以及风险分析等内容进行全面编写,初步形成较为完整的创业计划方案。

（四）修改阶段

创业者在创业计划书撰写的修改阶段,主要是通过广泛地调查创业计划和征求多方意见,对初步创业计划书中的内容进行相应的修改与完善,以最终完成创业计划方案。

（五）定稿阶段

创业计划书撰写的定稿阶段,也就是创业计划书的正式完成阶段。在这一阶段,主要的任务是将撰写好的创业计划书印制成正式的创业计划文本。

六、创业计划书的撰写方法

创业计划书的撰写除要尽可能地展现创业项目的前景及收益水平外,还要体现其可行性。在撰写创业计划书时,应采用正确的方法。

第一,做好工作计划,使创业计划书的撰写过程有条不紊。

第二,始终围绕创业产品与服务进行展开,并经常性地评估其价值。

第三,要充分寻求外部有关人员的指导和帮助。

第四,根据实际情况对创业计划书进行不断的修改补充、完善。

第五,要针对创业计划书的目标读者,设置计划项目的不同侧重点。例如,市场增长及营利性是投资商的关注重点;产品服务、市场、赢利及管理团队的能力是战略合作伙伴的关注重点;企业提供的福利待遇及发展前景是主要雇员、管理队伍的关注重点。

七、创业计划书撰写的注意事项

在撰写创业计划书时,要特别注意以下几个事项。

（一）要注意时效性

创业者的创业计划会因各种内外因素的影响而发生一定的变化,因此撰写创业计划书时要注意与最终的创业计划相符合。同时,撰写创业计划书时要注意所用资料的时效性,以确保最终完成的创业计划是具有较大的实用价值的。

（二）要注意简洁明了

在撰写创业计划书时,要特别注意简洁明了,即不需详细描述、分析和说明的内容绝不啰唆。当然,在注意简洁明了的同时,也要保证重点突出、主旨明确、详略得当。

（三）要注意实事求是

在撰写创业计划书时,一定要保证所有的内容都是真实的、可靠的,没有任何夸大、虚假的成分。只有这样,创业计划书才能获得认可,在具体实施创业计划时也才能真正有所依凭。

（四）要注意突出重点

不同的创业者有着不同的创业计划,因而撰写的创业计划书也会有所差异。但是,无论是怎样的创业计划书,在撰写的过程中都需要突出重点,将自己创业项目的独特优势及竞争力展现出来。

（五）要注意层次分明、条理清楚

在撰写创业计划时,要保证层次分明、条理清楚。只有这样,创业计划书才能更好地为客户、投资者等理解,进而获得他们的认可,创业者也可因此得到自己想要的结果。

（六）要注意检查

在撰写创业计划书时,检查是一个绝不能被忽略的重要环节。通过检查,创业者可以明确创业计划书中是否对投资者的疑问进行了明确且准确的解答,也可以发现创业计划书中的错误并进行改正。这样,创业计划书受到投资者青睐的可能性便会大大增加。

（七）要注意完整性

在撰写创业计划书时,应尽可能将企业经营的各项职能要点都完整地包括进来,同时要尽可能将投资者在进行投资风险评估所需的各种信息以及参考佐证的资料都呈现出来,以便为之后的创业计划实施奠定基础。

（八）要注意一致性

在撰写创业计划书时,要切实保证具有合理的前后逻辑。也就是说,出现在创业计划书中的前后假设以及预测估算等必须是一致的。

（九）要注意操作性

在撰写创业计划书时,要切实保证其具有较强的可操作性,以便实施。一份不具有可操作性的创业计划书,是不会得到投资者的青睐的。

第十章 大学生创业机会与创业项目的选择

创业的过程,其实就是创业者选择创业领域、寻求创业机会、开拓事业发展新路的过程。生活中充满着创业机会,关键是要耐心地寻找,多关注社会人群的需求,就可能发现商机。大多数创业者都是把握了商业机会,并且选择了正确的创业项目而取得了创业的成功。本章即对大学生的创业机会及创业项目选择的相关问题进行阐述。

第一节 大学生创业机会的寻找与识别

一、创业机会概述

(一)创业机会的概念

目前,人们尚未对创业机会形成一个统一的概念。卡森(Casson)认为,创业机会是指"在新生产方式、新产出或生产方式与产出之间新的关系形成过程中,引进新的产品、服务、原材料和组织方式等,得到比创业成本具有更高价值的状态"[1]。柯兹纳(Kerzner)认为,创业初期的形态是"未精确定义的市场需求或未得到利用/未得到充分利用的资源和能力"[2]。

此外,关于创业机会的定义还有以下几种不同的说法。

第一,创业机会可以适时、持久地为购买者或使用者创造或增加有价值的产品、服务。

第二,创业机会可以为市场带来新的产品、新的服务、新的原材料、新的技术、新的组织方式、新的管理模式,其出售价格通常要比成本价格高出很多。

第三,创业机会是一种新的"目的—手段"关系,它可以为市场带来新的产品、新的服务、新的原材料、新的技术、新的组织方式、新的管理模式。

第四,创业机会具有较强吸引力、较为持久,有利于创业,创业者据此可以为客户提供有价值的产品或服务,同时获得巨大利润。

根据以上对创业的定义,我们可以看出创业机会首先应包括一个好的创业理念,这是识别创业机会和实现创业者理想的第一步。创业理念是指创业者或是创业团队对于创业机会或环境需求设立的一个设想过程,也就是创业者或是创业团队对于新企业所产生的想法。当然,创

---

① 周兆龙,吴伟.大学生就业与创业指导[M].北京:人民邮电大学出版社,2015:130.
② 姜彦福,邱琼.创业机会评价重要指标序列的实证研究[J].科学学研究,2004(1).

业理念相当于一个工具,它还需要经过进一步的转化,才能成为有价值的创业机会。只有当创业所带来的收益超过成本,创业者能够从中获得利润时,创业理念才能变成机会。所以,创业者要相信这个创业理念能够给人们带来新产品和新服务,只有这样,才能通过一定的经济行为来完成最终目标。

由此可见,一个好的创业机会通常要符合以下标志:实现目标,(创业者或是创业团队对于新企业的期望);某个市场的真实需求(具有购买能力或购买欲望的消费者未被满足的需求);有效的资源和技术才能;一定的市场竞争力,在商业环境中行得通;能够收回创业成本。因此,创业机会也可以理解为一种商业机会或是市场机会。

(二)创业机会的类型

根据不同的标准,可以将创业机会分为不同的类型。

1. 根据创业机会的可识别性进行分类

根据创业机会的可识别性,可以将创业机会分为潜在创业机会和显现创业机会。

(1)潜在创业机会

潜在创业机会是指隐藏在现在某种需求背后的某种未被满足的市场需求,需要创业者运用敏锐的嗅觉去挖掘。例如,移动互联网时代,当代大学生可以通过分析市场需求,针对功能手机后劲十足、平板优先、第三种付费订阅、移动支付、移动设备上的内容创建等,发现许多潜在的创业机会。

(2)显现创业机会

显现创业机会是指在市场上存在的明显的未被满足的市场需求。例如,在 20 世纪 80 年代兴起的"西服热""吸氧热"就属于显现创业机会。

2. 根据创业机会的来源分类

根据创业机会的来源,可以将创业机会分为组合型创业机会、趋势型创业机会、问题型创业机会。

(1)组合型创业机会

组合型创业机会指将现有的两项以上的技术、产品、服务等因素组合起来,以实现新的用途和价值而获得的创业机会。这种机会类型是通过重新组合已经存在的多种因素,从而实现功能强大或效果倍增的局面,即获得 1 + 1 > 2 的效果。例如,针对脱离儿童期但还未成年的人群的需求,人们将婴幼儿喜欢的布娃娃与少男少女的形象结合起来,形成一个新的组合——芭比娃娃,从而成功地打开了市场,获得了创业上的成功。

(2)趋势型创业机会

趋势型创业机会指在变化中预测未来、看到将来的发展方向的潜力和机会。在重要领域改革或时代变迁的时期通常比较容易出现这种创业机会。在各种新的变革不断出现的环境下,趋势型创业机会一般处于萌发阶段,常常不被多数人所认可和接受。如果能够及早地发现并把握这种创业机会,就有可能成为未来市场发展趋势的先行者和领导者。趋势型机会往往出现在经济政治变革、人口制度变化、文化习俗变革等多个方面,一旦被人们所认可,就会产生强大而持久的影响力,获得巨大的市场需求与丰厚的利益。

（3）问题型创业机会

问题型创业机会指的是由现实社会生活中存在的、尚未被解决的问题所产生的一类创业机会。这类创业机会大量存在于人们的日常生活中和企业实践中。例如,在解决顾客抱怨、服务质量差、大量退货等问题时,只要用心发掘,就会发现这其中存在着不少创业机会。联邦快递的创业者史密斯之所以创办联邦快递公司,就是因为他经常感觉在工作中采购的物品不能在要求的时间内到达。

另外,根据创业机会的来源,还可以将创业机会分为行业创业机会和边缘创业机会。行业创业分类就是指出现在新企业经营领域内的创业机会;边缘创业机会就是指出现在不同行业的交叉点、结合部的创业机会。

3. 根据创业机会的影响时间进行分类

根据创业机会的影响时间进行分类,可以将创业机会分为现实创业机会和未来创业机会。

（1）现实创业机会

现实创业机会是指目前市场存在的尚未满足的某种市场需求。例如,改革开放初期,社会经济获得飞速发展,人们的生活水平获得显著提高,对化妆品有了越来越多、越来越高的需求,不少商家抓住这个机会,促进了化妆品市场的繁荣,这就属于现实创业机会。

（2）未来创业机会

未来创业机会是指目前市场上还没有或是表现为极少数人的消费需求,但预期在未来的某段时间内出现的大量市场需求。通常,未来创业机会能够更快地获得市场主动权。例如,2003 年,马云创办了个人拍卖网站淘宝网,成功地运用电子商务满足了新兴的市场需求,从而获得巨大的利润,给社会创造了很多就业机会,改变了人们的购物方式和思维方式。

4. 根据"目的—手段"关系的明确程度分类

根据"目的—手段"关系的明确程度,可以将创业机会划分为发现型创业机会、识别型创业机会和创造型创业机会三种类型。

（1）发现型创业机会

发现型创业机会是指尚未明确知道目的或手段任意一方的有关情况,等待创业者去发掘机会。例如,一项技术被开发出来,但尚未产生具体的商业化产品,因此需要通过不断尝试来挖掘出潜在的市场机会,如激光技术在出现后数十年才在真正意义上为人们所应用,走向市场。

（2）识别型创业机会

识别型创业机会是指当市场上存在着非常明显的目的手段关系时,创业者可以通过目的手段关系的连接来辨识机会。常见的问题型创意机会大都属于这一类型。例如,当供求之间出现矛盾或冲突时,不能有效地或根本无法满足需求时辨别出新的机会。

（3）创造型创业机会

创造型创业机会是指在目的和手段都不清楚明白的情况下,创业者需要有先见之明和卓越的才能智慧,方能创造出有价值、有影响力的市场机会。这种机会一般可以创造出新的目的—手段关系,当然难度系数相当高,但能够为创业者带来可观的收益。

在商业实践中,以上三种类型创业机会可能同时存在。一般来说,识别型创业机会并不需要太繁杂的辨别过程,多半处于供需尚未均衡的市场中,具有较低的创新程度,但是这类机会强调拥有较多的资源,从而较快地进入市场,获得利润。把握创造型创业机会就存在很大的困难,它依赖于新的目的—手段关系,而创业者往往拥有非常有限的专业技术、信息、资源,规模也较小,因此更需要创业者具有敏锐的洞察力、有效整合创造性资源,同时还必须承担巨大的风险。而目前大多数创业研究的对象是发现型创业机会,这里创业机会也是当今市场上最为常见的。

5. 根据创业机会的导向分类

根据创业机会导向,可以把创业机会分为技术导向型创业机会、市场导向型创业机会、竞争导向型创业机会和政策导向型创业机会。

(1)技术导向型创业机会

技术导向型创业机会是指由于技术进步或技术革新为创业者带来的创业机会。现代技术的飞速发展,任何技术上的变化都可能给创业者带来机会。比如,计算机技术的出现,人们借此进行信息的自动化管理;在网络技术的支持下,出现了电子商务这种交易模式。新技术的出现带来一系列的机会主要表现在新技术代替旧技术、实现新功能创造新产品的新技术的出现、新技术带来的新问题。

(2)市场导向型创业机会

市场导向型创业机会主要来源于市场环境及结构的变化,如市场供给结构发生变化,带来创业机会;市场垄断的打破,带来创业的机遇;经济发展的不同阶段产生的不同的市场需求,带来许多创业机会;发达国家或地区产业的转移,带来巨大的市场机会等。

(3)竞争导向型创业机会

竞争导向型创业机会主要是创业者为了比竞争者做得更好,在产品服务、价格、功能、特色等方面,抓住机会进行创业。这类创业机会是创业者自身驱动的结果,来得非常直接,创业者觉得能够做得更好。

(4)政策导向型创业机会

政策导向型创业机会是由于政府制定的法律、法规、政策等为创业者带来的创业机会。这类创业机会在我国现阶段表现得特别突出。当前,我国正处于社会主义初级阶段,社会、经济及技术等方面不断发生着剧烈的变革与发展,政府必然不断调整政策来适应新技术、新兴市场需求的发展,这就给创业者带来了众多显现与潜在的创业机会。比如,在21世纪网络信息时代,世界各国开始普遍关注计算机信息系统及其网络安全,我国政府出台了一系列支持和促进国产信息安全技术及产品发展的政策,实际上就是为从事信息安全技术及其产品开发的创业者提供了政府政策上的支持。

(三)创业机会的特征

1. 客观性和偶然性

创业机会是客观地存在于市场环境中的,不管是否被企业所意识到,它都存在着。然而,对于新企业而言,创业机会并不是时刻都会显露出来的,这就是创业机会的偶然性。这就需要新企业通过不懈努力和不断探索,从变幻莫测的市场环境的必然规律中预测和寻找创业机会。

2. 时效性和不确定性

一般而言,创业机会具有很强的时效性。俗话说,机不可失,时不再来。如果新企业不能及时捕捉和真正把握机会,就会使机会从自己的眼前溜走。另外,创业机会也具有不确定性,对机会的利用往往会带来出人意料的结果,一旦创业者没有掌管好创业机会,也许就会把机会演变成风险。

3. 均等性和差异性

对于拥有相同市场的同类新企业而言,创业机会是极为公平的。但是,由于新企业的创业者不同,他们往往会对同一创业机会产生不同的认识。而且,由于新企业的创业者有着不同的素质和能力,在利用同一创业机会时,还会获得不同的效益。

4. 隐蔽性和时代性

由于创业机会的不确定性、偶然性,因此其也具有隐蔽性。生活中到处是机会,一般都意识不到它的存在,这同样适用于创业机会。如果没有隐蔽性,人们随处就能抓到创业机会,那么,这所谓的创业机会也就不能称其为创业机会了。创业机会在人们的心目中是神秘的、可贵的。

每一种创业机会都带有一定时代的烙印,赋予特定社会的、时期的色彩,这就是创业机会的时代性。社会色彩是指不同社会制度对创业机会产生的影响。如果政治制度比较宽松,那么个人就可以在广阔的领域里大展身手,发现挖掘各种创业机会;与此相反,如果政治结构比较严密,个人无法涉足诸多领域,因此也就失去了很多创业机会。例如,改革开放时期,中国开始引入社会主义市场经济体制,社会各个行业都在寻求各种各样的人才,时代提供了前所未有的创业机会和条件,英雄也就有了用武之地。而如果是在"文化大革命"时期,很多人的才能几乎都受到压制,创业机会便无从谈起。

(四)创业机会的来源

概括来说,创业机会的来源有市场机会、技术机会和环境机会三种。

1. 市场机会

创业的市场机会主要表现为以下几方面。

第一,市场上出现了与经济发展阶段有关的新需求。经济得到很大的发展,人们的生活水平得到提高,个人消费意识和企业经营意识也发生了变化,必然要产生一些新的需求,或者物质的需求,或者精神的需求;或者是全新的消费需求,或者是中间性的消费需求。相应地,就需要有企业去满足这些新的需求,从而也就触发了新的创业机会。例如,农村经济的发展,收入的提高,其消费家电、农用机械的能力也就相应地提高,由此扩大了相应的消费市场;城镇居民收入的增加,工作时间缩短,休闲时间增加,可催生少儿特长教育、留学服务机构、旅游等热门消费市场。

第二,先进区域的产业转移,由此带来的市场机会。先进区域与落后区域之间,总有一个发展的"势差",出于两者之间存在的"成本差异",为制造同一产品,先进区域的成本(特别是人力成本)无疑会大于落后区域的成本。这时,落后区域就会将某些产业转移到先进区域,这就增加了落后区域创业者发现创业机会的可能性。

第三,由于市场供给本身固有的缺陷,从而产生新的商业机会。市场供求平衡过程中,总有那么一些供给是不能实现其价值的,但却只能以"伪均衡价格①"低价出售;也总有一些需求不能真正得到满足,需求者只能寻求一些替代品。这实际上也就是供给结构的缺陷问题,创业者可据此寻求创业机会。供不应求的小众市场机会便是市场供给缺陷的典型表现,如 VIP 型小众市场的海外旅行、高尔夫运动等,自我满足型小众市场的冲动购物,时尚型小众市场的炫耀性消费,实利型小众市场的打折团购,狂热型小众市场的爆发性消费。

第四,从国外比较中寻找差距,差距里通常隐含着某种商机。改革开放以来,由于地理的缘故,出现了沿海学国外、内地学沿海的学习模式,其原因就是沿海与国外、内地与沿海之间存在其差距,这些差距或者是产品上的,或者是技术上的,或者是产业上的,或者是市场经济制度完善程度上的。考察这些差距,从中可能发现某种商业机会。例如,人寿保险、汽车人均拥有(驾校、汽车美容)、税务代理、管理咨询、个人理财顾问等就是由国内外差距激发的市场需求。

2. 技术机会

创业的技术机会是指由社会技术的进步、变化而带来的创业机会,这种机会是现存技术的规范或性能有改进的可能性,或者出现新技术并成功应用于生产,由此催生新的行业,并引起其他行业的连锁反应,从而触发创业机会的可能性。具体而言,创业的技术机会主要包括以下几方面。

(1)技术扩散机会

国家之间、地区之间和企业之间如果存在技术势差,存在模仿学习者潜在利益的刺激,就通常要发生技术扩散,即以技术为标的的贸易、转让等。其中,技术贸易属于技术的商业转让,是有偿的转让。在现实生活中,绝大部分的技术转让都是有偿的。技术贸易的内容(或标的)多为专利使用权、商标使用权和专有技术使用权。创业者如果采用了扩散技术,他就通常能够获得技术上的优势,从而获得创业机会。

(2)技术引进和后续开发机会

创业者从外部获得先进适用的技术的行为,即技术引进。技术引进,或者是引进工艺、制造技术,如产品设计、材料配方、工艺检测方法等;或者是引进成套的设备、关键的设备、某种检测手段等;或者引进先进的经营管理方法、新学术思想、新的科学技术知识,甚至是引进人才。创业者通过对引进技术的消化、吸收、模仿、改进,减少对技术提供方的依赖,甚至在新旧技术结构的相互适应下形成新的技术结构,实现更大的经济效益,从而形成创业机会。

对引进的技术进行后续的开发,促进创业者对技术的消化,形成并提高自我发展的能力,

---

① 均衡价格是指一种商品需求量与供给量相等时的价格。当实现了市场供求均衡时,该商品的需求价格与供给价格相等称为均衡价格。这里的"伪均衡价格"显然不是真正的均衡价格,因为供给量不会和需求量一直相等,从而影响其价值的实现,其价格与价值不对等。

这也是建立技术机会的重要方式,最终触发创业机会。

（3）技术突破机会

某一领域沿着技术发展的既定方向或内涵得到迅速推进,从而产生技术上的突破。技术突破通常产生新的技术,从而创造全新的市场需求,或是激发市场潜在的需求。也就是说,技术突破往往意味着新产品的出现,从而间接地满足市场上存在的某种需求或在市场上创造新的需求。在经济发展过程中,许多重大技术突破的成果,如尼龙、人造纤维、核电站、半导体、3D电影、云计算、社交网络、高速闪存、物联网、3A平台等都是属于这一模式。

（4）工艺创新机会

创业者通过研究和运用新的生产技术、操作程序等,提高生产技术水平、产品质量和生产效率,这就是工艺创新。工艺创新相对技术突破而言,它是技术融合,是沿外延机会将不同领域的现有技术进行融合集成,从而转化新的生产能力。工艺创新一般是围绕着提高产品质量等级品率、工业产品销售率、新产品价值率,减少质量损失率,节约资源,降低成本等方面进行。

需要指出的是,在技术发展的不同阶段,技术机会是不一样的。在技术的萌芽阶段或成长初期,其创新多数是重大的技术突破。进入成熟期以后,技术突破转向工艺创新,技术机会从内涵更多地转向外延,技术融合逐渐占主导地位。

简言之,技术机会也就是技术变革所带来的创业机会。如今数码摄影、摄像、数字手机的普及,是新技术替代旧技术的具体表现;互联网络的应用是实现新功能、创造新产品的新技术成果;而互联网络不良信息传播,网络信息过滤软件、防辐射衣服等则是新技术带来新问题所催生的新技术成果。这些新的产品,新的市场需求,都是技术变革诱发的。

3. 环境机会

由于环境的可变性、不确定性,因此其可能包含创业发展的机遇,也包含可能挑战。对此,创业者应该要善于从宏观环境、地区环境、行业环境发现和把握对自身有利的环境因素,积极利用环境机会,挖掘出创业机会。环境机会可分为宏观环境机会、微观环境机会和行业环境机会三种。

（1）宏观环境机会

对于宏观环境方面的创业机会,创业者可从政策法规调整、经济发展、技术进步、社会因素的变化这几个方面入手。

①政策法规调整

劳动就业问题一直是各个国家重点关注的社会问题,为促进创业,各级政府及相关部门都会出台相关的创业政策,放宽某些行业的进入限制条件,放松监管,为发展非正规就业而提供扶持,这就为创业者带来了更多的创业机会。国家政策导向的一些变化,如价格双轨制、国有企业改制、节能减排、"二胎"政策（育儿培训）、住房制度改革等,创业者也可从中找到创业机会。

②经济发展

创业的成败通常很大程度上取决于整个经济运行环境,创业者要善于对经济因素进行分析,发现机会。随着经济的发展,资本体制日趋完善,各种融资相关的业务不断推陈出新,如银行贷款、风险投资、产权交易等,创业者都应该善于从中寻找创业机会。

③技术进步

正如前文所说的,技术突破、技术创新也可以催生创业机会。由于技术的进步,新的市场得以形成,产生大量新型的和改进的产品,淘汰掉现有产品及服务。技术的变革还可以减少或消除竞争者间的成本壁垒,缩短产品的生产周期。对于创业者来说,正确识别和评价关键的技术机会与威胁,从中也可以发掘到新的创业机会。

④社会因素的变化

社会因素的变化,如社会习俗的变迁,社会道德观念、价值观念、工作态度的转变,或者产生新的社会文化,人口统计特征的不同等,这些都会影响社会对企业产品或劳务的需求,从而改变企业的战略选择和发展方向。在此当中,很多新的需求被催生,进而为创业者诱导出更多的创业机会。例如,妇女解放观念的普及,家政、洗衣、美容、健身的市场也得以扩展;人们寿命的延长,则催生了养老中心、老年人用品市场;饮食文化的发展催生了素食产品产业、有机动植物培育产业、健康养生产品等;由于社会发展的新要求,也出现了各种留学热、高端产品、私人定制等市场需求。

(2)微观环境机会

微观环境如企业的营销渠道、竞争者、顾客、有关公众等直接影响企业营销活动,与供应商、营销中介商及公众等密切相关。

①供应商

供应商所提供的资源情况直接影响着企业的生产经营活动,尤其是在资源短缺时,供应商对企业所产生的影响更大。因此,大学生创业者在选择供应商时,应注意审评供应商的情况,注意可供物资的规格标准,寻求产品质量、交货期的准确性、信贷条件、担保和低成本的最佳组合。

②中介单位

中介单位是指协助企业推广、销售和分配产品给最终买主的那些单位,主要包括金融机构、中间商、实体分配公司、营销服务机构。

第一,金融机构。大多数公司和顾客都依赖各种金融机构为他们的交易融通资金,特别是新创企业非常有必要通过金融机构获取创业基金,因此大学生创业者必须与金融机构建立良好的关系。

第二,中间商。中间商包括代理商和经销商。其中,代理商是专门介绍客户或与客户磋商交易合同,替生产企业寻找买主,推销产品的;经销商是转售商品的企业,他们购买商品,再出售商品。因此大学生创业者必须与中间商建立良好的合作关系。

第三,实体分配公司。实体分配公司包括仓储公司、运输公司等。大学生创业者协助实体分配公司来储存、运输产品时,必须综合考虑速度、安全性、成本等因素。

第四,营销服务机构。营销服务机构是指协助企业选择最恰当的目标市场,并帮助企业实现商品销售的机构,如市场调研公司、咨询公司等。大学生创业者必须与营销服务机构建立良好的合作关系。

③顾客

顾客是企业经营活动的出发点和归宿。企业为了实现自己的经营目标,必须努力寻找自己的目标市场,即选择企业要为之提供产品、功能、服务的顾客。所以,顾客也是大学生创业所要考虑的一个重要的环境要素。

④竞争者

在行业分析中,竞争关系泛指所有对行业和行业内企业产生威胁和不利影响的方面,实际上,他们也存在着合作关系。根据竞争范围的大小,竞争关系可分为以下几个层次。

第一层是愿望竞争,指所有市场营销者为争夺消费者购买力而展开的竞争,他们用各自不同的产品去满足相同消费者的各种愿望,此为广泛的竞争关系。

第二层是类别竞争,又称平行竞争,指提供部分或全部替代性功能产品的企业所开展的竞争。产品的替代性越强,企业之间的竞争就越激烈。这是范围稍微窄一点的竞争关系。

第三层是在同行业企业的竞争中具有普遍代表性的竞争关系,指提供相同和类似产品的企业所开展的竞争,他们以不同的价格、不同的产品形式等来满足消费者需求。

第四层是指最为直接的竞争对手之间的关系,其竞争能力非常接近,提供相同产品,产品的形式、价格也相同。

⑤公众

公众是指对企业经营活动有实际或潜在的兴趣和影响的团体,一般来说,企业周围的公众有政府公众、地方公众、媒介公众、企业内部公众、市民行动公众、一般公众这几类。这些公众对企业的经营活动行为进行制约、规范、激励等。

(3)行业环境机会

行业是指提供同一类产品(或服务)或提供具有可替代性产品(或服务)的企业群。不同行业处于不同的发展阶段,表现出不同的经济特性。这些特性将对将要进入的行业,以及所要生产的产品能否带来良好的经济效益产生直接性、决定性的影响。分析行业环境的目的在于通过了解行业基本竞争情况、潜在的发展机会,帮助创业者做出正确的投资决策。

①行业的发展阶段

每一个行业发展都有自己的生命周期,会经历起步期、成长期、成熟期、衰退期(图10-1)。从本质上看,行业发展的生命周期取决于其所使用的关键技术的成熟程度,而技术也具有生命周期。如果在技术的衰退期有新的技术取代原有技术,行业的生命周期就会在技术扩散的过程中得以延续。

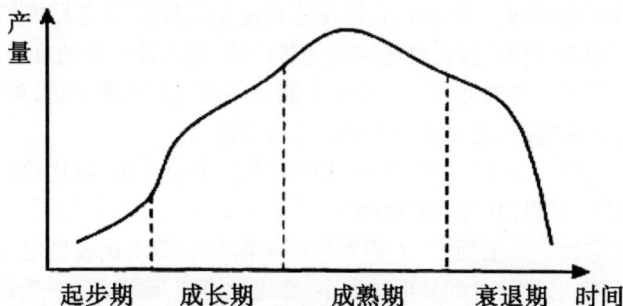
图10-1

对创业者而言,行业发展不同的阶段会带来不同的机会和威胁,具体如表10-1所示。

表 10-1　行业发展不同的阶段带来的机会和威胁

阶段	机会和威胁
起步期	行业生产的关键技术尚且处于研制之中，还没有明确的消费群体，但也因此存在大量创业机会，先进入者通常拥有制定行业生产、技术标准的优势，不过风险也很大
成长期	行业刚刚形成，现有企业的规模、产品数量小，但能够给大学生创业者提供很多的创业机会。随着关键技术的逐渐成熟，企业陆续进入，行业规模迅速扩大，创业机会也越来越多
成熟期	行业发展稳定，企业间竞争激烈，市场需求趋于饱和，创业机会非常有限
衰退期	市场需求下降，新产品逐渐代替原有产品，许多行业纷纷退出，几乎不存在市场机会

行业发展的四个不同时期带来不同的市场机会，其中，行业的成长期具有最大的机会，因此大学生创业者应该尽量在此阶段进入市场。

②行业的进入壁垒

一个行业的进入壁垒越大，潜在进入者进入的难度就越大。因此创业者在进入一个行业之前，必须要了解进入该行业的壁垒。具体来说，阻碍潜在企业进入的行业壁垒主要有以下几方面。

第一，规模经济。规模经济可分为"最低经济规模"和"合理经济规模"。前者是刚好能使企业的单位产品成本维持在行业产品最低销售价格水平的生产规模；后者是能够使企业的单位产品成本低于行业平均投资盈利水平要求的经济规模。当一个行业的"最低经济规模"和"合理经济规模"过大时，行业的入门费（也就是预期报酬和实际报酬之差）也较高，管理也将面临较大困难。因为新进企业的加入会导致该行业的产品供给数量增加、价格下跌，这意味着新加入的企业不能再得到行业原有投资报酬水平；同时行业中原有企业会采取各种手段予以抵制，由此构成了行业的入门损失。

第二，所需投资量的大小。某一行业的"最低经济规模"和"合理经济规模"通常决定了进入该行业所需要的投资量，而该行业技术的复杂程度也起到同样的作用。一个行业所要求的生产经营技术越复杂、技术难度越大，则进入的企业所花费的费用和所需投资就越多。

第三，产品差异。产品差异是指顾客对某产品所形成的消费偏好。面对这些产品差异，新进入企业要耗费大量的成本费用，以建立新的差异改变顾客对原有品牌的忠诚度。

第四，顾客品牌转移难度。顾客的品牌转移难度是指顾客对老品牌信任和偏爱的程度。顾客对于熟悉品牌的依赖程度越高，就越难接受新产品，进入该行业的难度就越高。

第五，销售渠道限制。如果进入一个行业不能利用原有的销售渠道，就意味着要重新建立自己的销售渠道，其费用越高，进入该行业的难度也就越大。

第六，资源的稀缺性。如果某一行业所使用的资源供应充足，就比较容易进入。反之，如果某一行业资源稀缺性越强，其进入难度越大。

第七，需求的稳定性。一般而言，人们对生活必需品的需求比较稳定，而对奢侈品的需求波动较大。消费者的需求状况对产品市场大小、稳定性有直接影响。一个行业的需求不稳定，就难以估计进入该行业的预期成果及风险大小，其进入难度就大。

第八，技术进步速度。技术进步的速度将对企业产品的生命周期产生直接影响。一个行业的技术进步速度越快，就越能缩短新老产品的更新时间，进入该行业的难度就越大。因为新老产品的更新速度极大地挑战着创业者的新产品的开发工作,创业者可能还没有开发出该行业原有的老产品,产品就可能由于技术进步的原因步入成熟或衰退期。或者是行业内其他企业新开发的产品严重冲击现有市场,从而使得潜在的消费市场趋于饱和。

第九,政府限制。如果企业选择了政府要加以限制或者整改的行业,那么进入该行业的难度就大。因此,大学生在创业之前就应该了解国家的宏观经济调控政策,避免限制行业。

③行业的退出壁垒

行业的退出壁垒是指退出某一行业的限制条件,包括经济、战略、感情上的因素。具体而言,行业的退出壁垒主要包括以下几方面。

第一,资产的再利用性。资产的再利用性是指企业原有资产适用范围的大小。资产的再利用性越弱,就越难退出原有行业。

第二,善后处理费用。善后处理费用包括安置原有员工的费用,停用厂房、设备的维护费用,到期不能履行的订货合同、供应合同等的赔偿费等。善后处理费用越高,就越难退出该行业。

第三,社会压力集团的影响。如果社会压力集团反对退出原有行业,则会利用舆论谴责、政府立法等方面的力量,为退出原有行业设置障碍,造成企业难以退出的困难。

此外,感情也是一种退出原有行业的壁垒,包括主要领导、员工、顾客、公众、政府的感情。消费者对老产品、老行业的感情越深,就越难以退出该行业。

④行业的市场前景

分析创业项目所属行业的发展形势,有助于更好地了解、把握新创项目的盈利空间。大学生创业者可以采用迈克尔·波特的"五要素"竞争力模型(图 10-2)分析一个行业的竞争状态与市场前景,以决定自己是否应该参与到该行业的市场竞争之中。

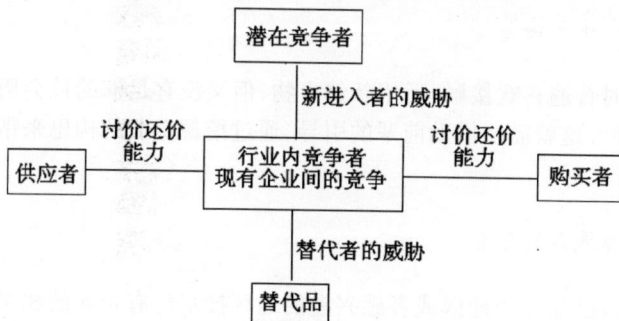

图 10-2

第一,行业内竞争对手的分析。同行业中的企业相互依存,但又相互竞争。当行业内企业规模很大、数量很少时,企业竞争的影响力通常特别大,甚至有可能改变行业结构。这种竞争越激烈,行业所获得的平均利润越低。

第二,替代品分析。不同的行业来自替代品的竞争威胁程度是不一样的,目标顾客转向替代品的人数越多,行业内企业的盈利水平就越低。

第三,潜在的市场进入者分析。受行业利润的吸引,潜在的市场进入者通常会成为这一行业新的"入侵者"和竞争对手。他们也带来新的生产能力、物质资源,从而要求已有的市场份额的格局进行重新分配。

第四,购买方分析。购买方(经销商、消费者)对企业造成的威胁主要来源于其所具有的议价能力。购买方具有的议价能力越强,他们付出的价格就越低,行业所获得的平均利润就越低。

第五,供应方分析。供应方包括行业所有的外购投入如原材料、设备等的提供者。供应方的实力越雄厚,所具有的要价能力就越强,从而增加行业内企业的生产经营成本。

需要注意的是,创业者除了要学会寻找机会之外,还要懂得创造机会。只有主动创造机会,才能离成功更近。

二、大学生创业机会的寻找

创业机会隐藏在社会生活的方方面面,需要大学生创业者用心寻找。要寻找创业机会,大学生创业者可以从以下几方面入手。

(一)选择正确的行业

选择正确的行业是创业成功的秘诀之一。创业者只有选择了正确的行业,才会坚定自己的信念,坚持做自己喜欢的、擅长的事情,在创业的过程中拿出足够的勇气,闯过一切艰难险阻,最终到达成功的彼岸。

但要注意的是,选择正确的行业并不是选择大行业,俗话说"三百六十行,行行出状元",小行业也会有大作为。

(二)挖掘成功企业的构思

大学生在创业时普遍喜欢接触、运用新鲜事物,但又没有足够的社会历练和社会经验,分析问题不够全面透彻,这就需要借助前辈的引导,通过挖掘企业的构思来帮助他们打开思路,解决问题。

(三)调查感兴趣地区的企业

创业者可以在自己居住的地区或者感兴趣的地区搜集已有企业的相关信息,研究企业的潜在市场,从中挖掘创业机会。

(四)头脑风暴

头脑风暴是指无限制的自由联想和讨论,其目的在于产生新观念或激发创新设想。大学生创业者可以采用头脑风暴法,从自己擅长的、喜欢的产品出发,联想与其相关的创业项目,如图10-3所示。

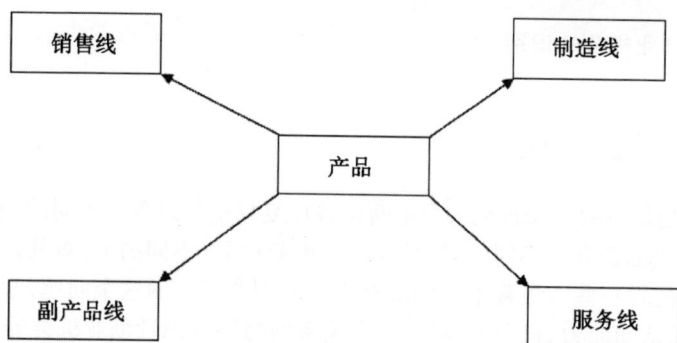

图 10-3

（五）利用预期与实际的冲突

人们在现实生活中总是会听到有人抱怨企业所提供的产品或服务与自己预期的不一致。大学生创业者就可以从自己或者他人与企业打交道时的经历中总结出经验，从自己所了解的顾客对企业不满、抱怨的地方入手，寻找创业机会。

（六）关注消费需求的变化

随着经济的发展、社会的进步，人们的消费观念不断发生改变，消费需求也就随之而变，这就给创业者带来了创业机会。尤其是服务行业和零售行业，服务人员和顾客的互动过程会直接影响服务质量，其中正好蕴藏着创业机会。

（七）抓住创业的政策性机会

国家颁布的创业的相关政策也会给创业者带来无限的创业机会，创业者一定要好好把握住这些机会。但要注意的是，虽然政策的预见性为经营提供了决策性先机，但是政策具有相对实践的滞后性，对创业也有一定的制约作用。

（八）分析特殊事件

特殊事件也是创业机会的来源之一。大学生创业者可以意外的成功或失败，在意外的外部事件中发掘创业机会。这就要求创业者要时刻保持敏感的商业头脑和思维，不要忽视、错过任何一个创业机会。

（九）重视市场、产业结构的变化

通常，市场结构、产业结构的变化多半是出人意料之外的变化，因而也会给创业者带来一定的创业机会，大学生创业者一定要抓住这个机遇，寻找适合自己的创业机会。

三、大学生创业机会的识别

（一）识别创业机会的影响因素

识别创业机会的过程其实也是一个不断调整反复权衡的过程。不同的创业者，其关注创业机会关涉的行业也会有所不同，即使是同一个创业机会，不同的人，对其评价也往往不同。而对于什么因素使得一些人更善于识别出有价值的创业机会的这个问题，学者们通常认为，个人的已有经验、认知能力、机会的属性、社会关系网络等是识别创业机会的主要影响因素。

1. 认知能力

对于机会识别来说，更重要的因素应当来自创业者的认知能力。机会识别可能是一项异于常人的先天技能或认知过程，如"第六感"，也就是一种警觉。在这种警觉的影响下，创业者更容易觉察到一般人看不到的机会。而拥有某个领域更多、更专业知识的人，倾向于比其他人对该领域内的机会更警觉。创业者比一般人更渴望获得信息，通常能快速觉察到与创业相关的信息，这也是一种对信息的警觉，因此他们也更愿意将时间花在信息搜索上，而且所使用的搜索方式也更加有效。

当然，创业者对风险的感知能力也异于常人。一般而言，个体对风险的预期高，他就会减少风险行为。但也有例外的情况，如在负面问题框架下，创业者在感知高风险的情况下也会采取冒险行为，以追求高收益。也就是说，风险有时也是一种机会，其规模和不确定性都是潜在的收益，这潜在的收益就是创业的动力。因此创业者的风险感知能力也会影响其对创业机会的识别。

2. 已有经验

拥有某特定行业的经验，对识别商业机会也是非常有利的。也就是说，创业者一旦投身于某产业创业，他将比外行人更容易看到产业内一些新机会，一些潜在的不容易看到的机会。这实际上也和创业者个人的知识有关，他们会更关注与自己所拥有的知识、信息相关的机会。

3. 机会的属性

机会的属性，即机会的特征。正如前文所述，创业机会具有时效性、不确定性、客观性、偶然性、隐蔽性、时代性、均等性、差异性等特征，这些都是影响人们是否对创业机会进行识别的基本因素。创业机会的属性很大程度上决定了创业者对其未来价值的预期，创业者相信创业机会能够产生足够的价值来弥补投入的成本，因此机会的属性对创业机会的识别产生很大的影响。

4. 社会关系网络

创业者个人社会关系网络的深度和广度影响创业机会的识别，因为社会关系网络本身承载着对创业机会的有价值信息。拥有大量社会网络的创业者更容易发现创业机会，相反，单独行动的创业者在机会识别上就比较被动。根据一项针对65家初创企业的调查，人们发现半数创业者都是通过社会联系得到了商业创意,而对独立创业者(独自识别出商业创意的创业者)与网络型创业者(通过社会联系识别创意的创业者)之间的差别研究表明,后者比前者识别出的创业机会要更多。

(二)识别创业机会的主要方法

大学生识别创业机会的方法主要包括以下几种。

1. 新眼光调查

新眼光调查其实就是用新的角度、新的眼光对所获取的信息进行调查分析。新眼光调查又可分为初级调查和二级调查这两种形式。二级调查形式主要是阅读他人作品或发现,浏览报纸文章,利用互联网搜索数据。初级调查形式主要是采访顾客、供应商、销售商,与他们交谈,与现实世界互动,并把自己的想法记录下来,并整理出自己需要的信息。创业者以新的角度、新的眼光对二级调查、初级调查所得的信息进行整理、分析,结合自己的想法,从中发现创业机会。

2. 分析问题

个人或组织的一些模糊不定的、含蓄的需求,特定群体所面临的棘手问题,创业者对这些领域进行认真的分析,也可发现创业机会。一个有效并有回报的解决方案对创业者来说是识别创业机会的基础。在分析问题的过程中,创业者应该要全面了解顾客的需求,了解可能用来满足这些需求的手段,思考新的点子。同时,应该善于从顾客那里获取相关的需求信息,了解他们的想法和难题,从而识别出一个新的创业机会,毕竟是顾客的需要决定市场的供应。顾客的需要各异,建议也就多种多样,最简单的如他们会说"如果有这样的产品、服务就更好了"之类的非正式建议,这些往往意味着某些潜在的创业机会。

3. 留意顾客的建议

创业者一定要重视顾客的建议,因为只有顾客自己才最清楚自己需要的究竟是什么,他们提出的诸如"如果那样的话不是会很棒吗"的非正式建议很可能就是一个新的机会。因此,创业者要格外留意这一点。

4. 进行市场调研

发现创业机会有一个一般规律,那就是借助市场调研,从环境变化中发现机会。通常,创业者可以对企业的政治、法律、技术、人口等宏观环境和顾客、竞争对手、供应商等微观环境进行分析,从它们的变化中发现机会。

5. 通过创造获得机会

从外部世界寻求创业机会,也可以自己创造机会,这多见于新技术行业。这可能始于明确拟满足的市场需求,据此探索、开发出新的技术;也可能始于一项新技术发明,发现其商业价值,开发出相应的产品、服务。通过创造获得机会的难度是最大的,风险很高,但如果成功就可以带来巨大的收益,这种机会也是前面说的创造型创业机会。这种情况下所产生的创新在人类所具有重大影响的创新中,居于压倒性的主导地位。英国人亚历山大·贝尔发明电话就是一个很好的例子。由于职业上的原因,贝尔研究过听和说的生理功能,1873年辞去教授职务专心研制电话。贝尔考察了电报机中能够把电信号和机械运动互相转换的电磁铁,开始设计电磁式电话。经过反复的实验,他终于制成了实用的电话装置,由此也成立了世界上第一家电话公司,电话的使用得到了普及。

(三)识别创业机会的行为技巧

可以使用多种技巧帮助大学生识别创业机会,下面主要归纳了较为常用的几种识别创业机会的行为技巧。

1. 在市场夹缝中把握创业机会

为顾客创造价值的产品或服务中往往蕴藏着许多创业机会,而顾客的需求是不同的。创业者要善于找出与盯住顾客的特殊需要、个性需要,并认真研究其需求特征,这样就可能识别与把握创业机会。最近几年,创业者热衷于开发高科技领域等热门课题,但创业机会也存在于保健、饮食等"低科技领域"。随着打火机的普及,火柴逐渐被人们所淡忘,而创业者却从这个老物件中找到了新商机,创造了"纯真年代"艺术火柴,受到广大顾客的热烈欢迎。另外,还有不少的创业者追求向行业内的最佳企业看齐,试图通过模仿快速取得成功,结果使得产品和服务出现雷同现象,众多企业为了争夺现有的客户和资源展开激烈竞争而面临困境。所以,创业者要努力摆脱传统思维习惯的束缚,克服盲目从众心理,寻找市场缝隙,从行业在矛盾发展中形成的空白地带寻找和把握创业机会。

2. 利用变化把握创业机会

在经济全球化时代,我国社会主义经济、文化等处于不断地变化中,其中往往蕴藏着无限的商机,也就是说,许多创业机会产生于风云变化的市场环境之中。环境变化将带来产业结构的调整、消费结构的升级、思想观念的转变、政府政策的变化、居民收入水平的提高,等等。人民通过这些变化,就会发现新的创业机会。在国营事业民营化的过程中,创业者可以在交通、电信、能源等产业中发掘创业机会。可以说,任何变化都能够激发出新的创业机会,需要创业者凭借敏锐的嗅觉去发现和创造。许多很好的商业机会其实是对"先知先觉者"的一种回报。智慧的创业者通常选择在最佳时机进入一个有潜在需求的市场,当市场需求爆发时,则已做好等待接单的准备。

3. 着眼于问题把握创业机会

机会的获得需要付出必要的代价,许多成功的创业者都是从解决遇到的问题的过程中来识别与把握机会的。问题的存在就是现实与理想之间所存在的差距。比如,顾客需求在没有满足之前就是问题,而设法满足这一需求,就等于是抓住了创业机会。

4. 在政策变化中把握创业机会

我国社会主义经济市场会在很大程度上受到国家政策的影响,新政策的出台常常引发新的商机,如果创业者善于研究和利用国家政策,就会有助于抓住关键的创业机会。例如,2015年国家积极培育信息消费等消费热点,继续实施质量品牌创新专项行动,推动互联网行业发展,因此,相关宽带建设、宽带服务、宽带应用等相关方面的上市公司获得了良好的发展机会。事实上,随着社会分工的不断细化和专业化,从政策中寻找商机就并不只是表现在政策条文所规定的表面,政策变化所提供的商机还可以得到延伸,创业者可以从产业链的延伸中寻找创业机会。

5. 跟踪技术创新把握创业机会

回顾产业发展的历史,可以看出几乎每一个新兴产业的形成和发展,都源自于技术创新。产业的变更或产品的替代,不仅满足了顾客和市场的需求,也带来了众多创业机会。例如,计算机诞生后,随之而来了电脑维修、软件开发、信息服务和网上开店等创业机会。任何产品的市场都有其生命周期,创业者如果能够跟踪产业发展和产品替代的步伐,就能够通过技术创新寻求和把握新的创业机会。

6. 弥补对手缺陷把握创业机会

很多创业机会是由于竞争对手的失误而获得的,如果能够及时抓住竞争对手发展中的漏洞而积极创业,就等于把握住了创业机会。为此,创业者应对竞争对手的产品和服务进行及时地、不断地追踪、分析、评价,找出现有产品存在的缺陷,有针对性地提出改进方法,形成创意,并开发具有潜力的、比竞争对手更快、更可靠、更便宜的新产品、新功能或服务,就可以成功创业。

(四)识别创业机会的内容

识别创业机会主要包括以下几方面内容。

1. 分析创业机会存在的时间跨度

创业机会并不是永远存在的,所有的创业机会都有一个时间跨度,超过了这个时间跨度,创业机会也不复存在。创业时机时间跨度的长短对创业者有着至关重要的影响,时间跨度短的创业机会比较不容易被创业者抓住;而时间跨度长的创业机会则相反,它给创业者抓住机会、调整自身发展的时间也会相对长一些。因此,创业者要详细分析自己寻找到的创业机会的时间跨度。在分析时要注意,创业机会的时间跨度受到行业和时期的影响,不同行业的创业机会、同一行业不同时期的创业机会存在的时间跨度都不相同。

2. 分析创业机会的原始市场规模

创业机会形成之初的市场规模就是创业机会的原始市场规模,它对创业者在创业初期可能销售的规模和利润起着决定性的作用。通常,创业者占领的原始市场规模越大越好,因此占领极少的市场份额就会拥有较大的销售规模,就可以顺利地生存并发展下去。因此,创业者要好好分析创业机会的原始市场规模。

3. 分析创业机会的市场规模随时间增长的速度

创业者成长的速度与创业机会的市场规模随时间增长的速度成正比,市场规模增长的速度越快,创业者的销售量和销售量增长的速度也越快;反之亦然。因此,要对创业机会的市场规模随时间增长的速度进行分析。

4. 分析创业机会的可行性

可行性分析创业机会识别的重要内容,只有拥有切实可行的创业机会才有可能创业成功。对创业机会可行性的分析主要从以下几方面入手。

第一,分析拥有利用该创业机会所需要的关键资源。

第二,分析该创业机会是否能够创造新市场并占领大部分新市场。

第三,分析该创业机会能否与较大的竞争力量对抗。

第四,分析创业者是否可以承担该创业机会带来的风险。

(五)识别创业机会需要考虑的问题

在识别创业机会时,要考虑创业时机是否成熟,对市场信息和变化规律的掌握是否充足,选择的创业机会是否实际可行。

1. 创业时机是否成熟

每个创业者识别创业机会时都带有很大的主观性,为对创业机会进行全面的认识,降低风险,创业者不妨先问问以下几个问题。

第一,是否了解将要进入的行业。

第二,是否具有不同于竞争对手的特点或优势。

第三,协调的各种资源、各项条件是否能够满足创业项目的需求。

第四,是否充分做好了吃苦耐劳、勤奋钻研的心理准备。

第五,是否能够接受创业过程所带来的各种挫折、失败的打击。

假如以上问题的答案都是肯定的,那么自己就具备了把握创业时机的主观条件。当然,衡量创业时机是否成熟,还必须要考虑客观因素。只有综合考量创业能力和创业条件,才能确定这是否可以算得上是一个最佳的创业时机。

2. 对市场信息和变化规律的掌握是否充足

市场环境通常决定了创业构想的可行性,特别是在当今风云变幻的市场里,创业者必须随时掌握市场的动态信息,才能使创业活动更加顺畅一点。对大学生创业者而言,在学校所学到的只是理论上的基础知识,而市场大多考验的是随机应变的能力、敏锐的嗅觉与超前的反应能力。如果与市场脱节,跟不上市场节奏,就很可能被市场淘汰。因此,掌握市场动态信息及其变化规律,可以为识别创业机会提供必要的参考。

3. 选择的创业机会是否实际可行

在对创业机会进行识别时,一定要考虑其操作性、可行性。例如,要考虑所选择行业的进入条件,由创业机会确定的创业项目要获得成功需要哪些条件,创业项目从技术变革中所获得的收益如何,如何规避竞争对手等。创业者所识别的创业机会如果超出自己的承受范围,就不应该急于行动,而要量力而行。

第二节　大学生创业机会的评估与开发

一、大学生创业机会的评估

(一)创业机会的评估标准

一般而言,创业机会的评估标准主要包括以下几种。

1. 盈利时间

一般而言,有价值的创业机会,其获得盈利的时间比较短,即不超过 3 年。

2. 市场规模

进入的市场规模和价值要足够大,并且处在不断发展的时期,否则就难以支撑创业企业的长期发展,甚至无法生存。

3. 资金需要量

大多数有较大潜力的创业机会需要相当大数量的资金来启动。但是,如果需要过多的资金,这样的创业机会就缺乏吸引力,难以保证其获得的回报能够弥补所投入的成本。因此,创业者要量力而行,根据自身的条件包括资金和资源来评估创业机会。

4. 投资收益

创业就是要讲求回报,讲求高收益的,因此一个有价值的创业机会必须要有合理的盈利能力,毛利率和市场增长率都要高。

5. 成本控制力

创业要获得高回报,降低成本是重要的手段之一,并形成自己的竞争优势。一个具有吸引力的创业机会,应该具有较高的成本控制力,控制物料成本、制造成本、营销成本等。低成本大多来自于技术和工艺的改进,管理的优化。

6. 进入障碍

如果创业机会面临着各种进入市场的障碍,如资源限制、政策限制等,那么它就不是一个有价值的创业机会。在一个充满限制的市场中,其创业机会少之又少。但是走到另一个极端,其创业机会也很少。也就是说,如果一个市场本身缺乏进入障碍,那么它就会吸引大量的竞争者,而使毛利率快速下降,这显然不存在什么有价值的创业机会了。另外,如果创业者进入以后,不能够阻止其他企业进入市场,无法制造进入障碍,那么这个创业机会的价值就比较低,吸引力不大。

7. 退出机制

比起进入市场,退出要困难得多,所以一个有价值的创业机会,应该要为所有投资者考虑退出机制,以实现资本增值或避免和降低财产损失。

8. 市场控制力

如果有较强的能力控制产品价格、客户、渠道、零件价格等,那么,这样的创业机会是比较有价值的,其投资吸引力也会比较高。如果竞争对手不多,且其实力也不大,那么创业机会、创业企业控制的程度就比较大。一个缺乏市场控制力的创业机会,其面临的经营风险一定很高,要想持续获利也很困难。

(二)创业机会的评估准则

关于创业机会的评估,其有一套包括市场、效益、创业团队、个人、竞争优势、策略特色等要素的评估准则,为创业决策提供参考。以下重点分析的是效益、创业团队、个人、策略特色面的评估准则。

1. 效益面的评估准则

效益面的评估准则主要包括以下几方面。

(1)合理的预期税后净利

一般而言,能够创造15%以上的税后净利的创业机会才具有吸引力,而如果低于15%则不能视为一个好的投资机会。

(2)达到损益平衡所需的时间

合理的损益平衡时间应该限于两年,不应超过三年。不过,有的创业机会比较特殊,它需要经过多年的耕耘才能达到损益平衡,以保证其后期的持续获利。

(3)投资报酬率

由于开发创业机会的过程本身就充满了各种不确定性,因此要设定合理的报酬率。一般而言,投资报酬率在25%以上的创业机会是被看好的,而低于15%时则一般不值得考虑。

(4)资金需求

一般而言,投资者更青睐资金需求量较低的创业机会。知识密集型的创业机会对资金的需求量不大,投资报酬率通常会比较高。

(5)毛利率

一个有价值的创业机会,其毛利率通常比较高,因此相对风险也比较低,从而容易达成损益平衡。反之,新创企业就很容易遭受巨大损失。理想的毛利率是40%,而低于20%时则一般不值得再予考虑。

(6)策略性价值

一般而言,产业网络规模、利益机制、竞争程度等,与策略性价值密切相关,而创业机会为产业价值链创造的加值效果,也与所采用的经营策略、经营模式有很大关系。

(7)资本市场活力

如果能进入一个具有高度活力的资本市场,这个创业机会所能获得的回报就比较高,比较容易创造增值效果。

2. 创业团队面的评估准则

创业团队面的评估准则主要包括以下几方面。

（1）产业经验与专业背景

创业者及其团队成员对于所要投入产业的相关经验和专业程度,也会影响创业是否获得成功的概率。

（2）最佳团队组合

这是创业成功的最佳保证。最佳团队组合应该以领导能力卓越的创业者为核心,其周围团结着一群各具专业背景的成员,具有极强的组织内聚力,具有共同的价值观。因此评估创业机会,一定要重视创业团队组合的成分及其整体能够对外发挥的程度。

（3）专业坦诚

一个好的创业者及其团队成员,通常能够以理性客观的态度面对各项经营管理与技术专业工作中的各种问题。精明的投资者经常通过访谈判断创业团队的专业坦诚度,并作为是否支持该项创业的重要决策参考。

3. 个人面的评估准则

个人面的评估准则主要包括以下几方面。

（1）机会成本

一个人的一生是有限的,其黄金岁月也不长,通常为期30年左右,首先学习时间就占了很大部分,然后是发展期、收获期,而为了把握住创业机会,通常要放弃一些东西,也会获得一些东西,对得失进行评价。因此在决定进行创业之前,创业者及其团队成员都需要仔细思考创业所要付出的机会成本。必须经由机会成本的客观判断,获知创业机会对创业者及其团队成员的吸引力。

（2）与个人目标契合程度

一般认为,创业机会与个人目标的契合程度越高,则创业者投入意愿与风险承受意愿自然也会越大,创业成功的概率也相对较高。因此在评估创业机会的时候,需要了解创业者的创业动机和个人目标。

（3）对于失败的底线

创业必然需要面对可能失败的风险。理性的创业者必须要自己设定承认失败的底线,以便东山再起。因此,在评估创业机会的时候,也需要了解创业团队所能承受的失败底线。

（4）负荷承受度

创业团队的耐压性与负荷承受度,通常取决于创业团队成员愿意为新创业投入工作量的多寡。一般而言,负荷承受度较低,创业成功的概率就比较低。因此,负荷承受度也是评量创业机会的一项重要指针。

（5）风险承受度

每个人的风险承受度通常是不一样的,这也影响了创业机会的评估。一般而言,风险承受度太高或太低均不利于创业。创业者风险承受度太低,其决策就会过于保守,也就难以发掘到较好的创业机会。但风险承受度太高,其决策太过于激进、太冲动,通常使新创企业陷入险境。

很显然,执行创业机会的人应该是一个能以理性分析面对风险的人。

4.策略特色面的评估准则

一个具有吸引力的创业机会,通常其本身都具有某些特色。在创业机会评估过程中,必然要发掘这些特色。可能影响创业机会成功的策略特色,主要有创业模式组合、团队优势、服务品质、定价策略、策略弹性、技术优势、进入时机、机会导向、销售渠道、误差承受力。

(1)创业模式组合

创业模式组合主要评量创业者、创业团队、创业机会、创业资源四者间是否能够形成良好的搭配组合。

(2)团队优势

团队优势主要评量创业团队的专业能力、产业经验、管理能力、决策能力等相互之间的组合。

(3)服务品质

服务品质评量新创企业的经营模式是否能在服务品质方面具有差异化特色,以形成明显的竞争优势。

(4)定价策略

一个好的定价策略是采取略低于对手的价格进行市场竞争,而不是过低。因此在评估创业机会时,也要评量其定价策略是否具有能够创造优势的特色。

(5)策略弹性

评估一项创业机会时,要看创业者在面临经营环境变化之际,其经营决策是否具有足够的弹性。

(6)技术优势

新创企业拥有的技术领先程度,先进的技术专利等,都很可能成为一种可以创造优势的策略特色,这样的创业机会也就具有较大的吸引力。

(7)进入时机

能掌握进入时机,采取适当的进入策略,这项创业机会成功的概率自然也就相对较高。因此创业机会对于市场进入时机的判断,也将成为一项重要的策略特色。

(8)机会导向

一般而言,触手可及的机会,其品质通常不高,而经由自己主动发掘的机会,其成功的概率才比较高。因此能够密切注意市场变化,主动发掘并实时掌握的创业机会,其吸引力也就比较大。

(9)销售渠道

许多优秀的产品无法到达消费者那里,通常是因为它们缺乏适当的销售渠道。因此创业在销售渠道规划方面是否具有一定的创新优势与策略特色,也是评估创业机会不可忽视的重点。

(10)误差承受力

所有的创业规划基本都是属于预估的,因此其未来实况与假设情境必然有很大出入和误差。对此,创业者如果对于未来情境预测误差能有比较高的承受力,那么,该项创业机会也就具有一定的策略特色。

虽然创业机会有很多评估准则,但由于创业本身就是一个具有高度风险特质的活动,因此是否决定投入仍是比较主观的。

(三)创业机会的评估内容

对创业机会进行评估,主要是对创业机会的以下几方面进行评估。

1.评估盈利时间

评估创业机会要评估其盈利时间,一般来说,创业机会取得盈亏平衡和正现金流的时间超过3年,那么其价值就大大减小了,因为一般创业者及其合作伙伴、投资者都没有这么久的耐心,难以支撑这么长时间。通常,一个好的创业机会在短时间内就可以盈利。

2.评估致命缺陷

对创业机会进行评估,首先就要看创业机会是不是具有致命的缺陷,如果该创业机会有一个甚至多个致命缺陷,那么这个创业机会就失去了原有的价值。

3.评估市场规模和价值

评估创业机会的市场规模和价值也是非常重要的。一般来说,越有价值的创业机会,其市场规模和价值越大。因为市场足够大,竞争对手之间构不成威胁,创业者可以顺利地生存下来并度过发展期。但如果创业机会的市场规模和价值小,创业者是很难支撑起来并长期发展的。

4.评估成本结构

成本是竞争优势的来源之一。成本越低的创业机会竞争优势越大,创业价值越高;反之亦然。因此,创业者在评估创业机会时要对其成本结构进行评估,如果创业机会有技术和工艺的改进以及管理的优化,其成本就会大大降低。

5.评估资金需求量

评估创业机会也要评估其资金需求量。一般来说,只需少量或者不需要资金的创业机会是极其罕见的,这样的创业机会是比较有价值的;而大多数有较大潜力的创业机会需要相当大数量的资金来启动,这样的创业机会就缺乏吸引力。对创业机会资金需求量的评估主要依据创业者自身的资金实力和可以动用的资源,如果超过了自己的能力范围,就不应该再考虑。

6.评估进入障碍

对创业机会进入障碍的评估也是非常重要的。如果创业机会面临着如存在政策的限制、资源的限制、市场的准入控制等进入市场的障碍,那么它就不是一个好的创业机会。但是也并不是说障碍越少越好,障碍越少,对其他人来说也相对容易,创业者的竞争对手就越多,这对创业者的生存发展也有影响。

7.评估投资收益

获得收益是创业的目的,因此,对创业机会的投资收益进行评估是非常重要的。如果一个创业机会有合理的盈利能力,包括较高的毛利率和市场增长率,就证明其获利能力强,有发展潜力,能提升投资的回报率。如果某个创业机会能够维持 25% 的年投资收益率,那么它是很有价值的;如果一个创业机会的年投资收益率尚不足 15%,那么它很难吸引创业者和投资者的目光。

8. 评估控制程度

对控制程度的评估是评估创业机会的重要内容。一般来说,对渠道、成本或者价格控制程度比较大的创业机会在市场上不存在强有力的竞争对手,比较有价值;但是,如果一个创业机会有一个具有强大控制能力(把握了原材料来源、独占了销售渠道、取得了较大的市场份额、对于价格有较大的决定权等)的竞争对手,那么它的发展空间就很小,没什么价值。

9. 评估退出机制

评估创业机会还要评估其退出机制。一般来说,有比较理想的获利和退出机制的创业机会是比较有吸引力的,有利于创业者获取收益;相反,没有任何退出机制的创业机会对创业者而言,并没有太大吸引力。

(四)创业机会评估的方法

1. 定量分析法

定量分析法分析的是创业机会的经济效益,通过财务来判断创业机会是否符合创业目标。采用定量分析法来评估创业机会要注意以下几方面。

(1)预测市场需求量

创业者首先要预测市场需求量,这是了解创业机会面临的市场状况及市场潜量的主要措施,可以为之后分析创业机会的经济效益打下基础。具体来说,可以采用判断分析法、趋势预测法、市场调查分析法、因果预测分析法等方法来预测市场需求量。

(2)分析成本

分析成本就是从投资成本、生产成本、营销成本等三个方面来分析研究利用创业机会需要付出的代价。具体来说,可以采用直线回归法、趋势预测法等专门的成本预测方法来分析成本。

(3)分析利润

对利润的分析也是定量分析法中需要注意的要点。通常,应以市场需求量、成本的预测为基础,采用现金流量模型、损益平衡模型、投资收益率、简单市场营销组合模型等分析方法来分析利润。

2. 定性分析法

在对创业机会进行评估时,可以采用定性分析法,从以下几方面入手。

第一,分析市场上与该创业机会类型相同或相似的公司所拥有的竞争优势。

第二,确定该创业机会所具备的成功条件。

第三,分析该创业机会的发展方向和目标是否一致。

3. 蒂蒙斯创业机会评价框架法

蒂蒙斯的创业机会评价框架(表 10-2)涉及八个方面,即经济因素、致命缺陷、行业与市场、竞争优势、收获条件、管理团队、理想与现实的战略差异、创业家的个人标准。其中,每个方面都有各自的指标。采用这种方法来评估创业机会是比较全面的。

表 10-2　蒂蒙斯创业机会评价框架

方面	指标
行业与市场	市场容易识别,可以带来持续收入
	顾客可以接受产品或服务,愿意为此付费
	产品的附加价值高
	产品对市场的影响力高
	将要开发的产品生命长久
	项目所在的行业是新兴行业,竞争不完善
	市场规模大,销售潜力达到 1 千万 ~ 10 亿元
	市场成长率在 30% ~ 50% 甚至更高
	现有厂商的生产能力几乎完全饱和
	在五年内能占据市场的领导地位达到 20% 以上
	拥有低成本的供货商,具有成本优势
经济因素	达到盈亏平衡点所需要的时间在 1.5 ~ 2 年以下
	盈亏平衡点不会逐渐提高
	投资回报率在 25% 以上
	项目对资金的要求不是很大,能够获得融资
	销售额的年增长率高于 15%
	有良好的现金流量,能占到销售额的 20% ~ 30% 以上
	能获得持久的毛利,毛利率要达到 40% 以上
	能获得持久的税后利润,税后利润率要超过 10%
	资产集中程度低
	运营资金不多,需求量是逐渐增加的
	研究开发工作对资金的要求不高
收获条件	项目带来的附加价值具有较高的战略意义
	存在现有的或可预料的退出方式
	资本市场环境有利,可以实现资本的流动
竞争优势	固定成本和可变成本低
	对成本、价格和销售的控制较高
	已经获得或可以获得对专利所有权的保护
	竞争对手尚未觉醒,竞争较弱
	拥有专利或具有某种独占性

方面	指标
竞争优势	拥有发展良好的网络关系，容易获得合同
	拥有杰出的关键人员和管理团队
管理团队	创业者团队是一个优秀管理者的组合
	行业和技术经验达到了本行业内的最高水平
	管理团队的正直廉洁程度能达到最高水平
	管理团队知道自己缺乏哪方面的知识
致命缺陷	不存在任何致命缺陷
创业家的个人标准	个人目标与创业活动相符合
	创业家可以做到在有限的风险下实现成功
	创业家能接受薪水减少等损失
	创业家渴望进行创业这种生活方式，而不只是为了赚大钱
	创业家可以承受适当的风险
	创业家在压力下状态依然良好
理想与现实的战略性差异	理想与现实情况相吻合
	管理团队已经是最好的
	在客户服务管理方面有很好的服务理念
	所创办的事业顺应时代潮流
	所采取的技术具有突破性，不存在许多替代品或竞争对手
	具备灵活的适应能力，能快速地进行取舍
	始终在寻找新的机会
	定价与市场领先者几乎持平
	能够获得销售渠道，或已经拥有现成的网络
	能够允许失败

二、大学生创业机会的开发

（一）适合开发的创业机会的特征

1. 具有吸引性

只有具有吸引性、能够吸引消费者的创业机会才带来盈利,才会被创业者所青睐,也才值得开发。

2.具有持久性

创业机会客观存在于一定的市场环境之中,而市场的环境变化是持久的,因此,只有具有持久性的创业机会才值得创业者对其进行开发。

3.具有及时性

环境是在不断发展变化中的,消费者的需求也在不断转移,因此,创业机会也应该具有及时性,能够随着消费者需求的变化而变化,否则就没有市场,也就不值得开发。

4.具有客观性

创业机会总是客观存在于一定的市场环境之中的,一个企业未能发现的机会,会被另一个企业捕捉和利用。因此,一个值得开发的创业机会要具有客观性。

(二)创业机会开发的模式

当今企业之间的竞争,不单单是产品的竞争,还包括商业模式的竞争。因此,选择合适的商业模式是创业机会开发成功的关键。具体来说,创业机会开发的模式主要包括以下两种。

1.运营性商业模式

一个企业持续达到其主要目标的最本质的内在联系,这就是该企业的运营机制。能够创造投资者价值、创造顾客价值、创造雇员价值,并在价值创造的前提下保证销售额和利润的增长,这是一个好的运营机制保证自身成功的独特能力和手段。运营性商业模式就是创造企业的价值,创造企业的核心优势、能力、关系和知识的商业模式。

2.战略性商业模式

战略性商业模式是表现一个企业在动态的环境中怎样改变自身以达到持续盈利目的的运营机制,它在运营性商业模式的基础上更进一步,是对运营性商业模式加以扩展和利用,包括提供给顾客什么样特别的价值,并提供解决所有顾客的所有问题的方案等,其核心是为客户提供价值和企业获取经营收入的系统逻辑。

第三节　大学生创业项目的选择

一、创业项目的分类

按照不同的标准,可以将创业项目划分为不同的类别。弄清楚创业项目的分类,是为了创业者在选择项目时,能有更清楚、更明确地选择目标,能更好地帮助创业者理清创业思路,对创业项目做出准确选择。

（一）按照行业行为主体划分

按照行业行为主体的不同，可以将创业项目划分为以下几种。

第一，生产行业类，包括农业、畜牧业、养殖业、渔业、采矿业、制造业、加工业、建筑业等。

第二，销售行业类，包括衣、食、住、行、文化、科技、医卫等各类用品的商业流通行业。

第三，服务行业类，包括旅游业、咨询业、租赁业、房地产管理业、医疗保健业、文化业、餐饮业、酒店业、交通运输业、邮电通讯业、金融保险业、广告业、信息服务业、中介服务业以及科教、文卫等服务业。

（二）按照产业角度划分

按照产业角度的不同，可以将创业项目划分为以下几种。

第一产业类，包括农业种植业、畜牧养殖业、水产养殖业、经济林种植业、果树种植业、种子培植业、休闲农业、观光养殖业等。

第二产业类，包括制造业、采掘业和矿业、建筑业、公用事业等。

第三产业类，包括运输业、旅游餐饮业、网络服务业、休闲娱乐业、信息咨询业、美容健身业、教育培训业、经营贸易业、包装储藏业、维修业、各类生产和生活服务业等。

二、创业项目的信息收集

大学生在进行创业项目选择之前要做好创业项目信息的收集工作，只有收集更多的创业项目以及相关的信息才能够做出选择，寻找到适合自己的创业项目。

（一）收集信息要敏感

信息无时不有，无处不在。对所有的人来说，获取或使用信息的机会都是均等的。然而，不同的是，同样的信息，有的人视而不见，听而不闻，置身于信息的海洋之中却不停地埋怨缺乏信息；有的人则能从一鳞半爪的迹象里获得新的创业思路。这是因为每个个体对信息的敏感程度不同。敏感程度高的人善于小中见大、触类旁通、举一反三；敏感程度差的人反应迟钝，见大不见小，心无"灵犀"自然"点"也不通。由此可见，收集信息首先要提高对信息的敏感程度，而提高敏感程度的关键是要转变观念，同时，不断拓宽知识面，锻炼和提高对信息的感知能力。

（二）要注意收集边缘信息

边缘信息是指那些表面上看起来与就业关系不大或者没有关系，而实际上却能够对创业起到间接的作用，有时甚至是非常重要的间接作用的信息。这类信息不能用孤立的、静止的眼光去看待，而要把它置于动态发展过程中进行分析。无数的事实告诉我们，许多边缘信息能够对经济发展、对创业过程产生较大影响。所以，在创业实践过程中，不能忽视对边缘信息的收集和利用,只有这样,才能增加创业的机会。

（三）要拓宽信息收集的途径

可以通过以下几种渠道来收集创业项目信息。

第一,从互联网中收集信息。互联网有大量的信息,是丰富的信息库。

第二,从具有权威性的报刊中进行收集。权威性的报刊中发布的信息具有一定的代表性,可以为大学生创业者提供一些参考。

第三,从新出版的书籍中收集。新出版的书籍往往给人带来新的思路,拓展人们对原有事物的看法,从而提高人的创新意识。

第四,从市场中收集。市场的需求是创业项目生存的根本,因此,可以密切关注市场变化,从中寻找创业项目。

第五,从人际交往中收集。不同的人会有不同的熟悉领域,可以为大学生创业者提供更多的信息。

第六,从各种集体活动中收集。集体活动中信息会相互碰撞,从而会出现一些新的创业项目。

第七,从广播、电视节目中收集。广播、电视节目中也会提供一些创业项目的相关信息,大学生创业者可以多加注意。

三、选择创业项目的原则

大学生在选择创业项目时,一定要遵循以下几条原则。

（一）效益原则

大学生创业的目标一方面是为社会创造财富,另一方面也是为了自己能够通过创业获得利益,从而过上更好的生活。所以,大学生在选择创业项目时一定要考虑效益原则。

（二）市场原则

大学生在选择创业项目时,一定要考虑市场的需求,尽量选择那些市场需求量大,具有广阔发展前景的创业项目。急市场之所急,供市场之所求,只有这样,市场才会支持你的创业行为,创业才可能取得成功。

（三）符合国家产业政策原则

大学生在选择创业项目时,一定要选择国家产业政策鼓励、支持的产业或项目,回避国家产业投资明确限制和压产的项目,同时还要考虑所选项目是否需要特别资格特许经营,自己是否具备相应资格或能力申请到相应的资格。

（四）充分利用当地资源优势和创业自身优势的原则

大学生在选择创业项目时应选择自己熟悉并拥有资源优势的项目，不盲目追求社会经济热点，以避免决策失误，浪费劳动和投资。不同行业因其性质、特点的不同，对创业者的能力要求也不同，精于此而疏于彼的现象在日常生活中随处可见，因此大学生创业一定认清自己的能力倾向以及优势所在，力求与创业的具体要求相匹配。

四、选择创业项目的方法

概括来说，选择创业项目的方法主要有以下几种。

（一）销售利润分析法

利润是指企业销售产品的收入扣除成本价格和税金以后的余额。它是企业一定时期内获得的经营成果，是商业行为追求的核心，也是创业项目投资考察的重点。只有不断获得利润，企业才有可能存活；只有获得更大的利润，企业才有可能成长壮大。因此，选择创业项目时，创业者要考虑自己将会获得的利润。但在创业之初，不一定要追求利润的最大化，也不适合选择这样的行业，大学生创业应该从小处入手。

（二）市场热点追踪法

市场是创业者的生命。创业项目投资要注意把握市场商机，寻找热点市场。市场经济的规律告诉我们，经济发展总有某个重点阶段，行业发展总有高潮和低谷，大众消费总有某个热点时段。所以创业者开公司开店，势必有一个热点时期、热点市场，这个时候如果创业项目做得早、下手准、抓得紧、控制好投资规模，创业者大都可以成功获利。

（三）行业分析法

行业不同，行业的特征、经营要求、运行方法、运行原则也不相同。创业者选择创业项目的时候，如果看好某种行业，了解、分析和研究这个行业的操作方法、流程、技术、管理等都是非常有必要的。比如，生产行业中还有很多细小的生产行业，创业者对具体的小行业同样需要进行考察分析。只有行业分析准确了，才能顺势而为。

（四）经营环境评估法

经营环境评估对选择创业项目十分重要，因为项目成功与否往往是环境决定的。创业者选择创业项目，首先要对这个项目所在的环境进行分析、研究、评估。小到企业生存的自然环境，大到社会环境，都要考虑进去，最好选择小环境优质、大环境优良的具有双重优势的环境进行创业，这样成功的几率就会大很多。

（五）商业盲点寻找法

创业者要善于从身边、从媒体信息或者自身爱好中发现商机。创业者要像猎犬一样，具有十分敏锐的嗅觉，看到每一个角落存在的商机，发现别人不能看到的商业盲点，这样的创业往往能够取得成功。但创业者需要注意的是，不能因为赚钱的欲望和盈利的驱动，去追求那些利润高、投资回报短、热门畅销的行业和项目，而忽略了那些初期看似利润较低，创业又不费力，但有广阔发展空间的项目。创业者选择创业项目，就是要独具慧眼，去寻找这些盲点项目。

五、预选创业项目的市场调研

在创业过程中，当预选好一个项目之后，接着就是要对此项目进行市场调研，收集、整理和分析相关的信息资料，为项目投资决策提供依据。创业项目的市场调研的内容主要包括以下几方面。

（一）对创业项目的市场需求状况进行调查

市场的需求情况将决定未来企业的生产经营状况。没有需求的创业，是无源之水、无本之木，是无法做到生意兴隆、企业兴旺的。因此，大学生在决定选择创业项目之前，必须仔细调查研究该创业项目建成之后产品的市场需求情况。一般而言，调查需求状况包括服务对象的人口总数或用户规模、人口结构或用户类型、项目产品的需求总量、需求结构、需求规律、市场需求动机等。

（二）对创业项目的现有资源及原材料进行调查

对于创业者来说，项目产品的现有资源和原材料情况是必须了解和考虑的重要问题。只有具备充足的原材料，创业投资项目建成竣工并投入使用后，才能保证企业的正常运转，获取预期的收益。如果没有充足可靠的原材料，创业投资项目将很难取得预期的收益。对于创业者来说，不仅要了解原材料情况，还应该掌握项目产品的现有资源情况。一般来说，项目产品的现有资源和原材料情况调查主要包括本行业、本地区项目产品生产经营状况，新产品开发和原材料供应情况，有关企业的生产规模和技术进步情况，产品的种类、规格、质量、成本、数量、价格的发展情况等。创业者在确定创业项目之前，只有将这些情况调查清楚，才能理智地分析判断，做出正确的决策。

（三）对创业项目的外部环境进行调查

创业的外部环境是创业者本身无法控制的外部因素，它对创业活动的决定性作用在于它能为各种创业活动提供各种精神的或物质的条件，能从各个方面影响创业活动的进程，决定创业活动的成败。影响创业活动的外部因素主要包括经济环境、政策与法律环境、科技环境、文化环境等内容。外部因素极为复杂，各种因素对创业活动所起的作用又各不相同，并且在不同的客观条件下,这些因素又以不同的方式组合成不同的体系,发挥着不同的作用。因此,在确定创业项目、从事创业活动前,必须收集各种信息,认真分析、研究外部环境的发展变化,了解产业与市场结构变迁的趋势,国家关于发展经济的政策导向,社会文化、价值观念的变迁等。否则,很可能因为不了解外部环境而导致创业项目选择不合理。只有适应外部环境的客观实际,开拓创新,创业活动才能得以顺利进行。

（四）对项目的竞争状况进行调查

大学生在选择创业项目时还需要深入调查、了解、研究产品的市场竞争状况,要详细调查、了解在准备创业的地区和行业有无竞争对手,竞争态势如何;如果自己加入这一行业的竞争,竞争态势将如何发生变化;自己是否确有能力采取应对措施以确保产品能够立于不败之地等。需要调查了解的情况包括竞争对手的数量、经营状况、劳动效率、优势和弱点、竞争策略以及潜在的竞争对手等,还可以从先进入市场的企业的一些经济技术指标、人员培训方法、重要人才进出情况、新产品的开发计划等情报,加以对比、借鉴或参考。

（五）对创业项目的效益进行预测

在创业者进行的调查活动中,创业项目可能获得的效益是需要考虑的重要因素之一。由于价格水平的高低及其变动情况直接影响产品的销售,对于企业的经济效益具有十分重要的意义。因此,对创业项目的效益进行预测时,要重点进行价格调查。价格调查的内容主要包括建设厂房的总造价、生产设备的总投资、为创办企业应缴的各种费用、产品的原材料价格、生产工人和管理人员的工资、产品的市场价格以及变动趋势等。

第十一章 大学生创业资源的整合与创业融资

大学生在进行创业之前,需要对创业资源进行整合,无数的创业故事已经说明,即使有了好的创业项目,但没有有效整合创业资源,也会导致创业的失败。因此,如何整合创业资源是大学生创业者必须要解决的问题。另外,创业活动在资金方面对创业者有着极为严苛的要求,创业活动要生存、发展,就必须具备充足的资金条件。一般来说,刚毕业的大学生大多没有足够庞大的运营资本,这就要求大学生创业者按照营运需求(即运营资本)和资产需求(即创建企业或增加设施设备等项开支)考虑创业融资问题。融资是财务管理和企业经营的重中之重。大学生应该以新创企业在不同发展阶段的资本需求特征为依据,结合创业计划以及企业发展战略,对资本结构及资本需求数量进行合理的确定。本章就对大学生创业资源的整合与创业融资进行阐述。

第一节 大学生创业资源的整合

一、创业资源的概念

创业资源是指新创企业在创造价值的过程中需要的特定的资产,包括有形与无形的资产,它是新创企业创立和运营的必要条件,主要表现形式为创业人才、创业资本、创业机会、创业技术和创业管理等。

二、创业资源的分类

根据不同的标准,可以将创业资源分为不同的类型。

（一）根据资源的归属权进行分类

根据资源的归属权,可以将创业资源分为以下几种类型。

1. 内部资源

创业者的内部资源归创业者所有,内部资源是在法律法规的范围内,创业个人或者团队可以自由使用的各种资源,如企业的创业者、员工、机器设备、材料、土地、厂房、资金、技术、员工的时间等,包括有形资产及无形资产两个部分。内部资源对创业者的成功起到了巨大的作用。它具体包括以下几个方面的内容。

（1）房产和交通工具

房产和交通工具一般是对资金资源的补充,它是创业的硬件资源,也是内部资源必不可少的部分。在需要的情况下,可以做抵押品向银行或其他投资人申请融资。如果这些房产和交通工具是按揭方式购置的,则要大打折扣。

（2）技术专长

技术专长是指有形技术和无形技术两个部分。有形技术是指某一领域公认的专家、已申请成功的发明专利,如注册会计师、工程师、医生、高级美工师、心理咨询师等;无形技术是指专有技术、科研成果或者对某个特定行业和领域的深入研究。

（3）现金资产

现金资产是指创业者本人(还可能包括其家庭)拥有的可以自由支配的资金。它除了包括货币之外,还包括变现的国债、股票等。现金资产一方面要为创业提供保障,另一方面也要保证家庭生活的正常开销。

（4）商业经验

商业经验是指对市场经济运行规律和商业规则的熟悉程度,商业经验丰富是商业成功运行的前提条件。因此,创业者要对进入的行业有一个深入的了解,通过研究和实践的方式积累商业经验。

（5）信用资源

信用资源是指创业者所拥有的信用程度。创业者的信用程度越高,信用资源就越丰富。在很多情况下,创业者或创业团队的信用资源都对企业的发展产生重要的影响。尤其是企业出现危机需要融资的时候,信用资源就显得尤为重要。

（6）家族资源

家族资源的涵盖面比较广泛,包括创业指导、学习机会、经济支持、人脉关系、客户资源等。所有的这些资源必须经过家族权威者的认可,才可以将其作用发挥到极致。

大学生处于资源积累的初始阶段,资源的数量和质量都不高,需要经历一个资源积累的过程。大学生积累经验应该从以上六个方面着手,除了获得家族的支持和房产资源外,重点是要通过实践积累商业经验,从而增强创业信心和相关的经营能力。同时,对技术资源和信用资源的积累也要高度重视,因为技术已经成为现代商业的核心竞争力。大学生创业者若能拥有产品方面的专利技术则能成为吸引投资和获得学校、政府大力支持的关键资源;信用是企业的生存发展之道,大学生创业团队只有重视信用资源,才能为企业的生存发展营造一个良好的氛围。

2. 外部资源

外部资源是指创业个人或者创业团队对外部资源的利用,这是创业个人或者创业团队与资源的拥有者存在某方面的共同利益。常见的外部资源,如技术供给者、销售商、原材料供应商、广告商以及相关政府部门等。下面将对外部资源的创业者的职业资源和人脉资源进行重点阐述。

（1）创业者的职业资源

所谓职业资源,即创业者在创业之前,在为他人工作时所建立的各种资源,包括项目资源和人际资源。大学生在进入工作之前,应当充分利用学校的资源,与老师和同学建立良好的关系,尤其是要把握教师手中的关系资源。大学生应重点建立与技术专家型教师和创业专家型教师的关系,使他们为自己的创业提供技术方面的指导。

（2）创业者的人脉资源

人脉资源是指创业者的人际网络关系,它对企业的发展具有重要的作用,具体体现在以下两个方面。

①朋友资源

朋友的范围比较广泛,包括同学、战友、老乡、同事等。俗话说"在家靠父母,出门靠朋友",朋友对创业的重要性可谓是不言而喻。如果一个创业者不善于与商业精英或者是高技术水平的人结交朋友,那么他想在商场上立足是很困难的。创业专家认为,人际交往能力应列在创业者素质的第一位。

②同学资源

同学资源也是创业者不能忽视的人际资源。因为同学们最终都要走向职场,很多同学都有可能成为职场的佼佼者,尤其是名牌大学的学生。许多商界老板都意识到了这一点,纷纷到各大名校读 EMBA,主要目的之一就是拓展人脉关系。同学之间互相接触的时间长,一般不存在利害冲突,友谊一般都较可靠。对于创业者来说,战友、同乡资源同样是非常重要的。因为他们都建立在一定的感情基础之上,彼此之间的信任度较高。

大学生在积累人脉时应该从以下两个方面着手。

第一,创业团队的积累。大学同学彼此互相了解、互相信任,很容易成为创业伙伴,共同承担创业初期的艰辛与困难。同学之间的信任关系一旦形成,往往是比较稳定的。大学生要善于通过各种方式建立与同学的信任关系。例如,参加学校组织的社团、创业大赛等活动。

第二,创业贵人的积累。大学生在创业的初期,肯定会遇到各种各样的困难,此时,就需要贵人的帮助和指点。大学生创业者需要在社会人士和高校老师中争取这种宝贵的支持,一个富有创业精神、勤奋努力的年轻人是能够获得成功人士的垂青和指引的。

（二）根据能否给企业带来竞争优势进行分类

根据能否给企业带来竞争优势,可以将创业资源分为以下两种类型。

1. 普通资源

它是指用于正常开展企业活动的资源,如办公场所、办公设备等。

2. 战略资源

它是指可以帮助企业抵御竞争对手压力的资源。自身具有较强的竞争性。战略资源一般具备四个特征,即稀缺性、价值性、不可替代性、不可复制性。

（三）根据资源对企业的作用进行分类

根据资源对企业的作用,可以将创业资源分为以下两种类型。

1. 要素资源

它是指直接参与企业生产、经营活动的资源,如场地资源、创业资本、创业人才、创业技术和创业管理等。

2.环境资源

它是指没有直接参与企业的生产、经营,但对企业生存发展起重要作用的有效性资源。如政策资源、创业信息、创业文化、品牌资源和创业机会等。

三、创业资源的获取途径

创业资源的获取途径主要有以下几个方面。

（一）获取创业计划的途径

创业计划对创业者的成功具有重要的作用。创业计划的获取主要有以下几种途径。
第一,购买别人的创业计划,并对其进行修改完善。
第二,吸引有创新想法、有设计理念的人加入自己的创业团队,使其成为新创企业的成员。
第三,构思自己的创意,委托专业机构研究、编制创业计划。

（二）获取资金资源的途径

创业资金的获取,主要有以下四种途径。
第一,抵押、银行贷款或企业贷款。
第二,依靠亲朋好友筹集资金,双方形成债权债务关系。
第三,争取政府某个计划的资金支持。
第四,采用所有权融资的方式。

（三）获取技术人才的途径

创业企业获取技术人才的主要途径有以下几个方面。
第一,购买他人的成熟技术,并进行技术市场寿命分析等。
第二,吸引技术性的人才加入创业团队。
第三,购买未完全成型的技术,在其基础上对其进行完善。

（四）获取市场与政策信息的途径

创业者应该根据自己企业的实际情况,选择技术、市场与政策信息的获取途径有:政府机构、专业信息机构、图书馆、同行创业者或同行企业、大学研究机构、新闻媒体、会议及互联网等。

四、创业资源的管理

（一）识别创业资源

创业资源的识别是指创业者根据自身资源禀赋,对企业创业所需资源进行分析、确认,并最终确定企业所需资源的过程。创企业成长发展的重要前提就是能够对创业资源进行识别。资源识别的目的不仅是确认当前拥有的资源和所需资源,还要对可能需要的替代资源和潜在的资源进行分析,以便今后的获取。在对企业资源识别的过程中,要从企业内部资源和外部资源两个方面进行。新创企业资源的识别分为两种情况,具体识别过程如下。

1. 企业还未成形前

对企业资源的识别如果发生在企业还未成形之前,那么识别资源的主要目的就是分析今后还需要哪些资源,如何获得这些资源,使企业的发展具备一定的物质基础。

2. 企业建成之后

创业建成之后,对资源识别的过程可以分为三步。

第一,对资源进行分类。按照一定的标准对创业资源进行分类,可以使企业资源的占有情况一目了然。一般情况下,创业资分为物质资源、社会资源、金融资源、人力资源、技术资源和组织资源。

第二,对资源进行较为复杂的交叉分类。例如按照资源的结构属性划分,可以分为简单资源和复杂资源;按照资源是否具有使用价值,可以分为实用型资源和工具型资源。简单资源是那些构型简单、以所有权为基础的资源;复杂资源是那些构型复杂、以知识为基础的资源。实用型资源是那些直接用于生产的资源;工具型资源是提供获取其他创业资源路径的资源。

第三,对创业资源的基本情况进行详细的分析,并思考其获取的方式。在思考获取方式的时候尤其要注意是否有可以替代的资源,评估替代资源的成本及效益。

（二）获得创业资源

创业资源的获得是指在确认并识别资源的基础上,利用其他创业资源或途径得到所需资源并使之为新企业服务的过程。创业资源的获取途径是多种多样的,即使是同一种资源也有可能有不同的获取方式,同一种获取方式也可能收获不同的资源。总之,要根据企业的实际情况,将多种方式组合起来获取创业资源。

（三）开发创业资源

对创业资源的开发,主要从两个环节进行,即资源合并和资源转化。

1. 资源合并

资源合并是指创业者对分散的各种资源进行整合,包括对内部资源和外部资源的整合,使新创企业在现有资源的基础上,形成较为完善的资源系统。这样一来,企业的各种资源就能够得到充分地利用,节约生产成本,提高效益。

2. 资源转化

资源转化是指创业者或创业团队把个人的优势和能力转化到企业的生产经营中,使企业产生独特的竞争优势。创业者的这种转化大多是伴随创业资源开发过程完成的。

（四）利用创业资源

创业资源的识别、获得、开发都是为创业资源的利用做准备的，如果创业资源不被利用，那么前面的一切管理都是没有意义的。作为资源整合过程的最后环节，资源利用是新企业创业资源价值实现的过程。因此，为了实现创业资源的价值，使得创业资源得到合理地利用，新创企业需要运用自身的资源整合能力，根据企业的实际情况对资源进行合理地配置，从而达到提升竞争力，提高效益，创造财富的目的。对资源的利用并不是一次性的，它也是一个循环往复的过程。整合资源的最终目的就是发挥资源"1+1 > 2"的增值效应。充分合理地利用资源，对企业制订切实可行的战略规划具有重要的意义，也为新企业未来的发展打下良好的基础。

五、创业资源整合的特点

创业资源的整合具有以下三个方面的特点。

（一）互惠性

之前我们提到过，创业资源大部分来自于外部资源，也就是说大部分的创业资源实际上都是一个相对独立的利益体。在创业资源整合的过程中，创业团队与创业资源是在双赢的目标之上进行整合的。双方共同创造新的价值，才能都获得进步和发展。因此，资源整合围绕的核心就是创造价值。

（二）渐进性

创业资源的发掘、利用并不是一蹴而就的，它都要经历一个循序渐进的过程。资源的开发和利用需要考虑三个方面的因素，即成本、收益和不确定性因素，因此，对于每一种创业资源，都应当选择一个适当的整合时机，以降低资源的维护成本。

（三）目的性

创业资源可以分为内部资源和外部资源。两种资源的开发利用都带有一定的目的性。对内部资源进行整合的目的主要是提高效率，不存在不可使用这些资源的问题。而在外部资源整合方面，基本的目标则是保证可以利用这些外部资源，然后才能谈到效率问题。

六、创业资源整合的过程

资源整合的过程主要包括四个方面，它们互相联系、互相影响，形成一个有机统一的体系。

（一）资源扫描

第一，创业者对自己拥有的资源要进行盘点和了解，并对自己拥有的资源进行归类，分清楚哪些是内部资源，哪些是外部资源，哪些资源是普通资源，哪些资源是战略性资源。

第二,要清楚资源的数量和质量,做到心中有数,这样才能分析出资源的优势和不足。

第三,要确定创业资源的获取渠道,对资源拥有者的利益需求进行深度分析,找到与自己利益相关的契合点。

第四,瞄准与企业发展有关的社会关系,并逐步扩充社会网络。

(二)资源控制

资源控制主要包括三个部分,即创业者自身资源的控制、交易获得的资源控制、通过社会网络获得的资源控制。资源控制的方式主要有并购和购买两种方式。

1. 资源并购

资源并购是指采用股权收购或资产收购的形式,将企业外部资源内部化的一种交易方式。

2. 资源购买

资源购买是指从市场中购入企业发展所需的资源。

创业者在最初进行创业的时候,拥有的资源并不充足,需要通过以上两种方式来丰富资源。除此之外,创业者的声誉、能力、行为等是吸引潜在资源的决定性因素。

(三)资源利用

资源达到一定的数量时,就需要对它们进行充分、合理地利用,以体现出这些资源的价值。企业资源在未整合之前大多是分散的,有些资源的作用在某些方面是相同的,因此,就需要对企业收集到的资源进行分类、整理,使它们能够产生最佳效益。资源在整合之后,就会形成新的资源优势,产生"1+1 > 2"的效果,并为下一步拓展奠定基础。

(四)资源拓展

资源拓展,又称为资源的再开发,主要是指对不同的资源建立联系的过程,一方面将现有的资源与以前的资源建立联系,另一方面是把现有的不同资源建立联系,不断挖掘资源的功能与价值,即不断开拓资源的范围。资源拓展会为企业的发展注入新鲜的活力,为企业的进一步发展奠定坚实的基础,它是企业保持生命力和竞争力的重要手段。除此之外,资源开拓也会为企业带来更多的商机。

七、创业资源整合的机制

合理的整合资源机制可以长久地保持企业所需要的资源。因此,建立创业资源的整合机制是十分有必要的。具体来说,创业资源的整合机制包括以下几个方面的内容。

(一)共赢机制

企业对非所有权的控制已经成为企业管理的重要组成部分。企业联盟是加强非所有权的重要形式之一。

（二）利益相关者机制

利益相关者,指与创业者创建新企业有直接利害关系的自然人或法人单位。它负责对新创企业提供各种资源,建立起以利益相关者为核心的资源整合机制,对企业的持续发展具有重要的作用。企业建立资源整合机制的时候,一方面要寻找比自己具有优势的同行业合作者,另一方面还要寻找在资源上可以互补的合作者。创业者只有增强自信心,提高企业在社会上的声誉和地位,与利益相关者共同分享收益,才能吸引到具有优秀资源的合作者。

（三）成本转移机制

转移成本是一家供应商更换到另一家供应商所产生的一次性资本。转移成本的形式主要有两种,即他人转移成本的形式和自我转移成本的形式。转移成本的内容包括重新训练员工的成本、需要技术援助的成本、增加人口辅助设备的成本、重新设计产品的成本等。

（四）杠杆机制

杠杆机制主要是指以最少的资源获得最大化的效益。美国著名的投资银行家罗伯特·库恩说过:一个创业者要具有发现价值和创造价值的能力,要具有在沙子里找到钻石的功夫。杠杆机制对资源的影响具有以下几个方面。

第一,资源的使用率提高,使用寿命延长。

第二,可以充分利用资源的替代品,使整合后的资源具有更高的复合价值。

八、创业资源整合的方法

（一）善用整合资源的技巧

创业总是与创富、创新等联系在一起。为了确保创业企业得以持续发展,大学生创业者必须努力发挥自己的聪明才智用有限的资源获取最大的价值。

1. 学会拼凑

很多成功的创业者都可以称得上是拼凑高手,他们在已有元素中加入一些新元素,进行重新组合,形成利用资源的创新行为,进而可能引发出人意料的惊喜。创业者往往利用一切资源进行创业,将那些看似无用的资源运用自己的智慧和技巧加以整合,从而发现了新的商机。

此外,被冠以拼凑高手的创业者十分善于创造性地整合各种资源的属性,以应对新情况。而且,这种整合常常是没有预先规划的。这也正体现了创业活动所具有的不确定性,并对创业者整合资源的能力提出了更高的要求。

2. 步步为营

步步为营就是指创业者分多个阶段投入资源并在每个阶段投入最有限的资源。这一策略主要表现在以下两方面。

首先,表现为大幅度地降低资源的使用量以及企业运营与管理的成本。但是,过分强调降低成本,不注重新产品的开发与研究,忽视环境保护,就不能保障企业的产品和服务的质量和竞争,不利于企业的长远发展。所以,创业者要有原则的降低成本。

其次,表现为尽可能地减少对外部资源的依赖,降低企业生存与发展所承担的风险,有力地控制所创企业。实际上,步步为营的策略不仅具有最经济的特点,也是创业者在资源有限的前提下寻找实现企业可持续发展的良方。善于步步为营的创业者会逐渐形成一种审慎控制与管理的价值理念,这对新创企业的成长影响巨大。

（二）发挥资源的杠杆效应

尽管受到资源方面的限制,但优秀的创业者善于利用关键资源的杠杆效应来经营创业。这主要表现在用一种资源补足、撬动、获得另一种资源,从而创造出更高的价值。

对大学生创业者而言,容易引发杠杆效应的资源主要是社会资本、人力资本等非物质资源。

社会资本是社会成员从社会结构中获取的利益。在个体分析层面,社会资本是嵌入、来自于并浮现在个体关系网络之中的真实或潜在资源的总和,它有助于个体开展目的性行为,并为个体带来行为优势。善于社会交往的创业者能够获取更加丰富、多元的商业信息,从而对特定的商业活动做出更深入的认识和理解,有助于创业者识别和把握常人难以发现的市场和顾客需求,进而获得财务资源和物质资源——这正是社会资本所产生的杠杆作用。

人力资本的组成部分包括一般人力资本与特殊人力资本,前者包括个人性格、思想品质、受教育背景、技能、实践经验、校友、老师等;后者包括产业人力资本与创业人力资本,对资源的获取起着直接的影响和作用,而且拥有这种资本的创业者能够更快地对资源进行整合,开展市场交易和市场竞争。

第二节　大学生的创业融资

一、创业融资的概念

融资,即资本的融通。它是一种经济行为。具体可以从广义和狭义两个角度来理解这一概念。从广义上来看,融资就是指资金在持有者之间流动,以余补缺。在这里,融资是资金双向互动的过程,包括融入与融出,也包括资金的来源与运用。从狭义上来看,融资就是指企业作为资金需求方筹集资金的行为与过程。这种行为与过程需要企业考虑自身的经营状况、资金拥有与运营状况,以及未来的经营发展方向,也需要企业通过科学的预测和决策,采取特定的渠道和方式筹集资本,组织资本的供应,从而保证企业的可持续发展。

没有资金的支撑,那么任何一个企业都难以进行正常的生产经营活动。因此,对于大学生创业者来说,资金问题是其面临的首要问题。一般来说,新创企业所需要的资金主要包括固定资金、流动资金、注册资金。大学生要开展创业活动,增加创业成功的可能性,就必须先筹措到这些创业资金。

二、创业融资的类型

根据不同的标准,可以将创业融资分为不同的类型。

（一）根据资金来源范围进行分类

根据资金来源范围的不同,可以将创业融资分为内部融资和外部融资两种类型。

1. 内部融资

内部融资就是企业依靠自身内部的积累（尤其是留用利润）而形成一定的资本来源,是在企业内部自然地形成的,因此又称"自动化的资本来源",其筹资费用很少甚至为零。内部融资主要有资本金、折旧转化为重置投资、留存收益转化为新增投资这几种基本的形式。从企业资本形成的角度来看,内部融资更原始、自主,而且低成本,有着较强的抗风险性。然而,企业的盈利能力、净资产规模和未来收益预期等方面直接制约内部融资的能力及其增长。

2. 外部融资

外部融资即以一定的方式从外部融入资金。一般而言,内部融资满足不了企业的需要时,创业者就会选择外部融资。处于初创期的企业,内部融资毕竟有限,当发展到成长期时,需要资金的量更大,内部筹资往往已经无法满足需要。因此,企业需要开展外部融资,因此也需要花费更多的筹资费用。外部融资包括两大基本形式:负债融资和权益融资。负债融资的具体形式如向银行借款,企业自行发行债券,通过商业信用筹集资金,或者以融资租赁的方式筹资资本。权益融资的具体形式如企业吸收直接投资,或者企业上市发行股票等。从企业的资本形成角度来看,外部融资更高效,也更加灵活,筹集到的资金是批量性的,集中性较强。

内部融资与外部融资随着企业自身的发展而互相交替变换。在初创期,企业资金来源主要是内部融资;到了成长期,企业的资金需求扩大,内部融资无法满足,于是外部融资成为主要来源。当企业发展到了一定的规模,并继续扩大,自身逐渐具备了较强的积累能力,并不断得到提高时,外部融资的总量通常会逐步被缩小,转而以内部融资为主。

从辩证的角度来看,外部融资以内部融资为基本保障,内部融资的能力衡量着外部融资的规模和风险。一般而言,企业优先考虑的是内部融资,只有在内部融资不能满足要求的时候,才考虑外部融资。

（二）根据是否以金融机构为媒介进行分类

根据是否以金融机构为媒介,可以将创业融资分为直接融资和间接融资两种类型。

1. 直接融资

直接融资,顾名思义,是指资金供求双方之间进行直接融通资金,直接实现资本转移的活动。在这个过程中,企业不通过银行、信托公司等金融机构的信用媒介,而直接与资本供应者（政府、企事业单位及个人）协商借贷或直接发行股票、债券等,其融通的资金直接用于生产、消费、投资。

直接融资的特点是直接性、长期性、不可逆性（股票不需要还本）和流通性（股票与债券可继续流通），其工具包括商业期票、商业汇票、股票和债券等，其形式包括买卖有价证券、政府拨款、民间借贷等。

在直接融资活动中，企业是主动的，可以自主选择融资的时间、数量、成本等，总量不受资金来源所限。但是，直接融资受融资双方的资信，融资的时间、地点、范围限制，且在成本方面要比间接融资高很多。

直接融资还面临信息透明度的问题。首先，由于信息不对称，投资者要求企业的经营活动公开透明，为此，无论规模大小，所有企业需要支付的信息披露、社会公证等费用是没有多大差别的，这对新创企业来说，其费用相对就很高了。其次，信息不透明程度越高，投资者要求的风险补偿也就越高，无疑增加了企业的负担，而通常只有高收益的高科技企业才能做到。

2. 间接融资

与直接融资相反，间接融资是企业借助银行、信托公司等金融机构的信用媒介进行的融资活动。间接融资的基本方式是向银行、非银行的金融机构借款、融资租赁等。

间接融资的特点是间接性、集中性、安全性、周转性。货币和银行券、存款、银行汇票等是简介融资重要的交易媒介。另外，融资租赁、票据贴现通常也归为间接融资的具体形式。金融机构在资金、管理方面都具有绝对的优势，信誉度高，稳定性强，对分散风险起到很大的有效的作用。由此可见，在间接融资中，由于金融媒介管理资金、甄别和监督资金使用者的成本较低，特别是对资金使用者信息的透明度要求也不高。因此，新创企业间接融资的常用方式就是向银行借贷。

（三）根据属性的不同进行分类

依据属性的不同，可以将创业融资分为股权融资与债权融资两种类型。

1. 股权融资

股权融资是指企业为了吸引投资，股东愿意让出部分企业所有权的融资方式。因股权融资而产生了新的股东，新的股东与老股东享有同样的企业赢利与增长，但新股东所出让的资金，企业无须还本付息。可见，新股东投资企业并不是为了在短时间内获得稳定收益，而是要分享企业现在、未来发展的潜在权益，这与企业所有者享有的权益几乎是同等的。股权融资的具体方式有风险投资、天使投资、发行股票等。股权融资的最初阶段是创业者自己出资，发展到最高阶段时则发行股票。股权融资具有以下几方面的特征。

第一，对于股权融资所引入的资金，企业不需要直接偿还本息，但需要根据自身的经营状况向新股东支付约定的红利。

第二，股权融资筹集的资金形成企业的股本，企业从事生产经营活动和承担法人责任以股本为基础，股东对企业实施股本控制、取得收益分配权和剩余财产索取权也都以股本为基础。

第三，股权融资数额的大小由企业对外举债能力的大小来决定。因而股权融资具有财务杠杆的作用。

第四，股权融资相当于对企业股权进行了稀释。因为随着新股东的引入，企业的控制权、收益分配权和剩余财产分配权也就相应地发生变化。

2. 债权融资

债权融资是企业为了筹集营运资金或资本开支,通过向个人或投资机构出售债券、票据等,借出方成为企业的债权人,而企业则要做出还本付息的承诺。债权融资的主要渠道有金融机构贷款、向亲朋好友借贷、民间借贷、租赁融资、企业债券以及政府借贷等。债权融资的最初阶段是向亲朋好友借贷,最高阶段是发行债券。债权融资具有以下几方面的特征。

第一,短期的债权融资,其操作比较简单,且利率高、额度小,也因此无法为企业提供长期持久的资金支持。

第二,通过债权融资引入的资金,往往要形成企业的负债。根据借款协议,企业必须要按期归还并支付利息,因此在短期内要承受很大的还款压力。即使企业遇到困难,需要进行清算时,也要优先考虑偿还因债权融资产生的债务。

第三,债权融资具有财务杠杆的作用,因为它能够提高企业所有权资金的回报率。

第四,债权融资具有税盾效应,因为债权融资的成本可列入公司财务成本,冲减应税所得额。

第五,债权融资对企业的股东及股权结构没有直接的影响,其形成的债权人控制着企业的债权。

三、创业融资的原则

对于大学生创业者来说,融资是创办企业的一个重要事项,也是一个重要环节。为了以较低的融资成本付出和较小的融资风险,筹集较多的资本,大学生创业者必须遵循以下几个方面的创业融资原则。

(一)合理性原则

不同融资方式形成的不同资本结构会对企业的资本成本形成直接的影响。因此,大学生创业者在融资过程中,一定要注意合理确定资本结构。这里重点强调以下两点:一是合理确定股权资本与债权资本的结构;二是合理确定长期资本与短期资本的结构。

(二)效益性原则

大学生创业者在融资过程中,必须在充分考虑投资效益的前提下,对各种各样的融资方式进行综合的研究与分析,力求寻找到最优的融资组合,以此来降低资本成本。

(三)法律性原则

大学生创业者要进行融资,首先应当遵循法律性原则,即严格遵守国家的有关法律法规,依法履行约定的责任,维护利益相关主体的权益,避免非法融资行为。

(四)及时性原则

创业融资的及时性原则,是指大学生创业者必须根据企业资本投放时间安排精心谋划融资过程,及时地把握有利时机,取得资本来源,使融资与投资在时间上相协调,避免因资金筹集不足而阻碍企业生产经营的正常进行,也避免因资金筹集过多,而出现资金闲置,资金使用成本上升的情况。

四、创业融资的特征

创业融资最大的特征是阶段性,创业融资一般不是一次性融资,往往伴随着企业的成长需要多次融资。不同阶段创业融资的特征也不一样,企业应根据自己所处阶段合理地制订融资计划,做到融资阶段、融资数量与融资渠道的合理匹配。

一般新创企业分为种子期、起步期、成长期、成熟期四个发展阶段(衰退期不予考虑),这四个发展阶段的融资特点各不相同。

（一）种子期的创业融资特征

在种子期,创业者需要一定的资金完成初步的技术开发或者市场调研。这个时期的资金主要用来测试创意的可行性。所需资金量比较小,大部分来自自己的储蓄、亲朋好友的借款、国家创业贷款基金,还有部分天使投资。由于企业还只是"概念企业",创业成功的不确定性很大,融资公司考虑到风险太大一般不给予投资。创业者在这个阶段需要动用自己的储蓄,更为重要的是要和亲朋好友沟通,尽量取得有条件的亲朋好友的资金支持。另外,要关注相关创业政策,尽量利用国家支持创业的优惠政策,取得国家创业基金。

（二）起步期的创业融资特征

在起步期,企业需要完成注册和投入试生产,因此需要一定数量的"门槛资金",资金主要用于购买机器、厂房、办公设备、生产资料、后续的研发和初期的销售等,资金需求量明显增加。创业者自有资金十分有限,白手起家的草根创业者很难支持这些活动。这个时候创业者急需融资,但是由于没有过去的经营记录和信用记录,很难得到银行贷款的支持。所以,在这个时候创业者应该突破亲朋好友借贷的有限性,可以采用私募的方式,向个人借款,或者采用参股的方式融资。

（三）成长期的创业融资特征

成长期是企业大力开拓市场,推销产品,大有作为的时期,因此需要大量资金。在成长期的前一阶段,企业虽然这个时候有一定的营业收入,但是产品并未完全打开市场,企业还在扩大规模,扩充团队,加大产品开发力度,现金流出仍大于现金流入。这个时候企业的管理风险很大,企业尚未形成足够的抵押金和市场信誉,很难得到银行的贷款。所以,对于中小企业来说,资金困难是中小企业在这一阶段面临的最大难题。因此,企业不但需要非常仔细地安排每天的现金收支计划,还要开拓其他融资渠道,合理安排融资组合。如果创业者能够承担风险,成长期前一阶段的融资重点可以充分利用负债融资。在成长期的后一阶段,企业在追求规模效应,采用扩展战略,需要大量的资金。这个时期主要以吸纳外部资金为主,特别需要风险投资的支持。企业处于高速成长期,往往受到风险投资公司的青睐,创业者需要抓住这个有利时机制订合理的融资计划,获取风险投资公司大量的资金。由于吸纳了大量的风险投资,企业的股本结构往往会发生变化。

（四）成熟期的创业融资特征

在这一阶段,新创企业已经有了属于自己的、比较稳定的现金流,不再迫切需求外部资金。而且,这一阶段的新创企业在经营风险方面也有所下降,获得较为稳定的营业收入,逐渐形成了良好的市场信誉,因而向银行贷款也变得比较容易了。如果此时的新创企业发展得足够大,也可以考虑上市筹措资金,通过股票融资。

五、创业融资的渠道

（一）创业融资的基本渠道

创业融资的渠道是指筹集资本的来源方向和通道。一般来说,大学生创业者在进行创业融资时,其渠道主要有以下几种。

1. 自筹资金

在创业初期,大学生创业者通常还不具备大额贷款资格,因而有相当一部分资金来源于自有资本。大学生创业者为了掌握企业的控制权,必须有相当一部分自有资本。创业前,应该先评估一下自己的个人资产,包括现金和能动用的存款,各种可变现的有价证券,或暂时用不上的住房、汽车,进行住房或其他财产抵押或者回收外债取得资金。除了自身,大学生创业者自筹资金的渠道还来源于家人、亲戚、朋友、同学、同事等熟人的资助。

相对而言,向家庭成员、亲戚、朋友筹款的速度比较快,风险也比较小,成本低。但是,这也容易给他们带来资金的风险,甚至是损失。如果创业失败则会影响双方的感情。

2. 财政资本

财政资本主要是国家对新创企业的扶持,或通过财政拨款设立创新（创业）企业基金,从而对新创企业进行直接的资助;或者以税收优惠、政府采购、财政担保机制,为新创企业建立专门的发展园区等形式,对新创企业进行支持。其中,根据企业和项目的不同特点,国家通过财政拨款设立的创新基金分别以贷款贴息、无偿资助、资本金投入（表11-1）等不同的方式对新创企业给予支持。

表11-1 创新基金支持新创企业的方式

方式	条件	额度
贷款贴息	创新项目已有一定水平、规模和效益	贴息一般是贷款额的50%～100%,总额从100万元到200万元
无偿资助	新创企业的研究开发以及中试阶段的必要补助、科技成果转化为具体产品的补助	资助金额一般是100万～200万元,且企业必须有等额以上的匹配资本
资本金（股本金）的投入	创新项目的起点较高,具有深广的创新内涵和持续的创新潜力,预计投产后的市场需求较大,并有望形成新兴产业	数额一般不超过企业注册资本额的20%,原则上可以转让

利用政府提供的创业基金,信用度通常不成为问题,而且通过政府的投资所花费的融资成本几乎为零,即使要偿还本息也比较低。然而,申请国家创业基金的程序、要求很严格,手续繁杂,办理的时间也不短。此外,政府每年为新创企业提供的资金支持毕竟也是有限的,争取申请的人也很多,竞争激烈。

3. 合伙融资

合伙融资要求合伙人之间共同投资、经营,共同分享利润,共同承担创业风险。创业者选择合伙人时,一定要看重其人品,其次是价值观、工作态度,最后才是能力。创业者直接吸收其他企业或者本企业个人投资合伙创业,可以有效利用、整合各种资源,不但有较高的信誉度,而且能快速地形成生产能力,有效分散风险。然而,合伙融资也有诸多不足,如意见不容易达成一致,降低了办事效率,最糟糕的情况就是因合伙人之间的权利、义务不对等,导致企业发展停滞甚至分裂。

4. 高校创业基金

很多高校为了鼓励大学生创业,解决大学生的就业问题,进而设立相关的创业基金。这对大学生创业者是很有利的,而且申请的程序要求不会太烦琐。然而高校创业基金的资金规模毕竟不大,支撑力度很有限,面向的对象比较狭窄。

5. 银行贷款

最传统的资金筹集方式就是银行贷款,也是大学生创业者筹措资金最直接的最常用的融资渠道。银行财力很雄厚,但是申请手续很烦琐,要经过重重"门槛"。

（1）银行贷款的方式

一般来说,银行贷款的方式主要有以下几种。

①抵押贷款

使用抵押贷款方式时,借款方抵押其所拥有的财产（包括动产、不动产、无形资产）,作为获得银行贷款的担保。在抵押期间,借款方仍是所抵押的财产的所有者,只有当借款方到期不能还款时,银行可依照相关法规取得抵押财产的所有权、处置权,将其折价或者拍卖、变卖,用所得钱款优先偿还债务。这种抵押贷可以分为动产抵押贷款、不动产抵押贷款和无形资产抵押贷款。按照抵押的财产的不同形式,抵押贷款又可分为动产抵押、不动产抵押、无形资产抵押。动产抵押的动产主要是创业者的各种有价证券,以及具有高价值的可携带的物品,以此作为抵押（抵押所有权证书）,获取银行资金,到期还款方可得回所有权证书。不动产抵押贷款的不动产主要是土地、房产、机器等,以此作为抵押,获取银行资金。无形资产抵押的无形资产主要是一些拥有自主知识产权的技术专利、著作权、劳动技能等的市场价值,创业者以此作为抵押,获取银行资金。如果到期不能还款,银行可照相关法规取得无形资产的处置权,对其进行市场处理。

②担保贷款

在担保贷款这里,必须有第三方作为向银行还款的保证,且第三方符合法定条件。这是为了预防借款方不能履约还款的情况。一旦出现这种情况,银行有权要求第三方承担清偿贷款的连带责任。担保贷款的第三方,可以是自然人,托管公司、专业担保公司等。

③保证贷款

创业者如果拥有体面的工作,收入高且很稳定,同事也可以成为自己良好的信贷资源。银行偏好于高收入阶层,如律师、医生、公务员、事业单位及金融行业人员等,都是银行提供贷款的优待对象。这些行业的人员如果能找到 1 ~ 2 个同事担保,就可以在相关银行获得一定数额的保证贷款,不需要办理抵押等相关手续。

④创业贷款

创业贷款的借款方已经从事生产经营活动,或已经具有一定的生产经营能力,欲创业或再创业而提出资金需求申请,并得到银行的认可,成为有效担保,进而获得银行的资金。这通常也是一种专项贷款,转为创业而设。

申请创业贷款的人员须是具有完全民事行为能力,年龄不超过50岁;持有工商营业执照、税务登记证及相关的行业经营许可证;生产经营活动合法正当,创意项目具有发展潜力、竞争力,具备偿还本息的能力;没有不良信用、债务记录,能提供相关银行认可的抵押、质押;有固定住所、经营场所。

对于大学生自主创业者,国家每年都会出台一系列相关自主创业申请贷款的优惠政策,各省、地区也出台了自主创业申请小额贷款的优惠政策。

(2)银行贷款的审查标准

要想顺利地获得银行贷款,大学生创业者就必须要预先了解商业银行审查贷款的标准。从现实的情况来看,商业银行在审查贷款标准时,特别注重以下几点。

第一,新创企业的品质。银行不仅要对借款人的信用进行评估,还要调查借款人的履历。

第二,新创企业的背景。银行总要综合考虑新创企业各方面的因素,仔细评价企业的价值,是否具有发展潜力,面临怎样的机遇,又要面临什么样的风险。一般而言,新创企业拥有以下几个条件,贷款申请就比较容易通过:企业提供的产品、服务正是人们想购买的,竞争对手很少甚至几乎没有,或者竞争对手构不成威胁;以前提供同类产品、服务的企业很少出现失败。

第三,提交贷款申请。申请银行贷款通常需要提前申请,表明贷款数额、用途、还款方式等。新创企业之前一般没有贷款记录,因此在申请的时候需要提前 10 天左右。同时,需要向银行提供本企业的相关证明材料,特别是营业执照。在贷款申请里,要特别突出借款方及创业团队的经营管理才能,为企业的经营管理能力加分,给银行留下可靠的印象。此外,贷款申请书还要特别显示出企业具有良好的清偿欠款的能力,提高信任度。

6. 融资租赁

融资租赁又称设备租赁,是指出租人(租赁公司)根据承租人(新创企业)对租赁物件的特定要求、对供货人的选择,出资向供货人购买租赁物件,并租给承租人(新创企业),承租人(新创企业)则分期向出租人(租赁公司)支付租金。租期届满,对租赁物的归属在没有约定或约定不明,且无法达成协议的,租赁物通常归出租人(租赁公司)所有。实质上,融资租赁是一种转移与资产所有权有关的全部或绝大部分风险、报酬的租赁。从表面上看,融资租赁是借物,但又以融资为直接目的,其实它就是借资,以租金的方式分期偿还。

融资租赁具有融资与融物相结合的特点,出现问题时租赁公司可以回收、处理租赁物,在办理融资时对企业资信和担保的要求比较低,所以这种融资渠道非常适合需要购买大件设备的新创企业。但是,新创企业要注意选择实力强、资信度高的租赁公司,且租赁形式越灵活越好。

7. 风险投资

风险投资即风险投资家以参股的形式对新创企业进行投资,新创企业由此获得一笔资金,用于发展企业、开拓市场。这是一种融资和投资相结合的全新投资渠道,具有高风险高回报的特点。因此,风险投资家更欢迎高科技的新创企业,并且要详细地了解企业的赢利模式,甚至详细地了解创业者本人的信用情况、创业能力等。当然,风险投资家也不是一直要拥有新创企业的股权,只要企业发展到一定规模,风险投资家认为自己可以获得预期的丰厚回报,便通常会将自己的企业股权出卖掉,以进行下一轮的投资。风险投资的项目通常是科技含量高的,商业模式新颖,很有创意,团队背景强硬,具有良好的现金流,发展潜力迅猛。因此,风险投资的项目比较狭小。

需要注意的是,为了快速得到企业启动或周转的资金,大学生创业者通常会让出大股份,对技术或创意进行贱卖,当企业的运营进入良好的发展循环后,会非常不满当初的投资协议,进而毁约。这样的做法,会严重影响企业的后续融资。因此,大学生创业一定要有长远的发展眼光,不要过分注重眼前利益。

8. 外商资本

外商资本是指境外投资者(包括法人和自然人)向新创企业提供的资金。境外投资者主要是国外的企业、政府和其他投资者,以及港、澳、台地区的投资者。大学生创业者可通过借用外资或吸收外资的方式利用外商资本。

9. 私人资本

新创企业向企业职工或社会个人筹集他们的合法财产,即为私人资本。我国居民向来有储蓄资金的习惯,并随着经济的发展,个人手中积累了大量的资金,缺乏有效的投资渠道。对此,大学生创业者完全可以以直接融资的方式吸引社会上的私人资本。这不但有利于新创企业开拓自己的融资渠道,而且使社会资金得到良性的循环利用。操作社会上的私人资本,其程序比较简单,门槛低,融资效率较高。但是,很多民间投资者总想对新创企业进行控股,因此经常与创业者发生矛盾,不利于新创企业的稳定发展。

(二)影响大学生选择创业融资渠道的因素

1. 行业特征

每个行业的特征存在着明显的差别,相应的企业对融资渠道和条件的要求也各有不同,从而会影响大学生创业者对融资渠道的选择。例如,制造业企业开创之初就需要大量的资金,但资金周转的速度又比较慢,无论是经营活动方面,还是资金使用方面,涉及的领域都很广,进而也就提高了风险性,融资难度较大。因此,这类型的新创企业更适合选择银行贷款。又如,服务于企业需要投入的资金量不太大,其经营活动、资金使用涉及面较小,风险不大。因此,这类型的企业更容易得到银行的资金支持。再如,高科技型企业,其有形资产不多,但无形资产比例较高,银行不太愿意介入。还如,社区型企业本身带有的公益性色彩较为浓厚,政府更加愿意支持这样的企业,提供较多的扶持性资金。

2. 企业规模

一般来说,规模比较大的企业对资金的需求量也会相对较大,会更加注重建立属于自己的信誉机制,信息规范、公开、透明,因此其能力、实力比较容易得到社会的认可。从这个角度来看,大企业更适于合伙投资,或者从民间筹资。与大企业相比,新创的中小企业在经营方面还很不稳定,随时面临破产的危险,加上规模不大,更适合向银行贷款。

3. 资金需求量

新创企业资金需求量的大小直接决定了对融资渠道的选择。资金需求量大的新创企业,比较合适合伙融资。然而,针对以往大学生创业的状况来看,其新创企业规模通常不大,创业的启动资金数量并不多。也就是说,大学生创业的融资渠道可以自行筹集,利用财政资本和高校创业基金。

4. 企业成长性

新创企业的成长性如果很高,那么它的盈利能力也就比较强,其内源融资要高于低成长性的企业;如果新创企业的成长性低,那么它的盈利能力也就比较弱,甚至亏损,其内源融资比例也就比较低,因而只能负债,从而提高其债务融资的比例。

5. 风险偏好

在当代社会中,高新技术企业意味着高风险、高回报,对资金需求量高,期限长,不容易得到银行的资金支持,却容易得到风险偏好者的青睐,适合选择风险投资这个融资渠道。而另一些新创企业规模较小,融资金额小,也追求低的融资成本,尽量降低风险,出于安全性考虑,银行更欢迎这样的企业。也就是说,银行是典型的风险厌恶者。

(三)大学生创业者对融资渠道的选择

通常来说,大学生创业者在选择创业融资渠道时主要考虑以下几点。

1. 了解各种融资渠道的基本情况

不同融资渠道对借款人的要求条件是有区别的,所以新创企业不可能从每个渠道都可以顺利地得到资金。对此,大学生创业者选择融资渠道时,要考虑不同渠道的基本情况,使自身的融资准备工作更具有针对性,更容易达到目的。对此,大学生创业者在选择融资渠道时应当以下述问题作为切入点。

第一,各融资渠道有什么区别和联系,包括资本存量和流量的大小,提供资本的使用期长短等。

第二,各融资渠道的资金来源有什么特点,偏好于投资什么样的创业项目。

第三,各融资渠道对创意项目或融资企业有什么要求。

第四,各融资渠道有什么控制风险的手段。

第五,各融资渠道有什么样的工作程序。

第六,怎样才能与融资渠道更好地打交道。

通过上述几点的了解,可对各种融资渠道进行排序。也就是说,哪个、哪些融资渠道最可能给本企业投资,而哪个、哪些融资渠道经过创业者的努力后可能给本企业投资,哪个、哪些是最不可能给本企业投资。

2. 综合选择融资渠道

（1）融资成本的高低

融资成本是新创企业为筹集和使用资金而发生的代价。对于企业来说,融资的成本与融资效率是反比例的关系。影响融资成本的主要因素有：企业盈利水平和稳定性、利率,以及证券发行的价格等。不同的融资渠道、方式,其融资的成本各不相同。当然,在具体分析时还要根据具体情况而定。例如,财政融资中的财政拨款几乎不要什么成本,有时候还有净收益,而政策性银行低息贷款则要一定的利息成本。对于商业融资,也有不花费资金成本的情况,但企业必须要在现金折扣期内使用商业信用,否则会大大提高融资成本。另外,融资成本不但包括偿还本息,而且还需要支付一定的其他费用,而且融资渠道不同,其费用也会有所不同。例如,借助信用卡套现,除了要支付每日利息,还需支付必要的取现费用。如果通过担保公司融资,除了要偿还本息,还需支付必要的中介费用。由此可见,大学生创业者在选择融资渠道时一定要分析和比较各种筹资方式的资金成本的高低,尽量选择资金成本低的融资渠道及融资组合。

（2）融资风险的大小

新创企业无论选择哪种融资渠道,都将要面临一定的风险,特别是直接的借款方式,当企业的盈利水平太低,甚至出现资不抵债的情况时,企业将随时有破产的危险。企业融资负债率越高,其面临的风险也就更高。

（3）融资的机动性

机动性是指新创企业融资的效率,同时还指偿还资金的恰当程度。通俗地讲,就是指企业需要资金的时候可以及时获取得到,而不需要资金的时候可以在恰当的时间偿还所融的资金,并且不会因此给企业带来损失。总的来看,机动性其实就是体现了新创企业对资金问题的反应速度、应激的灵活度。

（4）融资的方便程度

融资的方便程度主要反映的是新创企业融资的自主权及大小,投资方提供资金的意愿程度,及其提供资金的条件要求是否太高,手续是否简单。

3. 解析企业自身对不同融资渠道的吸引力

解析企业自身对不同融资渠道的吸引力,具体可考虑以下几点。

第一,企业或项目的所属行业,因为不同资金供给方的投资重点不同。

第二,企业或项目融资规模的大小。

第三,企业或项目融资的成本要求或对股权的要求。

第四,企业或项目自身条件如何,拥有哪些核心优势,如是否有价值大的抵押物和无形资产,是否有很大的市场潜力,在管理水平方面是否有很大的优势等。

第五,企业或项目融资的时间有哪些要求。

4. 运用融资优序理论指导融资次序选择

与MM理论[①]、完全信息[②]理论的假定相比,融资优序理论有了适度的放宽,并依据不对称信息理论,考虑交易成本的存在,认为权益融资在一定程度上可以反映企业经营的负面信息,而且外部融资所花费的成本要比内部融资所花费的成本要高很多,因而提出了新创企业选择融资渠道的次序,即先是内部融资,不足时再选择债务融资,或者发行债券,最后再发行股票融资。

5. 注意对金融机构的选择

新创企业在融资的时候,总会想尽一切办法赢得金融机构的信任和支持,而前提是新创企业自身的实绩和信誉。因此,新创企业不应以各种违法或不正当的手段获得资金。对此,新创企业应该努力与金融机构建立并保持良好的合作关系,同时就企业本身的经营方针、发展计划、财务状况,与金融机构进行积极主动的良好沟通,及时说明本企业遇到的困难,尽量避免出现信息不对称的情况发生,以使企业自身的吸引力得到增强。

6. 注意运用融资渠道与方式工具组合策略

运用一定的策略,对融资渠道与方式进行不同的组合,可以提高新创企业的融资效率。常见的组合方式有不同期限的资金组合、不同性质的资金组合、成本组合、内外结合、传统和创新结合这几种。

（1）不同期限的资金组合

项目投资比较适合选择期限长的资金,临时周转或短期投资通常选择的是期限短的资金。

（2）不同性质的资金组合

项目投资比较适合选择权益性资金,临时周转或短期投资通常选择的是债权性资金。

（3）成本组合

置换高成本的资金或企业铺底流动资金通常选择的是低成本资金,而弥补临时性资金需求则不得不选择高成本资金。

（4）内外结合

新创企业融资优先选择的是内部融资,只有在内部融资无法满足资金需求的情况下才选择外部融资,做到内外结合,提高融资效率。

（5）传统和创新结合

随着社会经济的发展以及我国金融体系改革的进一步深化,出现了很多新的金融工具。新创企业要根据自身实际情况选择传统的融资工具,也要时刻关注、跟踪和应用这些新的融资工具。

---

① MM,美国教授Modigliani和Miller的简称,两人最先提出了MM理论,即1958年6月份发表于《美国经济评论》的"资本结构、公司财务与资本"一文中所阐述的基本思想。该理论认为,在不考虑公司所得税,且企业经营风险相同而只有资本结构不同时,公司的资本结构与公司的市场价值无关。或者说,当公司的债务比率由零增加到100％时,企业的资本总成本及总价值不会发生任何变动,即企业价值与企业是否负债无关,不存在最佳资本结构问题。

② 所谓完全信息,是指市场参与者拥有的对于某种经济环境状态的全部知识。完全信息是一个有效率的完全竞争市场所必需的理论前提条件。在某种意义上,它也是经济理论中"经济人（理性人）假设"所必需的条件。如果一个博弈是处于不完全信息的环境下,那么这些个人博弈者们可能不能预测出他们的行动对于其他博弈者会有怎样的效果（即使假定其他博弈者都是理性的）。

7.了解新创企业的赢利能力与发展前景

一般而言,新创企业的发展前景好坏与否,取决于企业赢利能力的强与弱,财务状况的好与坏,变现能力的强与弱。当新创企业的盈利能力、财务状况、发展前景都不佳时,尽量不要选择债务融资,以降低融资风险。而当新创企业的盈利能力正不断提升,其发展潜力很大的时候,可以选择债务融资。可见,大学生创业者在选择创业融资渠道和融资方式时,企业的赢利能力与发展前景是必须要考虑的。

8.慎重考虑还款的期限

大学生创业者在选择创业融资渠道和融资方式时,还要慎重考虑还款的期限。需要占用资金多少年,就应选择多少年期限的贷款,否则当现金流还没到而还款期限就已经到了。一般情况下,银行的房产抵押贷款的还款期限最长,1年到10年不等。当然,如果在银行办理各种质押贷款,其贷款期限则因为质物价值的不同以及银行性质的不同而有所不同。

六、创业融资的程序

创业融资是一个复杂的过程,首先要解决目标投资者,向目标投资者证明其投资是有价值的、投资风险是可以控制的等问题。一个科学清晰的融资战略和周密详细的融资策划是融资成功的前提。

（一）事前评估

事前评估师在充分调研和对企业进行SWOT分析的基础上,系统分析企业融资的必要性和可行性。具体包括以下几点。

1.企业发展战略判断

通过SWOT分析工具判断企业战略,进而判断融资与企业战略发展是否一致。

2.融资需求的合理判断

企业为什么融资,不融资行不行,融资用途是否合理,资金需求量是否合理,来源是否合理等。

3.融资具备的基础条件判断

包括融资主体、企业资产、报表、融资资料、渠道、融资知识和经验等。

4.融资诊断与评估报告

对上述结果进行归纳,作为企业决策融资与否的依据。

（二）融资决策和方案策划

主要是对融资的一系列关键问题进行决策和策划,包括估算融资规模、确定融资渠道和方式,确定融资期限和时机、估算融资成本、评估融资风险等。

（三）融资资料准备和谈判

创业要准备与融资相关材料、编制融资计划书。同时要与潜在的资金提供者进行沟通接触，就资金的价格、期限和还款方式等细节进行协商，并达成一致。

（四）过程管理

就融资组织、策划和实施等内容，根据谈判结果和要求，对资金到前的工作进行细化、论证和安排。其核心是制定融资实施方案和签订融资协议。

（五）事后评价

通过分析总结成败之处，为下次融资积累经验和相关资料。包括融资效果评价及成败经验教训分析；融资人员表现和奖惩处理；融资档案归集等。

七、创业融资的技巧

创业融资困难在于信息不对称、信用不高、竞争力不强等，因此提高融资能力的根本就在于提高企业的综合素质。

（一）改善经营管理，提高企业竞争力

竞争力的提高意味着企业利润的增加，内部融资能力的增强、偿债能力的提高、对股东回报增加等，因此是企业融资能力基础。如何提高竞争力，一般包括以下几个方面。

1. 明晰产权、改善企业治理结构

清晰明确的产权结构、完善治理结构是保证企业经营决策正确和吸引外部投资者的前提条件。对创业企业来说，家族企业制度在发展初期比较有效，但随着企业成长壮大，家族制的封闭性将成为企业从社会吸引人才、吸引投资的桎梏，因而应从自身条件出发，选择适合企业实际的财产组织形式和经营管理方式，适时进行治理机制和管理模式的改造。

2. 转变经营管理机制

（1）改变企业管理模式，实行制度化、规范化管理。通过内外部环境分析和预测，制定科学可行的发展目标和战略规划，建立、健全各项规章制度，不断提高决策和管理水平。

（2）加强财务管理，提高偿债能力。建立和完善财务管理制度，确保会计资料真实可靠完整；提高财务管理水平，加强财务控制；加强合同管理，杜绝违约、侵权及欺诈失信行为；保证产品质量、服务质量和资金运行质量等。

（二）强化融资意识，提高融资管理水平

1. 学习相关金融法规，熟悉融资游戏规则

市场经济是法制经济，资金供给方和融资服务方的行为及盈利模式都是在一定法规框架

下运行的。在和金融机构打交道过程中,企业主应该学会遵守这些规则,更好地利用这些规则为企业服务。

2. 强化融资基础工作

融资工作涉及方方面面,工作是否完善直接关系到资金供给者的信心。首先是融资主体的选择和重构,当有多个企业可以选择时,一般应选择符合投资者要求的企业作为融资主体;当没有符合条件企业时,可以考虑通过资本运营手段重构融资主体。其次是报表完善与重组技术,无论债权人还是股权投资者都对企业的财务报表有着严格要求。一般要根据会计师事务所的审计意见或资金供给方提出的意见进行完善与重组,或聘请融资顾问进行帮助。最后,强化资金、资产和资本管理技术。要借助信息化手段进行资金管理,加强融资危机管理。要加强中长期资金筹划,加强内部控制,不断拓展融资渠道。重视资产管理,强化账务处理和税务筹划能力。制定切实可行长期资本运营计划,善于借助融资中介服务机构进行资本运营。

3. 加强信用文化建设, 提升信用水平

信用是以偿还为条件的价值运动的特殊形式,包括:暗示还本付息、从事不影响贷款人放贷资金安全行为等。特别在当今创业企业中,良好的信用能够帮助企业融到所需资金。信用体系包括征信系统的建立、失信惩罚机制建立和社会信用伦理道德建立等。

第十二章　大学生创业团队的组建与新创企业的创办过程

大学生在懂得了创业知识、具备了创业素质、有了创业计划之后,就需要将自己的创业计划付诸实践,组建自己的创业团队,创办自己的企业,本章主要对大学生创业团队组建和新创企业的创办过程进行简要阐述。

第一节　创业团队概述

一、创业团队的概念

所谓创业团队,就是由少数具有知识、能力互补和角色分工的创业者组成的团队,他们为了实现共同的创业目标、为了达成高品质的结果而努力工作。

二、创业团队的类型

创业团队可以分为三种类型,即星状创业团队、网状创业团队和虚拟星状创业团队。

（一）星状创业团队

在星状创业团队中,一般有一个核心主导人物充当领军者的角色。而且,星状创业团队在形成之前,通常是核心主导人物有了创业的想法,然后依据自己的设想组建创业团队。因此,在团队形成之前,核心主导人物已经就团队组成进行过仔细思考,根据自己的想法选择相应的人物加入团队,这些加入创业团队的成员也许是核心主导人物以前熟悉的人,也有可能是不熟悉的人,而且在企业中更多时候是支持者角色。

（二）网状创业团队

在网状创业团队中,通常成员在创业之前都有密切的关系,如同学、亲友、同事、朋友等,而且成员在交往过程中一般都共同认可某一创业想法,没有明确的核心人物,大家根据各自的特点进行自发的组织角色定位。因此,在企业创业初期,各位成员基本上扮演协作者或者伙伴角色。

（三）虚拟星状创业团队

虚拟星状创业团队是由网状创业团队演化而来,基本上是前两种的中间形态。虚拟星状创业团队中有一个核心成员,而且该核心成员地位的确立是团队成员协商的结果,因而核心人物从某种意义上说是整个团队的代言人,而不是主导型人物,并且其在团队中的行为必须充分考虑其他团队成员的意见,故而权威相比星状创业团队中的核心主导人物较差。

三、创业团队的构成要素

通常来说,创业团队是由以下几个要素构成的。

（一）目标

在创业团队中,应该有一个既定的共同目标,为团队成员导航,知道要向何处去。通常,目标在创业企业的管理中以创业企业的远景、战略的形式体现。

（二）人

在创业团队中,人力资源是所有创业资源中最为重要和活跃的资源,应充分调动创业者的各种资源和能力,将人力资源进一步转化为人力资本。

（三）权限

在创业团队中,领导人的权力大小与其团队的发展阶段和创业实体所在行业相关。通常来说,创业团队越成熟,领导者所拥有的权力相应越小,在创业团队发展的初期,领导权相对比较集中。

（四）计划

在创业团队中,计划包含两方面的含义:一方面是目标最终的实现,需要一系列具体的行动方案,可以把计划理解成达到目标的具体工作程序;另一方面是按计划进行,可以保证创业团队的顺利进展,只有在计划的指导下,创业团队才会一步一步地贴近目标,最终实现目标。

（五）创业团队的定位

创业团队的定位通常来说有两方面的意思:一方面是创业团队的定位,即创业团队在企业中处于什么位置,由谁选择和决定团队的成员,创业团队最终应对谁负责,创业团队采取什么方式激励下属;另一方面是个体(创业者)的定位,即作为成员在创业团队中扮演什么角色。

四、高效创业团队的特征

在进行创业时,只有拥有高效的创业团队,才有可能实现创业的目标。通常来说,高效创业团队有以下几个特征。

（一）具有凝聚力的目标

在高效创业团队中，对于所要达到的目标应该非常清晰，并相信这一目标包含着重大的意义和价值。这种明确而激励人心的目标会产生一种凝聚力，鼓舞着团队成员把个人目标升华到群体目标中去。

（二）清晰的工作规范和框架

在高效创业团队中，应具有清晰的工作规范和框架，这些可以指导成员明白自己的职责，知道必须完成什么计划、由谁来完成、什么时候开始、什么时候结束、按什么顺序来完成等。

（三）互相补充的能力

在高效创业团队中，成员是一群具有互补知识与能力的人员，他们具备实现团队目标所必需的各种技术和能力，而且相互之间有能良好合作的个性品质，从而出色地完成任务。

（四）高度的忠诚与信任

在高效创业团队中，成员对团队表现出高度的忠诚和承诺，每个成员对其他人的品行和能力都深信不疑，为了使群体获得成功，他们愿意去做任何事情。

（五）明确的角色与任务分配

在高效创业团队中，成员的角色和任务必须明确，否则就会造成混乱，最终影响组织目标的实现。

（六）融洽的沟通环境

在高效创业团队中，应时刻保持畅通的沟通渠道和融洽的沟通环境，其成员可以随时随地自由交换信息，包括各种语言和非语言的信息。

（七）充分的资源共享

在高效创业团队中，为了最大限度地利用有限的资源为团队创造价值，需要保持充分的资源共享，这种资源包括设备、知识、信息、技术等方面。

（八）实现最佳的绩效

创业团队最终的目标是出色地完成团队任务，因而能够在有限的资源之下创造出最佳的绩效，即团队能够根据环境做出当时的最佳决策并有效执行，是高效创业团队最重要的一个特征。

第二节　创业团队的组建与管理

一、创业团队的组建

（一）创业团队组建的原则

一般来说,大学生创业者在组建创业团队时,要遵循以下几方面原则。

1.精简高效原则

大学生创业者在组建创业团队时要在保证企业高效运作的前提下尽量精简,尽可能地减少创业期的运作成本,这样才能最大比例地分享成果。

2.互补原则

弥补创业目标与自身能力间差距是大学生创业者寻求团队合作的目的。要达到这一目的,就需要团队成员之间能够实现知识、经验、能力等方面的互补,只有这样,他们通过相互协作之后,才能发挥出"1+1 > 2"的效应。

3.目标统一原则

团队是以目标为导向的,创业团队要想有高度的凝聚力就必须要遵循目标统一原则,确保每一位团队成员的奋斗目标都是统一的,这是组建团队和发展团队的前提。

对于大学生创业者而言,拥有相同的目标能够使团队成员的热情和积极性得到最大程度的激发,促进他们通力协作,同时也有助于解决团队利益和个人利益的冲突。

4.动态开放原则

创业的过程充满了不确定性,最初组建的创业团队的成员未必每个都能坚持到最后,有的可能因为能力问题离开团队,有的可能因为观念问题离开团队,当然也可能随时有人要求加入。因此,组建创业团队一定要遵循动态开放的原则,保持团队的动态性和开放性,时刻准备吸纳真正完美匹配的人员。

5.团结原则

大学生创业者在组建创业团队时要遵循团结原则,确保创业团队成员之间能够相互信任、共同承担责任。这样的团队才是一个合格的团队,才能够提升团队成员的责任感,增强团队成员之间的信任和信心。

6.方法统一原则

大学生创业者在组建创业团队时要形成内部共同的方法,就是要在团队成员必须要做哪项工作、时间表该如何安排、需要发展哪些技能、该如何分组、采用何种方法才能完成工作等一系列问题上达成一致意见。

7. 均衡原则

大学生创业者在组建创业团队时要遵循均衡原则,从成员对项目的理解、执行能力、表达能力、思维创新能力、社会资源能力等方面综合考虑,避免选择的成员之间的差异太大,以致难以很好地协调和协作。

8. 限制规模原则

一般来说,绝大多数的创业团队不到 10 个人。创业团队成员并不是越多越好,成员越多,虽然规模上有优势,但是人多意见也多,往往在同一个问题上很难达成共识,进行协调的难度也比较大。因此,大学生创业者在组建创业团队时一定要限制团队的规模,严格控制团队成员的人数。

(二)创业团队组建的方式

通常来说,大学生创业团队的组建有以下几种方式。

1. 亲属型的创业团队

亲属型的创业团队有两种形式:一种是大学生毕业准备创业,把父母或其他亲属请来一同创业;另一种是家庭或家族已有了企业或曾经有过企业或正准备创业,等待大学毕业生的参与。

2. 同学型的创业团队

所谓同学型的创业团队,就是由来自同寝室、同班、同年级、同专业、同学校等熟悉的同学共同创业。他们可能是大家共同讨论发现的商机,开始创业活动;也可能是有一个带头人发现了商机,发起创业活动。

3. 师生型的创业团队

所谓师生型的创业团队,就是由大学生将教师的科研成果转化为企业的产品进行创业。

4. 情侣型的创业团队

所谓情侣型的创业团队,就是由一对大学生恋人共同进行创业。他们将创建和拥有自己的企业作为毕业后共同生活与事业的奋斗目标。

5. 社会型的创业团队

所谓社会型的创业团队,就是大学生根据创业的需要,在社会中选择各种人才组成互补型创业团队。

(三)创业团队组建的技巧

大学生创业者要想组建一支优秀的创业团队,并保证创业团队沿着共同目标,求同存异,最后实现团队远景,就需要在组建创业团队时掌握一些技巧,具体来说有以下几个。

1. 要有正确的理念

大学生创业者在组建创业团队时,要坚信创业团队能够健康发展下去,相信创业团队一定能够获得成功,不要一开始就想着失败,特别是不要被那些所谓经典的"只能共苦,不能同甘""天下没有不散的筵席"等理论支配自己的思想和行动。

2. 有胜任的带头人

在一个创业团队中,带头人的作用是非常重要的,他们就如大海航行中巨轮的舵手,指引着创业团队的方向。这种带头人应该是团队成员在多年同窗、共事过程中发自内心认可的,在创业团队中有巨大的、无形的影响力,有一呼百应的气势和号召力的领导者。因此,大学生创业者在组建创业团队时,要选好带头人。

3. 要做到知己知彼

只有知己知彼,才能百战不殆。因此,创业团队中的成员要清晰地认识到自身的优劣势,并对其他成员的长处和短处有清晰的了解。这样既可以很好地避免成员之间因互相不熟悉而造成的各种矛盾、纠纷,迅速提高团队的向心力和凝聚力,又有利于团队成员工作的合理分配,从而使他们各自的优势得到最大限度的发挥。

有很多的大学生创业者,他们在组建创业团队时选择的合作伙伴是同学、朋友或校友,但这样的创业团队坚持不了多久就失败了。究其原因是,大学生创业者选择的合作伙伴虽然都是他的"熟人",但他们相互之间缺乏交流和沟通,也就是说,团队成员之间是非常陌生的。因此,大学生创业者要切记,在组建创业团队时,无论选择的合作伙伴是谁,都要做到知己知彼。

4. 要有严格的规章制度

没有规矩不成方圆,因而大学生创业者在组建创业团队之初,就要将该说的话说到、该立的字据立好,将最基本的责、权、利说得明白透彻,尤其股权、利益分配更要讲清楚,其中包括增资、扩股、融资、人事安排及解散等,不要碍于情面不好意思说。只有这样,才能尽量保证在企业发展壮大后不会出现因利益、股权等的分配分歧产生矛盾,导致创业团队的分散。

(四)创业团队组建的程序

大学生创业者在组建创业团队时,需要遵循一定的程序,具体如下。

1. 创业计划书的撰写

大学生创业者通过撰写创业计划书,进一步使自己的思路清晰,也为后来的合作伙伴的寻找奠定基础。

2. 优劣势的分析

大学生创业者要认真分析自我,发掘自己的特长,确定自己的不足,同时要对自己正在或即将从事的创业活动有足够清醒的认识。

3. 合作形式的确定

大学生创业者在对自己的优劣势进行分析后,可以依据自己的实际情况选择有利于实现创业计划的合作方式,通常是寻找那些能与自己形成优势互补的创业合作者。

4. 创业合作伙伴的寻找

大学生创业者可以通过媒体广告、亲戚朋友介绍、各种招商洽谈会、互联网等形式寻找自己的创业合作伙伴。

5. 创业协议的达成

大学生创业者在找到有创业意愿的创业合作伙伴后，要就创业计划、股权分配等具体合作事宜与其进行深层次、多方位的全面沟通，进而达成创业协议。

6. 合作条款的落实

大学生创业者在与合作伙伴充分交流达成一致意见后，还需对合作条款进行谈判，并最终落实合作条款。

（五）创业团队组建的模式

一般来说，创业团队主要有以下几种组建模式。

1. 兴趣爱好指向型

兴趣爱好指向型创业团队，就是创业团队的组建遵循团队成员自身的创业兴趣，以成员的共同兴趣为创业团队的指导思想而组建起来的创业团队。这一类型的创业团队组建模式，能够最大限度地激发成员创业的积极性，能够为团队的成长注入活力，有利于创业理想的实现。

2. 网状型

网状型创业团队是指创业团队的成员在组成创业团队之前，彼此之间就存在着联系，如同学、亲友等。在形成创业团队之后，每个团队的成员利用自己所拥有的社会资源、人脉关系获得创业信息，进一步为自己的创业团队服务，达到成功创业的目的。一般来说，在这种模式的团队中没有明确的核心人物，大家凭借自身的特点进行自发的组织角色定位。因此，在创业的初期阶段，各成员扮演的是协作者或者伙伴角色。

网状型创业团队模式具有以下两个主要特点。

（1）创业团队在遇到问题，需要就问题的解决做出决策时，一般要进行大量的沟通和讨论，在团队成员之间达成一致的意见。这种方式可以集思广益，但是，由于是集体决策，团队的决策效率相对较低。

（2）当创业团队成员之间发生冲突时，一般会采取平等协商、积极解决的态度来化解矛盾，从而会显出该创业团队的民主、平等的团队精神，同时团队成员不容易产生撤出团队的念头，有利于团队的成长。

3. 弹性分工合作型

弹性分工合作型创业团队有两层含义，一方面，指在构建创业团队时，各个团队成员之间有明确的分工，团队内部运转能够有序进行，确保创业团队的工作效率；另一方面，团队内部的分工并不是简单的各办各事，彼此之间存在隔阂，缺乏沟通与交流，而是按成员自己的专业背景，承担创业工程中的一个或者某些环节，当其他成员遇到挫折时，能够根据自己的知识、利用自己的所学提出解决问题的建议，给予精神上的关怀，以避免整个创业团队陷入一潭"死水"的无序、无效率状态。

4. 高效率型

效率,对一个创业团队来说就是团队的绩效,在任何时候都是人们关注的焦点,对于大学生创业来说同样是不可忽视的影响因素,为此,创业团队的组建必须过好效率这一关,注重创业团队的效率方面的考虑。在高效的创业团队模式中,每个创业阶段都会制定一份创业计划,有利于团队成员清楚地了解创业进展情况,能够及时对创业中出现的偏差进行调整,也有利于积极的团队文化与明确的团队目标的形成。

(六)创业团队组建的意义

大学生在进行创业时,组建创业团队的意义是非常重大的,具体来说体现在以下几个方面。

1. 有助于增强凝聚力

在大学生创业团队中,成员之间相互信任、坦诚沟通、人际关系和谐,可以提高创业团队成员的归属感和自豪感,大大激发每个成员的积极性,增强创业团队的内部凝聚力。而团队的高凝聚力使得成员对团队和团队人际关系的气氛感到满意,特别是在与志同道合的同辈朋友的相处中,可以满足大学生社会交往的需要,也可以使大学生通过团队目标的实现来获取自尊和成就感,从而降低心理压力,缓解紧张的情绪等。

2. 有助于提高工作效能

一支以创业为共同愿景的团队,可以产出大于个人绩效之和的群体效应,从而提高工作的效能。在大学生创业团队中,团队与成员间的关系就如同整体与部分的关系,领导和团队、团队内部成员之间的关系是一种伙伴式相互信任和合作的关系。团队可以研究探索工作中出现的问题,能够集思广益,从而做出更好的决策并不断创新;团队可以减少创业过程中不必要的经费支出,减轻工作中的官僚主义作风;团队可以充当媒介,促进沟通;团队可以协助集体,约束个人。因此,团队是完成工作任务的重要力量,而且建立在志同道合基础上的创业团队可以起到功能互补的作用,从而产生比个体简单相加高得多的劳动生产率。

3. 有助于提升大学生社会化发展水平

大学生创业团队是具备共同理念的大学生凭借自身的不同专业知识、围绕一个新的产品项目、新的技术或新的服务思想而组织起来的以创业为共同目标的一种组织形式。因此,这一团队一般由年轻的同辈人员构成,成员之间除了工作上的取长补短外,还可以在各自的人生发展方面起到相互促进的作用。在团队这个小社会中,大学生可以学会如何与人相处、如何适应集体生活、如何从团队的整体目标出发来调节自我的发展目标,从而能够正确地认识自己,符合社会基本价值观的内在要求,有利于大学生这一社会群体的社会化发展水平的提升。

4. 有助于养成大学生的社会责任

团队协作是人类社会得以形成的根基,也是个体人生力量的源泉。从个体角度看,没有哪个人能脱离群体而单独存在,人与人之间需要融洽,需要互相帮助。团队协作强调个体之间的和谐沟通,反对个体的单打独斗,而通过创业团队的组建,团队精神的培养,能达到消除个人主义,实现集体主义的目标。团队精神要求团队成员为团队的利益与目标尽心尽力,在处理个人利益与团队利益关系时,要采取团队利益优先原则,个人服从团队。正因为如此,共同参与、民主管理、平等交流与友好共处成为创业团队生活的必然要求。在大学生创业团队中,虽然各个成员扮演的角色不一样,但是不能排斥成员之间的平等关系,因而大学生创业团队建设有助于大学生民主与平等意识的养成及社会责任的培养。

(七)创业团队组建的注意事项

1. 选择能够合作的人

团队的合作精神十分重要。创业初期是非常辛苦的,有时无利可图,靠的全是几个人的拼劲,创业者们一定要能够拧成一股绳,只有心往一处想,劲往一处使,互相配合,互相支持,才能在有事的时候共同商量,有困难的时候共同克服,有利益的时候共同享受。有的创业者在创业初期不能选择合适的合作者,在遇到问题、产生分歧时,互不让步,都认为自己的意见对,互相争吵,最终导致不欢而散,致使创业失败。还有的创业者在创业初期喜欢用自己亲戚,开始时也许效果较好,但时间一长,就会暴露出许多弊端,如发生分歧,亲戚之间就不得不撕破脸,其结果也是不欢而散。因此,选择合作的人要经过深思熟虑。

2. 团队人员的组合结构要合理

创建一个企业需要做的业务非常多,创业团队的组合,其人员结构一定要合理。要有组织协调人员,要有技术人员,要有财务会计人员,要有营销业务人员,还要有生产组织人员等。重要的岗位绝不能缺人,不要为了节省工资支出而使该用的人不用。

二、创业团队的管理

大学生创业者在组建了创业团队后,还要对创业团队进行有效的管理,以保证创业团队始终能够发挥作用。而在对创业团队进行管理时,可从以下几个方面着手。

(一)注意对团队成员的共同意识进行维护

在大学生创业团队中,只有不断对团队成员的共同意识进行维护,才能使创业团队始终发挥有效的作用。而在对团队成员的共同意识进行维护时,一个很重要的措施就是召开团队会议。在召开团队会议时,不一定需要采用正式的形式,也不一定需要很长的时间,非正式地聚集在一起几分钟也要比不召开团队会议好得多。但是,要确保团队会议的有效性,为此要特别注意以下几个方面。

第一,合理安排优先次序。重要问题必须在会议上处理,不重要的事情可以另行处理。一旦优先次序确定后,一定要坚持,避免做出无谓的改变。

第二,始终围绕重要议题。会议很容易在细节上陷入困境,最好的解决办法就是始终围绕重要议题。重要议题包括团队的目标以及为了实现目标制定的解决方案。

第三,一定要做约定的事。如果忘记了所约定的事,并因此影响团队,那么将失去团队的支持,所以一定要记录约定的行为。

第四,按时开始并遵守时间表。会议很容易浪费时间,如在会议开始时聊天,不按时安排讨论。团队领导需要严格遵守约定的时间表。

除了召开团队会议外，还可以采用以下几种方法对团队成员的共同意识进行维护。

第一，传达清晰的目的。明确告诉团队成员团队的目标是什么，对于维护团队成员的共同意识具有非常重要的意义。

第二，营造责任感。只有使每个团队成员了解为实现团队的目的自己需承担的责任，才能更好地促进团队成员形成团队意识。

第三，确定行动准则。确定统一的行动准则并共同行动，同时在处理事情时相互信任和尊重，也是维护团队成员共同意识的一种有效方法。

第四，使用固定的程序。决定了团队的目的和每个团队成员要做的事情之后，最好使团队成员统一采用固定的办事程序，继而维护团队的共同意识。

第五，运用电子手段。当前，电子技术的发展为团队意识的维护提供了一种有效的手段，通过 E-mail、因特网和企业内部互联网，团队成员的信息交流越来越快速和及时，这也有利于团队成员共同意识的维护。

（二）注意在不同的发展阶段采用不同的管理措施

大学生创业团队只有在经历了形成、波动、稳定和成熟等阶段后，才能逐步成长起来。为了使团队早日成熟，在决定团队发展方法时，首先要了解每个阶段可能发生的事件，并认识团队所处的阶段。而且，在不同的阶段，任务需要、团队需要和个人需要三方所占的比重不同，团队领导需要在不同的阶段注重不同的角色和任务。

1. 创业团队的形成阶段

在创业团队的形成阶段，成员之间的信任一般处于低谷阶段，因而团队进行的主要活动应该是交流思想和收集信息。

在这一阶段，任务需要很低，只有在群体成为一支团队之后才能真正开始解决工作中的问题，但团队领导可以在这一阶段向团队成员介绍自己的观点，回答"我们要做什么"的问题；团队需要处于中等水平，此时的团队领导需要通过组织一系列集体活动，帮助团队成员相互认识；个人需要很高，团队成员需要确定各自的工作任务是什么，以及别人是如何评价他们的，因而团队领导需要多花一些精力认识每个成员，并就将发生的事与他们进行沟通。

2. 创业团队的波动阶段

创业团队的波动阶段是一个充满竞争且积极向上的阶段，但团队成员之间可能会出现意见不合并产生冲突。团队领导只有对这些不合意见或冲突处理得当，才能使创业团队得到进一步发展。

在这一阶段，任务需要仍处于较低水平，这是因为团队仍旧处在发展过程中，故而团队领导需要把任务看作推动成员发展并解决波动问题的工具；团队需要逐渐提高，此时的团队领导要注意留心发生问题的信号，并避免一两个人在群体占优势，同时要注意帮助团队成员解决公开的冲突；个人需要仍保持较高水平，因而团队领导必须继续满足个人的需要，并使全团队成员安心。

3. 创业团队的稳定阶段

在创业团队的稳定阶段,团队成员感到他们是团队的一部分,并意识到如果接受他人的观点他们就能够更好地完成任务,同时团队成员对各自的工作任务有了深入了解,并产生相互信任,因而创业团队开始和谐发展。

在这一阶段,任务需要的重要性开始凸显,团队领导应该注重目标的制定并激励团队成员为实现目标做出贡献,使全团队成员加强合作;团队需要仍然很高,因为团队正致力于在行动准则和工作程序上达成一致,因而团队领导在这一阶段要注意对团队成员的新想法进行激励,并督促每个团队成员全力以赴,帮助他们达成一致;个人需要有所降低,因为团队成员已经可以得心应手地对团队中遇到的事情进行处理了。

4. 创业团队的成熟阶段

在创业团队的成熟阶段,团队成员领悟了工作的实质,并能够相互之间理解,因而团队在一种公开、信任的氛围中工作,主要致力于完成工作任务。

在这一阶段,任务需要越来越重要,团队需要和个人需要处于中等水平,因而此时的团队领导要将主要精力放在任务需要上,帮助团队监控计划,时刻谨记团队目标。同时,团队领导在这一阶段要小心创业团队退回到前一个阶段。如果发生了这种情况,要尽快修正行动,以使创业团队回到成熟阶段。

(三)注意对团队成员间的融洽关系进行培养

在大学生创业团队中,团队领导对团队成员间的融洽关系进行培育是非常重要的,具体来说可采用以下几种方法。

第一,对团队成员进行赞美。

第二,鼓励团队成员直接表达自己的想法。

第三,确保批评针对事实,不针对个人。

第四,重视团队成员间出现的问题和矛盾。

第五,促进团队成员间的相互信任。

(四)注意对团队成员间的矛盾进行及时解决

在大学生创业团队中,如果团队成员之间不能融洽相处,将会对整个团队产生不良的影响。因此,团队领导应该注意团队成员间出现的矛盾,并及时采取有效的措施进行解决。

1. 对团队成员间不尊重的解决

创业团队中的成员,如果出现互不尊重的现象,团队领导就需要采取以下措施,对这一问题进行及时解决。

第一,通过深入了解创业团队中的每个成员,明确他们的感受以及想法,并承认每个人的贡献,树立良好的榜样。

第二,表明自己信任所有的成员都可以实现自身的价值,并欣赏他们做出的贡献。

第三,通过社交活动,如周末聚餐等,加强团队成员之间的了解。

第四,指出人与人的观点可能不同,因而即使不赞同他人的观点但仍要尊重他人。

2. 对团队成员间冲突的解决

在创业团队中,成员之间的冲突有两种:一种是健康的冲突,即团队成员以一种公开的、实事求是的态度表达不同的观点和看法,并相互尊重,这种冲突一般有肯定、积极的结果,团队成员感受比较自然,态度也较友好,做出的决定比没有冲突情形下的决定更好;另一种是不健康的冲突,即团队成员感情用事,以一种破坏性的方式相互攻击,这种冲突会导致争执或交流障碍,使团队完成工作的能力受到威胁。

团队领导在面对团队成员间的冲突时,要首先判断是健康冲突还是不健康冲突。若是不健康冲突,就要判断这种冲突产生的原因,并有针对性地想办法进行解决。通常来说,团队领导在解决团队成员间的冲突时可以采用以下措施。

第一,营造公开、信任的团队氛围。

第二,鼓励冲突的一方对自己的见解进行公开,并鼓励其他团队成员针对这一冲突发表自己的观点。

第三,鼓励团队成员为别人着想。

第四,冲突发生时,坚持解决冲突,切不可对其进行压制,同时在解决冲突时对事不对人。

3. 对团队成员间观点分歧和误解的解决

当团队成员间产生观点分歧和误解时,团队领导可以运用以下两种方法进行解决。

(1)爬下梯子、澄清误解方法

这既是解决团队成员间观点分歧和误解的方法,也是解决团队成员间观点分歧和误解的工具。具体来说就是,当团队成员间出现观点分歧和误解时,应首先检讨是否在推理的过程中犯了错误,然后顺着推论的梯子往下走,看看问题究竟出现在哪个环节,继而有针对性地进行解决。

(2)"六顶思考帽子"方法

"六顶思考帽子"(表12-1)是一个简单而有效的沟通与解决问题的方法,更是帮助企业进行"智力资本"管理、形成良好企业文化的实用工具。

表 12-1　六顶思考帽子

帽子颜色	用于		范例
白色	事实	中性信息	民以食为天
红色	情感与感觉	包括预感和直觉	我感到很生气,因为我们失去了很多客户
黑色	否定	评估思想或情形的不妥之处	这个建议不会起到任何作用
黄色	肯定	评估思想或情形的有利之处	这是个好主意
绿色	创造力	产生思想	你可以尝试换个角度
蓝色	控制	控制帽子的使用	现在我们需要戴上黄色帽子思考

"六顶思考帽子"的基本原理是平行思考、全面思考、集中思考、秩序思考、限时思考,而且,重要的不是"帽子",而是赋予"帽子"的思考问题的方式或方法。

团队领导者使用这种方法时,可以让每个团队成员暂时戴上同一项帽子,允许每个团队成员每次集中思考问题的一个方面,允许每个团队成员能够在思考中转变角色。同时,要避免群体思考陷入混乱,并确保从一开始就使观点分歧和误解最小化。

第三节 新创企业的创办过程

一、具备创办新企业的条件

(一)创办新企业的外部条件

具体来说,创办新企业要满足以下外部条件。

1.具有有利的创业机会

在创办新企业时,一定要有有利的创业机会,而且创业者要很好地把握住这个机会,否则很难取得创业的成功。

2.具备有利的外部环境

创业需要适当的制度环境、政策环境、金融环境、市场环境、科技环境、人文环境等。如果经济制度环境、资本市场、技术支撑、环保制度等都不健全,新创办的企业是很难成功生存下来的。

(二)创办新企业的内部条件

一般来说,创办新企业要满足以下内部条件。

1.创业者有很强的创业欲望

如果一个创业者没有强烈的"我要做老板"的欲望,那么他在应对创业的挑战、机遇、困难、烦恼时就没有足够的准备,随时可能会逃逸。

2.具有能直接创造市场需求的产品

具有能直接创造市场需求的产品是多数创业者创办新企业的最直接动力,但创业者开发的新产品能否直接创造市场需求还需要经过认真的市场分析。

3.获得了某种特殊权

获得政府授权的某种特许权或者是获得其他企业授予的某种经营特许权,也是创业者创办新企业的一种直接动力,如政府专业技术认证部门对产销计算机网络安全产品的特许等。

4.有竞争优势

企业竞争优势就是在市场上,一个企业在某些方面比别的企业强一些,从而具有更多的营利机会、更强的营利能力。企业的竞争优势来源于它强于别的企业的核心能力,一个企业在哪一方面有强于别人的核心能力,就有可能形成源于该方面的竞争优势。但要注意的是,一个企业只可能在某一方面拥有自己的核心能力,形成自己的竞争优势,如果要追求面面俱到,往往会一事无成。

二、选择企业法律形式

选择企业法律形式是创办新企业的第一个环节,如果企业形式选择的不合适,创业就带有盲目性,创业目标也就很难实现。因此,大学生创业者在创办新企业时一定要以自身的实际情况为依据,选择合适自己的企业法律形式。

（一）常见的企业法律形式

企业的法律形式有多种,主要包括个体工商户、个人独资企业、合伙企业、中外合资企业、中外合作企业、外商投资企业、国有独资企业、无限责任公司、有限责任公司、股份有限公司等。创办企业一般都是小型企业,从工商部门统计数据来看,个体工商户、个人独资企业、合伙企业、有限责任公司四种企业法律形式,是我国当前创办企业最常见的企业法律形式。

1. 个体工商户

公民在法律允许的范围内,依法经核准登记,从事工商业活动的为个体工商户。

个体工商户业主只需一个人或一个家庭,人数上没有过多限制,也无注册资本数量限制,开办手续比较简单。业主只需要有相应的经营资金和经营场所,到工商部门办理登记手续即可。个体工商户还可以根据自己的需要起字号。应该注意的是,个体工商户的字号名称在申请登记管辖机关范围内的同一行业中不得重名。个体工商户的字号名称一般应体现所属行业,字号名称前冠以区县地名,直接冠用市名的须经市级工商行政管理部门核准后方可使用。个体工商户的字号名称不得使用外国国家(地区)名称、国际组织名称、以外国文字或汉语拼音组成的名称、以数字组成的名称,以及对国家、社会或者公共利益有损害以及有碍社会道德风尚和精神文明建设的名称。

个体工商户在经营上,由于全部资产属于自己所有,决策程序比较简单,不受他人制约;利润分配上,全部利润归自己或家庭,但同时对外要承担无限责任,相应的风险也比较大。此外,个体工商户也可以是个人合伙形式经营,即由两个以上公民自愿组成,共同出资,共同劳动经营,但从业人数须在限定的人数以内,一般不得超过 8 人。

2. 个人独资企业

个人独资企业是指依照《个人独资企业法》,在中国境内设立,由一个自然人投资,财产为投资人个人所有,投资人以其个人财产对企业债务承担无限责任的经营实体。

（1）个人独资企业的设立条件

第一,投资人为一个自然人,而且只能是中国公民。国家机关、国家授权投资机构或者国家授权的部门、企业、事业单位等都不能作为个人独资企业的设立人。

第二,有合法的企业名称。个人独资企业不能使用"有限""有限责任"或"公司"字样。个人独资企业的名称可以是厂、店、部、中心、工作室等。

第三,有投资人申报的出资。设立个人独资企业,投资人可以用货币出资,也可以用实物、土地使用权、知识产权或者其他财产权利出资。投资人可以个人财产出资,也可以家庭共同财产作为个人出资。以家庭共同财产作为个人出资的,投资人应当在设立登记申请书上予以说明。

第四,有固定的生产经营场所和必要的生产经营条件。

第五,有必要的从业人员。

（2）个人独资企业的法律特征

第一,在责任形态上,投资者个人以其个人财产对企业债务承担无限责任。投资人若以家庭共同财产作为个人投资的,以家庭共有财产对企业债务承担无限责任。

第二,从性质上看,个人独资企业是非法人企业。个人独资企业没有独立的资产,企业的财产就是投资人的财产,企业的责任就是投资人的责任。

（3）个人独资企业的经营方式

个人独资企业的经营方式是指经登记机关核准登记的个人独资企业经营活动所采用的方式或者方法。国家允许个体工商户和私营企业采取的经营方式,个人独资企业均可采用。

（4）个人独资企业可以从事的业务行业

个人独资企业是私营企业,凡是个体工商户和私营企业可以从事的行业,个人独资企业均可从事;凡是国家禁止个体工商户和私营企业从事的行业、经营的商品,个人独资企业也不得从事和经营。按国家有关法律、行政法规规定,个体工商户和私营企业不得从事下列行业:军工业、邮电通讯业、铁路运输业、金融保险业等,个人独资企业也不可以从事这些行业。

（5）个人独资企业对投资人出资的规定

个人独资企业是无限责任形式的企业,企业投资人不仅要以其出资对企业承担责任,还要以个人的其他财产承担无限责任。《个人独资企业法》规定,设立个人独资企业应当有投资人申报的出资。个人独资企业的出资额由投资人自愿申报,投资人不必向登记机关出具验资证明,登记机关也不审核投资人的出资是否实际缴付。个人独资企业投资人应当在申请设立登记时明确是以个人财产出资还是以其家庭财产作为个人出资。

总体来说,个人独资企业在业主数量与注册资金上与个体工商户相似,但设立手续比个体工商户要复杂。在经营决策与利润分配上与个体工商户相似,决策程序简单,利润归投资人,同时投资人负无限责任。

由于个人独资企业设立没有最低注册资金的要求,而且设立条件及程序较之其他形态要更为简单。绝大多数刚毕业的大学生都是"身无分文",因此对大学生创业者而言,个人独资企业是个不错的选择。但是,个人独资企业投资人对外承担无限责任,这对于刚步入社会、没有积蓄的大学生来说,要充分考虑当中需要承担的风险。

3. 合伙企业

合伙企业是指依照《中华人民共和国合伙企业法》在中国境内设立的,由各合伙人订立合伙协议,共同出资、合伙经营、共享收益、共担风险,并对合伙企业债务承担无限连带责任的营利性组织。

（1）合伙企业的主要特征

第一,合伙企业以合伙协议为成立的法律基础。合伙协议是调整合伙关系、规范合伙人相互权利义务、处理合伙纠纷的基本法律依据,对全体合伙人具有约束力,是合伙企业得以成立的法律基础。

第二,合伙企业须由全体合伙人共同出资,合伙经营。出资是合伙人的基本义务,也是其取得合伙人资格的前提条件。合伙人必须合伙参与经营活动,从事具有经济利益的营业行为。

第三,合伙人共负盈亏,共担风险,对外承担无限连带责任。

(2)合伙企业设立的条件

合伙企业设立应具备的条件主要有以下几个。

第一,有两个以上合伙人,并且都是依法承担无限责任者。人数上限没有限定。合伙人只能是自然人,不能是法人。

第二,有书面合伙协议。

第三,有各合伙人实际缴付的出资。可以是货币、实物、土地使用权、知识产权或其他财产权利出资,甚至可以用劳务出资。

第四,有合伙企业名称。合伙企业在其名称中不得使用"有限"或者"有限责任"字样。

第五,有经营场所和从事合伙经营的必要条件。

与其他人合伙共同创业是很多大学生创业者经常采取的方式。2007年6月1日起施行的新《合伙企业法》规定:"合伙企业的生产经营所得和其他所得,按照国家有关税收规定,由合伙人分别缴纳所得税。"这一规定避免了重复纳税,有利于合伙人更好地开办企业。在投资方式上,大学生没有雄厚的物质基础,资金有限,唯有利用专利、专业技术或高新技术成果等无形资产进行投资,而新《合伙企业法》的规定为这类大学生提供了舞台。和个人独资企业一样,合伙企业也无最低注册资本金的限制。

4. 有限责任公司

有限责任公司是指股东以其出资额为限对公司承担责任,公司以其全部资产对公司的债务承担责任的法人企业。

有限责任公司需要由两个以上50个以下的股东组成,注册资金根据从事不同的行业而有所不同。具体来说,从事科技咨询服务行业的,最低的注册资金为3万元;从事零售行业的,最低注册资金为3万元;从事批发性商业及生产性行业的,最低注册资金为3万元;以生产经营为主的公司,最低注册资金为3万元。法律对其最高注册资金未做限制。同时,有限责任公司还需要股东共同制定公司的章程、建立符合要求的组织机构、有固定的经营场所和必要的生产经营条件,还应设立股东会、董事会和监事会,并由董事会聘请职业经理管理公司事务。

(1)股东会

有限责任公司股东会由全体股东组成,股东会是公司的权力机构。

(2)董事会

有限责任公司要设立董事会。董事会是股东会的执行机构,由3～13名董事组成。董事会设董事长1人,可以设副董事长1～2人,董事长为公司的法定代表人。股东人数较少和公司规模较小的有限责任公司可以只设1名执行董事,不设董事会。股东会会议由董事会召集,董事长主持,董事长因特殊原因不能履行职务时,由董事长指定的副董事长或者其他董事主持。

(3)监事会

有限责任公司,经营规模较大的,设立监事会,其成员不得少于3人。监事会应在其组成人员中推选1名召集人。监事会由股东代表和适当比例的公司职工代表组成,具体比例由公司章程规定。董事、经理及财务负责人不得兼任监事。监事的任期每届为三年。监事任期届满，可以连选连任。

（4）经理

有限责任公司设经理，由董事会聘任或者解聘。

个体工商户、个人独资企业、合伙企业、有限责任公司四种企业法律形式各自优劣势对比如表12-2、表12-3所示。

表 12-2　个体工商户、个人独资企业、合伙企业、有限责任公司各自的优势

个体工商户	个人独资企业	合伙企业	有限责任公司
在同等盈利水平下，个体工商户比个人独资企业能获取更多好处	1.企业在经营上的制约因素少，企业设立、转让、解散等行为手续简便，仅需向登记机关登记即可 2.投资人独资经营，经营方式灵活，能迅速反映市场的变化 3.个人独资企业与法人企业不同，个人独资企业只需缴纳个人所得税，不需双重课税，税后利润归个人所有，不需要和别人分摊 4.技术和经营方面易于保密，有利于保持自己在市场的竞争地位 5.对投资者而言，他们在经营企业中获得了个人满足感	1.投资人可以为多人，使资金来源、竞争能力、信用程度等普遍提高 2.投资合伙人具有不同的技术专长和经验，能够发挥创业团队的作用，集思广益，取长补短，人尽其才，提升了管理企业的能力 3.由于综合实力的提升，使企业的规模扩大有了可能	1.投资人只对公司承担有限责任，与其他个人的财产无关，因此，投资人的风险不大 2.从公司的角度而言，也可以吸纳多个投资人，促进资本的有效集中，而且产权主体多元化，必然促使公司形成有效的公司治理结构，促进决策科学化、民主化 3.有限责任公司由股东会选举和更换董事，由董事会聘任或解聘公司经理。公司财产所有权与经营权分离，有利于公司经营稳定，有利于企业扩张

表 12-3　个体工商户、个人独资企业、合伙企业、有限责任公司各自的劣势

个体工商户	个人独资企业	合伙企业	有限责任公司
1.规模小、难以扩展业务 2.出资力有限，只能由出资人以个人借贷方式筹集资金，市场竞争力小 3.个人能力有限。虽然可以雇用他人，但雇佣人处于受雇用地位，对企业的经营没有主人翁的责任感，不能尽心	1.企业规模小，业务范围有限 2.个人负无限财产责任。当企业资产资不抵债时，法律规定企业主不是以投资企业的财产为限，而是要用企业主个人的其他财产来清偿债务 3.市场竞争力小	1.合伙人要承担无限连带责任，使其家庭财产具有经营风险，因此合伙关系必须要以相互之间的信任为基础 2.如果合伙业主产生意见分歧，互不信任，就会影响企业的有效经营	1.首先是双重纳税，即公司盈利要上缴公司所得税；当利润作为股息分派给股东后，股东还要上缴企业个人所得税 2.由于不能公开发行股票，筹集资金的范围和规模一般不会很大，难以适应大规模的生产经营需要；由于产权不能充分流动，企业的资产运作也受到限制

通过以上比较，我们可以看出企业不同企业法律形式之间的区别，创业者在创办企业时可以根据自己的实际情况进行选择。

（二）选择企业法律形式的影响因素

大学生在创业过程中选择企业形式时，应当结合自身的情况，从以下几个因素入手来选择企业形式。

1. 单干还是合作

创业者是要单干还是找合作伙伴一起创业，这关系到创业发展的命运。单干与合作都有各自的利弊，大学生创业者要对其有清晰的认识，根据自己的实际情况来选择。

2. 创业资金的多少

作为企业的生命线，资金的多少对企业形式的选择有着重要的影响。大学生创业者要根据自己筹备的创业资金的多少来选择企业形式。一般来说，在我国，个体工商户、个人独资企业以及合伙制企业对注册资金实行申报制，没有最低限额要求；而有限责任公司的注册资本的最低限额为 3 万元；股份有限公司的注册资本的最低限额则为 500 万元。

3. 创业风险的大小

不同的创业项目有着不同的风险，大学生创业者应对自己选择的创业项目进行合理的评估，如果创业风险较小，可以选择承担无限责任的创业形式；如果创业风险较大则宜选择仅承担有限责任的创业形式。

4. 所选创业项目的行业特点

行业特点对于选择企业形式也会产生影响，如交通运输业、文化体育业、医疗服务业、金融保险业、高校后勤服务业等服务行业的营业税有税收优惠，有害、奢侈、高能耗等消费品销售行业需要交纳增值税和消费税，等等。因此，大学生创业者要根据创业项目的特点来考虑创业项目的组织形式。

5. 是否有利于长远的创业规划

创业形式的选择还考虑该创业形式是否有利于长远的创业规划。为了促进企业做大做强，大学生创业者所选择的企业形式应当具有充分的发展空间，有利于吸引新的股东、资金、人才、技术等。而在这些方面，个体工商户、个人独资企业等企业形式要稍逊于有限合伙企业、有限责任公司、股份有限公司等企业形式。

三、选择企业地址

（一）企业地址选择的重要性

与企业经营所需的人、物、信息等因素相比，企业位置具有长期性和稳定性的特点，是各种要素中最不灵活的一个因素。当外部的环境发生变化时，其他因素都可以随之进行相应的调整，但经营场所确定后再变动会很困难，这是因为经营者不能随意破坏租赁协议或放弃已建成（或再建）的工程。别外，经营场所变动后会牵一发而动全身，牵涉其他各因素的变动。比如，新场所是否要重新装修等问题。因此，经营场所一旦确定，一般不要轻易更改，否则会带来资源的巨大浪费。

从实践情况来看，并非闹市、商业区就好，经营场所的选择要和创业企业的经营类别与当地居民的喜好联系起来。中国人做事讲究"天时、地利、人和"，开店创业尤以占有利位置最为重要,如果找对开店的地点,即可掌握良好的商机。因此,想创业开店的人千万不能随便找个店面,以免输在起跑线上。开店成功的首要因素便是地点。

(二)选择企业地址时应考虑的因素

创业选址非常重要,甚至在某种程度上可以决定创业企业的经营成败,因此,创业企业在选择经营地址时必须慎重,应该从位置的吸引力、成本、环保等因素加以考虑。

1. 所处位置是否有吸引力

所处位置是否有吸引力包括选址周围环境好坏;交通条件是否方便顾客;周围设施对选址是否有利;服务区域的人口情况;目标顾客收入水平、消费意识及品位等。

第一,地理环境的好坏有两层含义:一层含义是指选址周围的卫生状况。比如,有的餐饮店开在公共厕所旁或附近,不远处便是垃圾堆、臭水沟或店门外尘土飞扬,或旁边是怪味溢发的化工厂等,这些都是恶劣的开店环境。另一层含义是指选址所处位置的繁华程度。一般来讲,选址若处在车站附近、商业区或人口密度高的地区或同行业集中的街上,这类开店环境应该具有比较大的优势。

第二,交通条件是否方便顾客是指顾客到店后,停车是否方便,货物运输是否方便,从其他地段到店里来乘车是否方便等。交通条件方便与否对创业企业的销售有很大影响。

第三,周围设施对选址是否有利。有的选址虽然选在城区干道旁,但干道两边的栅栏使生意大受影响。因此在选择临街铺面时,要充分注意这一点。典型的街道有两种:一种是只有车道和人行道,车辆在道路上行驶,开车人的视线很自然地能扫到街两边的铺面;行人在街边行走,能够很容易地进入店铺,这种街道位置比较好。但街道宽度若超过 30 米,则位置的优越性将大打折扣,街道太宽敞有时反而不聚人气。据调查研究,街道为 25 米宽时,最易形成人气和顾客潮。另一种典型街道是车道、自行车和人行道分别被隔开,其实这是一种封闭的交通,选择这种位置开店不太好。

第四,服务区域的人口情况。一般情况下,开店位置附近人口越多、越密集越好。目前,大中城市都相对集中形成了各种区域,如商业区、旅游区、高校区等,在不同区域开店应注意分析这种情况。

第五,目标顾客收入水平。在富人聚集的地段开设首饰店、高档时装店便是瞄准了目标顾客高收入这一特点。城市周边建设的各种商业别墅群或有档次的小区,都是富人聚集的地方之一。有三岔路口、拐角的位置一般为好位置,坡路上、偏僻角落、楼屋高的地方位置自然要差一些。

2. 要注意对环境的保护

创业企业选择经营地址时,应考虑对周围环境的影响。生产易燃、易爆、有毒产品或噪声大的创业企业,应远离城市;可能产生"废水、废渣、废气"的创业企业,应考虑当地风向和城市整体规划。创业企业选址一定要搞好"三废"的处理、回收和利用,保护自然风景区和名胜古迹,严防污染环境。

3. 成本要适当

创业企业经营一般会受创业企业所处的环境和地理位置的影响,但是好的地理位置其地价、房价都很高。创业企业应根据节约支出的原则,考虑本创业企业的经营特点和承受能力,选择合适的经营场所。

总之,影响创业企业选址的因素有很多,因素也千差万别,应该"具体情况具体分析"。位置的好坏,是相对的而非绝对的。但我们应该知道,企业经营的好坏不仅仅取决于选址的位置,也与企业经营内容、经营方式、服务、形象均有密切的关系。因此,在创业企业选址定位时要充分考虑以上要素,并尽可能把问题想周全,把总体规划搞好,以便创业企业一开张便能旗开得胜。

(三)不同行业的选址技巧

创业企业在选择经营地址时,不能一概而论,应根据不同的行业考虑不同的因素,以下分别从餐饮业、商店、农副产品加工业、文化娱乐场所和工业创业企业五个方面说明不同行业的选址技巧。

1.餐饮业的选址

无论经济怎样迅速发展,人民的生活水平怎么提高,吃饭总是不能少的,"吃"是人的生存之本。人们怎么才"吃"得实惠、"吃"得方便始终是广大消费者关注的首要问题,所以餐饮业店面位置的选择很重要。具体的条件大致有以下几个方面。

第一,是否靠近消费群体。只有有消费的存在,才会有市场的存在,看一看现在及将来,是否靠近居民生活区及生活服务区,是选址的关键所在。

第二,了解居民的消费习惯。受周围环境及工作环境的影响,人们的饮食习惯不尽相同。通过对潜在消费者的调查和了解,确定餐饮服务的品种。

第三,了解当地居民的消费水平。这是消费地区消费活动的直接指标,也是餐饮业的重要指标,依此,可以推出与当地消费水平相适应的餐饮服务,确定服务档次。

第四,考察店面周围环境。如果周围环境污染严重,噪声很大,人们是不喜欢到这个地方来的。尽量要选安静、卫生的地方开店。

第五,店面前是否有宽敞的停车场所。一般来说,消费者不但喜欢得到优质服务,更喜欢自己财产的安全、行动的方便。宽敞的停车场所,会给在拥挤的都市里生活的人们带来极大的舒适感。

2.商店的选址

对于一个创业企业来说,它所处的环境至关重要。我们经常看到有些新开的商店,没几天就关门了,最常见的原因就是商店位置选择不当。俗话说,"小生意就是靠地点的生意",由此可见,商店的位置可以决定商店经营的种类与方式,也决定了经营的成败。

对于商店的选址,不但要了解将来的发展规划,如交通开发计划、社区发展计划及商业区的建设计划等,同时,更要了解同行竞争者的动向。选择商店位置主要应考虑如下问题。

第一,该地区交通情况是否良好,只有交通发达,消费群体才会多,才能酝酿商机。

第二,该地区是否有方便的银行服务。

第三,该地区是否离商店主要供应商较近。

第四,该地区同行业的竞争是否激烈。

第五,与邻近商店是否能形成相容互补。

第六,若在郊区开店,道路是否良好,停车场是否足够。

第七,商店在该地区是否有发展潜力。

第八,若在市中心开店,考虑该地区是否有便利的大量运输系统,或能否允许通行大型货车。

第九,经营商品是否有别于其他的大型商店。

依据上面的提示,如果你的评估结果回答"是"较多,那么设置商店位置则较为理想;如"否"多,则要慎重考虑一下在本地区开店与否。

3. 农副产品加工业的选址

随着经济大潮的汹涌澎湃,许多行业在都市中悄然兴起,形成了无微不至的服务网络,同时也增剧了各行业的竞争。在我国广大的农村地区,伴随着新农村建设和城镇化建设步伐的加快,农村已经成为一个潜力巨大的市场,农副产品加工业前景广阔。首先,我国农村分布比较广泛,并且地理条件各异,资源分布也较为广泛和丰富。其次,我国人口众多,是大聚居、小分居的状态分布,有利于实行统一的管理,有充分开发市场的潜力。最后,我国经济的逐步发展及市场经济制度的不断完善,要求有不同的行业来满足人们日益增长的物质和文化生活的需求。鉴于以上的各种条件,迫切需要有更多、更优秀的企业为之服务。对农副产品加工业的选址,要从以下几个角度考虑。

第一,农副产品的加工,首先应有得天独厚的资源优势。加工的产品应取材方便、资源丰富,这是农产品加工业存在的基础。

第二,农副产品的加工,应解决运输问题。农村受地理条件与经济条件的制约,交通运输一般不方便,而投资建厂则要充分考虑交通问题,看看是否有利于原料的运输和产品的外运。

第三,农副产品的加工,一般属于技术条件要求不太高的产业,劳工的需求量通常很大。此时,要分析劳工资源的分布情况,以及劳工的技术知识条件。

第四,不同地区的劳务工资水平不尽相同,劳务工资水平的高低,直接影响劳务的成本。

第五,要了解当地政府的政策。每个地区都有自己的地方政策,要充分利用地方政府对建厂的优惠政策,避免与地方法规的冲突,为创业企业的生存与发展营造良好的环境。

第六,充分了解当地的生活习惯与消费水平。应从民众的真正需求出发,制造出适合民众消费水平的产品,从不同角度、不同层次满足他们的需求。

4. 文化娱乐场所的选址

文化娱乐场所是人们消遣和休闲的地方,特别是在快节奏的经济发展大潮中,人们总希望拥有一个放松的空间,来调节紧张的情绪。文化娱乐场所是能给人们带来乐趣的地方,同时也应该是人们增长知识、陶冶情操的好去处。因此,文化娱乐场所的选址同样是至关重要的。对此,应该注意以下几点。

第一,文化娱乐场所应处在人口密集区附近,但要保持一定的距离。离人们较近是指能够方便人们充分利用闲暇时间,同人群要保持一定距离是指娱乐场所不能影响人们的正常休息。

第二,要有便利的交通。便利的交通能方便八方客人,同时也是人口集中或人口流量特别大的地方。

第三,要有宽敞的停车场所。文化娱乐业主要是面向生活水平较高的消费群体,文化娱乐场所是他们会客聚友的地方,所以难免要有众多的车辆,有了停车场,既方便了顾客,也会给自己带来利润。

第四,文化娱乐场所周围环境。文化娱乐场所设在空气清新、环境幽雅的地方,能起到一定的陶冶情操的作用。文化场所与娱乐场所又有所不同,文化场所虽然要交通便利,但要远离嘈杂的环境,以便人们静心学习;娱乐场所则突出高雅与闲致,给人以清新的乐趣。

5. 工业创业企业的选址

第一,工业创业企业原料进厂、产品销售都要运输,且运输量大,其地址应尽量选择在接近公路、铁路、水路等交通便利的地段,或选择在与原材料供应地和产品销售地距离较近的地方。

第二,各种创业企业都会不同程度地存在环境污染或噪声扰民等问题;工厂既有生产车间,又有原材料库、半成品库和成品库,占地面积较大;城区土地价格高,选择城区既增加创业企业经营成本,又不利于创业企业今后的发展。因此工业创业企业选址要尽量远离居民区,最好选在郊区交通较方便的地方。随着人们环境保护意识的提高,建厂都要设置消除污染或噪声的设备。

第三,工业创业企业用电、用水、用气量大,因此选址应考虑水源、能源供应、动力等外部条件,尽量选择在能保证水、电等充分供应的地方。

总之,工业创业企业选址是一个综合性的问题,既要考虑方便,又要考虑成本,以最有利于创业企业的中长期发展为原则。

四、企业的登记

(一)企业登记注册的程序

1. 企业名称预先核准

办理地点:工商分局或投资服务大厅工商分局窗口,申领《名称预先核准申请书》,出具全体投资人资格证明、投资人指定或委托代理机构办理的委托文件、特殊行业需要的其他文件。

办理程序:第一,工商局预先核准公司名称。第二,领取并填写《名称(变更)预先核准申请书》,同时准备相关材料。第三,递交《名称(变更)预先核准申请书》及相关材料,等待名称核准结果。第四,领取《企业名称预先核准通知书》。第五,根据公司拟定的名称、法人代表、组织形式、选址、注册资金、经营范围填写《名称(变更)预先核准申请书》,要求内容填写齐全。

2. 领取《企业设立登记申请书》

办理人员:投资人指定委托的代表人或代理人。

办理地点:区工商分局或投资服务大厅工商分局窗口。

提交资料:《名称核准通知书》。

办理程序:递交《名称核准通知书》,领取《企业设立登记申请书》,同时领取《指定(委托)书》《企业秘书(联系人)登记表》。

如果公司的名字已核准,根据企业其他基本情况,填写《企业设立登记申请书》和《指定(委托)书》《企业秘书(联系人)登记表》,要求内容填写齐全。

3. 注册资金存入银行

办理地点：区工商分局或投资服务大厅工商分局窗口、入资银行

提交资料：《企业名称预先核准通知书》原件；所有股东身份证复印件；注册的资金，如果是自然人出资，需要现金或银行通存通兑存折，如果是法人出资，就需要出资单位支票和新成立法人的人名章及委托书、验资报告。

办理程序：办理公司、股份合作制企业法人和集体企业设立登记，应当将缴付的注册资本（金）存入入资专户，即持《企业名称预先核准通知书》到工商局确认的入资银行（以下简称经办行）存入注册资金。程序：股东之一本人当面出示所有股东的身份证原件；填写入资单，将认缴的资金存入经办行专用账户；领取入资原始进账单。

4. 验资

验资即资本验证，它是指注册会计师接受委托，按独立审计准则的要求，对被审验单位的实收资本（股本）及其相关资产、负债的真实性与合法性进行的审验。

办理地点：企业所选择的会计师事务所

提交资料：企业以货币方式出资的，提交《企业交存入资资金凭证》第二联；以非货币方式出资的，不能采取分期缴付方式，应提交全部非货币出资的评估报告，以及全体投资人资格证明。

办理程序：企业确定委托验资的会计师事务所后，与事务所签订验资业务约定书。企业领取需要自填的基本情况表等资料。注册会计师取得充分、适当的验资证据后，经对上述资料分析、评价后，形成验资意见，出具验资报告。验资报告用于工商登记时的资本证明。

5. 工商注册的审批、领取营业执照

新开办企业通过工商注册审批后，领取营业执照。

办理地点：区工商分局或投资服务大厅工商分局窗口、入资银行。

提交资料：由于企业的性质不同，提交的材料也不同。其中有限责任公司应提交下列资料：《企业设立登记申请书》；公司章程；企业以货币方式出资的，提交《企业交存入资资金凭证》第二联；以非货币方式出资的，不能采取分期缴付方式，应提交全部非货币出资的评估报告；《名称预先核准通知书》及《预核准名称投资人名录表》；股东资格证明；《指定（委托)书》；《企业秘书(联系人)登记表》；经营范围涉及前置审批项目的，应提交有关审批部门的批准文件；打印的与公司章程载明的股东姓名(名称)、出资时间、出资方式、出资额一致的股东名录和董事、经理、监事成员名录各一份。

办理程序：创业者在领取工商营业执照后30日内，向当地税务部门办理开业税务登记，申请税务执照。办理税务登记应填写统一的税务登记表，提交相关材料。企业领取到税务登记证后，便可以申领发票，开张营业。具体步骤：第一，填写《企业设立登记申请书》。第二，提交验资报告等其他材料。第三，领取受理单。第四，5个工作日后持《准予行政许可决定书》交费。第五，领取营业执照正副本。

6. 刻制印章

（1）公司刻制印章包括公章和法定代表人章

公章指刻有单位名称、一经加盖即代表单位名义的印章(如单位公章、业务章、合同章、财

务专用章、发票专用章及其他专用章等），一般是圆的。法定代表人章是以法人代表的名字篆刻的印章，一般是方的。

（2）刻制印章的规定

我国法律法规还规定任何机关、组织、社会团体、企事业单位、公司及其他法人等刻制公章，必须经主管部门同意，凭有关证明文件向当地公安机关申请，经公安机关审查同意后，到指定的刻制单位刻制。公章刻制完成后，还应在公安机关及相应的主管部门进行印鉴备案后，方可正式使用。

（3）刻制印章的程序

第一，领取并如实填写《申请刻制印章审批表》，统一报公安机关审批。

第二，公安机关审批同意后，由工商局指定刻字公司承刻。

第三，刻制完成后进行印鉴留底备案。

7. 办理组织机构代码证

（1）统一代码标识制度

所谓统一代码标识制度，是由各级代码主管部门给每个企事业单位、社会团体、党政机关赋予一个在全国范围内惟一的、始终不变的、符合国家关于机构代码编制规则的法定代码标识，在赋予代码的同时采集了该单位相关的公共信息，其主要信息项均按国家规定标引了供检索（统计）之用的分类代码。这样，每一个代码不仅代表一个惟一的单位，而且也表达这个单位的一些最基本的要素。这些以统一代码为特征的标准信息单元经技术处理后，输入计算机，形成分层级的代码信息网络系统，从而为实现信息共享提供了技术手段。

（2）组织机构代码

组织机构代码是由组织机构代码主管部门根据国家关于实行统一代码标识制度的规定，给每个企事业单位、社会团体和党政机关颁发一个在全国范围内惟一的、始终不变的、符合国际标准化组织（ISO）有关机构编码规则的法定代码标识。

该代码由8位字符本体代码和一位字符校验码组成，表示形式为：

12345678-8，本体代码（8位）和校验码（1位）。

（3）办理组织机构代码证时间

新开办企业办理完工商登记，凭工商执照介绍信去技术监督局办理企业代码证。企业首先领取申请表，如实填写，加盖单位公章，并附营业执照副本复印件、法人代表身份证复印件、经办人身份证复印件等，送交技术监督部门，经审核后，发给企业代码证。

8. 开立银行账户

（1）银行账户的概念

银行账户是各单位为办理结算和申请贷款在银行开立的户头，也是单位委托银行办理信贷和转账结算以及现金收付业务的工具，它具有监督和反映国民经济各部门、各单位活动的作用。

根据《银行账户管理办法》，银行账户分为基本存款账户、一般存款账户、临时存款账户和专用存款账户，各类账户均有不同的设置和开户条件。

（2）开立银行账户的注意事项

第一，企业与银行的往来业务主要包括开设账户（开户）、购领结算凭证、办理结算及借款。新开办的企业应先向中国人民银行办理银行开户许可手续，取得银行开户许可证。

第二，取得开户许可后，企业应选定开户银行，向该银行领取开户申请书，如实填写并由主管部门审核盖章后，并附银行开户许可证、营业执照正本、企业代码证正本及复印件，交开户银行审核。银行同意开户后，送交预留印鉴，包括企业财务专用章、法人代表章，领取银行账号后，可刻印账号章。按结算要求，企业只能开设一个基本账户。

第三，企业根据结算业务的需要，向开户银行购领有关结算凭证，如现金缴款单、信汇单、支票等，所需款项可用现金支付，也可由银行转账。购领支票，则须提交预留印鉴。

9. 涉税业务

企业会计人员与税务部门的往来最为频繁，会计人员往往兼任办税人员。开办期间涉税业务主要包括办理国税、地税开业登记；发票购领；纳税申报；增值税一般纳税人的申请认定。

（1）办理国税、地税开业登记

从事生产、经营活动的企业单位和个人，自领取营业执照或有关部门批准成立之日起30日内，持以下证件和资料向办税服务厅"税务登记"窗口提出申请办理税务登记。

第一，营业执照复印件。

第二，法人代码证复印件。

第三，公司章程复印件。

第四，验资报告复印件。

第五，开户许可证（银行账号证明）复印件。

第六，法人身份证复印件。

第七，会计从业资格证书复印件（2人）。

第八，开业申请书。

第九，从业人员名单。

第十，注册地和经营地场所使用证明。自有房屋需附房屋产权或使用权证明，租用房屋须附房屋租赁协议。

第十一，《税务登记表》一式三份。

第十二，税务机关要求提供的其他有关证件和资料。

税务登记机关核准后，发给《税务登记证》，企业持《税务登记证》和税务机关的专用介绍信刻制发票专用章。

《税务登记证》用于申请减免退税、购领发票、办理外出经营活动证明等税务事项。

（2）发票购领

需要使用增值税专用发票的企业，应事先办理一般纳税人认定。

企业办理税务登记及一般纳税人认定后，企业办税人员应到税务机关资料发售处领取购票申请，如实填写并加盖公章，并附税务登记证副本、办税人员证件交资料发售处。经税务机关审核后，发给发票购领簿。企业凭发票购领簿，根据税务机关核准的发票种类、数量向有关发票购领点购领发票。购领增值税专用发票，实行验旧售新办法。首次购票，应提交加盖有增值税一般纳税人确认章的税务登记证副本、财务专用章或发票专用章印模。

按规定，企业经营业务的发生都应向付款方开具发票，并加盖财务专用章或发票专用章。有条件的企业应向税务机关申请电脑开票，购买、安装经税务机关认可的应用软件，购领电脑版专用发票。企业应建立发票登记和保管制度,加强对专用发票的管理。

增值税专用发票以外的其他发票购领与开具,其手续和要求与增值税发票大致相同。

（3）纳税申报

企业无论有无经营收入、无论是否享受税收减免,都应在规定的申报期限内办理纳税申报。企业办税人员在规定的期限内,持有关报表及其他纳税资料,向主管税务机关办理纳税申报。税务机关申报处经审核无误后,加盖"已申报"戳记,退回申报表一联给企业留存。实行电脑开票的企业,可利用软件中的纳税申报模块,将已录入的开票数据及录入的扣税数据,自动生成纳税申报表及其他申报资料,并将其复制到申报数据软盘一并上报税务机关。

为提高效率,企业可以向税务机关申请网上申报,通过专用网或互联网,经签字及数据加密后,直接将申报数据发送给税务机关的纳税数据接收系统。

企业必须依法接收税务机关的税务检查,准备好有关证件、凭证、账册、报表及其他纳税资料,如实反映情况并给予税务检查必要的协助与配合。

（4）增值税一般纳税人的申请认定

①增值税一般纳税人是指年应征增值税销售额（包括一个公历年度内的全部应税销售额）超过《中华人民共和国增值税暂行条例》及其《实施细则》规定的增值税小规模纳税人标准的纳税人。

凡符合增值税一般纳税人条件的纳税人,必须主动提出申请,向增值税征收机关申请办理一般纳税人的认定手续。

②申办一般增值税纳税人应符合以下程序。

第一,增值税一般纳税人的申请认定,由各区、县国家税务局和直属分局负责实施。

第二,按要求填写《增值税一般纳税人申请（认定）审批表》后,需一并提供书面申请、工商执照（副本）、税务登记证副本（国税）及其复印件以及税务机关需要提供的其他资料,报主管税务机关申请办理增值税一般纳税人申请认定手续。

第三,主管税务机关收到《增值税一般纳税人申请（认定）审批表》及有关资料后,对照国家税务总局和各自省市的国家税务局关于增值税一般纳税人认定的标准及有关规定进行审核。

第四,税务机关做出认定结论后,应及时通知纳税人,并将《增值税一般纳税人申请（认定）审批表》（一份）工商执照（副本）、税务登记证副本（国税）退还给纳税人。

第五,认定为增值税一般纳税人的纳税人应带好税务登记证副本（国税）和《发票领购簿》到税务机关,由税务部门在两证（簿）上加贴年检合格的标识。

③相关政策:第一,增值税一般纳税人的认定范围。增值税一般纳税人的认定范围包括符合规定标准的企业、企业性单位及个体经营者。第二,从事货物销售、加工、修理修配劳务的纳税人,必须符合以下条件,方可申请办理增值税一般纳税人认定。

一是销售货物或应税劳务的年销售额达到或超过规定标准以上的纳税人。其中,从事货物生产或提供应税劳务的纳税人,包括以从事货物生产或提供应税劳务为主,并兼营货物批发或零售（指全部增值税应税销售额中,批发或零售货物以外的销售额超过 50%）的纳税人,年销售额在 100 万元（含 100 万元）以上;从事货物批发或零售的纳税人,年销售额在 180 万元（含180 万元）以上。

二是已开业的小规模工业企业会计核算健全,实际年应税销售额在上述规定标准以下、30

万元(含30万元)以上的。

三是新成立的生产经营规模较大,财务力量较强,会计核算健全的企业。

四是具有进出口经营权的企业。

五是持有盐业批发许可证并从事盐业批发的企业。

④已开业的小规模企业,连续12个月内累计应税销售额达到规定标准的次月,须申请办理增值税一般纳税人的认定手续。

⑤对符合增值税一般纳税人条件,但不申请办理增值税一般纳税人认定手续的,应按销售额依照增值税适用税率计算应纳税额,不得抵扣进项税额,也不得使用增值税专用发票。

⑥已认定为增值税一般纳税人的纳税人,应按规定参加每年一次的增值税一般纳税人资格年度检验。

10.办理工资保险统计登记

第一,办理员工的工资和社会各项保险工作。此项工作的主管部门是劳动和社会保障局。带营业执照副本和企业公章,到所属区县劳动部门办理,主要办理社会养老保险、失业保险和医疗保险。

第二,办理统计登记的主管机关是统计局。

(二)不同类型企业登记的相关规定

1.个体工商户

(1)申请个体工商户名称预先登记应提交的文件、证明

第一,申请人的身份证明或由申请人委托的有关证明。

第二,个体工商户名称预先登记申请书。

第三,法规、规章和政策规定应提交的其他文件、证明。

(2)申请个体工商户开业登记应提交的文件、证明

第一,申请人签署的个体开业登记申请书(填写个体工商户申请开业登记表)。

第二,从业人员证明(本市人员经营的须提交户籍证明,含户口簿和身份证以及离退休等有关证明,外省市人员经营的须提交本人身份证、暂住证、劳动用工证)。

第三,经营场地证明。

第四,家庭经营的家庭人员的关系证明。

第五,名称预先核准通知书。

第六,法规、规章和政策规定应提交的有关专项证明。

(3)办理期限

工商机关依照《城乡个体工商户登记管理暂行条例》等法律、法规和规章的规定,办理各类个体工商户登记注册,凡手续完备、证件齐全、符合法定条件的,自受理之日起在以下期限内办理完毕:名称预先登记,10个工作日;个体工商户开业、变更、注销登记,30个工作日。

(4)相关表格

创业者创办个体工商企业,在申请开业时要在工商管理机构填写个体工商户申请开业登记表。其中,由申请人填写基本情况、申请登记项目,如表12-4、表12-5所示。

表 12-4 个体工商企业申请开业填写的基本情况

姓名		性别		年龄		贴照片（提供3张）
文化程度		政治面貌		民族		
健康状况		身份证号码				
住所				电话号码		
本人简历						
备注						

表 12-5 个体工商企业申请开业的申请登记项目

字号名称					
从业人员数		其中	合伙人		人
			家庭成员		人
			帮手或学徒		人
经营地址					
组成形式			经营方式		
经营范围	主营				
	兼营				
资金数额		其中	流动资金		元
			固定资金		元
主要工具、设备					
经营场地			其中		产权所属
			营业面积	平方米	
			仓储面积	平方米	

2. 个人独资企业

（1）设立登记需要提交的文件

第一，投资人签署的个人独资企业设立申请书。

第二，投资人身份证明。

第三，企业住所证明。

第四，国家工商行政管理局规定提交的其他文件。

从事法律、行政法规规定须报经有关部门审批的业务的,应当提交有关部门的批准文件。委托代理人申请设立登记的,应当提交投资人委托书和代理人的身份证明或者资格证明。

（2）个人独资企业设立申请书应当载明的事项

第一,企业的名称和住所。

第二,投资人的姓名和居所。

第三,投资人的出资额和出资方式。

第四,经营范围及方式。

个人独资企业投资人以个人财产出资或者以其家庭共有财产作为个人出资的,应当在设立申请书中予以明确。

（3）办理期限

第一,企业登记机关应当自收到申请人提交的全部文件之日起 30 日内,作出核准登记或者不予登记的决定。予以核准的发给营业执照;不予核准的,发给企业登记驳回通知书。

第二,个人独资企业营业执照的签发日期,为个人独资企业成立日期。

（4）相关表格

创业者创办个人独资企业要在工商管理部门填写个人独资企业设立登记申请书。个人独资企业设立登记申请表、登记审核表如表 12-6、表 12-7 所示。

表 12-6　个人独资企业设立登记申请表

企业名称			
企业住所		邮政编码	
		联系电话	
经营范围及方式			
出资方式	1.以个人财产出资	2.以家庭共有财产作为个人出资 家庭成员签名:	
从业人员数			
有关部门意见			
谨此确认,本申请表所填内容真实无误。 投资人签名:　　年 月 日			

注:（1）"企业住所"应填写所在市、县、乡（镇）及村、街道门牌号码。

（2）出资额是投资人以货币出资的数额，以及采取实物、土地使用权、知识产权或者其他财产权利出资的作价数额，投资人申报的出资额应当与企业的生产经营规模相适应。

（3）"出资方式"栏中，在选择项的序号上画"√"。以家庭共有财产作为个人出资的，家庭成员应当签名。

（4）"从业人员数"应填写企业拟聘用从业人员的数量。

（5）出资额、出资方式和从业人员数由投资人申报。

表 12-7　个人独资企业设立登记审核表

企业名称		
企业住所		
投资人姓名		
投资人居所		
经营范围及方式		
出资额		
出资方式	1. 以个人财产出资	2. 以家庭共有财产作为个人出资
初审意见	签字：　　年月　日	
审查意见	签字：　　年月　日	
核定结果	签字：　　年　月　日	

说明：依照《中华人民共和国个人独资企业法》的规定，出资额和出资方式由投资人申报。

3. 合伙企业

（1）设立登记合伙企业需要提交的文件

第一，全体合伙人签署的设立登记申请书。

第二，全体合伙人的身份证明（法律、行政法规禁止从事营利性活动的人不得成为合伙企业的合伙人）。

第三，全体合伙人指定的代表或者共同委托的代理人的委托书。

第四，合伙协议。

第五，出资权属证明。

第六,经营场所证明。

第七,国务院工商行政管理部门规定提交的其他文件。

从事法律、行政法规规定设立合伙企业须报经审批的业务的,还应当提交有关批准文件。合伙协议约定或者全体合伙人决定,委托一名或者数名合伙人执行合伙企业事务的,还应当提交全体合伙人的委托书。

（2）合伙企业的登记事项

第一,合伙企业的名称中不得出现"有限"或"有限责任"字样。

第二,经营场所。

第三,经营范围。

第四,经营方式。

第五,合伙人的姓名及住所、出资额及出资方式。

合伙企业确定执行合伙企业事务的合伙人或者设立分支机构的,登记事项还应当包括执行合伙企业事务的合伙人或者分支机构的情况。

（3）办理期限

第一,企业登记机关应当自收到申请人提交的全部文件之日起 30 日内,作出核准登记或者不予登记的决定。

第二,合伙企业的营业执照签发之日,为合伙企业的成立日期。

（4）相关协议

创业者创办合伙企业,应该拟定一份合伙协议,合伙协议形式内容如下。

合伙企业合伙协议

依据《中华人民共和国合伙企业法》和《中华人民共和国合伙企业登记管理办法》,经全体合伙人协商一致,制定本协议。

第一条　合伙目的：_____

_____。

第二条　合伙企业由合伙人共同出资、合伙经营、共享收益、共担风险,并对合伙企业债务承担无限连带责任。

第三条　合伙企业名称：_____

第四条　合伙企业经营场所：_____

_____。

第五条　合伙企业经营范围：_____

_____。

第六条　合伙企业的出资总额：_____万元人民币。

第七条　合伙人姓名、出资方式及出资额。

（一）合伙人姓名：_____；

合伙人住所：_____；

出资方式：_____；计人民币_____万元。

（二）合伙人姓名：_____；

合伙人住所：_____；

出资方式：_____；计人民币_____万元。

（三）合伙人于_____年____月____日前缴付出资。

出资额没有实际缴付的，不能算合伙人已经出资。

出资额中以实物出资的，合伙企业应当于成立后半年内办理实物过户手续，并报登记机关备案。

出资额中以知识产权出资的，合伙企业应于成立后半年内办理知识产权转让登记手续，并报登记机关备案。

第八条　合伙人的权利和义务。

（一）合伙人享有了解合伙企业经营状况和财务状况的权利。

（二）合伙人按照出资比例分取红利和分担亏损。

（三）有优先受让其他合伙人转让的财产份额和优先购买合伙企业的新增资金，但须经其他合伙人同意。

（四）合伙企业存续期间，合伙人向合伙人以外的人转让其在合伙企业中的全部或者部分财产份额时，须经其他合伙人一致同意。合伙人以外的人依法受让合伙企业财产份额的，经修改合伙协议即成为合伙企业的合伙人，依照修改后的合伙协议享有权利，承担责任。

（五）合伙企业终止后，依法分得合伙企业的剩余财产。

（六）合伙人不得从事损害本合伙企业利益的活动。

（七）合伙企业依照法律、行政法规的规定建立企业财务、会计制度，并依法履行纳税义务。

4. 有限责任公司

（1）申请企业名称预先登记应提交的文件、证件

第一，组建负责人签署的登记申请书。

第二，组建单位的资格证明或股东、发起人的法人资格证明及自然人身份证明。

第三，申请人的身份证明及有关指定委托的证明文件。

第四，法律、法规、规章和政策规定应提交的其他文件、证件。

（2）申请设立有限责任公司设立登记应提交的文件、证件

第一，公司董事长签署的设立登记申请书。

第二，全体股东指定的代表或者委托代理人的证明。

第三，公司章程。

第四，具有法定资格的验资机构出具的验资证明。

第五，股东的法人资格证明或者自然人身份证明。

第六，载明公司董事、监事、经理的姓名、住所的文件及有关委派、选举或者聘用的证明。

第七，公司法定代表人任职文件和身份证明。

第八，公司名称预先核准通知书。

第九，公司住所证明。

第十，经营范围有法律、行政法规规定必须报经审批的项目，需提交国家有关部门的批准文件。

（3）办理期限

第一，企业登记机关应当自收到申请人提交的全部文件之日起 30 日内，作出核准登记或者不予登记的决定。

第二,有限责任公司的营业执照签发之日,为公司的成立日期。

(4)相关表格

创业者选择有限责任公司企业组织形式,在企业成立之初需要投资人共同签署公司章程,公司章程的具体内容和格式法律上有其具体要求,比前三种企业形式复杂。由于篇幅所限,其相关表格在此不做详细介绍。

第十三章　新创企业的管理

21世纪是"创业时代",作为国家最具活力的群体,大学生在接受了系统科学素养和人文精神熏陶之后,成为国家创业的重要组成力量。大学生在创办新企业的过程中,资金投入大、周期长,也就不得不面临财务问题、营销问题、人力资源问题、风险问题。如果不解决好这些问题,将会导致企业产品研发速度不稳定,质量波动大,缺乏自己的识别体系。本章就大学生新创企业过程中的人力资源管理、财务管理、市场营销管理、创业风险管理展开论述。

第一节　人力资源管理

大学生创业者创办新企业后,做好人力资源管理是一项非常重要的工作,只有这样,才能使企业的所有员工各负其责,保证新创企业的正常运营。

一、新创企业人力资源管理的目标

对于人力资源管理而言,如何将适当的人在适当的时刻安排在适当的工作岗位上是最为关键的。因此,新创企业人力资源管理的总体目标应当是发挥人的最大主观能动性,获得人力最大的使用价值。将这一目标具体化,则分为以下几个方面。

（1）有效运用人力资源,促进企业整体目标的快速有效完成。

（2）使组织成员建立良好的工作关系。

（3）使各层次的人力资源目标尽可能高效完成。

（4）让每个组织成员在企业中得到最大程度的发展。

为了达到上述目标,新创企业应努力选聘企业真正所需的各类人才,利用有效方式促使所聘人员在组织能充分发挥所长,同时为组织人才提供培训和发展机会。

二、新创企业人力资源管理的特征

新创企业所经营的业务具有很大的不稳定性,因而本身拥有的资源是很有限的,主要具有以下几大特征。

（一）家族制管理占主导

新创企业还未建立起完善的管理制度,有着较为浓厚的个人主义管理色彩,创业者和其他人员的关系多为熟人关系,人情味较重。

(二)组织结构简单

新创企业的人力资源一般组织层次很少,组织结构趋于扁平,决策权通常由创业者掌握,执行程序也很简单,因此新创企业运行效率较高,为适应市场变化可以灵活调整。

(三)用人机制灵活

新创企业的业务短、平、快,对人员的要求也比较灵活。因此在招揽人才时更看重的是工作经历而非学历,需要能够迅速胜任岗位的能手。新创企业的分工通常也不明确,所以急需一专多能的人员。

(四)薪酬低,福利少

新创企业在生产规模、人员、资产拥有量、影响力等方面都无法与大企业相比,很难通过高薪酬、高福利吸引人才。另外,新创企业分布于各行各业,其经营状况的稳定性较差,人才需求变动频繁。

三、新创企业人力资源管理的内容

(一)组建创业团队

1.创业团队的内涵

创业团队就是一个特定的组织形式,其主要包括五个要素——目标、计划、人、定位、权力。

团队目标表明了团队存在的理由,为团队成员导航,为团队运行过程中的决策提供参照。目标在大学生新创企业管理中以企业的愿景、战略的形式体现。

计划是达到目标的具体工作程序,一系列具体的行动方案,保证企业行驶在正确的航道上。如果计划出现了致命失误,最终就会出现南辕北辙的结果,即便是拥有强大执行力的组织队伍,创业也会归于失败。

人是构成创业团队最核心的力量,也是企业可持续发展最核心的生产力。在竞争激烈的市场环境中,人才决定企业命运。因此,在一个组织中,任何决策都不会比人事决策更重要。

首先是创业团队的定位,即其在企业中应处于怎样的地位,由谁选择和决定团队的成员,最终应对谁负责;其次是个体的定位,要考虑到个人的能力必须与相应的职位匹配。用人不能只看能力大小,更要看其适不适合某一职位,做到人尽其才。

创业团队中领导人的权力大小,通常受团队的发展阶段、行业的影响。一般而言,大学生新创企业的初期,领导权相对集中,而随着创业团队的成熟,领导者的权力则逐渐减小。在大学生创业过程中,一个领导者的智力再怎么超群,也不可能凡事亲力亲为,所以一定要适当放权,让受权者有足够的权力完成任务。

2. 创业团队的类型

根据创业团队层次和结构的不同,可以将其分为星状创业团队、网状创业团队和虚拟星状创业团队等类型。

星状创业团队中会有一个核心领导,充当领队角色。这种团队一般是核心人物有了创业的想法,然后才组织团队。加入团队的人或者为领队熟悉,或者不熟悉,但这些团队成员都支持领队。因此,星状创业团队组织结构很紧密,向心力强,决策程序也是比较简单的,因此提升了组织效率。但是,这种创业团队也容易造成权力过分集中,在企业发展到一定阶段后,这种团队模式会阻碍企业的进一步发展。

网状创业团队的成员大多在创业之前都是认识的,多为亲朋好友关系。一般都是在交往过程中形成、认可某一创业想法,并达成共识,继而进行创业。在团队形成初期,这种创业团队的各位成员基本上扮演的是协作者或伙伴角色,地位相似,因此没有明显的核心,整体结构比较松散,由于是集体决策,决策效率低。

虚拟星状创业团队主要是由网状创业团队演化而来的,基本属于前两种类型的结合。这种团队有一个核心成员,但其地位的确立多是由团队成员协商出来的,因此其在团队中的行为必须充分考虑其他团队成员的意见。

创业团队能否取得成功,在很大程度上取决于成员的互补性,即团队成员在知识、能力、性格、人际关系等方面是否能够互补不足、发挥各自的优势。在一个创业团队中,成员的知识结构越合理,创业的成功性就越大。因此,在创业团队的成员选择上,必须充分注意人员的知识结构——技术、管理、市场、销售等,保障个人的知识和经验优势能够得到有效的发挥。

3. 创业团队的发展过程

大学生创业者要组建创业团队,了解团队的过程和任务是非常必要的,这有助于群体成长为一个有效的团队。根据塔克曼的理论,团队发展必须要经过建立、动荡、规范、行动这几个阶段,而隐藏着的个人目的需求以及未完事项都将对团队效益产生负面影响。

(1)建立阶段

建立阶段即形成阶段,在这个阶段,成员讨论目标、判别团队该如何运作、人员组合是否合适、何时完成任务等。因此成员之间的信任一般处于低谷阶段,团队进行的主要活动是交流思想和收集信息,还在探索发展方式和操作方式。在此阶段,个人需要处于首要地位,团队需要则被摆在中间位置,任务需要还很低。

(2)动荡阶段

动荡阶段的特征是意见分歧,成员表现活跃,出现各种冲突,但如果处理好了,本阶段将富有创造性。在此阶段,个人需要仍比较高,团队需要也在逐渐提高,而任务则是推动团队发展的重要工具和手段。

(3)规范阶段

在规范阶段,成员们了解彼此的优点和弱点,找到了一道工作的真正基础,其关键是共识、信任、计划和合理分工。此时,团队、个人解决团队遇到的问题比较顺利,个人需要逐渐降低,而团队需要则迅速提高,而任务需要的重要性更加凸显了。

(4)行动阶段

到了行动阶段,标志着群体已经成长为一个成熟的团队,成员互相理解、支持,个人需要和团队需要基本都是中等的,任务需要成为重点。

上述各阶段延续的时间长短,取决于任务对团队成员的重要程度、任务性质、群体规模、成员是否相互理解支持等。

要使团队绩效更佳,要使团队成员善用创造力和分析能力来解决问题并完成任务,必须使团队保持在有效的管理状态。从根本上来说,在一个运行良好的团队中,团队管理的最佳状态是实现自我监管。

（二）明确岗位职责

人力资源管理的常规工作就是把岗位的工作职责制成岗位说明书。岗位说明书使员工明确了解自己所需要做的工作,企业也可以用岗位说明书来评价员工的工作绩效。岗位说明书的基本内容为岗位名称、岗位具体工作、岗位的上下级关系,以及岗位员工所应具备的素质和技能等。

（三）晋升管理

对新创企业而言,有计划地提升有能力的人员,以满足职务对人的要求,是组织管理的一项重要职能。从员工个人角度上看,有计划的提升会满足员工自我实现的需求。

（四）人员补充管理

人员补充管理的目的是为了合理填补组织中长期内可能产生的职位空缺。人员补充与人员晋升是密切相关的。受到晋升管理的影响,组织内的职位空缺逐级向下移动,最终积累在较低层次的人员需求上。同时这也说明,低层次人员的吸收录用,必须考虑若干年后的使用问题。

（五）培训开发管理

培训开发管理主要是为新创企业中、长期所需弥补的职位空缺事先准备人员。在缺乏有目的、有计划的培训开发管理情况下员工自己也会培养自己,但是效果不一定理想,也不一定会符合组织中职务的要求。当我们把培训开发管理与晋升管理、人员补充管理联系在一起时,培训就具有了明确的目的性,培训的效果也会得到明显的提高。

（六）调配规划

组织内的人员在未来职位上的分配,是通过有计划的人员内部流动来实现的,这种内部的流动计划就是调配规划。

（七）工资管理

为了确保未来的人工成本不超过合理的支付限度,工资管理也是新创企业人力资源管理的重要内容。

四、新创企业人力资源管理的组织设计

为了建立稳定而又具有效率的经营平台,大学生新创企业首先必须根据企业发展目标、现有能力和可用资源,设立能够高效运转的人力资源管理组织机构。

（一）组织设计的原则

1. 灵活性原则

最大限度地发挥组织中人的主观能动性,整体结构稳定,内部灵活。集权与分权、分工与合作要密切结合。

2. 责权对等原则

每一管理层次上的各个职位既要赋予其具体的职位权限,又要规定对该职务职权相对应的职责范围。

3. 效率效益原则

大学生新创企业组织设计应遵循效率效益原则,这是组织设计的最根本原则。

4. 精简原则

根据业务需要设置机构或部门,包括管理层次和部门设置的合理性。精简的重点突出"精"字,以精求简,精干高效。

5. 统一指挥原则

要求指挥命令系统明确,即上下级之间的权力、责任和联系渠道必须明确,一个下级只接受来自一个上级的决策与命令,不得政出多门,上级对下级不得越级指挥。

6. 弹性原则

大学生新创企业组织设计要根据客观情况的变化实行动态管理,应遵循弹性原则。

7. 管理宽度原则

大学生新创企业必须决定一个管理人员的管理范围。相关研究表明,在组织机构的高层领导中,管理人员通常管理 4 ~ 8 人;在机构低层领导中,管理人员通常管理 8 ~ 15 人。在实际实践中,具体需要分析每个管理者的管理宽度的影响因素。

8. 目标明确与分工协作原则

组织设置的目的主要是为了促进组织目标的实现,因此,目标一定要明确具体,可细分为总目标和分层次目标。在工作过程中,员工之间既要明确分工又要密切配合。

（二）组织设计的程序

一般而言,组织设计的基本程序是:对管理工作过程的总设计→设计管理岗位→规定岗位的输入、输出与转换→给岗位定员定编定制。

1. 对管理工作过程的总设计

对管理工作的总设计要围绕创业目标进行,要求过程时间短、岗位设置少、费用低,并能够实现工作目标、岗位、实物、信息的衔接,从而实现管理工作过程的最优化。

2. 设计管理岗位

管理岗的设置要适度,既要考虑管理工作过程的需要,又要考虑管理的便利性。

3. 规定岗位的输入、输出与转换

规定岗位的输入、输出与转换,从而实现时间上、空间上、数量上各管理岗位的纵横联系,形成统一的整体。

4. 给岗位定员定编定制

在给岗位定员定编定制时,要依据工作量的需要确定人员编制,根据岗位分析确定人员素质。

此外,组织设计还应规定岗位人员的考核制度与薪资制度。必要时,根据组织运行情况及内外环境的变化,对组织结构进行合理调整,使之不断完善。

五、新创企业员工的聘选与培训

(一)新创企业员工的聘选

1. 聘选计划

(1)明确聘选的对象和数量

新创企业人事部门首先需要将编印的人员聘用申请表发放到各个业务部门,然后对各部门提出的需要招聘员工的对象和数量要求进行汇总,并确认该部门员工的缺额人数和招聘的具体工种等相关问题,以此作为新创企业招聘计划的重要内容。

(2)制定聘选的标准

招聘标准是考核选用合格人员的重要依据,它直接影响到招聘到的员工的素质。招聘标准一定要符合新创企业的实际情况,如果标准太高,招聘计划就可能无法完成;标准太低,则无法保证员工的素质。因此,在制定招聘标准时,应进行充分的职务分析,具体包括年龄、性别、学历、工作经验、个性品质等方面。此外,在制定招聘标准时还应对包括当地的人力资源供求状况、相关院校所能提供的毕业生数量和层次等社会环境因素进行充分考虑。

(3)选择聘选时机

进行员工聘选时,一方面要考虑到新创企业经营的需要,另一方面又要考虑到社会上劳动力资源的供给状况。通常情况下,社会上劳动力资源越丰富,新创企业的选择范围就越大,相应的招聘员工质量就越有保证。因此,对外招聘应尽量选择在劳动力资源最丰富的时机。例如,每年7月份都有一批学生即将毕业,在此之前3~6月份之间进行招聘,就有充足的人力资源进行选择,比较容易招聘到高素质的人才。此外,新创企业还应考虑其业务经营的需要,尽量将培训与实际使用的时间衔接起来。

（4）做好聘选经费预算

聘选经费是整个招聘工作能够顺利进行的重要保障。通常来说,新创企业员工招聘经费预算中不仅包括招聘人员的工资,还包括可能涉及的广告费、差旅费、通讯费等。因此,需要制定合理的招聘经费预算,尽量减少招聘的成本。

2. 聘选原则

新创企业通常难以留住人才,首先,工资待遇方面很难得到快速的提升,无法吸引人才;其次,对人员的要求又是相对比较灵活,业务也多是短平快。所有这些都可能成为新创企业员工流动频繁的原因。对此,新创企业首先必须在观念上有所突破,不能囿于传统惯性招聘思维模式,在选拔人才时应遵循以下几个原则。

第一,新创企业要注意营造机会均等,公正、公平竞争的环境,这有利于优秀的管理者脱颖而出,促进企业发展。

第二,准确、清晰定位用人需求和标准,以够用为原则。

第三,新创企业用人比较灵活,业务也多是短平快,因此应该多招些一专多能的多面手员工,看重员工的创造性。

第四,多招聘能吃苦耐劳的员工。新创企业因发展业务需要,但自身条件又有很多不足,一个员工通常身兼多职,有很多超出员工职责范围的事情需要做,工作通常没有规律,常要加班加点,所以员工一定要能吃苦耐劳。

第五,新创企业用人要避免"近亲繁殖",应以能力来定位置。

第六,选拔人才时,要更看重工作经历。

第七,在成本允许的条件下,招聘渠道可多样化,广招人才。

第八,新创企业要善于用人所长,综合考虑。例如,年轻人缺少历练,办事容易冲动,但思维比较活跃;年长者历练多,工作经验较为丰富,办事沉稳,但很可能会形成定式思维。综合考虑多种因素,才能用好人才。

3. 聘选渠道

新创企业聘选员工通常是只有一种渠道,即通过从组织外部引进人才,渠道主要有以下几种。

（1）求职中心

求职中心是一种免费的服务机构,新创企业能够在这里得到很多信息。求职中心主要负责公布岗位招聘信息,筛选出合适的候选人。当应聘人数很大时,它能发挥重要的作用。

（2）朋友或亲属推荐

通过朋友或亲戚推荐的方式聘选员工,能够使应聘者对空缺岗位和新创企业工作环境有一个详细的了解。新创企业对所推荐的员工也有着较细致的了解。但通过这种方式吸纳的人员容易造成组织中的裙带关系,在某种程度上会制约组织的发展。

（3）职业介绍所

职业介绍所通常拥有各类应聘人员的基本情况,它通过向获取雇员信息的机构收取相应岗位工资的一定比例获取中介费用。它们主要负责公布招聘信息,筛选候选人员。新创企业利用这类机构进行员工招聘能够有效节省时间。但通过这种渠道聘选员工存在着一定的局限性,一方面,要花费一定的费用,另一方面,企业对招聘这一重要过程没有控制权。此外,有些人才机构不能遵守企业机会均等的原则。

（4）校园招聘

新创企业可以通过与学校建立联系，定期到学校进行宣传，吸纳一些优秀的应届毕业生到企业组织中，一方面能够降低招聘的费用，另一方面也可以增加组织的活力。需要注意的是，应届毕业生因没有工作经验，需要较长的适应时间，还要对其进行相应的岗位培训。

（5）猎头公司

猎头公司能够搜寻和网罗到对企业有用的高级人才，这类公司的收费水平通常很高。当然，新创企业一旦需要他们的帮助，则肯定其最终收益能够弥补这部分支出。在通过这种方式进行员工的聘选时，新创企业应注意与猎头公司多做沟通，向其提供较为详细的空缺职位的信息，以达到更好的效果。

（6）广告

新创企业也可以通过在报纸、杂志、媒体刊登广告进行人员招聘。对于广告刊登的媒介应有所选择，应针对不同的人群刊登在不同的载体上。例如，如果新创企业想要招聘一位职业经理人，那么就应选择《商界》《经理人世界》等这类人经常阅读的读物上。另外，还应注意不同的广告载体所需费用不同，从而招聘的成本也不同。

4. 聘选程序

在获得一定数量应聘者信息之后，新创企业就可以进入选拔阶段。此时应借助多种手段，如面试、心理测试、评价中心等，公平、客观地进行选拔。新创企业由于自身条件有很多不足，选拔时通常先审核求职申请表，然后面试、测试，最终录用。其中，要特别重视关键部门（技术部、生产部、市场部）优秀管理者的甄选工作。只有选择优秀的管理者，才能把企业管理好。

（1）审核求职申请表

对求职申请表的审核应注意以下几点：一是找出申请表中与工作要求相关的关键词；二是查找反映求职是否满足工作需求的描述词；三是分析求职者所掌握的技术、知识、能力、经验是否适应岗位需求；四是审核应聘者背景资料以及来源的可靠程度。

（2）面试

新创企业聘选员工的方式有很多种，面试是一些中小企业常用的方法。面试是一种经过精心设计，在特定场景下，通过面对面的交流与观察，了解应聘者有关素质测试的一种方法。

①面试的内容

面试主要围绕以下内容展开。

第一，仪表风度。应聘者的体格状态、着装举止、精神风貌。

第二，求职的动机与工作期望。判断本企业提供的职位和工作条件是否与其相符。

第三，专业知识与特长。了解求职者的特长及专业知识的深度。

第四，工作经验。了解应聘者以往的工作经历及其责任感、思维能力、工作能力等。

第五，工作态度。了解应聘者过去的工作情况及其对所谋职业的态度，以及应聘者工作素质。

第六，能力。包括口头表达能力的准确性、分析问题的条理性、思维的敏捷性以及自控能力。

此外，还应该考虑应聘者的兴趣爱好等。通过面试，新创企业的人力资源管理部门能够对应聘者的表现、工作经历、智力及个人的情况有更进一步的了解。

②面试的效果

面试的效果主要取决于面试人的技巧与方法,因此,新创企业人力资源管理部门的管理者可以通过以下常用的面试技巧来提高面试水平。

第一,问题的准备和设计。在面试开始之前,应确定你想要问的与工作相关的问题。

第二,面试的气氛。营造一种轻松平和的面试气氛。

第三,避免将全部注意力放在应聘者身上。

第四,避免与应聘者发生争论。

第五,注意倾听,在倾听时要密切观察应聘者的言谈举止以及与工作相关的一些特点。

第六,避免首因效应、晕轮效应和社会刻板印象。

面试应该是一种相互的过程,应聘者对企业进行评价;企业也对应聘者做出评价。为了便于应聘者做出决定,需要给应聘者提供提问的机会以便他们对企业及所应聘的工作性质有明确的认识。

（3）测试

在通过面试做出初步的筛选以后,还应对应聘者进行必要的测试。测试有许多种方式,既包括现场测试,又包括心理测试。

①现场测试

现场测试是一种比较实用的测试方法,通过工作本身对应聘者进行测试可以达到较好的效果,而且也较直观。

②心理测试

心理测试是一种比较科学化的测试方法,通过对应聘者的心理行为的测验来达到对其认识的目的。新创企业在运用心理测试方法时要注意以下两点。

第一,正确看待测试结果。由于业务适用性差异,在对测试结果的解释上会存在困难,从而测试的结果可能产生误导。因此,对应聘者的任何测试都必须与其工作相关。

第二,必须符合有效性与可靠性的原则。如果测试是有效的,那么它的结果就应该与应聘者日后的工作表现相一致;如果测试是可靠的,那么它在任何时候对不同个体进行的测试都应该提供一致的结果。

（4）录用

当最终合格人选少于所需人员数需求,应当避免用人的将就心理,也要按之前定的标准进行录用。当最终合格人选多于所需人员数量时,应当按照以下原则进行录用决策。

第一,重工作能力。在候选人的基本素质不相上下时,以往的工作经验应该是首要的条件。

第二,优先工作动机。在工作能力基本相同的情况下,需要考虑应聘者希望获得这一工作的动机强度。

第三,任职条件的适用性。不要使用超过任职资格条件过高的人,这些人通常有着较大的流动机。

第四,限制参加录用决策的人数。限制参加录用决策的人数,以免出现难以协调的意见,以致最后得到的是折中的人选。一旦企业决定录用,就需要向被录用者发送录用通知,而对于没有被录用的人选,企业也最好能发送辞谢通知。

5.聘选效果评估

受到资金状况的限制,新创企业不可能花太多的资金在招聘上,因此,招聘效果评估对象主要是招聘成本和录用人员。评估聘选效果主要表现在通过单位招聘和选拔费用比、应聘比、招聘完成比、人员录用比四个方面。

（1）单位招聘和选拔费用比

单位招聘和选拔费用比是招聘花费的总经费与录用人数的比值，其公式为：

单位招聘和选拔费用比＝（总经费／录用人数）×100%

单位招聘和选拔费用越少，录用人数越多，招聘效率越高；反之则招聘效率低。

（2）应聘比

应聘比是应聘人数和企业计划录用人数的比值，其公式为：

应聘比＝（应聘人数／计划录用人数）×100%

应聘比大，说明发布招聘信息的效果较好，录用人员的素质也相对较高；反之，则说明发布招聘信息的效果不太较好，录用人员的素质也相对较低。

（3）招聘完成比

招聘完成比就是指企业录用人数和计划录用人数的比值，其公式为：

招聘完成比＝（录用人数／计划录用人数）×100%

如果招聘完成比大于或等于100%，说明企业超额完成预定的计划；如果小于100%，则表明企业没有完成预定的计划。

（4）人员录用比

至于对录用人员的评估，可以通过以下公式中的人员录用比、招聘完成比、应聘比获得相关信息。

人员录用比＝（录用人员／应聘人数）×100%

人员录用比越小，说明所录用的人员素质越高，反之亦然。

（二）新创企业员工的培训

选定人才后，就需要对其进行培训。培训即由企业安排向本企业新老员工有计划有步骤地传授其完成本职工作所必需的相关知识、技能、价值观念、行为规范的过程。有效的员工培训，可以提高员工的素质，满足其自我实现的需要，从而增强新创企业的凝聚力。

1. 培训的方式

新创企业的员工培训方式主要有以下几种。

（1）职前培训

职前培训主要针对的是新员工，培训方式主要有发放员工手册，开展专业讲解、座谈会、实地参观等。这种培训主要是让新员工了解企业的基本情况，掌握相应岗位必要的工作技能和基本的工作流程，并帮助他们规划、设计在企业的个人发展。另外，职前培训还要使新员工认同企业提倡的价值标准和行为规范，培养其对企业的荣誉感和归属意识。

（2）在职培训

在职培训顾名思义针对的是在职员工。它是指员工不脱离岗位，接受企业定期的或不定期的业务培训。主要培训方式有师带徒、岗位指导训练、岗位轮换等。师带徒即师傅带领和指导徒弟，是指由一位有经验的高技术员工或直接主管人员在工作岗位上对经验不足的员工进行在职的培训与指导。岗位指导训练是指员工在培训者的指导下，通过一步步专门训练，完成由一系列的逻辑步骤组成的工作任务。岗位轮换是指让一个员工在某个岗位工作、学习一段时间后,按照计划调换到另外一个工作岗位继续进行学习。

（3）业余自学

业余自学是指员工利用业余时间参加的各种培训,既可以是学历教育培训,也可以是职业资格或技术等级培训。企业应该积极支持员工业余参学,给予一定比例的报销。

2.培训的程序

根据新创业企业的现状,为让培训更有效,员工培训的基本程序为:分析培训需求→明确培训目标→制定培训计划→实施培训计划→评估培训效果。

（1）分析培训需求

在新创企业的培训中,首先需要明确培训需求,找出组织中员工欠缺的知识与技巧或由此而造成绩效不佳的表现,从而决定进行哪些培训、怎样培训。对培训需求的分析主要可从以下三个层面入手,即员工层面、企业层面、战略层面。

①员工层面

对员工层面的分析主要包括员工个体目前的状况以及理想状况之间的差距,在此基础上确定培训的对象、内容和类型。

②企业层面

对企业层面的分析主要通过对新创企业的目标、资源、环境等因素的分析,准确找出新创企业存在的问题,确定培训是否是解决这类问题最有效的方法。在此基础上进一步分析需要进行的培训项目。

③战略层面

对战略层面的分析主要考虑为了满足企业未来的发展,应该开发何种培训项目。

（2）明确培训目标

培训目标包括操作与标准,操作描述受培训员工在培训结束时要会做什么,标准是有效测量培训结果的依据,针对培训过程中不断暴露出的新问题,在必要的情况下修改、调整培训目标。

（3）制定培训计划

要想取得良好的培训效果,就需要大学生创业者制定周密的员工培训计划,并以此为依据对培训的具体实施进行指导。在制定培训计划时,应从新创企业的实际情况出发,根据新创企业的培训需求,选择合适的培训方式,确定培训项目以及培训效果的评估标准。具体而言,培训计划的制定主要包括研究新创企业的发展动态、制定培训方案、课程安排、培训预算规划等方面。

（4）实施培训计划

具体而言,培训计划的实施工作主要包括以下几方面的内容。

①确定培训课程内容

在确定培训课程的内容时应以培训目标为依据,确定具有实用性和针对性的内容,针对不同岗位的员工设计不同的培训课程体系。同时需要注意,培训课程内容要尽量注意引起培训对象的兴趣,激发培训对象对培训的积极性和主动性。

②选择培训者

培训者的选择也是培训计划实施的一项重要内容,培训者选择是否恰当,直接关系到整个培训活动的效果和质量。优秀的培训者通常具有完备的相关知识、丰富的经验、有效的沟通和表达能力、良好的计划和组织、控制能力,他能够使整个培训工作富有成效。培训者的来源主要有两个渠道,一是内部渠道,即饭店内部的培训员、各部门的经理人员和主管人员、具备特殊知识和技能的员工;二是外部渠道,即外请培训员或教师等。

③选择培训对象

培训活动是教与学的双向联系,能否取得良好的培训效果,与培训对象的选择也有着重要的关系。在选择培训对象时,一方面要考虑其是否具有学习的动机;另一方面要考虑其是否具有接受培训课程内容的条件,也就是说,按照其现有的教育水平和工作经验能否接受培训课程的内容。

④准备培训材料

培训者应针对不同的培训内容和培训对象准备好培训材料。培训材料在编排上应该具有实用性和趣味性的特点,做到简明扼要、深入浅出、易懂易记。在培训过程中,要充分利用现代化的培训工具,采用视听材料,以增加感性认识,激发培训对象的学习积极性。

⑤确定培训方式

培训者应根据培训对象和培训内容确定有效的培训方式,将已经确定的培训内容有效地传递给培训对象,以达到培训目标,这是培训工作取得成功的关键。

⑥确定培训时间

确定培训时间要以培训人员的素质水平、培训目标、培训种类为依据。培训时间的合理选择一方面要保证培训及时地满足员工的培训需求,另一方面也要保证培训对象安心地接受培训,从而保证培训的效果。

⑦选择培训地点

培训地点的选择在某种程度上也会影响到培训的效果。合适的地点能够创造良好的培训环境,进而提高培训效果。培训地点应满足干净整齐、宽敞明亮等基本要求。

（5）评估培训效果

评估培训效果通常难以用量化的指标来进行衡量,应重点应该放在过程、方法、行为变化上,并将其与员工的切身利益相结合。

六、新创企业员工的绩效考核与薪酬设计

对于一个企业来说,员工的绩效考核和薪酬管理是关系着组织生存与发展的关键内容。新创企业一定要根据自身的实际条件,设计出合理、灵活、带有战略前瞻性的考核标准和薪酬制度。

（一）绩效考核

绩效考核是指企业依据相应的工作目标和绩效标准,通过科学的考核方法,对员工自身素质及业绩情况进行考察与评估,并将评定结果反馈给员工个体的过程。它是人力资源管理中一项重要的基础性工作。通过绩效考核能够为企业日常的人力资源管理提供依据,能够帮助

员工改进绩效、谋求发展,能够提高企业管理效率与改进工作质量。

绩效考核的形式主要有上级考核、同事评议、自我鉴定、下级评议、外部评议、现场考核。内容既有对员工工作业绩的考核,也有对员工能力和能力发挥、工作表现的考核。

企业员工绩效考核方法大体上有定性分析方法和定量分析方法。新创企业正处于企业创建初期,对于管理、决策人员的考评以定性分析方法为主,可以绩、勤、能、德为指标,必要的情况下还可以再进一步细分,并进行不同等级的评价。对于生产、销售人员的绩效考核,以定量分析方法为主,具体方法如查询记录、书面报告、考核表、比较排序等,用与绩效(或成果)相联系的数量指标对各人员进行考评。

绩效反馈也是绩效考核过程中的一个重要环节。它是指考核者向被考核的员工反馈其考评结果,让其了解自己工作情况。当然,绩效反馈的目的不只在于让员工了解自己在考核期内的工作业绩表现,还主要在于让组织管理者和员工双方达成对考核结果一致的看法,以及双方共同探讨绩效未达标的原因所在,并制定切实可行的绩效改进计划。因此,管理者应该根据绩效考核获得的信息和结论与员工进行面谈,针对员工的优点进行表扬,针对员工的缺点给予一定的指导。在绩效反馈中,考核者应注意做到以下几点:一是及时向被考核员工反馈考核结果;二是尽可能公布出相关的分析结果,以使每个被考核员工既了解自己,也了解他人;三是认真分析和处理绩效反馈的结果。

(二)薪酬设计

薪酬设计是企业人力资源管理中矛盾最多、难度也非常大的一项工作,同时也是非常重要的一项工作。因为薪酬是企业的成本支出,也是企业激励个体行为的主要手段。合理、具有吸引力的薪酬制度无疑能够激发员工的积极性,促进企业目标的实现。因此,新创企业应当从一开始就设计好薪酬制度。

新创企业设计薪酬制度要充分考虑外部因素和内部因素。外部因素如劳动力成本、产品市场风险共担、劳动立法等。内部因素如员工的工作与能力、绩效与资历等。设计过程中则应注意遵循如下原则。

第一,简明、实用。

第二,高工资、低福利。

第三,增加激励力度。

第四,建立绩效工资制度。

第五,避免差距过大或者过小。

第二节　财务管理

财务在很大程度上决定着企业的命运,企业的所有情况从财务中可以反映出来。大学生创业者想要取得创业成功,就必须要做好新创企业的财务管理工作。

一、新创企业财务管理的目标

新创企业的首要目标就是生存,其次是发展、获利。显然,无论是高校毕业生还是其他人,创办企业的目的就是要增加自己的财富,如果企业无法达成这个目标,那么其资金来源就成为问题。因此,企业必须要为企业创办人、股东创造价值。这就决定了企业的财务管理必须要完成筹措资金并有效地投放和使用资金的任务。因此,财务管理的目标就是实现企业创办人或者股东财富最大化或企业价值最大化。

二、新创企业财务管理的观念

大学生在进行财务管理时,树立正确的财务管理观念是十分必要的。一般来说,以下一些财务管理观念对大学生创业者而言就有非常重要的作用。

(一)效益观念

在当今市场经济环境下,对于一个企业来说,取得并不断提高经济效益是其最基本要求。因此,大学生创业者在财务管理方面必须牢固树立效益观念。筹资时,要考虑资金成本;投资时,要考虑投资收益率;在资产管理上,要用活、用足资金;在资本管理上,要保值增值。同时,大学生还要注意合理地追求利润的最大化。这就要加强对企业收入、成本、费用、资金等指标的控制,加强对企业利润的考核。

(二)风险观念

风险是当前市场经济的必然产物。现代企业财务活动本身的复杂性、客观环境的复杂性和人们认识的局限性,都可能引发企业财务风险。因此,大学生创业者在组织企业的财务活动过程中,要时刻具备财务风险识别和抵御意识。

(三)货币时间价值观念

大学生创业者应当明白货币是有时间价值的,在不同的时间点上一定量的货币会有不同的经济价值。这就是因货币运动的时间差异而形成的价值差异。大学生创业者必须注重这种价值差异在财务决策中的作用。一个项目看似有利可图,但如果考虑货币的时间差异,就很有可能毫无利益可言。因此,大学生应当树立起货币时间价值观念。

(四)现金流量观念

一个企业经营质量的高低往往是通过现金流量来衡量的。一个企业即便是有比较好的经营业绩,但如果现金流量出现问题,那么财务状况逐步恶化,最终很容易走上破产的道路。因此,大学生创业者要形成一定的现金流量观念,注重控制现金流量,加强管理企业的现金收支情况。

（五）知识效益和人才价值观念

目前，人们已经进入了一个知识经济时代。在这个时代中，经济发展的两大重要资源即知识资源和人力资源。它们是决定企业在竞争中能否获得胜利的关键因素。因此，大学生创业者在财务管理过程中也要时刻注意树立起知识效益和人才价值观念。

三、新创企业财务管理的原则

（一）"成本—效益"原则

在财务管理活动中，为实现企业价值最大化，要始终坚持"成本—效益"原则，必须处处讲求效益和节约成本，争取以最少的成本支出来获取最大的收益。

（二）价值最大化原则

企业的经营目标就是要实现价值的最大化，这同样也是财务管理的目标，同时成为其基本原则。在财务管理中，企业的各项投入与产出、耗费与收入、盈利与亏损，都要做到严格的控制，努力使企业资金得到高效运行。

（三）资源合理配置原则

财务管理中的财务计划就是要调节资源的配置问题。对此，财务人员要做到使财力资源得到最合理的优化，最大限度地发挥资源的整合效益，既不要使资源出现不足的现象，又要避免资源出现过剩和浪费的现象。

（四）风险与收益均衡原则

实现企业价值最大化是财务管理的目标，然而，这种价值最大化与风险价值紧密相连，因此要遵循风险与收益均衡原则。高收益也就意味着高风险，这本身就是市场经济的基本规律。因此，财务管理要尽量在收益与风险之间取得均衡，应该要做到既不盲目冒险也不过于保守，提高风险意识，做出正确的财务决策。

（五）利益关系协调原则

企业财务管理涉及企业各方面的利益关系，即财务关系。财务管理人员要对企业的财产资源有一个明确的认知，同时必须理清企业不同利益者之间的利益关系。遵循利益关系协调原则，应从以下几方面入手。

第一，通过建立一定的机制，以处理企业与经营者的财务关系，确保他们的利益相一致。

第二，在处理财务关系既涉及企业的利益，又涉及员工的切身利益时，应充分关心员工的利益，确保他们的工薪收入及各项相关的福利。

第三,在处理财务关系既涉及企业的利益,又关系到国家的利益时,要在合法的前提下尽可能地维护企业利益。

四、新创企业财务管理的职能

新创企业财务管理中的资金运动及其体现的经济关系,表现为筹资、用资、耗资、分配等,在此过程中所固有的管理职能即为企业财务管理的职能。企业财务管理的职能主要是财务决策、财务计划和财务控制(图 13-1)。

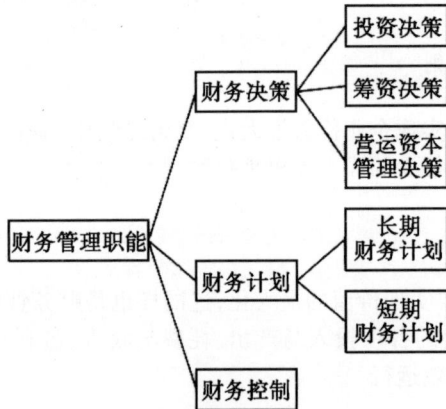

图 13-1

(一)财务决策

所谓财务决策,就是指企业财务人员根据财务管理目标的总体要求,通过合法的手段选择最佳资金筹措和使用方案,使企业的经济效益达到最大。它主要通过财务计划和财务控制为企业经济利益服务。财务决策具体表现为投资决策、筹资决策、营运资本管理决策。

(二)财务计划

为了落实既定决策、合理调节资源配置、明确某一时期内应完成的全部事项,应编制科学合理的财务计划。所谓财务计划,就是指财务人员以数量的形式预测企业未来一定时期内现金流量、经营成果和财务状况,有短期的,也有长期的。财务计划包括资金需要量计划、成本和费用计划、材料采购计划、生产和销售计划、利润计划、财务收支计划等。

(三)财务控制

所谓财务控制,就是指财务人员通过特定手段调节和指导企业的财务活动,如对比计划与执行的信息、评价下级的业绩等,是执行决策和计划的过程。财务控制的方式主要有防护性控制、前馈性控制(预先控制)、反馈性控制(事后控制)。其中,反馈性控制在财务管理中是最常用的。

五、新创企业相关财务报表分析

财务管理的相关报表是以会计准则为规范编制的,主要是为了向所有者、债权人、政府及其他有关各方等反映会计主体财务状况和经营状况。这里主要分析的是资产负债表、利润表、现金流量表。

（一）资产负债表

资产负债表也叫财务状况表,是反映企业某一特定日期(通常是各会计期末)的财务状况的会计报表。资产负债表的编制公式为:资产＝负债＋所有者权益。资产负债表分析能够帮助人们了解企业在某一特定日期所拥有或控制的经济资源、所承担的现有义务和所有者对净资产的要求权;也可以评估、揭示企业当前的筹资能力、偿债能力,以及负债与股东权益之间的关系;还可以预测未来企业的财务状况等。

1. 资产负债表的基本构成要素

资产负债表主要由资产、负债与所有者权益三大部分构成。负债的变化与所有者权益的变化引起了企业资源的变化,最终得出资产这一结果。

（1）资产

资产是企业所获得的或所能控制的经济资源。资产以货币计量,主要包括财产、债权和其他权利。资产可以分为有形的和无形的,也可以分为流动的、固定的、长期的、递延的等。在现行财务与会计实务中,确认资产的主要标准和依据是法律观念、资产的价值、业务的实质性、稳健原则。对于资产,应了解以下几个特点。

第一,资产由过去的交易所获得,这是企业所能利用的经济资源能否列为资产的区分标志之一。

第二,资产必须能以货币计量。

第三,资产能为企业所实际控制或拥有。

第四,资产能直接或间接地为企业带来未来经济利益(现金净流入)。

（2）负债

负债是企业由于过去的交易或事项所产生的,能以货币计量并且在将来向其他主体提供劳务或转交资产的现有义务。时间、法律观念、资产的价值、业务的实质性、稳健原则是确认负债的主要依据。其中,时间概念对于负债确认来说有着很重要的意义。会计期间内,如果没有及时记录某项负债,那么,就很可能遗漏某项费用,从而低估了费用,高估了收益。

（3）所有者权益

所有者权益指企业的资产减去负债后的余额。从财务与会计的角度分析,所有者权益可分为资本公积、实收资本、盈余公积和未分配利润四个部分。资本公积包括企业接受的捐赠资产、资产重估增值、资本汇率折算差额和资本溢价等。实收资本主要是来自各个渠道的投资,既可以是货币形式的,也可以是非货币形式的。盈余公积包括法定盈余公积和公益金两部分。未分配利润是企业净利润被分配之后的余额,它在以后年度可继续进行分配。

2. 资产负债表的格式

企业管理中的资产负债表主要有账户式和报告式两种格式。

在我国,账户式是应用最广泛的一种格式。这种资产负债表(表 13-1)是左右结构,左边显示资产,右边显示负债及所有者权益,左右两方的合计数应保持平衡。

表 13-1　账户式资产负债表

编制单位：　　　年　　月　　日　　单位:无

资产	行次	年初数	期末数	负债及所有者权益	行次	年初数	期末数
				流动负债			
流动资产				长期负债			
长期投资				负债合计			
固定资产				实收资本			
无形资产				资本公积			
				盈余公积			
其他资产				未分配利润			
				所有者权益合计			
资产合计				负债与所有者权益合计			

报告式资产负债表的格式是上下排列,类似领导的报告,其特点是把资产负债和所有者权益改成上下排列,即首先列示企业的所有资产,然后列示企业的所有负债,最后列示企业的股东权益,如表 13-2 所示。

表 13-2　报告式资产负债表

项目	资产	金额
流动资产	×××	
长期资产	×××	
固定资产	×××	
无形资产	×××	
递延税项	×××	
资产合计	×××	×××
	负债	
流动负债	×××	
长期负债	×××	
负债总计		×××
	股东权益	
实收资本	×××	

续表

项目	资产	金额
资本公积	×××	
盈余公积	×××	
未分配利润	×××	
股东权益合计		×××

（二）利润表

利润表也叫收益表、损益表，是反映一定会计期间企业的经营成果的会计报表。它是一张动态报表。利润表的项目有收入、费用、利润三大类，三大类的关系是：利润＝收入－费用。收入是指企业的报告期内，因企业的主要或核心营业活动所引起的企业资产流入或增加及负债的清偿。费用则是指企业的报告期内，因企业主要或核心的营业活动所引起的资产耗用或流出及负债的增加。通过分析利润表，企业管理者可以清晰地了解企业的收益和支出情况，了解哪些业务超过了预算，哪些因素造成计划外开支或其他项目费用的增加。这就有助于企业经营者掌握产品利润或销售成本急剧增长的情况，分析企业未来利润的发展趋势、获利能力。

1. 利润表的内容

利润表的内容主要包括构成主营业务利润的各项要素、构成营业利润的各项要素、构成利润总额的各项要素和构成净利润的（或净亏损）的各项要素。其相关的计算公式如下。

主营业务利润＝主营业务收入－主营业务成本－主营业务税金－附加的其他费用。

营业利润＝主营业务利润＋其他业务利润－营业费用－管理费用－财务费用。

利润总额＝营业利润＋投资收益（－投资损失）＋补贴收入－营业外收入＋营业外支出。

净利润（净亏损）＝利润总额（或亏损总额）－所得税费用。

2. 利润表格式

利润表一般包含表头、基本部分和补充资料三部分（表13-3）。格式一般有单步式和多步式之分。单步式利润表就是将所有收入和所有费用分别加总，两者相减后得出本期利润。单步式利润表比较直观、简单，易于编制，但它无法将各类收入与费用之间的配比关系反映出来，所以也就不便于比较和分析。多步式利润表按性质将利润表的内容作多项分类，包括产品销售收入、主营业务利润、营业利润、利润总额、净利润等，分步计算当期净损益。此外有时还有补充资料。这种格式通过清晰的项目对比，能够让人更清楚地知道企业是否赚钱，到底在哪儿赚钱。因此，我国会计制度规定的利润表格式是多步式利润表。

表 13-3 某公司利润表

编制单位： 年 月 单位：元

项目	本期金额	上期金额
一、营业收入		
减：营业成本		
营业税金及附加		

续表

项目	本期金额	上期金额
销售费用		
管理费用		
财务费用		
资产减值损失		
加：公允价值变动收益（损失以"–"号填列）		
投资收益（损失以"–"号填列）		
其中：对联营企业和合营企业的投资收益		
二、营业利润（亏损以"–"号填列）		
加：营业外收入		
减：营业外支出		
其中：非流动资产处置损失		
三、利润总额（亏损总额以"–"号填列）		
减：所得税费用		
四、净利润（净亏损以"–"号填列）		
五、每股收益		
（一）基本每股收益		
（二）稀释每股收益		

（三）现金流量表

现金流量表是反映特定日期内企业现金和现金等价物流入和流出的报表。我国现行的会计制度规定，现金流量表一年编制一次。现金流量表以现金为编制基础，现金包括库存现金、存款、现金等价物等。通过分析现金流量表，企业管理者可以进一步明确现金收入、现金支出的构成及现金余额的形成情况，可以清楚地知道企业财务状况的形成过程、变动过程及变动原因，以便及时把握企业发展方向。

1. 现金流量表的结构

现金流量表主表用业务语言来描述企业曾经流入和流出的现金量，描述现金流入流出的结果，描述增加、减少的现金量。其一般由主表和补充资料两部分组成，因此，现金流量表主表通常采用的是报告式结构（表13-4）。如果有外币现金流量，主表还应单设"汇率变动对现金的影响"项目。现金流量表补充资料是用职业会计上的专业语言来具体描述现金流量和有关指标之间的关系。

表 13-4　现金流量表

编制单位：　　　年　　月　　单位：元

项目	本期金额	上期金额
一、经营活动产生的现金流量：		
销售商品、提供劳务收到的现金		
收到的税费返还		
经营活动现金流入小计		
……		
二、投资活动产生的现金流量：		
收回投资收到的现金		
取得投资收益收到的现金		
投资支付的现金		
……		
三、筹资活动产生的现金流量：		
吸收投资收到的现金		
取得借款收到的现金		
筹资活动现金流入小计		
……		
四、汇率变动对现金及现金等价物的影响		
五、现金及现金等价物净增加额		
加：期初现金及现金等价物余额		
六、期末现金及现金等价物余额		

2. 现金流量表的编制方法

企业现金流量表有直接和间接两种编制方法。直接编制法就是以现金流入和流出来直接反映企业经营活动的现金流量。这种方法很直观,工作较为烦琐,而且容易使人误认为经营活动的净现金流量比净利润更能反映企业的经营业绩。间接编制法是以本期净利润为起点,通过整个涉及现金的收入、费用、营业外收支以及经营性应收应付等项目的增减变动,调整不属于经营活动现金收支项目,并列示经营活动的现金流量。这种方法突出了当期净利润与经营活动现金流量之间的差异,但不能反映经营活动的现金流量的来源和去向。

六、新创企业财务管理中的税务

每个创业者都要认真履行依法纳税的义务。对此,创业者很有必要学习一定的纳税知识,让自己的创业之路更加通畅。

（一）相关税种与税率

1. 税种

目前，我国以法律法规确定形成的税收体系共设有18种税，其中，全国人大立法征收的税种为：个人所得税、企业所得税、车船税。国务院暂行条例征收的税种为：增值税、消费税、营业税、关税、房产税、印花税、契税、资源税、土地增值税、城镇土地使用税、筵席税、城市维护建设税、车辆购置税、耕地占用税、烟叶税。

按照其性质和作用大致可以分为七类：流转税类、所得税类、资源税类、特定目的税、财产税类、行为税类、关税。

在这里主要介绍与新创企业关系较为密切的几个税种：个人所得税、营业税、企业所得税、增值税。

（1）个人所得税

个人所得税是针对个人（自然人）取得的各项应税所得征收的一种税。我国现行个人所得税法列举了11项征税的个人所得，包括工资薪金所得；个体工商户的生产、经营所得；对企事业单位的承包经营、承租经营所得；劳务报酬所得等。

（2）营业税

营业税是对我国境内提供应税劳务、转让无形资产或销售不动产的企业和个人，就其所取得的营业额征收的一种税。根据最新修订的《中华人民共和国营业税暂行条例》（以下简称《营业税暂行条例》）及其实施细则的规定，我国当前的营业税为了减轻国际金融危机对本国经济发展的不利影响，同时鼓励企业技术改造，其征收范围开始由生产型增值税向消费型增值税转型。

根据《营业税暂行条例》的规定，我国的营业税税率按照行业实行有差别的比例税率，主要设置了3%和5%两档基本税率。其中，交通运输业、建筑业、邮电通信业、文化体育业适用3%的税率；服务业、无形资产转让、销售不动产和金融保险业适用5%的税率；娱乐业则设置了5%～20%的弹性税率，其中，对夜总会、歌厅、卡拉OK歌舞厅、台球等娱乐项目，一律按照20%的税率征收营业税。企业计算缴税额度时，可采用"应纳税额＝营业额×税率"的公式进行。

另外，根据《营业税暂行条例》的规定，学校、托儿所、幼儿园、养老院、残疾人福利机构等提供的部分服务，以及农业机耕、排灌等相关技术的培训业务，以及纪念馆、文化馆等举办文化活动的门票收入等可以免征营业税。

（3）企业所得税

企业所得税针对的是企业和组织取得的生产经营所得和其他所得。一个纳税年度期间的收入总额减去准予扣除项目后的余额为应纳税所得额。如果发生年度亏损，纳税人可用下一年度的所得弥补；下一年度仍然无法弥补的，可以适当延续，但延续弥补期不能超过5年。

（4）增值税

增值税针对的是纳税人生产经营活动的增值额。所有的工业生产环节、商业批发和零售环节、提供加工修理修配的劳务以及进口货物都是增值税的征收范围。

增值税实行价外税，在征收管理上分为一般纳税人和小规模纳税人。前者的基本税率为

17%或 13%，后者按 6%的征收率征收。二者的区别在于一般纳税人有权领购使用增值税专用发票和按规定取得进项税率的抵扣权，而小规模纳税人不能领购增值税专用发票，不得抵扣进项税额。

2. 税率

税率是应纳税额与纳税对象之间的比例，是计算应纳税额的尺度。我国现行税率分为比例税率、定额税率、累进税率。

（二）合理避税

在创业初期，通常要面临资金紧缺的问题，而在做到依法纳税的前提下进行合理的税收筹划，如注册避税、进入特殊行业等，可以在一定程度上缓解资金紧缺问题。

1. 注册避税

我国为了促进科技进步，解决大学生就业问题，鼓励大学生积极创业，出台了很多税收优惠政策。如果能充分利用这些政策，就可以达到合理避税的目的。根据国际出台的税收优惠政策，凡是在经济特区、沿海经济开发区、高新技术开发区／产业区、科技园、创业园等从事高新技术开发的企业，都可享受到税收优惠政策的福利。创业者在选择注册地点时，可以根据实际情况有目的地选择以上特定区域从事创业活动。

2. 进入特殊行业

国家针对一些特殊行业实行免缴营业税政策。

3. 合理提高职工福利

创业者合理提高职工福利，使相关费用在企业成本中列支，因此减少税负。具体的途径，如在不超过计税工资的范畴内，适当提高员工工资，为员工办理医疗保险，建立职工养老基金、失业保险基金和职工教育基金等统筹基金，进行企业财产保险和运输保险等。

4. 分摊费用

企业生产经营过程中发生的各项费用要按一定的方法摊入成本，以此达到避税的目的。例如，可以尽量缩短折旧年限，以此增加折旧金额，减少利润，所得税也就可以少交。此外，还可以考虑分摊经营中的水费、电费、燃料费等，将家人生活费用、交通费用及各类杂支列入产品成本，进而减少所得税额。

5. 租赁资产

从纳税优化的角度来看，通过融资租赁也可以帮助企业减轻税负。租赁可以帮助创业者避免因长期拥有机器设备而承担资金占用和经营的风险，又可通过提取折旧、支付租金等方式，减少所得税额。

6. 利用销售结算的计算时间

采取不同的销售结算方式，推迟收入确认的时间，也可以达到合理避税的目的。

七、新创企业财务管理策略

新创企业要做好财务管理,应采取以下管理策略。

(一)投资管理

新创企业本身就需要大量的资金,而市场本身又具有很大的不确定性,因此,在企业新创阶段的投资要注意确保风险和收益的均衡,这就要求大学生创业者必须做好投资管理。

具体来说,投资管理主要解决的是这样一些问题:做什么,即投资方向;做多少,即投资金额;何时做,即投资时机;怎么做,即资金来源与运用等。

在企业的初创阶段,一般采用的是集中化投资战略,将有限的资金投资到某个特定市场,最大限度地提高资金的使用效率。

(二)筹资管理

一般来说,大学生没有雄厚的经济实力,因而新创企业主要资金来源是创业投资,其主要筹资渠道是吸引风险投资。这就要求大学生创业者做好筹资管理,注意寻找适合自己的风险投资商。

采取筹资管理策略要解决的问题主要有:以何种形式、何种渠道、什么时机筹集经营所需资金,把握各种资金的结构、资金成本等。

(三)营运资金管理

按月编制营运资金分析表可以有效地控制营运资金,一旦发现营运资金不足时,应立即采取相应的措施来弥补。大学生创业者对新创企业营运资金的动态管理可以参考下面的公式。

资金获得量—资金占用量=营运资金不足量

(四)利润分配

股利分配在企业战略资金得到有效的保障中起着很大的作用。因为企业进行股利分配应既能满足企业发展的需要,又能满足投资者的需要。这就需要从企业战略的角度出发,根据企业自身的情况选择适宜的股利分配政策。在大多数情况下,针对初创期企业收益水平低且现金流量不稳定的状况,最好选择低股利政策或零股利政策。

(五)财务控制

新创企业财务管理的基础工作就是完善内部的财务控制,这有利于发挥财务管理的应有职能,实现财务管理目标。对此,大学生创业者应该要学习必要的财务知识,聘请专业的财务人员,保持会计记录的准确性、稳定性;建立健全的职务分离制度、资产管理制度。

第三节　市场营销管理

市场营销管理是企业管理中的重要组成部分。因此,大学生想要创业成功,就必须做好市场营销管理。

一、市场营销的经典理论

(一)4P 理论

4P 即产品(Product)、价格(Price)、促销(Promotion)、渠道(Place)四要素,是由密西根大学教授杰罗姆·麦卡锡于 20 世纪 60 年代提出的。其中,产品包含核心产品、实体产品和延伸产品。价格主要是定价问题,其方法包括竞争比较法、成本加成法、目标利润法、市场空隙法等,旨在使产品成为可交换的商品。促销包括人员推广、广告、攻关活动和销售促进。渠道即销售路径,传统的销售路径经过代理商、批发商、商场或零售店的环节,而在 B2C 模式中,有电话直销、电视直销、网络直销、人员直销、专卖店直销等模式;B2B 模式中也可能采取厂家对厂家的直接销售或选取代理商的中间销售模式。

20 世纪 70 年代,服务业迅速发展,学者们在 4P 的基础上陆续增加了"人"(People)、"包装"(Packaging)、公共关系(Publications)、政治(Politics),发展成了 6P 理论。后来,人们开始重视营销战略计划,继而又提出了战略计划中的 4P 过程,即研究(Probing)、划分(Partitioning)、细分(Segmentation)、优先(Prioritizing)、定位(Positioning),营销组合演变成了 12P。但 4P 作为营销的最基础工具,依然发挥着非常重要的作用。图 13-2 为 4P 营销组合模型。该模型将企业营销分为三个圈,内圈表示企业内部环境,是可控因素,包括产品、价格、渠道和促销;中圈表示产业链环境,包括营销中介单位、供应商、公众、竞争者;外圈表示企业外部环境,是不可控因素,包括社会、人口、技术、经济等。

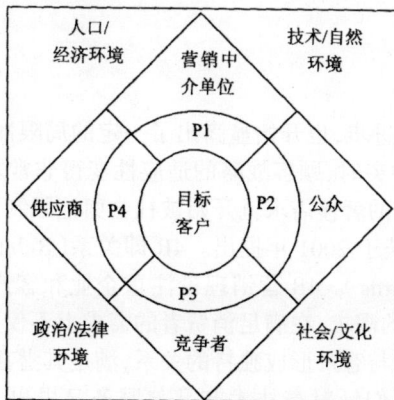

图 13-2

说明:P1—Product(产品);P2—Price(价格);P3—Place(渠道);P4—Promotion(促销)

（二）4C 理论

到了 20 世纪 90 年代,市场竞争日益激烈,媒体发展迅猛,消费也越来越讲究主权和个性,因而传统的 4P 理论受到人们的质疑,弊端也越来越明显,尤其是其以企业（生产者）为中心,对顾客是整个营销服务的真正对象这件事又所忽略。在这种情况下,4C 理论应运而生。它以顾客为导向,是美国学者劳特朋教授于 1990 年提出的。所谓 4C,即顾客需求（Consumer's Needs）、（顾客愿意支付的）成本（Cost）、沟通（Communication）、便利性（Convenience）。

1. 顾客需求

顾客需求不仅强调顾客的显性需求,还强调顾客的潜在需求,前者主要是为了迎合市场,后者则主要是为了引导市场。企业只有真正去分析和了解顾客需求,才能制定科学的营销战略,选择正确的目标市场,促进企业的发展。

2. 成本

顾客购买产品,以及在熟悉使用产品上所发生的费用就是这里所谓的成本。企业如果能够综合考虑这些成本,那么设计出的产品会更容易满足目标客户群的真实需要。

3. 沟通

以竞争导向制定促销策略大多是传统企业的做法,其很容易让企业陷入恶性竞争中。而新的市场环境需要企业以顾客为导向制定促销策略。以顾客为导向是企业加强自身竞争力的重要决策。其需要企业与顾客做好沟通,尤其是顾客参与和互动这件事。

4. 便利

便利主要是通过一定的方式将顾客与产品的物理距离和心理距离缩短,从而让产品有更大的几率被选择。

其实,与 4C 关联性很强的 4S 往往是与 4C 一同被提到的。4S 指满意（Satisfaction）、服务（Service）、速度（Speed）和诚意（Sincerity）。其强调的是消费者战略,强调从消费者需求出发,要求企业根据消费者需求改进产品、服务、品牌,最大限度地提升消费者的满意度,让消费者忠诚于企业。

（三）4R 理论

4C 理论随着社会的不断进步,也开始显露出了一定的局限性。这主要表现为当顾客需求与社会原则、社会道德发生冲突时,顾客战略的适应性变得非常之低。例如,当今社会倡导环保,倡导节约消费,此时,顾客的奢侈需求就开始被社会舆论限制了。于是,以关系营销为核心的 4R 被美国的唐·E. 舒尔茨于 2001 年提出。4R 即关系（Relationship）、反应（Reaction）、关联（Relevancy）和报酬（Rewards）。4R 营销理论注重企业和客户关系的长久的持续互动,同时重视企业的利益和消费者的需求,在满足消费者的需求上不仅要积极地适应消费者的需求,而且要主动地创造一些机会,与客户形成独特的关系,满足其潜在的需求。

在 4R 理论的基础上,人们针对高技术产品与服务又提出了 4V 营销组合理论,以便适应高科技产业的迅速发展。所谓 4V,即差异化（Variation）、功能化（Versatility）、附加价值

（Value）和共鸣（Vibration）。它强调顾客需求的差异化,强调商品功能的多样化,以使顾客、社会与企业达到共鸣。随着网络营销的推广与应用,人们又提出了网络整合营销的4I原则:趣味（Interesting）、利益（Interests）、互动（Interaction）和个性（Individuality）。

总之,营销理论随着社会的发展而不断演绎发展,各种理论相互联系,变得更为深入和完善。

二、新创企业市场营销机构的组建

营销机构一般包括市场部和销售部,其职责各不相同。新创企业的营销机构一般都不完善,也没有必要一步到位,通常是先建立销售部,等到企业的销售工作走上正轨,就需要逐渐完善市场部的功能,并最终单独设立市场部。

（一）销售队伍的建设

要打造一支高效的销售团队,就要招聘一批对市场有一定经验的销售人员,特别是注意招聘开拓型销售人才,以解决销售难题。销售队伍的建设主要包括以下四种类型的人才。

1. 战略型营销人才

战略型营销人才既具备大量的营销理论知识,又具有丰富的实践经验。同时还富有创新能力、实践操作能力,这类型的人才已经完成了从实践到理论、从理论到实践的互相转化,他们能够准确找到理论与实践的结合点,找准发展战略与战术实践的结合点。

2. 战术型营销人才

战术型营销人才具体可分为两种类型:一是营销组合的各方面专家,如市场调查分析、广告、设计、渠道等,他们的有机组合形成了企业营销战略战术的"智囊"。这部分专家往往理性思维强于实践操作,他们所设计的方案具有超前性。他们的战略战术不一定完全正确,但却是企业营销战略战术得以正确制定和实施的必要条件。二是执行方面的专家。这部分专家的实践操作能力强于理性思维,但对于理论、战略具有极强的职业素养。

3. 营销执行经理

营销执行经理是企业营销战略计划最基础的组织者和执行者,他们必须具有最基本的营销素质条件,拥有丰富的产品知识和市场知识,同时还应具有良好的性格倾向、组织管理能力和沟通亲和力。

4. 基层营销人员

基层营销人员在新创企业中发挥着重要的作用。他们是构成企业营销队伍的最基层,是企业营销战术计划、方案的具体实施者,因而对他们的素质水平有一定的要求;基层营销人员也是企业营销队伍培育体系的一级学员,这批人员处于成长动态过程之中,最终可能成为执行经理、战术型人才甚至战略型人才。

（二）销售管理制度的建立

要提高新创企业的营销能力,单靠一两个能干的销售人员是不行的,还要建立相应的销售管理制度,使营销流程科学、标准化。不同行业,其销售管理制度关注的侧重点有所不同。例如,消费品行业的销售更强调的是标准化管理,为提高销售人员的工作效率,加强时间管理,熟悉拜访路线图、拜访流程。渠道铺货率与销售额呈正相关。与之不同,工业品行业的销售管理模式侧重的是销售精准程度的提高,因此在前期准备、计划方面要付出更多的努力,逐步推进整个销售过程,有策略地促成客户采取行动。工业品的销售特点是销售额大销售周期长,面对的都是大客户,需要拜访多次才可能获得订单。相应地,应该是分布考核销售人员,针对不同的销售进展阶段给予不同比例的提成。

三、新创企业市场营销渠道的建立和管理

（一）营销渠道的建立

营销渠道就是企业产品流向消费者过程中所经过的路径。这个路径既有企业自己设立的销售机构,也有代理商、经销商、零售店等。因成本太高,精力有限,很多企业不愿意自己设立销售机构,而是选择代理商、经销商、零售店当作自己的营销渠道。能否建立有效的分销网络,关键在于企业能否提供比竞争对手更有价值的销售服务,从而能够与分销商、经销商等建立同舟共济的伙伴关系。因此,把营销渠道作为主力产品来经营和管理就成为重要的制胜策略。

新创企业在建立自己的营销渠道过程中,要注意选择合适的营销渠道模式,选择合适的经销商,设计可控的营销渠道结构。

1. 选择合适的营销渠道模式

新创企业在知名度、经济实力以及市场管理能力方面都还比较弱,因而在市场初期选择渠道模式以每省级总经销制为宜。此时,新创企业在做好系统规划的基础上也不必拘泥于过分规范的销售政策和市场规范,重点是做好产品的大量铺市和流动销售。

2. 选择合适的经销商

新创企业的经济能力较弱,在整体推广、与渠道经销商的谈判筹码方面都处于劣势,因此一定要选择合适的经销商并与之维持良好的合作关系。新创企业选择的经销商最好也是刚起步做市场的,他们也需要企业的支持,因此忠诚度也很高。

3. 设计可控的营销渠道结构

营销渠道结构通常指渠道的宽广度、深度和长度。营销渠道的宽广度也就是指企业在选择渠道成员上的多样性和复合度。由于新创企业还缺乏一定的管理能力,不适合在宽广度上下功夫。营销渠道的深度主要是指零售终端的多样性。终端的多样性可以使产品更有效地渗透整个市场,达到销售的规模效应。营销渠道的长度是指由一级经销商到销售终端所经过的环节和层级。环节越多,层级越多,管理渠道的难度也就更高,市场信息的流动也就更慢。

新创业企业在资金、管理能力方面都处于劣势，所以选择窄而长的深渠道结构为宜。

（二）营销渠道的管理

对新创企业的营销渠道进行管理，可以从以下几方面入手。

1. 采取有效的经销商激励

新创企业的营销渠道管理，很重要的就是对经销渠道成员采取有效激励措施。需要注意的是，渠道激励一定要与整体的销售政策相适应，对经销商的销售潜力有整体的把握。奖励目标不能太大也不能太小，否则就起不到激励的作用。

2. 严格管理渠道经销商

销售渠道一旦有了一定的规模，企业就应该设置专门的渠道管理人员，对渠道成员进行严格的管理，掌握经销商的库存情况、资金信用情况等。实际上，对经销商的管理，更重要的是让经销商时刻与企业的市场战略保持一致。

3. 有计划地收缩，有步骤地扁平

当新创企业发展到了一定规模，可以适当地收缩营销渠道，有步骤地实现扁平化，使销售网点分布更加科学。例如，增派管理人员到二级乃至终端去进行渠道的日常维护，紧紧控制总经销商的下游网络。同时，进一步扩大市场渗透指标，控制总经销商的势力范围，但又不影响经销商的收益。另外，企业也可以以新产品招商为由，进行补充型区域招商。

四、新创企业市场营销分析

（一）进行市场定位

市场定位就是在市场上给本企业产品确定适当的位置，是设计公司产品和形象的行为。市场定位的关键是企业要设法使自己的产品上比竞争者更具有价格优势或者偏好优势。

1. 市场定位的方式

新创企业一定要根据自身实际情况选择合适的定位方式。市场定位的方式主要有以下几种。

（1）迎头定位

迎头定位又称"竞争性定位""对峙性定位""针对式定位"，是指企业直接与实力最强或较强的竞争对手发生正面竞争，从而使自己的产品获得与对手相同的市场位置。采用这种方式能够在很短的时间内引人注目，甚至有可能产生轰动效应，进而树立自己的市场形象。然而，作为新创企业，采取这种方式应该要做到知己知彼，选择恰当的市场进入时机与地点，否则损失惨重。

（2）避强定位

避强定位，是指企业避开强有力的竞争对手，将自己的产品定位在另一个没有竞争的区域内，使自己的产品的某些特征或属性区别于其他企业的产品。这种定位方式的优点是所承担的市场风险较小,能够迅速在市场上站稳脚跟,并在消费者心中尽快树立起一定的形象,因此常被新创企业采用。

（3）创新定位

创新定位,是指企业寻找新的、尚未被占领但又有潜力的市场领域,用本企业的特色产品填补市场空白。采用这种定位方式,企业一定要明确创新定位所需的产品在技术上、经济上是否具有可行性,有没有足够的市场容量,是否能够真正为企业带来合理而持续的经济利益。

（4）重新定位

重新定位又称为"二次定位",是指企业对那些销量小、市场反应差的产品重新进行定位。这是一种以退为进的定位方式,它能够帮助企业摆脱经营困境,寻求新的竞争力。不过,需要注意,重新定位并不一定是因为企业陷入了困境,也可能是因为发现了新的产品市场范围。

2. 市场定位的步骤

新创企业进行市场定位,可以通过以下三大步骤来完成。

第一,分析目标市场的现状,确认本企业潜在的竞争优势。

第二,准确选择竞争优势,对目标市场初步定位。

第三,显示独特的竞争优势和重新定位。

3. 市场定位的角度

在成熟的市场上,原有产品已经在消费者的心目中形成了一定的形象,占有了一定的地位,因而新创企业的产品要立足有非常大的难度。此时,选对市场定位的角度很关键。新创企业在进行市场定位时,可以从消费者利益、产品特色、使用场合、竞争等角度进行市场定位,以顺利在市场上占据一定的位置。

4. 市场定位的战略

新创企业在市场定位中可以采取以下一些有效战略。

（1）产品差别化战略

这是指企业在产品质量、产品款式等方面多加努力,展现出一定的差别优势。

（2）人员差别化战略

这是指企业通过聘用和培训比竞争对手更为优秀的人员以获取差别优势。

（3）形象差别化战略

这是指当企业产品的核心部分与竞争对手雷同时,全力塑造不同的产品形象来获取差别优势。

（4）服务差别化战略

这是指企业力求向目标市场提供与竞争对手不同的优质服务,来获得竞争优势。

（二）做好市场细分

1. 市场细分的依据

市场细分的依据主要有以下几个。

（1）人口和社会经济状况

消费者的欲望、偏好等与人口、社会经济状况密切相关。人口、社会经济状况包括消费者的性别、年龄、家庭规模、职业、收入、受教育程度、民族、宗教信仰、家庭等。

（2）地理环境

处于不同地理环境的消费者，对产品会有不同的需求，有不同的产品喜好。因此，进行市场细分时需要考虑地理环境，即消费者的地理环境。例如，人们常说的"北咸南甜""东酸西辣"，指的就是地理环境造成的口味差异。处于不同地理环境的消费者，对价格、销售渠道和广告宣传等营销策略的反应也有所不同。

（3）购买行为

消费者购买的着眼点、购买频率、偏爱和忠诚的程度等方面的购买行为，都可以据此将其划分为不同的消费者群体。

（4）购买心理和生活方式

消费者的个性心理特点和生活方式也会对其自身的购买行为产生影响，因此，还需要根据心理因素和生活方式来进行市场细分。例如，一些服装生产企业，根据消费者的心理特点和生活方式设计不同风格的服装，或者是简朴感的，或者是时髦感的，或者其他各种气质的。

当然，新创企业进行市场细分时不应拘泥于上述划分依据，完全可以根据自己的实际情况选择其中与本产品消费者关联性最强的具体项目。

2. **市场细分的层次**

大学生新创企业在进行市场细分时，还要了解市场细分的层次。市场细分的层次可以根据细分粗略程度的不同分为大众市场、微市场、细分市场、补缺市场等。

（1）大众市场

大众市场即广泛市场。大众市场营销就是指企业对所有顾客采用的是同一种方法进行大批量生产、分销和促销。这种营销的优点是可以使生产成本和经营费用降低，而且还有可能创造最大的潜在市场；缺点是分销渠道过多，从而难以接触到所有的潜在消费者。

（2）微市场

微市场主要包括本地化市场和个人市场。

第一，本地化市场。本地化市场营销能更好地满足本地消费者的需求，但同时也可能因规模经济的减小而拉升成本。

第二，个人市场。个人市场，也就是针对个人的定制营销或者一对一营销。与以往的手工定做不同，现在生产技术的发展使企业可以根据顾客的特殊要求大规模定制产品，满足他们的多样化、个性化需求。然而，定制营销要求企业具有过硬的软硬件条件，这将导致市场营销工作的复杂化，增加经营成本、经营风险。

（3）细分市场

所谓细分市场，就是企业将整个市场划分为几个不同的细分市场，而每个细分市场的消费者具有相似需求，据此为每一个细分市场提供相应的产品和营销方案。细分市场的消费者需求相似但也有细微的差别，对此，企业应提供灵活的市场供应品，而不是单一的标准化供应品。

（4）补缺市场

补缺市场比细分市场更细，也叫亚细分市场。在补缺市场，竞争者也更少，企业也就能更了解消费者的独特需求，而为了满足自己的特定利益，消费者也愿意支付更高的价格。

3. 市场细分的程序

新创企业不管是细分生活消费品市场或是生产资料市场,如果能够按照一定的程序进行,那么就能够较为容易地实现细分市场的基本要求。

一般来说,新创企业可按照以下程序进行市场细分:识别细分市场→收集研究信息→拟订综合评价标准→确定营销因素→提出市场营销策略。其中,在确定营销因素时,不仅要估计总市场潜力、分析市场营销机会,还要估计每个子市场潜力、分析市场营销机会和利润潜力。

(三)产品定价

价格是所有营销策略中直接与收入挂钩的关键因素,也是市场竞争的基本武器。由于在市场经验和专业知识方面都相对缺乏,大学生创业者常常是凭感觉进行产品定价,最常见的就是认为薄利多销,不敢定高价,这很容易使新创企业在应对竞争与市场变化时失去灵活性,以致陷入被动。其实,产品定价的核心问题就是该如何向消费者证明这个价格是合理的。

1. 产品定价需要考虑的因素

新产品定价主要考虑以下几个因素。

第一,消费者的价值认知,即消费者最高愿意花多少钱满足其需求,这是产品定价的上限。

第二,产品的成本,新产品的价格应该高于成本,这是定价的底线。

第三,竞争对手的价格,新创企业的产品价格一般要参照竞争对手的价格,或稍微高,或稍微低。

第四,未来的调整空间,包括对企业其他产品的影响,要基于产品的生命周期综合定价。

2. 产品定价的方法

产品的定价方法主要有:成本加成定价法、认知价值定价法、通行价格定价法、拍卖式定价法,每种方法的适用情况有所不同。新产品的定价高低主要看其创新程度如何,以及竞争对手模仿速度的快慢。如果新产品创新程度非常高,甚至可以引领潮流,那么完全可以定高价。如果竞争对手能够快速模仿,则应该在价格方面要比对方略低一些,以迅速扩大市场份额,对抗竞争对手。

3. 产品定价的策略

产品定价策略主要有:撇脂定价策略、渗透性定价策略、组合定价策略。

(1)撇脂定价策略

撇脂定价策略,即以高价位来获得高额市场利润。该策略成功的条件是:市场需求量充足;市场价格敏感度低,需求弹性小;良好的产品品质及功能;竞争者在短期内难以进入市场;即使生产成本规模小,利润仍充足。

(2)渗透性定价策略

渗透性定价策略,即以较低的价格打入市场,期望获得大量的市场占有率。该策略的成功条件是:市场需求足够大;价格敏感度高;批量生产能获得显著的成本规模效益;低价是减少潜在竞争者的最佳策略。如果产品的创新程度有限,则比较合适采用渗透定价策略。

（3）组合定价策略

组合定价策略,即在一系列关联性很强的产品中,将主产品价位降低,甚至可以降低到成本以下,以吸引更多的顾客,而配置的附属品则定高价,以获取尽可能多的利润。

总之,企业以盈利为首要目标,所以定价要兼顾销售效率和企业效益。

第四节　创业风险管理

一、创业风险的内涵

风险是指在一定条件下,由于各种结果发生的不确定性而导致行为主体遭受损失的大小以及这种损失发生可能性的大小。关于创业风险,目前学界的定义比较多,并没有一个权威统一的说法。国外学者 Timmons 和 Devinnev 认为创业风险是影响创业决策的一个重要因素,它对企业的产品以及企业的市场环境都会产生重要的影响。国内学者在创业风险的研究方面多是从自己的领域出发的,如有的学者认为创业风险是人才风险引起的,因为即使是很优秀的创业人才也不能面面俱到,他一定在某些方面有自己的短板,从而使创业结果不如人意。也有人认为,创业风险是创业过程中必然会存在的因素,而人才风险的因素是一些风险评估者首先要考虑的因素。还有的学者将创业风险分为两个部分,一是系统风险,即由创业环境外部条件引发的风险;二是非系统风险,是指创业本身引发的风险,即与创业者、创业投资和创业企业有关的不确定因素引发的风险。

综上所述,我们可以大致总结出创业风险的内涵,它是指企业在创业过程中,由于创业团队实力的有限性、创业条件的复杂性和创业环境的不确定性,而导致创业活动偏离预期目标的可能性。

二、创业风险的特征

在当代社会中,大学生创业者必须要充分了解创业风险,尤其是创业风险的特征,才能更好地规避创业风险。具体而言,创业风险的特征主要表现为以下几个方面。

（一）客观性

在创业过程中,风险是客观存在的,不以人的意志为转移。也就是说,不管创业者是否意识到,创业风险都会客观地存在于市场环境中。例如,在创业过程中遇到的自然灾害,如地震、洪涝灾害等,都是客观存在的,人们无法左右它。再如,企业产品的每个生命周期都客观地存在着风险,只要产品的结构、质量、更新换代速度等某一个方面与市场需求脱节,就会影响产品的竞争力,甚至影响企业的正常运营。创业风险的客观性要求创业者一定要采取正确的态度,承认和正视风险,尽可能采取一定的规避风险的办法,以降低风险发生的频率和损失幅度。

（二）普遍性

人类在发展的过程中总是会不可避免地面临各种风险,而且随着生产力的发展、科学技术的进步,风险的种类又会不断地增加。市场经济从微观角度来说是一种风险经济。因此,创业过程中存在各种各样的风险是较为普遍的。一般市场经济越开放发达,其中隐藏的风险越大。

（三）可变性

一般来说,创业风险会随着环境的变化而产生,也会随着环境的变化而消失。因此,创业风险具有可变性。世界上任何事物都是绝对运动和相对静止的统一,而事物之间又存在着普遍的联系,这就导致运动变化的事物必然会引起相关事物的变化。人类社会的不断发展,当然也创造和推动了风险的发展和变化。例如,国际形势的变化、金融危机的产生、科学技术的变革等,都可能使创业风险因素发生变动,给创业过程带来影响。

（四）相关性

创业风险虽然是客观存在的,但是创业风险的大小却是与创业者的创业行为及决策息息相关的。决策是否正确,直接影响着创业者面临的风险及其程度。不同的创业者采用同样的决策会面临不同的风险,即使是同一个创业者在不同的创业阶段做出的决策不同也会有不同的风险。这种相关性就要求创业者一定要规范自己的创业行为,尽量做出正确的决策,以规避风险或是降低风险带来的损害。

（五）损益双重性

创业风险就像一把双刃剑,它给创业者带来消极影响的同时,也会给创业者带来正面的积极的影响。因此,创业者需要正确认识并利用创业风险。要知道,风险与机会并存,风险未必就会造成不好的结果,它只是存在造成不良结果的可能。当产生风险时,创业者如果能够将风险充分利用起来,反而会使风险很大程度地受到控制,并转化为良好的创业机会。

（六）不确定性

不确定性可以说是创业风险的最大特点。由于创业风险形成的过程非常复杂,又是随机的,因而创业主体对其何时何地发生、如何发生、损失程度如何等不能全面掌握和确定。具体而言,创业风险的不确定性主要表现在以下几个方面:一是风险发生的概率不确定;二是风险发生时间和空间不确定;三是风险最终形成的后果不确定。这些方面的不确定让创业者很难把握风险。它不仅会给企业带来过高的防范成本,有时还让创业者无可奈何,产生无措感。

（七）可测性与测不准性

创业风险虽然具有不确定性,但是创业者可以根据详细的分析来推断风险,可以通过一些量化的指标来评估风险,从而及时采取措施,将某种风险发生的概率及其造成的损失程度的系数降到最低。因此,创业风险具有可测性。当然,创业风险的测定又不可能完全是准确的,它存在一定的误差,这是由于创业投资的测不准、创业产品周期的测不准与创业产品市场的测不准等造成的。

三、创业风险的类型

大学生在创业的过程中面临着诸多的风险,这些风险从不同的角度可以划分为不同的类型,按照内容划分,创业风险主要包括以下几种类型。

（一）市场风险

市场风险是指市场主体从事经济活动所面临的盈利或亏损的可能性以及不确定性。具体可以从以下几个方面进行认识。

1. 市场价格

通常情况下,高技术产品的开发成本都会比较高,为了尽快收回成本,这种类型的产品会制定较高的价位。一旦价位高到让人难以接受的地步,它在市场上的销售就会发生障碍,最终可能因为市场规律而被迫退出市场,投资也就无法收回。例如,有一些金属材料是人工合成的,由于它高昂的手工费用,目前还很难在商业领域流通起来。此外,一旦某种产品被市场所欢迎,就有可能招致众多的投资商,使市场上出现大量的该种商品,导致市场上供过于求,最终使该种商品难以收回成本。

2. 市场需求量

市场的需求量为产品的生产提供了方向。很多创业者在创业之初,常会根据一些历史数据进行判断和推测,并没有了解现实的情况是怎样的,这样一来,判断的结果常会与现实形成较大的出入。如果一项高技术产品的推出投入巨大,而产品的市场容量较小或者短期内不能为市场所接受,那么产品的市场价值就无法实现,投资就无法收回,从而造成创业夭折。

3. 市场战略

市场战略是产品销售的重要手段。好的市场战略是产品成功销售的前提和条件。市场战略包括产品的价格定位、用户选择、上市时机、市场区域划分等内容,一旦这些内容定位不当,就有可能给产品销售带来障碍,从而影响企业的运作和发展。

4. 市场接受时间

当新产品出现在市场时,通常会需要一定的时间去获得大家的关注。如果企业在产品投放到市场之前,就进行了大量的广告宣传,那么可能就会减少产品市场接受的时间；如果创业企业由于资金的原因没有对产品进行广告宣传,那么产品为市场接受的时间可能就会比较长,这样一来,短期内产品的销量定会不如人意,造成产品积压,影响企业资金周转和运作。例如,20世纪50年代,贝尔在实验室就发明出了图像电话,但是电话发明出来之后,并没有马上得到应用,直到20世纪70年代,电话才在商业领域得到应用。

（二）技术风险

所谓技术风险，是指在企业产品创新过程中，由于技术因素给创业企业带来威胁的可能性。概括而言，技术风险主要表现为以下几个方面。

1. 技术寿命的不确定性

由于科学技术的发展非常迅猛，产品的更新换代非常快，所以高技术产品一般不会有很长的技术寿命。对依托高技术产品的创业者而言，如果在短期内不能将创业初期的成本收回，实现企业的产业化发展，那么很有可能在之后的一段时间内遭受打击。

2. 技术前景的不确定性

新技术在产生之前可能多少都存在这样或者那样的问题，能否弥补新技术存在的不足，创业者是很难预料的。有些技术在应用之前可能被给予了厚望，在实验室也是可行的、成功的，但是真正到生产的时候却如水中捞月。这种情况的出现主要是因为工业化生产与实验室是不可能完全相同的，一些现实的条件常常使这些技术无法发挥出自身的作用。如果赖以创业的技术不能够实现工业化，必然造成创业的夭折。

3. 技术成功的不确定性

技术从研究开发到实现产品化、产业化的过程中，包含着非常多的环节，任何一个环节都不能出现技术上的问题，否则就会使产品创新前功尽弃。在现实生活中，有很多创业企业技术创新失败的例子，他们屡试屡败，没有明白技术创新环节之间的关系。

4. 技术效果的不确定性

高技术产品究竟会产生怎样的效果最终谁也无法确定。例如，一些技术的投产使用会给当地造成严重的污染，这项产品就有可能受到限制而不能实施，结果企业就会造成巨大的损失。

（三）机会风险

创业者一旦选择创业，就意味着他将放弃其他的职业。这就是所谓的机会成本风险。例如，李某和王某是大学的同班同学，二人毕业后都决定应聘一家公司，开始为他人打工的日子。后来，李某权衡再三，辞去了在公司的职务，选择了创业。王某考虑到自己的能力以及性格各方面，认为自己不适合创业，于是还是坚持在公司做一名老老实实的职员。对李某而言，他就面临着机会成本风险，如果他不选择创业，最起码每个月还有固定的收入，衣食无忧；现在辞去工作，不仅没有了稳定的收入来源，而且一些基本的保障和福利也跟着消失了。当然，李某将来创业成功，前途自然是不言而喻的，怎么样也比为他人打工的王某强。但是一旦李某创业失败了，不得已重新应聘职位去工作，那么相对于王某而言就有了一定的差距，不仅是失去了几年的福利，而且也失去了几年的工作资历。另外，年龄的原因也会使小李丧失一些机会。从上述这个例子来看，大学生在创业之前，一定要认真考虑机会风险，瞅准时机再进行创业。如果没有绝佳的商业机会，也没有什么经验和管理能力，就头脑发热，一时兴起，开始创业，那么很难走上成功的道路。

（四）资金风险

资金风险是指因资金不能及时到位而产生的风险。

创业者要想长期经营一个企业，必须要准备大量的资金。但是对于大多数的创业者来说，他们的资金来源渠道都是非常少的。尤其是刚刚创立的企业，经常因为资金缺乏而产生各种各样的问题。如果创业者不能采取有效的办法及时融资，很容易使企业在创业之初夭折。

在资金风险中，值得关注的一个重要因素就是通货膨胀。当发生通货膨胀的时候，银行都会上调利率，采取紧缩的货币政策，这样一来，企业的贷款成本随之增加，企业的资金周转变得困难甚至是中断。同时，通货膨胀之后会造成物价上涨，企业各方面的成本都会大幅度提高，使资金入不敷出。

（五）管理风险

管理风险的大小主要受到以下几个方面因素的影响。

1. 管理者素质

一个优秀的创业家，可能在技术方面是欠缺的，但是应该具备的素质却是不能欠缺的，具体来说，企业家应该具有的素质包括以下几个方面。

第一，具有强烈的创新精神与创业意识，不能死板守旧，不能没有主见、人云亦云。

第二，有成功的自信和愿望，敢于冒险、有足够的耐力。

第三，善于观察，能够及时抓住机会，具有敏锐的机会意识和高超的决策水平。

第四，敢于面对挫折和困难，勇于在逆境中奋起直追。

如果管理者不具备上述的素质，那么创业企业就可能存在管理风险，有可能使创业处于困境甚至导致创业夭折。

2. 组织风险

组织风险是指由于创业企业的组织结构不合理所带来的风险。

创业企业的组织结构对创业企业的发展会产生至关重要的影响。一个企业的组织结构是否合理取决于企业的管理体制是否通畅。因此，创业企业从一开始就应该关注企业的组织设计，对企业的人力资源进行合理的分配。同时，制定出合理的薪酬制度和培训制度等。

3. 决策风险

决策关乎企业的成败。在现实生活中，有许多因为决策失误而使企业失败的例子。对于创业者而言，在做决策时一定要慎重，千万不可凭着自己的喜怒哀乐或者是感觉做出决策。抱着侥幸心理的决策终会酿出惨痛的恶果。

（六）环境风险

所谓环境风险，就是指企业因所处的社会、政治、政策、文化、法律环境等的变化，以及突发的自然灾害、意外事故给企业带来灾害的可能性。在创业的大环境中，任何一项因素的改变，都可能对新创企业带来致命的打击。因此，大学生创业者在创业之前一定要认真分析和预测创业环境,以便将环境风险降至最低。

四、创业风险的根源

(一)资金不足

大学生在创业初期,最主要的风险就来自于资金。资金成为大学生创业者需要解决的首要问题。企业创办起来后,是否有充足的资金进行运作维持企业的发展也是一个重要的问题。对那些刚刚创办起来的企业而言,如果一开始就出现了资金紧张,没有资金周转的情况,那么最终会导致企业运作停止,给企业带来重创。

(二)资源匮乏

"巧妇难为无米之炊"。没有创业资源,再有能力的创业者也无济于事。在大多数情况下,创业者不一定也不可能拥有所需的全部资源,这就形成了资源风险。如果创业者没有办法聚集创业资源,那么创业根本就无从谈起。

(三)恶意竞争

如果创业者选择创业的领域竞争非常激烈,那么从创业一开始就很可能受到同行的强烈排挤。在一些领域,有些大企业为了形成垄断,常采用低价销售的手段对行业内的小企业进行排挤,形成恶性竞争。对于大企业来说,由于自身的规模和实力,这种低价销售的手段并不会让他们在短期内消耗元气,但对初创者来说,低价则可能意味着彻底的毁灭。因此,大学生在创业之前首先要考虑好如何应对来自同行的残酷竞争。

(四)团队分歧

大学生在创业之初,基本上实力都比较单薄,它们在发展的过程中最主要的还是依靠团队的力量。只有团队是优秀的,企业才会迅速发展。但与此同时,风险也就蕴藏其中,团队的力量越大,产生的风险就越大。如果团队成员因为某些问题而意见不合,很容易给企业带来不利的影响,甚至会对企业造成剧烈的震荡。

(五)信任危机

创业企业存在两种不同类型的人,即管理者和技术专家。信息和信任的风险正是存在于这二者之间。管理者和技术专家拥有的知识背景不同,对企业的预测和发展的思考方式也不同。管理者对产品流通的市场、渠道比较熟悉,往往更善于整个公司的管理;技术专家精通技术层面的内容,知道哪些内容在科学上是正确的,哪些内容在技术层面上是可行的。一般来说,管理者承担的风险主要是在技术方面,因为对技术方面知识的欠缺,他们不得不相信技术专家,可以说管理者是在拿别人的钱冒险;技术专家承担的风险主要是学术方面的影响,以及没有金钱回报。如果管理者和技术专家彼此之间没有足够的信任和交流,那么将会带来更大的风险。

（六）管理能力较弱

创业者在创业之初未必具有较强的管理才能。他们从事创业活动可能是由于技术原因,也可能是出于某种创新的理念,但是并不擅长管理,造成管理上的风险。

（七）业务骨干流失

企业在发展的过程中必然要面向市场,要想使企业在市场中立于不败之地必须依靠业务骨干和业务精英。这些业务骨干是企业发展的重要前提和基础。因此,将业务骨干留在企业中是创业者必须要考虑的问题。否则,业务骨干一旦流失,就会给企业带来风险。

五、创业风险的识别

识别创业风险是大学生创业者控制风险的第一步,因此,必须正确识别风险。创业风险的识别是创业者依据创业活动的迹象,在各类风险事件发生之前运用各种方法对风险进行的辨认和鉴别,是系统地、连续地发现风险和不确定性的过程。在这一过程中,创业者的主要任务就是从错综复杂的环境中找出经济主体所面临的主要风险。一般来说,识别风险先要识别显性的风险,即国家政策的调整、市场需求的变化等带来的风险;其次要识别半显性风险,指某一方面的变化所造成的连锁反应等;最后要识别隐性风险,即突发事件带来的风险。

（一）创业风险识别的原则

1. 全员性原则

所谓全员性原则,就是指在企业创业风险的识别过程中,要依靠参与中的所有人员,包括管理人员、销售人员、设计人员、技术人员、生产人员等,而不是单单依靠少数的管理人员或技术人员。这是因为创业风险在企业运行过程中随时随地都可能存在,而企业中专门来负责风险工作的人员不可能有很多。而很多时候,有多少风险源、各自形成风险事件的几率多大、可能造成的损失大小等,是项目第一线参与人员最先知道的。因此,发动项目第一线的人员进行创业风险的识别更能收到良好的效果。

2. 全程性原则

所谓全程性原则,就是指创业风险识别要贯穿企业创业的全过程。创业是一个牵涉面广、过程复杂、程序超多的系统工程。在这个系统工程中,每个环节既相互独立又相互有内在的逻辑联系。所以,在前一环节中的风险有可能传递给后一环节。因此,企业风险管理者必须从前期准备开始直到产品上市销售的整个过程,都要进行相应的风险识别,而不是只看重某一环节的风险识别。总之,坚持全程性原则,风险识别人员就要注意跟踪企业的每一个过程、每一个阶段,动态地识别每一个过程、每一个阶段的风险源,以便对创业风险有全局性的把握。

3. 系统性原则

创业风险识别的系统性原则,是指相关人员在风险识别的过程中要将所有参与新创企业的要素视为一个系统,从系统的思维出发看待企业所面临的风险。在现实社会中,企业所面临的风险往往不是孤立的,而是与社会上其他风险有一定的联系的,有的甚至联系非常紧密,社会上某一风险通过传递很可能使企业的风险加大。因此,在识别创业风险时,风险管理人员一定要在大系统中去衡量所面临的创业风险,学会从宏观层面上把握创业风险,将各个子系统都考虑在内,以便有效地规避风险和利用风险。

4. 谨慎性原则

坚持谨慎性原则关键就是资本保持或资本维持,也就是说企业管理者只有在成本得到弥补或资本得到保证以后,才能确认收益。所谓"失之毫厘,谬以千里",很多企业出现较大的风险,主要是就由一些细小的因素引起的。因此,新创企业进行风险识别时,必须对任何一个不确定性因素或风险源都认真对待,在没有对风险源进行详细的分析和控制的情况下,不随意排除风险源的存在,必须经过风险管理人员以及相关的专业人员确定某一风险源不会导致较大的企业风险事件之后,才可以排除风险源。

5. 动态性原则

动态性原则是指创业者在面对新创企业的各种风险时,要以动态和发展的眼光来看待。由于创业风险会随着周围环境的变化而处于一种动态的变化之中。因此,新创企业的管理人员一定要以敏锐的眼光、专业的精神去捕捉不断变化的风险源,同时认真审视原有的风险源,排除那些以前被确定为风险源,而现在不再成为风险源的因素,重视那些以前不属于风险源,但现在和未来很可能形成风险事件的风险源。总之,坚持动态性原则,就必须始终掌握一切风险因素的动态变化情况。

(二)创业风险识别的方法

创业风险识别的方法有很多,这里重点介绍几种常用的识别方法,具体如下。

1. 环境分析法

创业环境的构成极其复杂。主要包括宏观环境和微观环境两个方面。宏观环境主要包括政治、经济、社会等;微观环境主要包括投资者、消费者、政府部门等。创业者应该对这两个方面的环境因素进行分析,明确其中蕴藏的挑战和机遇,发现企业的优势和劣势,找出这些环境可能引发的风险和损失。

运用环境分析法,主要是对环境可能产生的影响进行分析。例如,国家政策出现了怎样的变动,这些变动对企业的生产发展产生了什么样的影响。此外,应从整体角度,分析外部环境与内部环境的相互作用及其影响程度。

2. 专家调查法

专家调查法在风险识别方法中应用得较为广泛,是一种比较重要的识别方法。专家通过发挥自身的优势和能力,对风险的可能性进行估计,最终得出评估结论。

3. 财务报表分析法

财务报表分析法是指从财务的角度对企业存在的风险进行分析,包括分析企业的资产负债表、利润表以及财务状况等资料。这些报表都是企业财务运作状况的反映,因此通过报表分析,可以为发现风险因素提供线索。这种方法成为风险识别的有力手段。

(三)创业风险识别的意义

创业风险识别其实就是找出与创业目标存在偏差的因素。这些因素的存在可能会给创业企业带来损失。因此,对创业企业来说,识别这些因素具有重要的意义。

1. 减轻创业的资金压力

对创业者而言,资金一直是创业最重要的问题。由于大学生刚刚走出校园,经济收入微薄,因而没有创业方面的资金能力。大学生创业者意识到这一点就会想办法通过多种渠道筹集资金,减少企业因为资金问题而面临停滞的可能性。

2. 有利于创业者综合素质的提高

创业是在各种因素的综合作用下才成立的,由于这些因素是随着环境的变化而变化的,因而创业是否成功也面临着很大的不确定性。这就需要创业者统筹兼顾、运筹帷幄,综合考虑各方面的因素以及这些因素互相作用的结果,提高自己的综合素质。

3. 有利于创业管理向规范化方向发展

在创业阶段,创业者是企业主要的管理者,由于创业者精力与能力方面的限制,他们对企业的管理必然不是面面俱到。这就需要企业建立一个合理的风险管理体系,明确每个人承担风险的权责,使企业向着正规化管理的方向发展。

六、创业风险的控制

创业风险是时时刻刻存在的,一旦风险产生,就会给企业造成一定的损失,因此,创业者应该采取措施对风险因素进行控制,以使企业损失降到最低。具体来说,风险控制的措施主要有以下几种。

(一)回避风险

回避风险是指为了减少损失甚至消除损失,对所有可能发生的风险尽可能地规避。回避风险主要包括以下两种方式。

1. 先期回避

先期回避最为常见也最为彻底。如:一家焦化企业想要在某小镇的郊区从事生产,但是这一企业的生产会对当地的环境造成污染,影响居民的正常生活。这时企业必须支付高额的费用用来治理环境,并给当地的居民一定的经济补偿才能开办工厂,这样下来,企业支付的费用要远远高于生产的费用,结果该企业决定取消在某郊区生产的计划,回避了支付巨额费用的风险。

2. 中途放弃

中途放弃相对于先期回避而言,发生的情况比较少,但也存在这种情况。如:某制药企业从报告中得知其所产生的某药品有新发现的严重毒副作用后,立即停止生产该药品。

回避风险可以从根源上消除风险,保证企业零损失,具有简单、易行、全面、彻底的优点,但也有其局限性。该方法不是所有的风险都适用,只有那些可能给企业造成较大损失、发生频率较高的风险才适宜使用这种办法。

(二)转移风险

转移风险是指把有可能给单位和个人造成的风险,转嫁给另外单位和个人去承担。转移风险有以下两种方式。

1. 保险转移

保险转移是指向保险公司交纳保险费并同时将风险转移给保险人。在这种转移中,投保人可以把风险转嫁给保险人,保险人在接受这些条件时可以提出一定的条件。保险能提供有效的损失补偿;分散风险;进行风险控制,起到监督作用。这种方法只适合于只有损失风险没有获利可能的情况。

2. 非保险转移

非保险转移主要是为了转移财产损失造成的后果,通过合同条款转移风险的方式。非保险转移的方式主要有以下两种。

(1)转移风险源

转移风险源是指把风险损失的全部或者是部分转移给他人。如把带有风险的财产出售给他人;财产租赁可以使财产所有人将自己所面临的风险部分地转移给租借人。

(2)通过契约责任转移

企业管理人员可以在签订合同时就把风险转嫁给对方。但是需要注意的是,风险存在很大的关联性,不同风险之间会形成一定的交叉,所以应在签订相关契约时明确提示合约伙伴应用保险这一转嫁工具。

非保险转移是一种重要的转移财务风险的方法,但其自身也存在局限性,不能完全依赖这类转移方式。

(三)损失控制

损失控制是指在风险发生后,能够采取措施对风险造成的后果进行控制,使损失最小化。损失控制主要从以下两个方面着手。

1. 损失预防

损失预防是指在风险产生后果之前采取措施,使损失减少甚至是没有损失。损失预防重点是要关注以下几个方面。

(1)改变风险因素可能发生的环境。

(2)消除或减轻风险因素。

（3）抑制风险因素和环境的相互作用（表13-5）。

表13-5　针对风险因素的损失预防活动

风险因素	损失预防活动
洪水	水利工程建设
污染	制定相应的环境管理条例
放射性物质	做好阻隔措施
烟雾	制定政策、条令
酒后开车	检测、禁酒、罚款
结冰的人行道	清除冰面

由表13-5可以看出，只有针对具体的危险因素采取措施，才能有效地控制风险，防止损失的产生。

2. 损失减少

损失减少是指在风险已经产生后果的情况下采取的控制措施。它试图将后果的影响降到最低。

"挽救"是损失减少中最为常用的一种方法。在大多数情况下，完全损失的情况是较少发生的，通常都可以采取一定的措施进行补救。如：一个被大水淹没的库房，可能经过技术处理之后，一些货物仍然能够正常使用。

（四）自留风险

自留风险是指企业既不回避也不转移风险，而自行承担风险及损失发生后的直接财务后果。

在处理风险控制的过程中，自留风险是最普遍的一种控制方法，因为它在所有的控制方法中是最经济的一种方法。该方法主要应用于风险发生概率低、风险损失程度小的风险的控制。

自留风险与回避风险、转移风险最大的不同就是它的意识性和目的性并不是很强，也就是说这种风险控制可能是有计划的，也可能是无计划的。当创业者未意识到风险的存在，没有计划的进行自留风险时，就会相当被动，可能就会承担较大的损失，而如果是主动自留风险，可能就不会受到太大的影响。

自留风险控制的措施通常有以下几种情况。

1. 风险是不可保的

比如说有一些自然灾害的发生，如地震、洪水等，在这种情况下，企业通常是被动地采取风险自留的措施。

2. 与保险公司共同承担损失

比如保险人对损失进行相应的赔偿，采用共同保险的方式作为一定的补偿、保险人会让渡一部分保险。

3. 主动选择自留风险

企业经过考虑之后,认为自留风险对控制某种风险更为有利。这种情况下,企业考虑的因素主要有以下几个方面。

第一,企业比保险公司预计的期望损失小。

第二,企业自留风险管理费比保险公司的附加保险费用少。

第三,企业自留的机会成本比投保的机会成本大。

七、不同阶段创业风险的防范

要最大程度地降低创业风险,就要在创业的始终如前期、过程、后期贯彻各种风险防范措施。

(一)创业前期风险的防范

1. 理性分析市场

理性分析市场、了解市场,这是产品或服务开发、营销的前提。它能够有效地防范创业前期的市场风险和决策风险,也是创业成功与否的关键性因素。理性分析市场具体就是要做好市场调查和市场预测。

2. 多渠道获取创业指导

由于大学生阅历浅,工作经验不丰富,甚至几乎没有创业经验,通常无法很好妥当地处理创业中出现的问题、存在的风险等。因此,大学生应该通过多种渠道获取创业指导,如亲朋好友的建议,网络、书籍、媒介、专门的创业咨询机构等的介绍和指导。

3. 密切关注资金风险和技术风险

对资金风险和技术风险进行密切的关注,就要认真筹划创业初始需要的融资或投资数额,明确企业的持续融资能力,提前确定好融资方案,建立起快速融资渠道。另外,还应建立起财务"预防"机制,保持合理的负债比率。

4. 选择好创业伙伴

选择创业伙伴的最基本法则就是选择最了解的人。当然,最好不要把朋友关系和家族关系掺和在一起。爱计较的人不适合当创业伙伴,而创业团队有一个权威人物是恰当的,关键时刻可以拍板定调,统一意见。另外,领军人物最好是第一大股东。

5. 严格筛选项目

在初创阶段,企业所面临的技术风险和市场风险要远高于其他创业阶段,因此一定要严格、慎重筛选创业项目。为提高创业成功的几率,创业者最好选择自己熟悉的行业,地域邻近,以便于沟通和联络,在此基础上,再对项目进行投资的可行性研究。

6. 制定切实可行的创业计划

一个创业计划是否可行,首先要切合实际,而不是假、大、空,盲目模仿,照搬经验、制度、模式。其次,创业计划要便于操作,能在创业实践中一一执行。此外,创业计划除了能让创业者清楚明白自己的创业内容、坚定创业的目标之外,还应起到说服他人、投资者的功用。

7. 有效保护创业创意和商业机密

为确保创意人和以创意为基础的创业者的利益,又要确保能让投资人对于商业创意和技术内容做出利己的股份安排,就需要通过一些有效的方法保护创意的资本属性。具体方法如商标注册、版权保护、专利申请、保密协议、制度保护等。如果创意被盗,还可以援用《反不正当竞争法》的相关规定向工商行政部门提出诉求。当然,最好的方法就是尽快让创业计划得到实施。

8. 注重建设营销队伍

在营销队伍的建设过程中,应该要注意吸纳、任用既掌握营销能力又掌握技术知识的营销人才,以此在最大程度上降低市场风险。同时,营销队伍的建设要贯彻正确的营销理念和最好的营销策略。

9. 设法分散或转嫁风险

有些风险是不可避免的,但却可以进行分散和转嫁。具体方法如积极主动地寻求合作和支持,企业的财产和责任、员工的健康、职工失业参与投保。

(二)创业过程中风险的防范

要在创业过程中防范风险,可从以下几点入手。

1. 确立以求生存为核心的战略

新创企业在起步期利润很少,甚至无利可图,而且周期长。为了安全、平稳地度过这个时期,生存下去成为企业的首要目标。创业者必须千方百计地积累资本,想方设法让企业存活下来,并且力争短期内掘到第一桶金,使企业尽快得到新的血液。

2. 保证人员的合理搭配与稳定

创业成功需要优秀的管理人才、技术人才、营销人才。在进行团队组合时,要注意经验、知识、性格的互补。此外,为保证人员的稳定,防范人员的道德风险和流动风险,需要设定规范化的机制,对人员进行激励、制约和监督。需要注意的是,企业初创时期,机构要精简、有效率,重实质。

3. 必须抓好人和财两个关键点

新创企业起步阶段的管理必须抓好人和财这两个关键点,为此需要建立行之有效的规章制度,即人事管理制度、财务管理制度。前者具体如制定并实施招聘制度、考勤制度、考核制度、奖惩条例、薪资方案等相关制度。后者如制定报销制度、现金流量、制定预算、核算和控制成本等制度。

4. 产品市场开拓宜采用跟进策略

新创企业通常要面临资金短缺的问题,也没有独特的技术优势,所以不宜投入太多资源开发一个全新的市场,而跟进策略则是比较保险的、理智的选择。当然,跟进策略并不是纯粹的模仿,而是选好一个切入点,并在此基础上加以创新,以此达到事半功倍的效果。

5.探索简单实用的商业模式

一个企业的盈利模式类型有很多,关键在于要适合本企业内外部环境,简单实用。但是,最重要的是先做起来,必须要经过探索的过程,然后慢慢调整。

6.对经营业务不断调整巩固

现代企业经营活动的实质,就是要解决企业经营目标与复杂多变的企业内外部环境条件的动态平衡问题。对此,新创企业应该依据内外部环境条件对经营业务不断调整,确定最为合理、合适的经营内容,以期能在激烈的市场竞争中求得生存、发展。

7.降低并化解市场风险

要降低并化解市场风险,就要主动开展试用调研,收集具体的反馈意见和建议,然后开展小型市场研讨会,邀请相关领导和专家进行咨询,探讨市场准入、定价、竞争策略等方面的内容。在此基础上,对产品进行重新的技术改造,同时进一步建立企业市场风险应对策略和运行机制。

8.尽快获得稳定的销售收入和利润

只有稳定获利,企业才有可能生存下去。毫无疑问,稳定获利是企业创业初期的核心战略目标。在这当中,自由现金流的大小又直接反映了企业的赚钱能力。对此,需要制定销售价格,并在确定产品价格之前计算出付出的成本。同时,需要预测销售收入。另外,还必须制作销售成本计划和现金流量计划,看企业是挣到钱了还是赔钱了。

(三)创业后期风险的防范

要在创业后期防范风险,就要树立以市场为导向的整合营销理念,准确定位战略;加强企业组织制度建设,尝试授权,保证人才的稳定和储备,完善组织架构;规范决策,加强对财务金融风险的防范;发展核心竞争力,注重以战略制胜;注意建立风险责任机制。

参考文献

[1] 张丽 . 大学生就业与创业教程 [M]. 武汉：武汉大学出版社,2017.

[2] 范河明 . 大学生就业与创业指导(第二版)[M]. 北京：高等教育出版社,2017.

[3] 雷顺福等 . 大学生就业与创业指导 [M]. 北京：航空工业出版社,2016.

[4] 刘亮亮 . 大学生职业发展与就业创业指导 [M]. 济南：山东人民出版社,2016.

[5] 黄有霖 . 大学生就业与创业指导(第二版)[M]. 厦门：厦门大学出版社,2016.

[6] 曲秀琴,郭捍华 . 大学生就业与创业 [M]. 哈尔滨：哈尔滨工业大学出版社,2015.

[7] 刘雪芬 . 大学生就业与创业指导 [M]. 北京：人民邮电出版社,2015.

[8] 晏妮 . 大学生就业与创业指导 [M]. 武汉：武汉大学出版社,2016.

[9] 周兆龙,吴伟 . 大学生就业与创业指导 [M]. 北京：人民邮电出版社,2015.

[10] 李明 . 放飞梦想——大学生就业与创业指导 [M]. 北京：清华大学出版社,2014.

[11] 李福明 . 大学生就业与创业指导 [M]. 重庆：西南师范大学出版社,2013.

[12] 王仁伟 . 大学生就业与创业指导(第 2 版)[M]. 北京：机械工业出版社,2015.

[13] 王宝生 . 大学生就业与创业指导教程(第 3 版)[M]. 北京：机械工业出版社,2014.

[14] 索桂芝 . 大学生就业与创业指导实务(第三版)[M]. 大连：东北财经大学出版社有限责任公司,2015.

[15] 刘平 . 大学生就业与创业指导 [M]. 北京：清华大学出版社,2016.

[16] 魏勃等 . 大学生基层就业与创业 [M]. 北京：知识产权出版社,2016.

[17] 韩红梅 . 大学生就业与创业指导 [M]. 北京：高等教育出版社,2016.

[18] 聂强等 . 大学生就业与创业教育 [M]. 北京：北京理工大学出版社,2014

[19] 谭一平,王正一 . 大学生就业与创业训练 [M]. 上海：上海财经大学出版社,2013.

[20] 王虎平 . 大学生就业与创业指导 [M]. 武汉：武汉大学出版社,2014.

[21] 周耀明,马林 . 大学生就业指导与职业生涯规划 [M]. 北京：科学出版社,2011.

[22] 王袯罹 . 大学生职业生涯规划与设计 [M]. 北京：中央广播电视大学出版社,2011.

[23] 陆虹璋,赵金花 . 职业生涯规划与就业指导 [M]. 北京：北京师范大学出版社,2011.

[24] 李东 . 大学生创业教育 [M]. 济南：泰山出版社,2010.

[25] 李时椿 . 创业管理 [M]. 北京：清华大学出版社,2010.

[26] 朱莉,姜峰 . 赢在未来大学生创业实物与策略 [M]. 济南：山东大学出版社,2010.

[27] 吴余舟 . 大学生职业生涯规划与就业创业指导 [M]. 北京：机械工业出版社,2010.

[28] 钱晓,李增秀 . 大学生就业指导 [M]. 北京：科学出版社,2009.

[29] 王维华等 . 大学生就业与创业指导 [M]. 北京：高等教育出版社,2007.

[30] 刘清亮,王吉祥 . 就业指导与职业规划 [M]. 北京：人民邮电出版社,2009.

[31] 高桥 . 大学生就业者指导 [M]. 北京：清华大学出版社, 2006.

[32] 任国升, 高雪升 . 大学生职业生涯规划与就业指导 [M]. 保定：河北大学出版社, 2011.

[33] 姜彦福, 邱琼 . 创业机会评价重要指标序列的实证研究 [J]. 科学学研究, 2004（1）.